**JUNG E OS
PÓS-JUNGUIANOS**

Dados Internacionais de Catalogação na Publicação (CIP)
(Câmara Brasileira do Livro, SP, Brasil)

Samuels, Andrew
    Jung e os pós-junguianos / Andrew Samuels ; tradução de Letícia Meirelles. – Petrópolis, RJ : Vozes, 2024. – (Reflexões Junguianas)

Título original: Jung and the post-jungians.
Bibliografia.
ISBN 978-85-326-6672-7

1. Jung, Carl Gustav, 1875-1961 – Psicologia 2. Psicanálise 3. Psicanálise junguiana I. Título. II. Série.

23-176641   CDD-150.1954

Índices para catálogo sistemático:
1. Jung, Carl Gustav : Psicologia Analítica : Psicologia 150.1954

Tábata Alves da Silva – Bibliotecária – CRB-8/9253

Andrew Samuels

JUNG E OS PÓS-JUNGUIANOS

Tradução de
Letícia Meirelles

EDITORA
VOZES

Petrópolis

© Andrew Samuels, 1985.
Tradução do original em inglês intitulado *Jung and the post-jungians*.

© 2024, Editora Vozes Ltda.
Rua Frei Luís, 100
25689-900 Petrópolis, RJ
www.vozes.com.br
Brasil

Todos os direitos reservados. Nenhuma parte desta obra poderá ser reproduzida ou transmitida por qualquer forma e/ou quaisquer meios (eletrônico ou mecânico, incluindo fotocópia e gravação) ou arquivada em qualquer sistema ou banco de dados sem permissão escrita da editora.

CONSELHO EDITORIAL

Diretor
Volney J. Berkenbrock

Editores
Aline dos Santos Carneiro
Edrian Josué Pasini
Marilac Loraine Oleniki
Welder Lancieri Marchini

Conselheiros
Elói Dionísio Piva
Francisco Morás
Gilberto Gonçalves Garcia
Ludovico Garmus
Teobaldo Heidemann

Secretário executivo
Leonardo A.R.T. dos Santos

Revisão parcial da tradução: Isa Fernanda Vianna Carvalho
Diagramação: Raquel Nascimento
Revisão gráfica: Alessandra Karl
Capa: Editora Vozes
Ilustração de capa: Mandala produzida por uma paciente de Jung e reproduzida por ele em *Os arquétipos e o inconsciente*, vol. 9/1 da Obra Completa. 5. ed. Petrópolis: Vozes, 2007, p. 341, nota 182.

ISBN 978-85-326-6672-7

Este livro foi composto e impresso pela Editora Vozes Ltda.

Para Catherine

Sumário

Prefácio à edição brasileira, 9
Prefácio, 13
Agradecimentos, 17
1 Escolas de psicologia analítica, 19
2 Arquétipo e complexo, 61
3 O ego, 122
4 O si-mesmo e a individuação, 186
5 O desenvolvimento da personalidade, 273
6 O processo analítico, 343
7 Gênero, sexo, casamento, 409
8 Sonhos, 454
9 Psicologia arquetípica, 475
10 Teoria em prática: uma ilustração, 490
11 Comparação e avaliação, 509
Posfácio – Novos desenvolvimentos no campo pós-junguiano, 531
Informações práticas, 553
Leitura adicional selecionada (por Escola), 557
Referências, 559

Prefácio à edição brasileira

Deve haver razões muito boas para uma nova edição do meu livro de 1985, *Jung e os pós-junguianos,* e acredito que tais razões existam.

O livro continua sendo uma das poucas maneiras de compreender, de maneira geral e abrangente, as correntes do oceano junguiano desde a morte de Jung em 1961. Muitas pessoas, tanto no campo clínico quanto no acadêmico, tendem a encerrar suas explorações na teoria e prática junguianas com o próprio Jung. E essa tendência só piorou desde a publicação do *Livro Vermelho* e dos *Livros Negros*, que contêm o material fantasioso inicial de Jung. Lamento dizer que isso contribui para o que ainda é justificável chamar de "culto a Jung".

Neste livro, divido os escritores clínicos pós-junguianos em três escolas. Os nomes e detalhes podem ser encontrados no decorrer do próprio texto. Mas o que essa manobra fez foi injetar uma nota de pluralismo no campo junguiano. Aqui, pluralismo não significa abordagens confortavelmente coexistentes. Pluralismo significa competição, argumento, disputa, vívidas preferências pessoais, e assim por diante. As escolas pós-junguianas estão envolvidas em uma espécie de luta política entre si. Em lugar algum isso é mais verdadeiro do que no Brasil, aliás.

Em outra parte do livro, no artigo sobre os desenvolvimentos no campo pós-junguiano, acrescentado ao livro a pedido da editora, demonstro que o modelo das escolas não permanece estático. Apresento outra lista, dessa vez com quatro escolas. Será divertido descobrir quais foram essas mudanças entre o livro e o que vocês têm agora como uma espécie de epílogo.

Jung e os pós-junguianos foi – e é – sempre confiável e controverso. Vamos lidar com cada um desses epítetos separadamente.

É confiável porque as descrições que fiz das várias escolas nunca foram realmente contestadas. Ou seja, há um consenso de que eu sabia do que estava falando. Além disso, a forma como cada capítulo é organizado é confiável, tanto como guia para o campo quanto como auxílio ao ensino. Primeiro, menciono o que Jung disse sobre um tema específico (talvez o ego, por exemplo). Em seguida, detalho o trabalho pós-junguiano sobre o tema, reconhecendo a abordagem pluralista proveniente das escolas. Por fim, examino paralelos com a psicanálise e outras disciplinas. É uma abordagem simples e eficaz.

O livro é controverso. Por quê? Porque nós, junguianos, não deveríamos formar escolas. Somos apenas indivíduos. Acrescenta-se que o próprio Jung não quis começar uma escola. Para ser honesto, essas alegações são besteira. No primeiro capítulo, mostro claramente como Jung sofreu de todas as doenças esperadas e previsíveis do grande fundador.

Então, quais são os problemas relativos ao que você está prestes a ler? Permita-me ser autocrítico.

Partes do livro precisam ser atualizadas. Mas por favor, considere-o como um modelo para aprendizado e compreensão, aguardando ser preenchido. Mas os elementos do livro que dizem respeito ao próprio Jung e aos paralelos psicanalíticos permanecem tão fortes e relevantes quanto sempre foram.

Não há o suficiente sobre sociedade, cultura e política. Eu não estava tão envolvido com esses temas em 1985 quanto estou agora em 2023 (por exemplo, cf. meus livros, também em português, *A psique política* e *Política no divã*). *Jung e os pós--junguianos* é um livro eurocêntrico e americano. Essas são limitações, mas não destroem a sua utilidade.

O último problema que desejo mencionar é que não abordo nada neste livro inicial sobre o racismo, antissemitismo, preconceitos sexuais e elitismo de Jung.

Prosseguindo, gostaria de dizer algo sobre o título do livro. O que significa "pós-junguiano"? Não foi concebido para ser como "pós-moderno" nem para indicar um Jung morto ou moribundo. A explicação é extremamente prosaica. Havia um livro chamado *Freud and the post-Freudians* e, como dizem, "a imitação é a forma mais sincera de lisonja". Mais tarde, coescrevi um livro chamado *A critical dictionary of Jungian analysis*. Nele, fiz um trocadilho com o famoso volume intitulado *A critical dictionary of psychoanalysis*. Naquela época, eu estava muito consciente – talvez até excessivamente consciente e sensível – da hegemonia da psicanálise no campo das terapias de profundidade. Então, construí meu templo sobre as fundações deles!

Concluirei com uma observação sobre minha situação presente. Atualmente, enquanto escrevo este prefácio, tenho 74 anos. Escrevi *Jung e os pós-junguianos* quando tinha 36 anos. Mudei muito. Cada vez mais, percebo que a divisão entre o que nos dizem ser "interno" e o que nos dizem ser "externo" é fraudulenta. Há um campo contínuo. Desde 1990, o interesse em explorar a fronteira entre psicoterapia e política cresceu enormemente. A autoexpressão e o autodesenvolvimento – as perspectivas voltadas para o interior da psicoterapia – e a atividade política podem ser vistas como desempenhadoras de funções semelhantes.

A autoexpressão pode levar ao envolvimento político, o qual pode levar ao engajamento político, e este pode ser parte da autoexpressão de um cidadão. Uma pessoa pode sonhar com a fome na África e decidir se envolver no socorro à fome. Ou um protesto pessoal contra a injustiça na infância buscará um formato político concreto.

Por fim, convido os leitores a visitar meu site (www.andrewsamuels.com) e a entrar em contato comigo pelo e-mail: andrew@andrewsamuels.net

Prefácio

Este livro evoluiu em minha mente em três estágios, cada um emergindo do seu predecessor. Minha intenção original era escrever sobre a maneira como a psicologia analítica se desenvolveu desde a morte de Jung, em 1961. Mas, para alcançar isso, seria necessário indicar o ponto de partida para os vários pós-junguianos cujo trabalho eu planejava discutir. Portanto, o segundo tema surgiu: uma apresentação crítica do próprio trabalho de Jung. Nessa fase, parecia haver o risco de o projeto se tornar muito paroquial e parecia apropriado trazer os inúmeros paralelos que existem entre a psicologia analítica junguiana e pós-junguiana e a psicanálise. Esse terceiro tema gerou sua própria descendência: uma tentativa de visualizar Jung como um pioneiro, até mesmo o principal precursor das mudanças na teoria e prática psicanalítica desde a década de 1930. Embora a influência direta de Jung tenha sido pequena, senti que essa tentativa poderia ajudar a dissipar, de uma vez por todas, a lacuna de credibilidade que tem cercado Jung.

É impossível resumir os escritos de outros autores sem fazer alguma violência às suas opiniões. Peço desculpas por isso e acrescento que minha esperança é incentivar os leitores a encontrarem os escritos pós-junguianos em sua forma original, se ainda não o fizeram.

Este livro não é um exercício de psicobiografia. Não pedi a nenhum dos escritores mencionados informações sobre si mesmos ou sobre sua relação com Jung. Isso ocorre porque houve inúmeras tentativas acadêmicas de mostrar as conexões entre a vida de Jung e seu trabalho, examinando os textos básicos disponíveis, como sua autobiografia, suas cartas e a correspondência com Freud. Estive mais preocupado com questões de validade e aplicabilidade.

Há obstáculos de longa data que dificultam a obtenção de reconhecimento pela psicologia junguiana, seja na cultura em geral ou nos círculos internos dos profissionais que trabalham com aconselhamento psicológico. Esses obstáculos são discutidos em detalhes neste livro. Mas, recentemente, algo aconteceu para mudar esse estado das coisas. Atualmente, há mais de mil analistas junguianos em todo o mundo e o número aumenta em grande ritmo; da mesma forma, existem centros de treinamento em todos os principais países ocidentais. Livros junguianos são bastante vendidos e, em muitos lugares, analistas e psicoterapeutas junguianos convivem de maneira relativamente confiável e mutuamente solidária com psicanalistas. A psicologia analítica tornou-se mais respeitável.

Nas profissões de aconselhamento psicológico (e particularmente em análise, psicoterapia, e assistência social), as ideias de Jung são usadas de maneira rotineira e prática. É precisamente a combinação do sublime e do universal com uma abordagem utilitária e cotidiana que vem tornando a psicologia junguiana atraente para tantos, sejam eles praticantes ou não. No entanto, a psicologia analítica resumida em manuais para estudantes e a psicologia analítica praticada atualmente com eficácia clínica e respeito profissional são muito diferentes. Isso é algo com o qual os freudianos também têm que lutar. Parece que o trabalho do patriarca é apenas resumido e comunicado, sendo tarefa e fardo constantes do praticante contemporâneo explicar que as coisas não são realmente assim, que avançamos um pouco. E aqueles que mais ressentem a autoridade do mestre muitas vezes são os últimos a apreciar que os tempos mudaram.

A seleção de temas e a escolha dos escritores são, naturalmente, influenciadas por fatores subjetivos. No entanto, em minha mente, estava a questão da relevância para as profissões terapêuticas e para o estudo da psicologia. Devido à novidade de sua abordagem comparativa e à tentativa de ser abrangente, o livro deve estimular analistas junguianos, psicoterapeutas, estagiários e estudiosos. Mas, também estou particularmente interessado em me comunicar com analistas, psicoterapeutas e conselheiros que foram treinados, ou estão em treinamento, em institutos não junguianos. Tais indivíduos podem ter tido contato breve com a psicologia analítica como parte de seu curso, de modo que desejam aprofundar seus conhecimentos e se manter atualizados com as tendências.

Ao conceber este livro, fui influenciado por uma série de experiências pessoais. Em primeiro lugar, estudantes e aprendizes matriculados em cursos de análise, psicoterapia, aconselhamento e relações humanas frequentemente me pediram orientação sobre desenvolvimentos na psicologia analítica de Jung e sugestões confiáveis sobre quais materiais pós-junguianos poderiam investigar. Estudantes em cursos psicanalíticos, em particular, afirmaram que não conseguiram encontrar nenhuma declaração específica da contribuição de Jung para a teoria e prática da psicoterapia e análise. Além disso, existem numerosos estudos comparativos de psicanálise, mas até o momento nada do tipo foi publicado no campo da psicologia analítica.

Em segundo lugar, tive a experiência de ajudar a fundar e de participar de um grupo internacional de *trainees* sêniores e analistas junguianos recentemente qualificados (1974-1979). Além de me fornecer *insight* e respeito por uma ampla variedade de formas de se pensar e trabalhar, as frustrações na comunicação e a falta de uma visão geral daquilo que discutíamos entre esses jovens junguianos me fizeram sentir que escrever este livro valeria a pena.

Finalmente, tive a chance de ser membro de um grupo de discussão, que se reúne mensalmente desde 1975, composto por analistas junguianos, metade dos quais treinados em Londres e metade em Zurique. Esse grupo me mostrou que a comparação crítica, a qual leva ao debate e ao diálogo, é possível e gratificante.

Agradecimentos

Eu gostaria de agradecer aos meus pacientes D. e M., por me permitirem escrever sobre eles (D., pela segunda vez); aos estudantes e estagiários da Society of Analytical Psychology, Westminster Pastoral Foundation, Guild of Psychotherapists, London Centre for Psychotherapy, Richmond Fellowship, Tavistock Clinic e do Instituto de Psicanálise por suas perguntas (e respostas); à Biblioteca do Instituto de Psicanálise de Londres e, em particular, a Jill Duncan, diretora executiva, por sua ajuda bem-humorada com material e referências psicanalíticas; a Eileen Collingwood, por sua excelente digitação; aos colegas e amigos que leram capítulos ou seções e fizeram sugestões, ou ajudaram com a concepção geral: Kay Bradway, Stratford Caldecott (RKP), Giles Clark, Linda Freeman, Jess Groesbeck, Kate Hodgetts, Nonie Hubrecht, Peggy Jones, Alison Lyons, Grant McIntyre, Anne-Lucie Norton, Rosie Parker, Roderick Peters, Sheila Powell, Fred Plaut, Shaie Selzer, Mary Wilson, Vernon Yorke.

Há três pessoas a quem gostaria de agradecer de forma especial, pois suas contribuições aprimoraram o livro além de qualquer descrição:

Bani Shorter, por sua leitura cuidadosa e avaliação do manuscrito, resultando em inúmeras sugestões imaginativas e valiosas. Ela generosamente dedicou seu tempo, habilidade literária e conhecimento de psicologia analítica;

Kate Newton, por me permitir manter contato com os aspectos pessoais e inconscientes da escrita de um livro; também pelo diálogo contínuo sobre seu conteúdo e muito mais;

Catherine Graham-Harrison, cujo amor e apoio me mantiveram em movimento quando perdi o rumo. Ela me ajudou a fazer este livro.

Durante o processo de escrita, submeti seções deste livro para serem incluídas em revistas profissionais. Elas foram publicadas da seguinte forma: *The emergence of schools of post-Jungian analytical psychology – Journal of Analytical Psychology* (1983); *Dethroning the self – Spring: An Annual of Archetypal Psychology and Jungian Thought* (1983); *Beyond compensation: Modifying Jung's approach to dreams – Harvest: Journal for Jungian Studies* (1983); *The theory of archetypes in Jungian and post-Jungian analytical psychology – International Review of Psychoanalysis*, (1983). Sou grato aos editores dessas publicações por terem publicado esse "trabalho em progresso" e por sua edição que foi incorporada ao livro.

Também agradeço à Routledge & Kegan Paul e à Princeton University Press pela permissão para citar as Obras Completas de C.G. Jung e ao editor do *Journal of Analytical Psychology* pela permissão para reutilizar o material de caso da minha publicação *Incest and omnipotence in the internal family* (1980) e os diagramas de *The archetypal image of the wounded healer*, de C. Jess Groesbeck (1975).

1 Escolas de psicologia analítica

Encontrar sua própria maneira de trabalhar no mundo junguiano contemporâneo não é fácil. O reconhecimento de Jung como pensador e analista psicológico, em vez de guru ou profeta, é reforçado pelos psicólogos analíticos e pelas escritas dos pós-junguianos. Isso não depende mais exclusivamente do legado de Jung, com suas vinte Obras Completas e seu carisma comensurável. De certa forma, Jung precisa dos pós-junguianos tanto quanto estes precisam dele, se o desejo é que o seu trabalho seja estendido para o futuro. A perspectiva da psicologia analítica é uma preocupação compartilhada, e sua herança consiste em uma teia de pensamentos com muitos fios, os quais inspiraram, influenciaram, desafiaram e, em alguns casos, enfureceram aqueles que os seguiram.

Devemos observar até que ponto os pós-junguianos se sentiram capazes de desafiar ou de criticar o trabalho de Jung, muitas vezes argumentando com ele próprio, com base em críticas rigorosas de não junguianos, bem como adaptando e integrando desenvolvimentos paralelos em outras abordagens da psicologia e também de disciplinas completamente diferentes. Se constantemente chamo a atenção para as várias objeções sérias feitas ao trabalho de Jung, é porque elas tiveram grande impacto nos pós-junguianos. Às vezes, Jung antecipa, às vezes, influencia, mas, às vezes, erra e, às vezes, outro pensador chega a uma conclusão amplamente semelhante, mas o faz de maneira mais coerente ou mais bem documentada.

No livro *Jungian psychotherapy: A study in analytical psychology*, Fordham (1978a, p. 53) observa que "muito pouco foi escrito sobre o desenvolvimento das várias escolas de psicologia analítica que surgiram". Decidi responder a isso, levando em consideração a afirmação de Fordham (1978a, p. 9) de que "a psicologia analítica é uma disciplina por si só [...] suas ideias e práticas podem ser avaliadas sem considerar as pessoas que as iniciaram". Este tem que ser um livro diferente do livro de Brown, Freud e dos pós-freudianos (1961), porque, ao contrário dos freudianos, os pós-junguianos ainda não se formaram em escolas oficialmente reconhecidas, embora o processo tenha ocorrido informalmente. Existem escolas de psicologia analítica com visões comuns, e o dogmatismo e o conflito entre esses grupos não foram evitados. Mas o leitor tem menos chance de descobrir isso na literatura junguiana do que na freudiana.

Os junguianos existem?

Falar em junguianos, pós-junguianos e escolas de pós-junguianos é, em si, uma questão controversa. Jung afirmou que havia apenas um junguiano – ele mesmo. Ele evitou qualquer ambição de iniciar uma escola de psicologia. Imagino que tinha em mente uma tentativa de evitar o que considerava excessos de autoridade rabínica de Freud e toda a dolorosa história inicial da psicanálise, que envolvia tanta pessoalidade. Além disso, como ideólogo da individuação, com foco em cada pessoa tornar-se si mesma, se diferenciando dos outros, sem mencionar sua observação de que o temperamento e a psicologia individual desempenham um papel em ditar o que cada pessoa acredita, Jung objetivava deixar para cada indivíduo a determinação de quão junguiano este seria. No entanto, como Henderson aponta, "há agora um corpo básico de conhecimento junguiano que não permite experimentação ou teorização ilimitada". Mas continua dizendo que Jung "se aborrecia com qualquer tipo de sistematização e isso foi uma razão pela qual sua escola demorou tanto para se formar" (Henderson, 1975a, p. 120-121).

Na verdade, Jung foi ativo durante toda a sua vida na política da psicologia. Lendo as cartas de Freud-Jung, editadas por McGuire (1974), é evidente que Jung constantemente apresenta alguma ideia para um golpe ou aliança, enquanto Freud (supostamente o mais extrovertido dos dois) o contém, desviando-o de ataques excessivos de caráter. Mais tarde, em 1940, Jung apresentou uma proposta destinada a unificar os psicoterapeutas internacionalmente. Ela consistia em catorze pontos sobre os quais acreditava que as ideias de todos poderiam se unir. Dada a extraordinária fragmentação pós-guerra na psicologia e nas psicoterapias, atualmente podemos ver que isso era uma esperança perdida. Mas esse episódio é relevante, pois mostra que Jung não se encaixa na imagem do gênio solitário, indiferente ao mundo real, mesmo, ou especialmente, à sua própria profissão (cf. p. 269-270, para um comentário adicional sobre os catorze pontos).

Outra característica digna de nota na formação gradual dos junguianos enquanto um grupo amplo é a série de prefácios que Jung frequentemente escrevia para os livros de seguidores anteriores. Obviamente, era importante, por razões comerciais e também por outras razões, receber o aval de Jung, mas, como

Fordham (1975, p. 108) atestou, Jung parecia ter sentimentos genuínos sobre isso. Conheço prefácios para livros de Adler, F. Fordham, M. Fordham, Harding, Hannah, Jacobi, E. Jung, Neumann, von Franz, Wickes, Wilhelm – talvez haja outros.

Isso sugere que Jung sabia perfeitamente que, para todos esses escritores, ele funcionava como alguém que os apresentava a um público mais amplo, bem como a um ponto central ou de referência. Certamente, não há nada vergonhoso ou infantilizante nisso, mas a perpetuação da negação de Jung sobre os "junguianos" parece prejudicial.

Eu não conhecia Jung e não estou contestando que ele fosse hostil à ideia de seguidores ou junguianos. Mas, de acordo com todos os relatos, ele parecia ter uma personalidade extraordinariamente variada e multifacetada, bem como uma ampla gama de conhecimentos e interesses. É por isso que pontos de vista diferentes surgiram a partir de seu trabalho original. Minha alegação tem sido que, juntamente ao desprezo pelos seguidores, Jung desenvolveu muitas das características mais previsíveis de um líder, especialmente o desejo de que eles deveriam "continuar o trabalho" (Adler, 1973, p. 481). Em *Júlio César*, de Shakespeare, quando os conspiradores estavam preocupados que César não fosse a Capitólio, Decius sugeriu deixar a situação por sua conta, pois sabia exatamente como lidar com César. Entre suas várias técnicas para manipular o grande homem, Decius constantemente o aconselhava que lisonjeiros traem: "Mas quando lhe digo que ele odeia os aduladores, ele diz que não, sendo, então, mais adulado" (ato 2, cena 1).

Estou sugerindo que podemos inverter a proposição: Jung lisonjeia seus seguidores ao dizer que não os quer. Muitos livros pós-junguianos incluem a afirmação ritualística de que

Jung não queria discípulos, com a implicação de que, por causa disso, o escritor não poderia ser considerado um mero seguidor ou discípulo. Ao parecer renunciar à liderança, Jung pode ter ajudado a mantê-la.

Em memória de Jung para marcar o centenário de seu nascimento, Fordham (1975) forneceu mais evidências de que Jung estava ciente de seu papel paterno. Os membros analistas do Clube de Psicologia Analítica (Analytical Psychology Club) de Londres, uma organização que oferecia lugar de encontro para todos os junguianos, mas não um corpo profissional, estavam negociando a separação e a fundação de uma organização profissional, posteriormente conhecida como Sociedade de psicologia analítica (Society of Analytical Psychology). Presumivelmente, alguns membros se sentiram deixados para trás e a situação piorou quando essas pessoas foram abertamente referidas como "os pacientes". Mas, posteriormente, descobriu-se que Jung havia promovido ativamente esse impasse, pois sentia que qualquer "família" deveria ter seus próprios conflitos. Suponho que, neste livro, eu esteja traçando o curso da vida familiar junguiana com suas diferenças saudáveis.

Formação em psicologia analítica

Isso nos leva à questão do treinamento analítico, e novamente precisamos diferenciar o que Jung disse daquilo que fez. Não há dúvida de que ele tinha sentimentos mistos sobre a instituição de programas formais de treinamento, seja em Zurique ou em qualquer outro lugar. Quando isso ocorria, ele era ativo em ajudar a elaborar um currículo e insistia para que houvesse exames (Hillman, 1962; Fordham, 1978a). Jung tinha cedido a padrões coletivos e permitido mudanças no antigo sistema, no qual a vocação, juntamente à análise, feita por ele mesmo ou por um associado próximo, e a participação em seus seminários eram o suficiente para a formação de um analista. Nessa ética, a análise do potencial analista era, sem dúvida, essencial. Freud (1912) reconheceu que Jung havia sido o primeiro a formular o princípio de que o analista deve ser analisado (OC 4, § 536). No entanto, A. M. Sandler data a instituição da "análise-didata" na psicanálise a partir de 1918 (Sandler, 1982, p. 386).

Um desenvolvimento mais sutil feito em Zurique (não copiado em outro lugar, até onde sei) é que se tornou possível assistir a certas palestras sem assumir o compromisso de se tornar um analista. Muitos são chamados, mas poucos são escolhidos, e atualmente há uma tendência mundial, na qual os problemas de seleção para treinamento estão chamando a atenção dos institutos de análise junguiana.

Esses aspectos da posição de Jung em relação ao treinamento merecem menção porque servem como contrapeso a uma imagem de Jung como um ordenador espontâneo de analistas. Jung teria conhecimento de quaisquer dificuldades que estudantes anteriores enfrentaram por falta de uma base profissional para seu trabalho. E uma estrutura mais formal pode permitir maior, em vez de menor, liberdade, fornecendo exposição a uma variedade de pontos de vista, embora o risco seja a perda de espontaneidade. Então, o apoio de Jung a exames e qualificações pôde paradoxalmente promover o desenvolvimento profissional individual, além de garantir maior mobilidade e aceitação profissional.

O lugar da teoria

Obviamente, temos que considerar o lugar da teoria na psicologia analítica. Pode ser proveitoso examinar as visões de Jung e o que alguns pós-junguianos têm a contribuir sobre esse assunto.

Possivelmente de forma brincalhona, em certo ponto, Jung expressa uma preferência pelo dogma em vez da teoria porque,

> Para certa camada intelectual medíocre, caracterizada por um racionalismo ilustrado, uma teoria científica que simplifica as coisas, constitui excelente recurso de defesa, graças à inabalável fé do homem moderno em tudo o que traz o rótulo de "científico". Um tal rótulo tranquiliza imediatamente o intelecto, tanto quanto o *Roma locuta, causa finita*. Em minha opinião e sob o ponto de vista da verdade psicológica, qualquer teoria científica, por mais sutil que seja, tem, em si mesma, menos valor do que o dogma religioso, e isto pelo simples motivo de que uma teoria é forçosa e exclusivamente racional, ao passo que o dogma exprime, por meio de sua imagem, uma totalidade irracional. Este método garante-nos uma reprodução bem melhor de um fato tão irracional como o da existência psíquica (OC 11/1, § 81).

Em outro trecho (OC 17, § 7), Jung diz:

> As teorias em psicologia são o próprio diabo. É verdade que precisamos de certos pontos de vista pelo seu valor orientador e heurístico: mas eles devem sempre ser considerados como meros conceitos auxiliares que podem ser deixados de lado a qualquer momento.

O que é enfatizado é a necessidade de estabelecer em que ponto Jung realmente se situava em relação à teoria. Muitos dos escritos de Jung não desenvolvem um corpo de teoria, mas foram escritos como palestras específicas – para pastores suíços, para a Clínica Tavistock em Londres e as Terry Lectures nos Estados Unidos, por exemplo.

Ele estava ciente de que, na pesquisa psicológica, há mais sobreposição entre observador e observado do que se espera, e de que preferências pessoais e fatores constitucionais desempenham um grande papel. Mas a abordagem geral de Jung sugere a presença da ideia suspeita de teoria. Depois que uma fórmula teórica é obtida a partir do "material humano", Jung a aplica em sua "prática até que ela se confirme, seja modificada ou abandonada" (OC 4, § 685). Jung continua afirmando que a riqueza de material comparativo, muitas vezes mítico ou antropológico, serve para introduzir, ilustrar ou ampliar a teoria – não para prová-la. Assim, a teoria, derivada da observação, existe antes da listagem do material confirmatório. Acho que a consciência dessa abordagem é enormemente útil para entender o trabalho de Jung. Ele começa a partir da interação humana na análise ou da observação da vida, desenvolve uma teoria que é ilustrada por material comparativo ou observação adicional. Só então o conjunto de imagens e dados de muitas fontes pode ser organizado. A organização em si ajuda a entender um aspecto ou outro do comportamento humano. Assim, o processo é circular: material humano – teoria – ilustração – aplicação ao comportamento humano.

As entidades teóricas mencionadas neste livro não existem. Como L. Stein mostra (1958, p. 3), uma entidade teórica só existe ou é criada para desempenhar uma tarefa específica. Ele aponta para o pósitron, fóton e elétron dos físicos, o gene dos biólogos, o id, ego e superego de Freud e os arquétipos de Jung. Cientistas modernos usam teoria não para avançar objetivos empíricos ou descrever fenômenos; eles estão tentando indicar sobre o que suas declarações tratam, o que elas significam. O que é criado é uma entidade não empírica que pode explicar fatos. A teoria não é inferida ou deduzida dos fatos; pode ser testada contra eles. Stein ilustra isso por meio de Newton e a gravidade. Esta é algo totalmente inventado, porque ninguém jamais observou a gravidade, apenas viu que as coisas caem ou não caem. A entidade teórica existe apenas para fazer um trabalho, que é seu "valor heurístico".

Existem dois desafios científicos para a psicologia junguiana. O primeiro é dirigido a todas as psicologias profundas que são consideradas não científicas porque lidam com áreas não comprováveis. No sentido de que ninguém pode finalmente provar a existência, por exemplo, do complexo de Édipo, isso pode ser verdade. Mas a teoria edipiana dá sentido a fenômenos diversos, como uma criança preferindo um dos pais ao outro, a questão da origem da identidade sexual, razões para perversões, escolha de parceiros sem esperança no casamento e assim por diante. Talvez tenhamos que concluir que, em parte, a psicologia não é como outras ciências.

Jung estava particularmente interessado em afirmar que a psicologia era uma ciência natural, argumentando que seu campo de referência não eram produtos mentais, mas um fenômeno natural, a psique. Minha opinião é que, para aqueles que exigem o que consideram os mais altos padrões científicos, a psicologia junguiana sempre deixará a desejar – embora, como veremos no próximo capítulo, o físico subatômico moderno e o estudioso de arquétipos compartilhem mais do que uma visão de senso comum pressuporia.

O segundo desafio científico vem dos freudianos. Nesse sentido, lembro-me de uma passagem em *Psychoanalysis: The impossible profession*, em que o autor jornalista comenta dolorosamente sobre como os freudianos regulares rejeitam as visões kleinianas do mundo infantil, interno e precoce como loucas, fantasiosas e não comprováveis, "como se suas próprias reconstruções do complexo de castração descrevessem eventos perfeitamente ordinários e cotidianos" (Malcolm, 1982, p. 35).

No seu *Critical dictionary of psychoanalysis* (1972, p. 9), Rycroft observa que ele "sofre do defeito constitucional não incomum de ser incapaz de compreender os escritos de Jung". E Glover (1950, p. 69) concluiu que "do ponto de vista da exposição científica, Jung é, no melhor dos casos, um escritor confuso". Nos capítulos seguintes, considerarei essas várias objeções às ideias de Jung, mas, para todos os efeitos, qualquer ataque à psicologia profunda, por ser não científica, se aplica tanto aos freudianos quanto aos junguianos.

Os perigos da teoria

A clarificação da atitude de Jung em relação à teoria refere-se a até que ponto o praticante pode se integrar a ela para deixar de ser uma questão técnica, artificial, imposta e externa e se tornar mais uma expressão da personalidade. Jung alertava contra a divisão entre o conhecimento teórico e técnico do terapeuta e sua personalidade. O conhecimento não integrado é o problema. Nesse ponto, podemos ver como a aparente divergência entre Jung, o sábio não sistemático, e Jung, o professor que pede exames, pode ser entendida. A teoria deve ser conhecida e depois se tornar pessoal; isso é uma questão para análise, autoanálise e introspecção. O que devemos tentar evitar é usar a teoria defensivamente, de modo que nossos próprios sentimentos sejam bloqueados, ou de modo mágico, de forma que apenas respostas fáceis sejam procuradas – ou valendo-se puramente da lógica para se chegar a um diagnóstico.

Naturalmente, a teoria não pode ditar o processo de uma análise; deve haver adaptações para cada caso. Desde que se permita que o material emerja e preencha a teoria, e se isso acontecer, o perigo de superintelectualidade ou superinfluência pode ser evitado. Mas, de todo modo, seria inevitável um terapeuta inflado que não reconhecesse a presença de influência pessoal na terapia. Parte dessa influência deve ser a integração da teoria por parte do terapeuta. Tudo isso indica que o pecado capital é a imitação, pois implica a aplicação pré-determinada da teoria (para uma continuação dessa discussão, cf. p. 520-525).

Reificação e linguagem de ação

A linguagem afeta a compreensão e esta, por sua vez, é a base daquela. O principal problema com a linguagem de Jung, e até certo ponto dos pós-junguianos, é a tentativa de reificá-la, ou seja, de tornar concreto, literal e atual aquilo que é fluido, mutável e experiencial, por exemplo, o inconsciente. A reificação não só tenta aplicar uma teoria pré-determinada, mas também ignora o papel da psique na psicologia. Várias maneiras de contornar esse problema foram propostas. Lambert (1981a) sugere que se faça uma distinção entre linguagem metafórica e científica – a linguagem da imaginação e a linguagem do intelecto. A primeira tende a se expressar em imagens visuais ou auditivas, a última usa abordagens racionais ou conceituais. Os termos de Jung para esses dois tipos de pensamento eram "pensamento fantasioso" e "pensamento dirigido", respectivamente (OC 5, §§ 11-46). Mas, como Jung percebeu, é possível conceber uma complementaridade ou parceria na qual as partes mais racionais e lógicas do aparato mental trabalham com materiais imaginais brutos. No entanto, a preferência pessoal por uma linguagem metafórica ou científica significa que o objetivo de se ter um modelo no qual ambas as linguagens desempenhem um papel pode ser difícil de alcançar (mas cf. o capítulo 11).

O problema da reificação foi abordado pelo psicanalista americano Schafer (1976), que propõe uma mudança para uma "linguagem de ação", a qual enfatizaria a natureza dinâmica e fluida da atividade psíquica. E Plaut, em uma série de comunicações pessoais (1981-1982), insiste nos valores do uso de verbos (geralmente gerúndios) em vez de substantivos. Assim, "pensando", não "pensamento"; "resistindo", não "resistência"; "individuando", não "individuação", e assim por diante.

Usos e abusos de analogias

Jung, assim como muitos que abordam a psique, fazia uso contínuo de analogia. Seu conceito de libido ou energia psíquica é, em si, uma analogia tirada da ciência natural. Em seu artigo *Uses and abuses of analogy* (1973), Hubback argumenta que fazer analogias é uma atividade mental fundamental e imaginativa; mais do que apenas uma ferramenta para entendimento. De fato, imagens em si mesmas são uma forma de analogia, porque se relacionam com estímulos que não estão ativos no momento. Mas, para Jung, o propósito da analogia é tanto fazer uso quanto demonstrar a ideia de que o mundo

Jung e os pós-junguianos

pode ser unitário, o chamado *unus mundus*, uma visão holística na qual tudo se conecta de alguma forma. A analogia nos leva a uma camada mais profunda de experiência de compreensão. Isso é fortalecido pelo papel que palpites, suposições e intuições desempenham na descoberta científica. Uma intuição, assim como uma analogia, pode unir duas ideias que anteriormente não foram conectadas.

Com a analogia, Jung viu o que não via antes, ou viu algo a partir de um ângulo diferente. Às vezes, ela está mais próxima à psique que à realidade observada, sendo frequentemente oposta à reificação. E, eu sugeriria, analogias com outras áreas do conhecimento também podem ter tido uma função emocional para Jung, que, como qualquer pioneiro, queria consolidar suas hipóteses.

Hubback cita Lévi-Strauss:

> Em comparação às ciências naturais, temos uma vantagem e sofremos um inconveniente; encontramos nossos experimentos já preparados, mas eles são incontroláveis. É compreensível que tentemos substituí-los por modelos (Hubback, 1973, p. 95).

Isso pode ser confrontado com um ataque a Jung, citado em *Freud e os pós-freudianos*:

> O método de Jung [...] é argumentar que se A é um pouco como B e B pode, em certas circunstâncias, compartilhar algo com C, de modo que C já tenha sido suspeito de estar relacionado com D, a conclusão em forma completamente lógica é que A = D. Como linguagem *científica*, isso é sem sentido (Brown, 1961, p. 45).

A conclusão de Hubback foi que o abuso da analogia ocorre se não houver acordo mútuo quanto ao significado das palavras utilizadas e, acima de tudo, quanto à área que está sendo focada. Analogias podem ser usadas defensivamente para negar diferenças e, assim, evitar a ansiedade. Eu diria que a primitividade da analogia é tanto sua força quanto sua fraqueza – somos emocionalmente capturados, mas podemos exagerar nosso argumento. No entanto, o uso efetivo da analogia pode transformar a opacidade em uma apreciação mais ampla.

Por exemplo, retornando ao uso por Jung dos termos "libido" e "energia psíquica", a analogia permite que ele se refira a diferenças na intensidade psicológica ou expresse avaliações de experiências psicológicas. Os conceitos podem ser usados para comunicar sobre o que é experiencial ou subjetivo. A energia não é percebida como uma força em um sentido mecânico.

Diagramas são um caso especial de analogia, trazendo consigo todos os perigos da reificação. Sua utilidade parece variar de acordo com as aptidões e preferências do observador. Uma vantagem é que o diagrama psicológico nos envolve em um nível mais do que intelectual. As convenções da linha divisória entre fases de desenvolvimento, ou a linha que circunda partes, tornando-as um todo, trazem o risco de simplificação excessiva. Tentativas têm sido feitas para superar os problemas do uso de círculos sobrepostos, as quais permitem o reconhecimento de um desfoque e, portanto, correspondem mais de perto à realidade (cf. Lambert, 1981a, p. 194).

Problemas adicionais são claramente mostrados, por exemplo, em *The psychology of C.G. Jung*, de Jacobi (1942), em que um diagrama da psique coloca o ego no centro, relacionando-se para fora, primeiro com o inconsciente pessoal e depois com o coletivo. Outro diagrama coloca o inconsciente coletivo, e especificamente aquela parte que nunca pode ser trazida à consciência, no centro, com o ego na periferia. É claro que ambos os pontos de vista são válidos, mas a fraqueza inevitável do diagrama de uma única perspectiva é que perdemos a qualidade da experiência na qual, às vezes, nossa autoconsciência é central, mas, outras vezes, nossos impulsos básicos ou motivações inconscientes tomam conta.

Metapsicologia

Esse termo foi inventado por Freud como uma contraparte da "metafísica". Refere-se à visão mais teórica da psicologia e envolve uma ligação de conceitos removidos da base empírica, a qual foi relevante em um ponto em sua evolução. Anteriormente, discutimos a ideia de que entidades teóricas não existem; metapsicologia tenta tratá-las como se existissem.

Freud dividiu sua própria metapsicologia nos aspectos dinâmicos, topográficos e econômicos. Vamos considerar o que isso implica para a psicologia analítica.

A noção de que a psique é dinâmica, em vez de estática, é fundamental para a psicologia freudiana, junguiana e pós-junguiana. O que se concebe é uma interação de forças, muitas vezes instintivas, e a ideia de conflito entre forças opostas. Para Freud, o conflito não resolvido e não regenerado é a fonte da neurose, enquanto Jung, como veremos no capítulo 4, considerava a união de conteúdos psíquicos aparentemente irreconciliáveis como base para o desenvolvimento saudável, fornecendo uma nova posição a partir da qual o indivíduo pode prosseguir. Talvez o principal conflito dinâmico (e Freud e Jung concordariam com isso, mesmo que depois variações se estabeleçam) seja o entre a consciência e a inconsciência. Na visão junguiana, isso é aprimorado pela proposição de que também há uma função autorreguladora dentro do inconsciente. Por enquanto, o principal elemento que podemos discernir no aspecto dinâmico da metapsicologia é que partes da psique podem se mover juntas e, inversamente, separadas. Esse ritmo de combinar e unir, por um lado, e, por outro, separar, diferenciar e discriminar, acaba sendo um tema importante em Jung e um tema vital para os pós-junguianos em suas abordagens para o desenvolvimento da personalidade e para a individuação.

Falar sobre a topografia da psique envolve identificar subsistemas e colocá-los espacialmente (como Freud fez no início) ou estruturalmente (como fez mais tarde). As raízes da abordagem topográfica residem na anatomia e fisiologia, nas quais as várias partes do corpo humano têm sua própria localização e estão conectadas a outras áreas e órgãos. Mais especificamente, tentativas continuam a ser feitas para localizar o lugar onde as fantasias se originam e assim por diante. Toda a noção do inconsciente indica que muito está oculto – como as fundações de um edifício – mas operando do mesmo jeito, especialmente na psicopatologia. Tanto Freud quanto Jung realizam uma dissecação da psique como um todo para revelar suas partes e subsistemas. A topografia permite que o modo de funcionamento e as principais características de um subsistema específico sejam analisados em relativo isolamento, como na análise de um complexo (cf. cap. 2).

A abordagem econômica foi citada anteriormente em relação à analogia. Em relação à metapsicologia, a hipótese é que a atividade psicológica possa ser expressa em termos da energia disponível para qualquer processo potencial e que isso possa variar. Talvez isso possa ser mais bem ilustrado pela prática clínica. Pacientes com sintomas obsessivos podem se encontrar incapazes de interromper a atividade sintomática por meio de esforços conscientes. Economicamente, mais energia é investida no sintoma do que está disponível para tentativas de superá-lo. Quando chegarmos a considerar a interação dos complexos, estaremos constantemente usando essa hipótese. Há pouco espaço na metapsicologia para discussão do que é inato ou constitucional na personalidade e o que decorre da interação com o ambiente.

Junguianos inadvertidos

Quando o interesse em Jung mudou do aspecto arcano e esotérico para um exame da aplicabilidade clínica de suas ideias, ele foi revelado como um pensador e psicoterapeuta surpreendentemente moderno, que antecipou de maneira impressionante muitas das formas pelas quais o pensamento psicanalítico e psicológico, em geral, se desenvolveu. Como disse Roazen (1976, p. 272) em seu estudo monumental *Freud and his followers*: "poucas figuras responsáveis na psicanálise ficariam hoje perturbadas se um analista apresentasse pontos de vista idênticos ao de Jung em 1913". E o mesmo pode ser dito para muitas das formulações posteriores de Jung.

As maneiras por meio das quais a psicologia analítica pós-junguiana se encontra em sintonia com vários desenvolvimentos na psicanálise sugerem que não apenas Jung está no *mainstream* terapêutico, mas que há uma visão na qual a análise e a psicoterapia hoje são, de fato, junguianas. Realmente precisamos de uma nova categoria – junguianos inadvertidos. Ao longo deste livro, vamos olhar para a interação entre Jung, pós-junguianos e junguianos inadvertidos, principalmente na psicanálise. Na verdade, estaremos fornecendo uma detalhada substantivação da perspicácia de Roazen (sem mencionar outras reivindicações mais gerais em nome de Jung). Às vezes, uma ideia da psicologia analítica pode ajudar com um problema espinhoso na teoria psicanalítica, e vice-versa.

Minha intenção não é, por assim dizer, reivindicar que Jung inventou a roda, ou adotar a postura de um apoiador fanático de Jung (há muitas objeções às ideias de Jung neste livro para isso). Mas minha experiência de ensino e contato com colegas psicanalíticos sugere que Jung ainda não é percebido como uma figura confiável; há uma lacuna de credibilidade. Ao mostrar que grande parte da análise e psicoterapia modernas tem um sabor junguiano pronunciado, espero fazer algo sobre essa lacuna de credibilidade e fazer com que o leitor se interesse a explorar mais a fundo aqueles aspectos da psicologia analítica que havia sido propenso a rejeitar (cf. tb. p. 528-529 deste livro).

Anexo uma lista das mudanças e desenvolvimentos na psicanálise, com as quais estarei preocupado ao longo do livro e que refletem essa reorientação junguiana, juntamente aos nomes dos teóricos que estão mais intimamente conectados a essas mudanças:

- ênfase na experiência precoce de apego e separação da mãe no período pré-edipiano (Klein, a Escola Britânica de teóricos das relações objetais: Fairbairn, Guntrip, Winnicott, Balint. Também Bowlby).
- um papel vital é desempenhado na vida psicológica por estruturas psíquicas inatas (arquétipos) (Klein, Bowlby, Spitz, Lacan, Bion).

- há um aspecto criativo, intencional e não destrutivo do inconsciente (Milner, Rycroft, Winnicott, no contexto do brincar, e cf. Maslow e psicologia humanista).

- os sintomas não devem ser considerados apenas de maneira causal reducionista, mas em termos de sentido para o paciente (Rycroft e análise existencial).

- um movimento na teoria analítica, afastando-se de abordagens patriarcais, falocêntricas e dominadas por homens; é dada atenção ao feminino (psicologia e psicoterapia feminista, Mitchell, Stoller, Lacan).

- ênfase no uso clínico da contratransferência (a maioria dos analistas hoje, como Searles, Langs, Racker, Little, Winnicott).

- a ideia de que a análise é uma interação mutuamente transformadora e, portanto, que a personalidade do analista e sua experiência na análise são de importância central (Langs, Searles, Lomas, interacionismo).

- a ideia de que a regressão na análise pode ser útil e benéfica, podendo ser trabalhada (Balint, Kris).

- a análise deve se preocupar com o si-mesmo tanto, se não mais, do que com o ego; o si-mesmo é entendido como uma expressão coesa da pessoa, em vez de uma, entre várias representações, do ego (Kohut, Winnicott).

- existem subdivisões da personalidade (complexos) com as quais um analista pode trabalhar (verdadeiros e falsos si-mesmos de Winnicott, cf. terapia Gestalt, análise transacional).

- a fantasia incestuosa é simbólica (Bion, Lacan, Mitchell, Winnicott).

- quais questões de integração pessoal (individuação) são mais centrais do que "sanidade" ou "genitalidade" (Erikson, Milner).
- a ideia de que os fenômenos esquizofrênicos têm significado (Laing e seus colegas).
- expansão do interesse analítico para a segunda metade da vida (Levinson, Parkes, Erikson, Kübler-Ross).
- a ideia de que problemas entre pais encontram expressão nos filhos (terapia de família).

Escolas de psicologia analítica

Voltemos agora nossa atenção para a existência das várias escolas de psicologia analítica pós-junguiana. Pode ser lamentável que essas divisões existam ou sejam salutarmente inevitáveis, mas não podem ser ignoradas. Isso porque as diferenças teóricas levam a diferenças na prática analítica e terapêutica, determinam quais partes do material do paciente recebem atenção e contribuem para o significado inerente ao material.

Descrevo três classificações existentes de escolas pós--junguianas, depois minha própria classificação e concluo com uma consideração sobre a amplitude do espectro que psicologia junguiana poderia ou deveria abranger, com uma discussão sobre o ecletismo.

A classificação de Adler

O sistema de Adler foi o primeiro, das três classificações, a ser publicado (1967). Ele sentiu que era necessário para a psicologia analítica mudar e desenvolver de forma semelhante às próprias ideias de Jung que sofreram modificações; mesmo que isso levasse a alguma confusão, não poderia ser evitado. Adler descreve um *continuum* que varia de uma atitude "ortodoxa" a uma "não ortodoxa". O grupo ortodoxo continua a usar os conceitos e abordagens de Jung mais ou menos na forma e maneira em que ele os deixou. Clinicamente, isso implica um destaque para a elucidação de padrões arquetípicos que dão significado a elementos propositivos e teleológicos no material psíquico, por meio de amplificação com dados comparativos ou pelo uso de imaginação ativa.

A noção de amplificação é uma forma altamente desenvolvida de analogia na qual o conteúdo ou história de um mito, conto de fadas ou prática ritualística já conhecida é usada para elucidar ou "ampliar" o que poderia ser apenas um fragmento clínico – uma única palavra ou imagem de sonho ou sensação corporal. Se o fragmento clínico desencadear no analista ou paciente o conhecimento já adquirido, o material pode fazer sentido. Por exemplo, uma mulher que não consegue entender por que não se dá bem com a mãe pode sonhar em encontrar um homem em um lugar subterrâneo. A amplificação pode fazer uso de um mitologema do inconsciente coletivo, ou seja, Deméter e Perséfone, e, assim, acentuar ou tornar aparente a rivalidade sexual e os sentimentos ambivalentes em relação à sexualidade do outro como a razão para o conflito entre mãe e filha. Além de ajudar na conscientização dessa dinâmica, a amplificação ajuda o paciente a ver que não está sozinho em seu problema, que é "típico".

A ideia de imaginação ativa deriva da descoberta de Jung de que o inconsciente tem uma capacidade independente de produzir símbolos. Jung descobriu que isso poderia ser usado analiticamente e designou o trabalho com tal material como "imaginação ativa" para distingui-lo da fantasia passiva e também para enfatizar que o paciente pode ter que fazer escolhas com base no resultado de sua imaginação ativa. A imaginação ativa é um canal para "mensagens" do inconsciente por qualquer meio; por exemplo, por meio de mídias como pintura, modelagem ou escrita. Esses produtos não são vistos esteticamente, mas valorizados pela informação que contêm sobre áreas pré-subjetivas da psique. A imaginação ativa é, portanto, um tipo especial de fantasia que envolve a participação do ego e visa a conexão com a realidade interna e objetiva. O ego manterá um fragmento psíquico, como no exemplo acima, de maneira contemplativa e, então:

> É como se a imaginação começasse a se agitar e um sonho do inconsciente começasse a se desenrolar. Geralmente o ego está incluso no drama, movendo-se pela cena ou fazendo perguntas. Assim, com uma atitude que reconhece a realidade da psique, inicia-se uma conversa entre consciente e inconsciente, entrando no método dialético que permite a liberdade de expressão da psique (Weaver, 1964, p. 4).

O momento em que a imaginação ativa é introduzida durante uma análise e o tipo de pessoa para o qual é apropriada são questões importantes discutidas no capítulo 6, que trata do processo analítico.

Tanto a amplificação quanto a imaginação ativa se baseiam em confiar na atividade dinâmica do si-mesmo, que pode ser reprimida tanto quanto a agressão ou a sexualidade. Se a análise facilita a remoção da repressão, então, iniciar o processo descrito levará ao movimento.

No outro extremo do espectro, Adler coloca um segundo grupo, os "neo-junguianos". Esse grupo modificou as ideias de Jung, tentando integrar conceitos psicanalíticos (nos Estados Unidos por Erikson, na Inglaterra por Klein e Winnicott). Isso leva a uma abordagem divergente da abordagem prospectiva de Jung na interpretação, afastando-se da amplificação e da imaginação ativa na análise para favorecer o que Adler designa como interpretação "redutiva". Isso implica um foco muito maior no material infantil, na repetição de padrões infantis na vida adulta e na criança histórica no adulto. Trabalhar com o material infantil na análise e terapia virtualmente força uma concentração na interação entre analista e paciente, porque a transferência, composta em parte de desejos infantis, impulsos e formas de mecanismos psíquicos como defesas primitivas, fornece o único canal para esse material.

O terceiro elemento de Adler em seu espectro é um grupo central que tenta combinar as duas abordagens, bastante diferentes, mencionadas anteriormente, e do qual ele se considera um membro. Adler distingue esse "grupo do meio" dos neo-junguianos, afirmando que, para aquele grupo, a análise da transferência é apenas um dos vários instrumentos disponíveis para o analista. "Igualmente, se não mais importante para ele, será a interpretação de sonhos (e, em menor grau, o método mais especializado da imaginação ativa)" (Adler, 1967, p. 349). Adler enfatiza que sua concepção de transferência é muito mais ampla do que aquela derivada da psicanálise, porque, além do ângulo infantil, é adicionada a possibilidade de projetar no analista potenciais inconscientes ainda não vividos.

A classificação de Fordham

Fordham (1978a, p. 50) também percebeu que as várias escolas pós-junguianas colocam diferentes ênfases em diferentes aspectos do trabalho de Jung. Fordham não sente que o uso da transferência de Adler é algo maior do que uma concessão menor (Fordham 1978a, p. 16) e, portanto, sua classificação está em desacordo com a de Adler. Sua abordagem é baseada na geografia. Por exemplo, ele sente que no Instituto C.G. Jung, em Zurique, é oferecido aos estudantes o estilo posterior de Jung. De acordo com Fordham, isso levou Jung "cada vez mais longe da análise e em direção ao estudo das possibilidades que podia discernir no inconsciente" (Fordham 1978a, p. 50). Eu acredito que a motivação da crítica de Fordham está no fato de o ensino em Zurique não apenas se basear apenas em uma exageração da orientação posterior de Jung, mas também ignorar o fato de que nunca fora intenção de Jung substituir seus interesses anteriores, muitas vezes mais clínicos.

Como o próprio trabalho de Jung com pacientes se desenvolveu em algo altamente idiossincrático e pessoal, muito pouco foi escrito sobre o que realmente acontece na análise "estilo Zurique". Fordham também está interessado e intrigado com a prática da análise múltipla, supostamente em uso em Zurique, significando que um paciente vê mais de um analista ao mesmo tempo ou tem um processo de análises consecutivas com analistas escolhidos por razões específicas, como sexo ou tipo psicológico. Fordham vê o estilo de análise de Zurique como

Jung e os pós-junguianos 43

um fenômeno cultural fortalecido pela posição peculiar do Instituto em Zurique no centro de uma subcultura junguiana que não é exclusivamente (ou mesmo primordialmente) clínica. Na visão de Fordham, toda a ênfase dessa escola é colocada em revelar as características míticas do material do paciente e aplicar a ele um modelo já existente da psique. Assim, o material acaba sendo atribuído a uma abertura específica ou a outra.

Fordham, continuando sua pesquisa geográfica, chega a Londres, onde, segundo ele, os pós-junguianos prestam atenção à transferência de uma maneira que difere do modelo de Zurique tão radicalmente, que Fordham se sente preparado para falar de uma "Escola de Londres". Isso corresponde aproximadamente aos "neo-junguianos" de Adler. A Escola de Londres se desenvolveu, em parte, porque os primeiros membros estavam interessados em saber o que de fato ocorria entre o paciente e o analista e, em parte, porque a descrição de Jung sobre a maturação na infância era considerada inadequada. Fordham observa que houve muita interação com psicanalistas e que "em particular, a Escola Kleiniana, com sua ênfase na fantasia inconsciente e na contratransferência, tornou possível um intercâmbio fértil" (Fordham 1978a, p. 53).

Finalizando sua classificação, Fordham observa que intercâmbios semelhantes com psicanalistas ocorreram em São Francisco e na Alemanha. Mas sente que o uso da teoria tipológica em São Francisco é uma característica especial do trabalho pós-junguiano, enquanto, na Alemanha, está sendo feito um trabalho interessante sobre contratransferência. Deve-se notar que a diferenciação Londres-Zurique de Fordham é mais do que algo convenientemente contido por esses dois centros, e essa é uma fraqueza de sua classificação. É possível ver influências de "Londres" e de "Zurique" em muitos outros centros junguianos.

Fordham enfrentou abertamente o conflito Londres-Zurique de sua época e reconheceu que o dogmatismo e a formação de reações haviam se instalado. A situação foi ainda mais complicada em Londres, onde um segundo grupo surgiu com sua própria organização e treinamento, com o objetivo declarado de "ensinar a psicologia de Jung de forma pura" (Adler, 1979, p. 117). Mais adiante, consideraremos os fatores relevantes para essa divisão, mas quero continuar discutindo as tentativas anteriores de classificar os pós-junguianos.

A classificação de Goldenberg

O terceiro sistema de classificação é o de Goldenberg (1975). Ela sentia que os junguianos ainda não tinham se formado em escolas, diferentemente de Fordham e Adler. Portanto, não há tradição de autocrítica ou avaliação interna – além da interação entre analistas individuais. Ela sente que estudiosos de outras disciplinas, como ela mesma, teriam acesso mais livre aos conceitos junguianos e aos desenvolvimentos pós-junguianos e também que os junguianos seriam capazes de se comunicar entre si e esclarecer suas ideias se alguma classificação fosse feita.

Assim, Goldenberg divide os pós-junguianos em duas categorias – a segunda e a terceira gerações. Ela se refere às gerações na história intelectual e em relação a Jung como um núcleo epistemológico e não como algo relacionado à idade real do contribuinte. Ela considera uma pessoa membro da segunda geração aquela que "se vê como um discípulo ou professor de Jung e tentou, de uma forma ou de outra, apresentar alguma

Jung e os pós-junguianos

consideração coerente" (Goldenberg, 1975, p. 203). Goldenberg aponta que os termos "segunda geração" e "consideração coerente" foram usados pela primeira vez pelo próprio Jung no prefácio de *Origins and history of consciousness*, de Neumann (1954). Goldenberg também captou a importância desses prefácios na história da evolução da mente pós-junguiana, conferindo, em certos casos, autoridade ao escritor.

É claro que Jung valorizava as tentativas de organizar e comunicar seu trabalho. E certamente as obras dos junguianos de segunda geração são extremamente populares (talvez até mais populares do que os livros do próprio Jung) porque, sem expressar qualquer desacordo significativo com Jung, eles tornam suas ideias mais simples ou expressam coisas de forma mais clara do que o autor fez. No entanto, Goldenberg vê tanto Fordham quanto Adler como segunda geração. Ela reserva o título de terceira geração para a escola de analistas que se definem como "psicólogos arquetípicos" (cf. o capítulo 9 para uma discussão completa da psicologia arquetípica). Para Goldenberg, essa é a primeira geração de pessoas que não sentem nenhuma responsabilidade pessoal para com Jung, embora reconheçam sua influência. Acredito que esse último ponto seja a característica mais importante dessa classificação. A questão da responsabilidade para com Jung pode ser o que realmente distingue os pós-junguianos de segunda geração dos de terceira.

Comentário

É claro que essas classificações são mutuamente exclusivas – por exemplo, a terceira geração de Goldenberg simplesmente não é notada nas outras duas classificações (embora

Adler possa afirmar que a psicologia arquetípica não era uma força no fim dos anos de 1960). E Fordham contesta a afirmação de Adler de ocupar um espaço intermediário, enquanto este autor parece quase pronto para que os neo-junguianos deixem o grupo. É um estado confuso e desagradável de coisas que deixa perplexos tanto estudantes quanto praticantes atuais. Sou grato a Clark (comunicação pessoal, 1982) por uma anedota sobre uma série de seminários que ele ministrou para terapeutas junguianos em treinamento sobre as vertentes da psicologia junguiana moderna. Os estudantes sentiram essas questões tão profundamente que, em algumas ocasiões, as lágrimas atestaram a ansiedade que a diversidade e a cisão podem causar. O lado positivo da história é que os alunos valorizaram a oportunidade de realizar o trabalho comparativo.

Uma nova classificação

Ao formular minha própria classificação, meu objetivo principal foi fornecer um modelo que permitisse diferenças individuais, ao mesmo tempo em que descrevesse as escolas pós-junguianas com coerência e coalescência suficientes para ser útil aos dois objetivos resumidos por Goldenberg – fornecer acesso ao desenvolvimento pós-junguiano para os não iniciados e permitir um grau mais elevado de estruturação, ordenamento e reflexão mútua no debate interno.

Minha hipótese é que existem, de fato, três escolas principais. Podemos chamá-las de Escola Clássica, Escola Desenvolvimentista e Escola Arquetípica. Meu método é selecionar três aspectos da discussão teórica e três da prática clínica com os quais todos os psicólogos analíticos se relacionam. Espero demonstrar que é a ordenação e a ponderação desses aspectos que fundamentam a evolução das escolas. As três áreas teóricas são:

(1) a definição de arquetípico;

(2) o conceito de si-mesmo;

(3) o desenvolvimento da personalidade.

Os três aspectos clínicos são:

(1) a análise da transferência-contra-transferência;

(2) ênfase nas experiências simbólicas do si-mesmo;

(3) exame de imagens altamente diferenciadas.

Com relação à teoria, acredito que a Escola Clássica daria mais peso às possibilidades na ordem 2, 1, 3. Ou seja, o si-mesmo integrador e individuante seria o mais importante, outras imagens e potenciais arquetípicos viriam logo após, e a experiência inicial do indivíduo seria vista como de importância um pouco menor. (Imagino que isso represente, em termos gerais, a própria ordenação de prioridades de Jung, daí o uso da palavra "Clássica".) A Escola Desenvolvimentista daria mais peso a essas possibilidades na ordem 3, 2, 1. Seria dada importância ao desenvolvimento pessoal do indivíduo, que envolveria uma consideração do si-mesmo, visto como gerador de suas potencialidades e imagens arquetípicas ao longo da vida. A Escola Arquetípica consideraria primeiro as imagens arquetípicas, o si-mesmo em segundo lugar, e o desenvolvimento receberia menos ênfase. Assim, a ordenação seria 1, 2, 3.

Voltando à prática clínica, a Escola Clássica daria peso às possibilidades 2, 3, 1 ou talvez 2, 1, 3. Não tenho certeza se a transferência-contra-transferência ou a busca por imagens particularizadas viria em segundo lugar em relação à busca do si-mesmo. A Escola Desenvolvimentista ordenaria suas prioridades clínicas como 1, 2, 3, ou possivelmente 1, 3, 2. Novamente, tenho certeza de que a transferência-contra-transferência seria considerada um aspecto muito importante, mas não tenho certeza se a experiência do si-mesmo ou um exame de imagens ocuparia a segunda posição. A Escola Arquetípica provavelmente funcionaria na ordem 3, 2, 1. Ou seja, imagens particularizadas seriam consideradas mais úteis do que experiências simbólicas do si-mesmo e ambas seriam mais centrais do que a transferência-contra-transferência.

É claro que há sobreposição com as classificações anteriores. Minha Escola Clássica é semelhante à "ortodoxia" de Adler e à "Escola de Zurique" de Fordham. Minha Escola Desenvolvimentista se assemelha aos "neo-junguianos" de Adler e à "Escola de Londres" de Fordham. Minha Escola Arquetípica é chamada por Goldenberg de "junguianos de terceira geração".

Não selecionei os seis temas por acaso – teóricos de todas as três escolas reforçaram as ênfases que sugeri. Por exemplo, Adler (Escola Clássica), em uma declaração pessoal (não publicada, 1975), escreveu:

> Damos ênfase principal à transformação simbólica. Gostaria de citar o que Jung diz em uma carta a P. W. Martin (20/8/45): [...] o principal interesse do meu trabalho está na abordagem ao numinoso [...] mas o fato é que o numinoso é a verdadeira terapia.

No que diz respeito à Escola Desenvolvimentista, a introdução editorial a uma coleção de seus artigos (Fordham et al., 1974, p. 10) afirma:

> o reconhecimento da transferência como tal foi o primeiro assunto a se tornar central para a preocupação clínica [....] Então, à medida que a ansiedade em relação a isso

> diminuiu com a aquisição de habilidade e experiência, a contratransferência se tornou um assunto que poderia ser abordado. Finalmente [...] a transação envolvida é mais apropriadamente denominada transferência/contratransferência.

Essa introdução continuou a discutir se o termo "interpretação" tem algum significado analítico se desvinculado do desenvolvimento passado do paciente.

Hillman, falando pela Escola Arquetípica, afirma:

> No nível mais básico da realidade psíquica estão as imagens fantasiosas. Essas imagens são a atividade primária da consciência[...] Imagens são a única realidade que apreendemos diretamente.

E no mesmo artigo ele se refere à "primazia das imagens" (1975a, p. 174).

Foi sugerido para mim (comunicação pessoal de Lambert, 1982) que os seis elementos poderiam ser constituídos em uma grade, semelhante àquela elaborada na psicanálise por Bion (1963). Isso é mostrado na Tabela 1. A grade de Bion foi projetada para ajudar um analista a refletir sobre os problemas que surgem na prática analítica; é um método de registro de forma abstrata do que ele e o paciente estiveram fazendo, desde as interações mais simples até as mais elaboradas. Na verdade, eu não sugeriria que minha grade seja de alguma forma comparável ao monumento de Bion, com suas quarenta e oito categorias. Mas o uso a que essa grade pode ser destinada é semelhante: como parte da autoanálise profissional do analista, uma exploração do mundo interior do profissional. Ainda mais importante, os leitores deste livro podem usar a grade para se orientar nos diversos debates pós-junguianos.

Tabela 1

	Transferência--contratransferência	Experiências simbólicas do si-mesmo	Exame de imagens altamente diferenciadas
Definição de arquetípico			
O conceito de si--mesmo			
O desenvolvimento de personalidade			

Qualquer classificação é, até certo ponto, uma falsidade criativa, já que é improvável que haja muitos indivíduos que se encaixem exatamente nas descrições. Para alguns temperamentos, a classificação é vista como tendo pouco valor ou mesmo como destrutiva para a individualidade. A classificação, em si, é suspeita, já que cada escritor, secretamente ou abertamente, favorece o grupo que conhece melhor. Mas, por outro lado, a mera existência de classificações como as de Adler, Fordham e Goldenberg é significativa, sem mencionar frases de efeito como o "híbrido klein-junguiano" de Plaut (1962) ou a invenção do termo "psicologia arquetípica" por Hillman (1975a, p. 138-147).

Não apresentei minhas classificações de forma dicotômica; fiz delas uma característica central, que pode ser utilizada por todos os psicólogos analíticos interessados em diversas áreas clínicas. Tomados em conjunto, os seis cabeçalhos constituem uma grande parte da disciplina da psicologia analítica como um todo – essa é a base comum ou base derivada de Jung com todas as adições subsequentes. Seguindo Bion (1965), podemos chamar isso de vértice pós-junguiano, implicando um ponto de vista ou perspectiva geral. O que define um psicólogo analítico será se ele se relaciona ativamente com os debates que surgem das diferentes ênfases que podem ser dadas aos seis cabeçalhos. Essa ênfase, a ponderação e a preferência, juntamente com as escolhas feitas pelos analistas individuais, constituem as escolas. Portanto, uma classificação em escolas, realizada dessa maneira, pode nos dizer tanto sobre o que é mantido em comum quanto sobre as diferenças de opinião.

Além disso, devemos esperar encontrar nas escolas de psicologia analítica mais do que uma tradição comum. Podemos descobrir algo semelhante no desenvolvimento das várias escolas, um futuro ideológico e prático comum. No capítulo 11, reúno elementos de tal futuro, mas a tentativa de fazê-lo é um fio condutor que percorre o livro.

Tenho certeza de que as escolas têm um componente "contraideológico". Por exemplo, Hubback mostrou como, mesmo na Escola Desenvolvimentista, questões de amplificação e imaginação ativa (geralmente não associadas a essa escola) receberam atenção (1980). Ela comenta que muitas vezes é um paciente, ou um grupo de pacientes, que fornece o estímulo para o interesse em um tópico específico; daí a necessidade de uma abordagem classificatória baseada em prioridades, em vez de exclusividades.

Mencionei anteriormente que as escolas de psicanálise, ao longo do tempo, assumiram uma estrutura mais formal do que as da psicologia analítica. É razoável sugerir que um processo semelhante ocorrerá na psicologia analítica e que isso já começou. Assim, qualquer tentação de ignorar a existência das escolas ou de minimizar sua importância é historicamente insustentável, ou pode remontar nostalgicamente a um período anterior, mais unificado.

Nesse contexto, podemos notar o que Segal (1979) tem a dizer sobre como a Sociedade Psicanalítica Britânica organizou sua formação para levar em conta as diferenças entre as escolas de psicanálise – o "grupo B", composto por Anna Freud e seus seguidores, e o "grupo A", composto tanto pelos kleinianos quanto pelo que, mais tarde, ficou conhecido separadamente como o "Middle Group" de analistas não comprometidos. Segal acredita que, após a acrimônia anterior durante os anos 40, à medida que as diferenças foram trabalhadas, as coisas se acalmaram, e que a organização da formação para levar em conta os grupos não só fornece aos alunos uma base sólida em seu caminho escolhido, mas "também um conhecimento de pontos de vista divergentes" (Segal, 1979, p. 111).

A consideração de Segal também é interessante pela luz que lança sobre a maneira como as facções rivais se relacionavam com Freud: "ambos os lados da controvérsia citavam Freud repetidamente, mas as citações eram diferentes. Poderiam dizer "qual Freud?"; "De quem é o Freud?" (Segal, 1979, p. 95). E como a questão-chave era se Melanie Klein era uma freudiana, não será surpresa para os psicólogos analíticos (que têm, como se pode ver em todo este livro, sua própria versão deste problema) ouvir que:

> até o fim de sua vida [Klein] se sentiu um pouco confusa e profundamente magoada com a frieza de Freud em relação a ela e ao seu trabalho, que ela via como próximo ao dele. Acreditando que o desenvolveu no mesmo *ethos* e mais do que qualquer outro analista vivo, ela achou muito difícil suportar que Freud não o visse dessa maneira (Segal, 1979, p. 171).

Talvez a polêmica seja inevitável. Heráclito nos diz que *polemos*, que significa luta ou conflito, é "o pai de todos, o rei de todos". Além dos fatores ideológicos, as escolas de psicologia analítica irradiam uma realidade emocional, o que pode ser visto como uma necessidade para uma profissão emergente.

Um fator complicador é que os grupos pós-junguianos tendem a se agrupar em torno de líderes fortes. Eu não acredito que isso resulte de um fomento consciente, mas a criação de líderes, sem dúvida decorrente do desejo de evitar o anômalo e de ter ideias organizadas em uma hierarquia de aceitabilidade, personalizou algumas das diferenças entre as escolas (cf. Samuels, 1981a).

Além disso, as escolas tendem a se tornar mais, e não menos, poderosas, uma vez que os vários fundadores provavelmente selecionarão como aprendizes aqueles que serão simpáticos ao consenso que possa existir em uma escola específica.

Retornando à minha própria classificação, uma maneira adicional de se evitar a rigidez é ver as escolas como se sobrepondo em certa medida. Isso não apenas permite que indivíduos se enquadrem entre as escolas, mas também demonstra diferenças dentre elas. Isso é mostrado na Tabela 2; os nomes são organizados em ordem alfabética para facilitar o retorno do leitor a esse gráfico, conforme progride no livro, e a presença de nomes na mesma coluna implica similaridade teórica em vez de uma aliança pública (embora isso possa existir). Claro que há muitos pensadores cujo trabalho não estou comentando, ou com os quais não estou familiarizado, ou que não escrevem livros e artigos; seus nomes não podem aparecer.

Tabela 2

Desenvolvimentista clássica			Arquetípica		
Abenheimer	Hall	Newton	Adler	Guggenbühl	Miller
Blomeyer	Hobson	Perry	Berry	Hannah	Perera
Blum	Hubback	Plaut	Binswanger	Harding	R. Stein
Bradway	Jackson	Redfearn	Casey	Henderson	Shorter
Carvalho	Jacoby	Samuels	Castillejo	Hillman	Singer
Clark	Kay	Schwartz	Corbin	Humbert	Stevens
Davidson	L. Stein	Seligman	Corbin	Jacobi	von der Heydt
Deickmann	Lambart	Strauss	E. Jung	Jaffé	von Franz
Detloff	Ledermann	Ulanov	Feiz	Laughlin	Weaver
Edinger	Lyons	Welleford	Fery-Rohn	Layard	Wheelwright
Fiumara	Maduro	Whitmont	Giegerich	Lopez-Pedraza	Wolff
Fordham	McCurdy	Williams	Giegerich	M. Stien	Woodman
Goodheart	Moore	Zinkin	Goresbeck	Matton	Miller
Gordan	Neumann		Grinnell	Meier	

Os limites da psicologia analítica

Usei o termo "pós-junguiano" ao invés de "junguiano" para indicar tanto a conexão com Jung quanto a distância dele. As perguntas que inevitavelmente serão feitas são: quão ampla deve ser a comunidade da psicologia analítica? É possível, ou mesmo desejável, que a multiplicidade de pontos de vista com os quais estaremos envolvidos receba qualquer designação comum? Quão fluida pode ser a prática em relação a um paciente antes de encaminhá-lo para outro analista ou até mesmo para outro tipo de praticante?

Henderson, quem eu consideraria um membro da Escola Desenvolvimentista Clássica, aborda essas questões ao revisar as coleções de artigos que foram publicados pela Escola Desenvolvimentista. Ele diz:

> O que os leitores perderam nesses artigos quando foram publicados [...] foi o senso de aventura ao qual estavam acostumados pela inclusão de grandes ideias filosóficas e pela amplificação de imagens arquetípicas com referência à religião, alquimia e mitos primitivos, como os encontrados na literatura junguiana de escritores como Neumann, von Franz, Adler, Hillman e outros. Agora [...] podemos ver porque estava errado esperar que fossem diferentes do que são. Eles não pretendem acrescentar muito ao método ideológico (ou seja, progressista) de Jung, com sua forte dependência da linguagem do simbolismo religioso [...] É uma parte da alegação declarada de Fordham de que a análise junguiana não é incompatível com a análise freudiana, e acho que, em certos aspectos significativos, essa alegação foi justificada (Henderson, 1975b, p. 203).

Henderson nos lembra que é inútil esperar que algo faça mais do que foi projetado para fazer ou criticar algo por não ser o que nunca se pretendeu ser. Aceitar a diversidade significica aceitar limitações em nós mesmos e nos outros. No entanto, a ideia de que as análises freudiana e junguiana podem ser compatíveis é, para alguns junguianos e freudianos, totalmente inaceitável.

Como tantas vezes, extremistas de ambos os campos, freudiano e junguiano, encontram-se na mesma cama. Na psicanálise, Glover ataca qualquer ideia de concessão, citando John Morley:

> No fundo da defesa de uma doutrina dual, repousa a ideia de que não há mal no fato dos homens estarem errados, ou pelo menos é pouco danoso, uma vez que este mal é mais

do que compensado pela marcada tranquilidade na qual seu erro os envolve (Glover, 1950, p. 187).

Glover continua atacando o ecletismo, que se propõe a ser uma maneira objetiva e sensata de lidar com as coisas. Ele rejeita qualquer acordo entre oponentes. Nesse ponto, é acompanhado por Adler, que se opõe fortemente à declaração de Fordham, em seu obituário de Jung, de que a incompatibilidade pessoal de Jung com Freud e a consequente separação parecem um desastre do qual a psicologia analítica e a psicanálise sofrem e continuarão a sofrer até que o dano seja reparado. Adler sente que devemos aceitar que é necessário fazer uma escolha e viver com o sacrifício envolvido (Adler, 1971, p. 114). Ele está falando tanto de sua rejeição à síntese freudiano-junguiana quanto de sua atitude em relação à diversidade interna junguiana – sua insistência em um Jung "não diluído", como mencionado anteriormente.

Adler, portanto, está em paz com a ideia de que a psicologia junguiana possa perder "no que diz respeito à compreensão de fenômenos físicos, relações objetivas e algumas percepções terapêuticas reais" (Adler, 1971, p. 117). O perigo para os pós-junguianos, segundo o autor, reside na tamanha diversidade que os fará perder seu ponto de vista original. Isso é uma questão de preocupação sobre o que está envolvido na visão junguiana.

Em seu livro *The art of psychotherapy*, Storr (1979) adota uma atitude diferente de Adler. Ele profetiza que logo as escolas psicológicas deixarão de existir como entidades separadas, porque as disputas teóricas são tempestades em copo d'água que disfarçam a similaridade básica do que os analistas e terapeutas realmente fazem. De um ponto de vista Olímpico, é possível que as semelhanças superem as diferenças, mas essa proposição pode se revelar mais um programa desejado, já que não há sinais de que as escolas de psicologia profunda estejam perdendo seu apelo (isto é, as escolas ainda exercem atração, embora tenha havido um movimento de distanciamento das abordagens analíticas em geral).

Se Storr quis dizer que a "fertilização cruzada" está ocorrendo em um grau sem precedentes, então eu concordo completamente. Também concordo que a devoção desenfreada a uma ideia ou a um homem pode ser destrutiva. Mas é certamente necessário que um analista ou terapeuta trabalhe com convicção, até mesmo com paixão. Se isso faltar, algo pode ser perdido.

A existência de materiais de pesquisa mostrando que terapeutas de diferentes convicções obtêm resultados semelhantes não significa que não importa naquilo que se acredita. Não posso simplesmente adotar uma técnica Gestalt – seria inautêntico e ridículo, para mim, fazê-lo, dado minha orientação e treinamento. Segue-se que a escolha, decorrente do caráter e da convicção, terá que ser exercida e podemos concluir que o questionamento e o reconhecimento crítico de uma tradição são uma virtude; tornar-se familiarizado com essa tradição é, então, uma obrigação. No entanto, o requisito de escolha crítica não é fácil de cumprir em um campo complicado e conflituoso.

Conflito e escolha

Para onde o leitor interessado em ideias junguianas e com desejo de atualizar esse conhecimento deve ir? Popper disse uma vez que o lugar para qualquer iniciante na busca pelo conhecimento é onde há discordâncias. Se você reconhece que a teoria e a prática psicológicas se desenvolvem organicamente, por meio de um processo, então o ponto onde os praticantes atuais discordam reflete o estado da arte. Nesse ponto, você pode ter a certeza de estar na presença das melhores mentes e talentos e das visões ou sínteses mais contemporâneas daquilo que já foi feito antes, além de previsões do que pode acontecer (Popper, 1972).

Essa ideia se opõe à visão aparentemente mais sensata e costumeira de que devemos começar com o que é conhecido e acordado e, quando isso for dominado ou pelo menos entendido, nos envolver nas divergências adultas. Claro que a arena na qual pessoas experientes diferem é um lugar emocionante para se entrar, mas é também vertiginoso, assustador, fragmentado. Porém, basear uma busca pelo conhecimento em conflito em vez de consenso tem seus pontos positivos. Desenvolvi essas ideias extensamente em outros trabalhos (Samuels, 1981a e b), mas, neste livro, gostaria de sugerir que a principal vantagem do estudo orientado ao conflito em vez do consenso é que o primeiro coloca continuamente o leitor em uma situação ativa de resolução de problemas. Ele tem que decidir qual das várias opiniões é mais confiável e adequada para si. Ele mesmo estará na ponta de uma linha de pesquisa que se estende de volta para Jung e além, mas sua primeira tarefa será examinar o conflito e depois escolher entre um dos lados.

Popper diz que

> não sabemos como ou onde começar uma análise deste mundo. Não há sabedoria para nos dizer. Nem mesmo a tradição científica nos diz. Ela apenas nos informa onde

outras pessoas começaram e onde chegaram (Popper, 1972, p. 129).

Então, em vez de estudar as obras de Freud, Jung, Klein, Neumann em uma ordem "sensata", pode-se começar com o ataque de Hillman à abordagem desenvolvimentista (Hillman 1975a, p. 5-48), ou pelo ataque de Fordham às visões da infância de Neumann (Fordham, 1981), como nos capítulos 3 e 5, respectivamente. Essas são duas mentes excelentes trabalhando; o que as anima, o que as energiza, vale a pena ser notado. Tais conflitos arcanos são supostamente demais para o não especialista suportar. Não importa se alguns aspectos das disputas que estou relatando estão além do alcance de alguns leitores; mais será compreendido com o tempo e começar do começo não é garantia de compreensão.

É possível colocar uma coloração pragmática na maior parte disso. William James disse: "as ideias se tornam verdadeiras na medida em que nos ajudam a entrar em relações satisfatórias com outras partes de nossa experiência" (James, 1911, p. 12). Assim, por exemplo, as teorias psicológicas que estamos discutindo não devem ser vistas como respostas a questões de natureza humana, mas como instrumentos para orientar futuras ações e práticas. O pragmatismo envolve um tipo de procedimento democrático no qual uma pessoa é livre para decidir qual das várias hipóteses conflitantes aceitar. Se sua avaliação racional das alternativas não puder ajudá-lo a tomar uma decisão, então você é livre para seguir sua própria inclinação.

Uma nota final sobre as escolas. Os leitores, cujo conhecimento da psicologia analítica não é extenso, devem usar a classificação, grade e listas para se orientar e encontrar significado no que segue. Aqueles mais familiarizados com o campo podem, além disso, querer considerar a ideia de que as escolas também podem ser vistas como fios separados existentes na mente de um analista, às vezes competindo e às vezes sintetizando. Para ambos os grupos de leitores, eu diria que o livro está, de certa forma, em sintonia com o próprio pensamento de Jung quando propôs que os opostos devem ser discriminados antes que possam ser unidos. As escolas representam tal discriminação, e a noção de que elas juntas definem a disciplina representa a combinação, a *conjunctio*.

Arquétipo e complexo

Em um tom de "ninguém me entende", que caracterizou seus últimos cinco anos, Jung observa em sua introdução ao livro *Complex/archetype/symbol*, de Jacobi (1959), que "o conceito de arquétipo deu origem ao maior mal-entendido e – se se pode julgar pela crítica adversa – deve ser presumido como muito difícil de se entender" (Jacobi, 1959, p. 5). No entanto, a teoria dos arquétipos fornece uma ligação crucial nos diálogos entre natureza e cultura, interno e externo, científico e metafórico, pessoal e coletivo ou social. Neste capítulo, analisamos primeiramente a teoria dos arquétipos de Jung, depois as objeções à teoria, paralelos com a psicanálise e outras disciplinas e, em seguida, desenvolvimentos pós-junguianos. Na segunda parte do capítulo, o foco passa dos arquétipos para o conceito de complexo de Jung. Em conclusão, sugiro algumas maneiras alternativas por meio das quais essas ideias podem ser utilizadas.

Antecedentes

Pode ser útil mencionar alguns dos precursores das teorias de Jung. Platão fala de Ideias originais das quais toda a matéria e Ideias subsequentes são derivadas. Essas Ideias foram mantidas nas mentes dos deuses antes de o mundo ser criado; por isso, as Ideias Platônicas precedem a experiência. Mas há uma distinção crucial: é uma faceta da abordagem de Jung que os arquétipos promovem experiências basilares da vida. No entanto, as formulações posteriores de Jung incorporam um elemento transcendente, de modo que os arquétipos estão de alguma forma além do tempo e do espaço.

Kant foi outra influência; se o conhecimento depende da percepção, então uma noção de percepção deve preceder a aquisição de conhecimento. A partir dessa ideia de uma "forma" perceptiva *a priori*, Kant produziu um esquema no qual todos os dados sensoriais podem ser organizados em categorias fundamentais e inatas. As categorias kantianas não são concepções passivas; elas entram na composição e constituição de tudo o que é apresentado aos sentidos. São, portanto, parte da experiência e, nesse sentido, próximas à definição de arquétipos de Jung. As categorias kantianas também estão localizadas além do tempo e do espaço e não possuem uma conexão com as realidades corporais e a experiência cotidiana.

Jung especificamente reconheceu sua dívida em Schopenhauer, referindo-se a ele como "a grande descoberta" e creditando-o à influência primordial de suas ideias do inconsciente (Jarret, 1981, p. 195). Schopenhauer escreveu sobre "protótipos" ou arquétipos como "as formas originais de todas as coisas [que], sozinhas, são ditas o verdadeiro ser, pois sempre são, mas nunca se tornam nem desaparecem" (*apud* Jarret, 1981, p. 201).

Jung se esforça para diferenciar-se, como psicólogo, desses antecedentes. Ele está preocupado com a possibilidade de que a noção de arquétipos se torne nada mais do que uma categorização da cognição ou compreensão, pois isso omitiria a importância vital dos instintos – um algo "que dissimula os instintos sob a capa de motivações racionais e transforma os arquétipos em conceitos racionais" (OC 8/2, § 277).

O desenvolvimento das ideias de Jung

A primeira etapa na evolução da teoria dos arquétipos surgiu diretamente da autoanálise de Jung e do seu trabalho com pacientes, principalmente psicóticos, no Hospital Burghölzli. Ele descobriu que as imagens se organizavam em padrões que lembravam mitos, lendas e contos de fada, e que o material imaginário não se originava de percepções, memória ou experiência consciente. As imagens pareciam refletir modos universais da experiência e comportamento humano. Jung as designou "imagens primordiais", usando esse termo a partir de 1912, apesar de numerosas mudanças e modificações na teoria. Jung também se convenceu de que nenhuma teoria de migração poderia explicar a ubiquidade de certos motivos culturais e concluiu que há uma parte da psique mantida em comum, a qual chamou de inconsciente coletivo. Isso é diferente da ideia de inconsciente de Freud naquela época, que enfatizava a repressão do material outrora consciente; Jung chamou isso de inconsciente pessoal. Freud também admitia a possibilidade de alguns elementos no inconsciente nunca serem conscientes, um ponto que, se levado em consideração, tenderia para um conceito como o de arquétipo.

À universalidade e coletividade devem ser adicionados dois outros fatores – profundidade e autonomia. As imagens primordiais são como fundamentos; imagens subsequentes são derivadas das primeiras. E estas têm certa independência, podendo surgir na mente, sem aviso prévio, em sonhos, devaneios, fantasias ou criações artísticas.

Em 1917, Jung falava do inconsciente coletivo se expressando na forma de "dominantes", pontos nodais especiais em torno dos quais as imagens se agrupavam. Nesse momento, Jung ainda estava usando a metapsicologia freudiana, pensando de forma econômica, de modo que o dominante era concebido como algo que atraia libido ou energia psíquica para si. O importante a ser observado na transição da imagem primordial para a dominante é que a estrutura inata, seja qual for o nome dado a ela, é vista como cada vez mais poderosa, a ponto de se tornar ator em vez de ser atuado. Há uma mudança na visão de Jung sobre o equilíbrio de poder entre a estrutura pré-existente e a experiência pessoal.

Jung também estava em reação a Freud, à causalidade psicanalítica e ao que restava da teoria do trauma, por isso era importante se afastar de uma abordagem de história de casos e fortalecer sua própria posição no debate sobre a lembrança de experiências infantis pelos pacientes. Resumidamente, Jung sentia que certas fantasias primárias não surgiam de experiências reais, sendo mais bem concebidas como projetadas nas chamadas "memórias". As imagens primordiais e as dominantes do inconsciente coletivo eram as fontes dessas fantasias posteriores. (cf. Samuels, 1982).

Em 1919, Jung introduziu o termo arquétipo. Qualquer consideração sobre as maneiras pelas quais a imagem primordial é transmitida ao longo do tempo esbarra na falácia lamarckiana. Aplicada à psicologia, essa falácia sugere que as fantasias são memórias de experiências pré-históricas específicas, sendo seu conteúdo herdado de gerações anteriores. Da mesma forma que os biólogos não podem aceitar que as características adquiridas sejam herdadas, é impossível para os psicólogos sustentarem que a imagem mental ou outros conteúdos possam ser transmitidos dessa maneira. No entanto, é perfeitamente razoável argumentar que, embora o conteúdo não seja herdado, a forma e o padrão são; o conceito de arquétipo atende a esse critério. O arquétipo é visto como um conceito puramente formal e esquelético, que é, então, preenchido com imagens, ideias, motivos e assim por diante. A forma ou padrão arquetípico é herdado, mas o conteúdo é variável, sujeito a mudanças ambientais e históricas.

Longe de prejudicar a ideia do inconsciente coletivo, a noção de arquétipo a fortalece, porque se torna desnecessário procurar por material pictórico semelhante. Temas arquetípicos podem ser detectados mesmo se os conteúdos variarem muito; as discussões sobre transmissão cultural são contornadas.

A partir de 1946, Jung continuou a fazer uma distinção clara entre arquétipo e imagem arquetípica. Ele se refere ao arquétipo *an sich* (como tal), um núcleo incognoscível que "nunca foi consciente e nunca o será. Sempre foi e será apenas interpretado" (OC 9/1, § 266). Jung é enfático ao afirmar que:

> Não devemos confundir as representações arquetípicas que nos são transmitidas pelo inconsciente com o arquétipo em si. Essas representações são estruturas amplamente variadas que nos remetem para uma forma básica irrepresentável que se caracteriza por certos elementos formais e determinados significados fundamentais, os quais, entretanto, só podem ser apreendidos de maneira aproximativa (OC 8/2, § 417).

O equilíbrio entre o padrão arquetípico geral e a experiência individual foi habilmente expresso por Dionísio, o Areopagita:

> Que o selo não seja completo e o mesmo em todas as suas impressões [...] não é devido ao selo em si, [...] mas a diferença das substâncias que o compartilham faz com que a impressão de um arquétipo único, completo e idêntico seja diferente (*apud* Jacobi, 1959, p. 34).

Podemos observar que, desde o início da teoria arquetípica, há uma preocupação com a individualidade e a experiência pessoal.

O conceito do arquétipo *an sich* atraiu Jung porque à psicologia é atribuída um *status* igualmente fundamental ao da biologia, da morfologia e, talvez, de todo o ambiente físico. Antes de examinar as implicações disso, vamos olhar com mais detalhes os vários componentes da teoria arquetípica.

Arquétipo como disposição herdada

Por termos o mesmo cérebro e estrutura corporal, tendemos a funcionar de forma semelhante. O nascimento, a criação, a sexualidade e a morte são experiências amplamente semelhantes para todos os seres humanos. Nossa biologia comum, etc., é herdada. Portanto, se os arquétipos são comuns aos seres humanos, também devem ser herdados. Jung nunca foi definitivo sobre a herança exata dos arquétipos, ou seja, como são transmitidos, mas estabelece paralelos com fenômenos como pintinhos emergindo de ovos, pássaros construindo ninhos e outros comportamentos específicos de cada espécie. Esse aspecto biológico do arquétipo é resumido pelo biólogo Portmann:

> a organização da vida interior do animal é controlada pelo elemento formativo cuja operação a psicologia humana encontra no mundo dos arquétipos. Todo o ritual dos animais superiores tem essa impressão arquetípica em alto grau. Para o biólogo, ela aparece como uma organização marcada da vida instintiva (*apud* Jacobi, 1959, p. 41).

E Jung:

> A crítica contentou-se em afirmar que tais arquétipos não existem. E não existem mesmo, assim como não existe na natureza um sistema botânico! Mas será que por isso vamos negar a existência de famílias de plantas naturais? (OC 9/1, § 309n).

A frase de efeito de Jung para os padrões arquetípicos era que eles são "normas biológicas de atividade anímica" (OC 9/1, § 309n).

Arquétipo como modelo

Certas experiências fundamentais ocorrem e são repetidas ao longo de milhões de anos. Tais experiências, juntamente às emoções e afetos correspondentes, formam um resíduo psíquico estrutural – uma prontidão para experimentar a vida ao longo de linhas amplas já estabelecidas na psique. A relação entre arquétipo e experiência é um sistema de retroalimentação: as experiências repetidas deixam estruturas psíquicas residuais que se tornam estruturas arquetípicas. Mas essas estruturas exercem uma influência na própria experiência, tendendo a organizá-la de acordo com o padrão preexistente.

Um exemplo simples mostra o sistema de *feedback* em ação. Durante milhões de anos de evolução humana, os bebês humanos foram totalmente dependentes dos outros, especialmente da mãe, para sobrevivência. Isso é um acontecimento tão regular e previsível que um bebê humano contemporâneo começa a vida com tendências ainda inconscientes – não para ver sua mãe como boa (prazerosa) ou ruim (dolorosa), mas para organizar a experiência individual de sua vulnerabilidade precoce em torno dos padrões "si mesmo", "mãe", "bom" e "ruim". Pode-se dizer que o bebê está estruturando suas experiências iniciais de acordo com o esquema psicológico inato da mesma forma que sabe como respirar ou excretar. Em termos de imagem primordial, esse esquema sugere uma imagem da Grande Mãe, nutridora e provedora da vida, por um lado, mas que a priva e devora, por outro. Jung resumiu:

> O inconsciente coletivo é uma figuração do mundo, representando a um só tempo a sedimentação multimilenar da experiência. Com o correr do tempo, foram-se definindo certos traços nessa figuração. São os denominados arquétipos ou dominantes– os dominadores, os deuses, isto é, configurações das leis dominantes e dos princípios que se repetem com regularidade à medida que se sucedem as figurações, as quais são continuamente revividas pela alma (OC 7/1, § 151).

A apreensão do bebê de sua experiência é estruturada por formas arquetípicas inatas que o forçam a buscar elementos correspondentes no ambiente. A interação entre essas estruturas inatas e o ambiente adquire uma qualidade positiva ou negativa, dependendo de quão bem-sucedida é a correspondência, e isso desempenha um papel crucial no desenvolvimento saudável ou patológico do indivíduo. Nesse contexto, Jung se refere ao arquétipo como um sistema de prontidão para a ação (OC 9/1).

Para resumir o exposto, podemos observar que: (a) estruturas e padrões arquetípicos são a cristalização de experiências ao longo do tempo; (b) eles constelam experiências de acordo com esquemas inatos e atuam como uma espécie de sanção para as experiências subsequentes; (c) imagens decorrentes de estruturas arquetípicas nos envolvem em uma busca por correspondência no ambiente.

A enorme ênfase dada àquilo que é compartilhado pode parecer limitar a individualidade ao vê-la como "variação" – ou simplesmente como parte de uma metafísica romântica. No entanto, a classificação de Portmann das estruturas arquetípicas demonstra um possível equilíbrio entre o inato e o único. Primeiro, ele observa estruturas que são totalmente determinadas pela hereditariedade, como "mecanismos de liberação" em animais. Em seguida, vêm estruturas nas quais as disposições hereditárias desempenham um papel aberto e geral, determinado mais pela "impressão" individual do que pela hereditariedade. Por fim, podemos ver estruturas que resultam da organização familiar, social e cultural humana (Jacobi, 1959, p. 40).

Arquétipo e instinto

Jung conectou os arquétipos e seu funcionamento aos instintos. Inicialmente, em 1919, via o arquétipo como psicologicamente análogo ao instinto, um "autorretrato do instinto [...] a percepção interior do processo vital objetivo" (OC 8/2, § 277). Arquétipo e instinto desempenham funções semelhantes e ocupam posições semelhantes na psicologia e na biologia, respectivamente. Jung continua: "O inconsciente coletivo é constituído pela soma dos instintos e dos seus correlatos, os arquétipos"

(OC 8/2, § 281). Devemos observar que é dada primazia ao instinto, que parece ser considerado mais básico do que o arquétipo ou imagem arquetípica. Mais tarde, Jung revisou essa ideia para chegar à proposição de que, longe de serem "correlatos" do instinto, os arquétipos são tão fundamentais quanto ele; a divisão em "psicologia" e "biologia" resulta de uma falsa distinção. Isso elimina qualquer ideia de que a psicologia analítica seja contrária ao corpo. Os arquétipos passam a ser vistos como entidades psicossomáticas, ocupando uma posição intermediária entre o instinto e a imagem. Jung escreveu em 1947:

> A percepção da realidade do instinto e a sua assimilação nunca se dão no extremo vermelho, ou seja, pela absorção e mergulho na esfera instintiva, mas apenas por assimilação da imagem, que significa e ao mesmo tempo evoca o instinto, embora sob uma forma inteiramente diversa daquela em que o encontramos no nível biológico (OC 8/2, § 414).

Portanto, há uma interdependência, e nem o instinto nem a imagem têm existência separada ou primária em relação ao outro. No que se diz respeito à imagem, o arquétipo está "olhando para cima", conectado a ideias, inspiração criativa e ao espírito. Em relação ao instinto, o arquétipo está "olhando para baixo", para a incorporação na biologia e nos impulsos. (As palavras "para cima" e "para baixo" não estão exatamente livres de julgamento de valor, mas estão em uso corrente – por exemplo, Jacobi, 1959, p. 38.) Sendo assim, quem estuda os arquétipos pode seguir o caminho descendente e explorar os mundos da etologia e biologia na esperança de construir uma imagem científica do que é ser humano. Ou o caminho ascendente pode ser seguido, levando ao mundo do espírito ou pode ser seguido um caminho duplo que enfatiza a natureza bifurcada do arquétipo. Jung desenvolveu todos os três caminhos, mas, em seu trabalho posterior, seguiu a direção "para cima".

Os arquétipos e a autorregulação

Em seu resumo dos conceitos posteriores de Jung, Frey-Rohn (1974) destaca quão organizado pode ser o material fantástico. As ideias de Jung sobre individuação (cf. capítulo 4) envolvem a noção de que esse é um processo natural, capaz de ser promovido na análise, pouco similar a um instinto. Assim como o homem tem um instinto de sobrevivência, ele é impelido a se tornar cada vez mais si mesmo, e a psique tem seus próprios meios de promover esses fins. Jung se refere à psique autorreguladora. Isso não significa que um equilíbrio ou harmonia psíquicos perfeitos sejam alcançáveis ou mesmo desejáveis, mas que tudo o que acontece (por exemplo, sonhos ou sintomas) pode ser visto como uma tentativa de todo o organismo de alcançar a homeostase. No entanto, precisamos de momentos de sensação de integração, mesmo que isso seja inatingível como um todo.

Exemplos comuns de autorregulação envolvem homens muito "masculinos" que sonham em ser "femininos", ou tipos independentes que sonham em ser cuidados e mimados. Da mesma forma, uma pessoa dócil e amável pode sonhar com a agressividade que, misturada à sua gentileza, daria mais equilíbrio à sua personalidade.

A psicanálise faz uso de uma ideia semelhante. Uma perversão sexual, por exemplo, envolve regressão à sexualidade infantil e a estilos e objetos infantis de funcionamento sexual.

Um objeto fetichista pode representar parte do corpo da mãe e assim por diante. O ponto é que a atividade pervertida bloqueia a transição para a sexualidade genital e, portanto, escapa da punição edipiana com sua culpa e ansiedade associadas. Isso seria pior do que os sentimentos conscientes de culpa que se associam à perversão. Como tal, a perversão pode ser vista como mantendo o conflito sexual do indivíduo em um equilíbrio momentâneo.

Dou esse exemplo porque é importante proteger a ideia da psique autorreguladora de excessos panglossianos, nos quais tudo é visto como acontecendo para o melhor ou como parte de algum grande plano benevolente. Ao conversar com alguns junguianos, muitas vezes é difícil ver como algo ruim poderia acontecer, tudo é colorido de propósito e a tragédia é negada. A visão de Jung era de que:

> o arquétipo determina a natureza e o curso do processo de configuração, com uma precognição aparente ou mediante a posse apriorística da meta que é determinada pelo processo de centralização (OC 8/2, § 411).

A mente consciente é estendida para a frente por intuições que são condicionadas, em parte, pelos arquétipos. Vimos anteriormente como a imagem arquetípica tanto representa quanto evoca o instinto; agora podemos adicionar uma terceira função – significar o objetivo do instinto.

O poder da imagem arquetípica

Como as camadas arquetípicas da psique são, de alguma forma, fundamentais, elas tendem a produzir imagens e situações que têm um impacto tremendo no indivíduo, agarrando-o

Jung e os pós-junguianos 73

e mantendo-o sob seu controle, muitas vezes, mas nem sempre, acompanhando um sentimento de mistério e reverência; ele não será capaz de permanecer incólume.

Podemos especular que momentos de mudança na vida de uma pessoa são, em muitos casos, trabalhos de atividade arquetípica. Jacobi aponta que esse poder deriva do fato de que as imagens arquetípicas não são inventadas, mas "impostas" na mente de dentro para fora, sendo convincentes em virtude de sua imediatez:

> Somente quando os arquétipos entram em contato com a mente consciente, ou seja, quando a luz da consciência cai sobre eles [...] e [eles] se enchem de conteúdo individual [...] somente então a consciência pode apreendê-los, compreendê-los, elaborá-los e assimilá-los (Jacobi, 1959, p. 66).

Eu acrescentaria que as imagens arquetípicas precisam ser despojadas de seu poder e autonomia por uma "mudança de nomes"; elas devem se tornar inteligíveis no nível pessoal, de modo a se evitar uma polarização entre "entre o "numinoso" ou inspirador de reverência e o lugar-comum. Se isso acontecer, se o ego puder gerenciar tal integração, então a personalidade é enriquecida. É parte da habilidade analítica promover essa transição.

O arquétipo psicoide

Jung havia ligado a psicologia, o comportamento, a biologia e o espírito. Ele também tentou envolver a matéria na construção de um *unus mundus* ou visão de mundo unitária. Sentia que estava preocupado com uma área da psique tão enterrada e, ainda assim, tão fundamental, que seria um erro considerá-la derivada da base instintiva, neurológica e morfológica comum do homem. Ele chamou essa área de inconsciente psicoide, em 1947, para distingui-la absolutamente de todas as outras categorias do inconsciente. O inconsciente psicoide é uma agência de ordenação primária, mas suas manifestações não podem ser percebidas diretamente nem representadas (OC 8/2, § 436). Nesse ponto, podemos hipotetizar a origem de categorias fundamentais de percepção, como dor ou prazer. Jung comparou o conteúdo psicoide "[...] à parte invisível e ultravioleta do espectro psíquico. Em si, parece que o arquétipo não é capaz de atingir a consciência" (OC 8/2, § 417). A partir desse ponto de vista, conclui Jung, o arquétipo é insondável.

Alguns comentaristas têm dificuldade com o que é invisível e insondável, considerando tais noções como não científicas (cf. Rycroft, 1982). Mas outros aceitaram a derrubada de Jung das categorias epistemológicas convencionais (cf. Bateson, 1979; Capra, 1975) e também sua ideia de que o organismo tem uma forma de "conhecimento" inato sobre sua sobrevivência e destino.

Para fortalecer a intuição de Jung, a hipótese na física de "ação à distância", originalmente rejeitada por Einstein, pode ser substanciada. Isso envolve a suposta tendência de duas partículas subatômicas muito distintas se comportarem harmoniosamente, como se cada uma "soubesse" o que a outra estava fazendo. Se o comportamento de uma partícula é alterado, a outra muda instantaneamente da mesma maneira, sem força ou sinal aparente que as conecte. A teoria quântica previu isso, em contraste com Einstein, sendo relatado, na seção de ciência do *Sunday Times* de 20 de fevereiro de 1983, a verificação experimental desse fenômeno. Nesse mesmo relatório, David Bohm, professor de Física Teórica na Universidade de Londres, ao tentar avaliar o significado do experimento, afirmou:

> Pode parecer que tudo no universo esteja em um tipo de total relação, de modo que qualquer coisa que aconteça esteja relacionada a tudo mais; ou pode significar que existe algum tipo de informação que pode viajar mais rápido do que a velocidade da luz; ou pode significar que nossos conceitos de espaço e tempo precisam ser modificados de alguma maneira que não conhecemos ou entendemos. No entanto, qualquer que seja a interpretação escolhida, o experimento estabelece, de uma vez por todas, que a física, como a conhecemos, está incompleta.

Há aqueles que diriam que trazer qualquer tipo de material científico é inútil, porque isso ignora a declaração de Jung de que "nem há esperança de comprovar cientificamente, algum dia, a validade de qualquer afirmação relativa aos estados ou processos inconscientes" (OC 8/2, § 417). No entanto, a ressurreição do *unus mundus* por Jung leva a reflexões dessa natureza (para mais discussão sobre o *unus mundus*, cf. p. 207, 251 abaixo).

Bipolaridade arquetípica

Os arquétipos expressam uma polaridade incorporada entre os aspectos positivos e negativos da experiência e das emoções. Por exemplo, a imagem arquetípica do pai pode ser dividida em pai útil, solidário, forte e admirado, e depois em pai tirânico, dominador e castrador (ou pai fraco e inútil). A imagem do pai depende, em grande parte, da forma como a experiência ambiental se mescla ou, para usar um termo mais técnico, media a imagem arquetípica. No desenvolvimento normal, a mediação impede uma concentração demasiada em um extremo do eixo positivo-negativo e facilita a capacidade do ego de tolerar a ambivalência e reconhecer sentimentos de amor e ódio (cf. Newton, 1965). O pai todo-bom é, obviamente, uma idealização, e o que parece bom para um pode não ser percebido como bom por outro.

Um indivíduo que opera sob a égide de uma imagem de pai todo-bom não seria capaz de lidar com a autoridade ou se sentiria irremediavelmente inferior ao pai exemplar, ou incestuosamente ligado a ele. Um pai todo-tirânico promove uma sensação de pressão e dominação, enquanto um pai fraco, que é imaginado como nada além de fraco, não pode proteger uma pessoa de inimigos humanos e não humanos. Se experiências reais com o pai reforçam qualquer um desses extremos, então a evolução de uma imagem humana de pai se rompeu. O indivíduo é dominado e preso a apenas um dos extremos da gama de possibilidades arquetípicas; é uma privação cruel. (Para uma discussão adicional da relação entre o ego e os arquétipos, cf. p. 128-139.)

A hierarquia dos arquétipos

Jung organizou seus arquétipos em entidades únicas; assim, ele observou que há uma tendência para o inconsciente personificar. Tentativas de apresentar os arquétipos em um plano ou hierarquia têm sido uma atração irresistível e há várias maneiras diferentes de fazê-lo.

Começar de fora para dentro é uma maneira tradicional de proceder. Nesse sistema, primeiro encontramos a persona, um termo emprestado do teatro romano para indicar a máscara social ou face que colocamos para enfrentar o mundo. Sem a persona, emoções e impulsos fortes e primitivos tornariam difícil a convivência social. Papéis sociais como analista, banqueiro, advogado, trabalhador produzem suas próprias variantes de persona. Isso pode ser apenas superficial e o perigo é identificar-se muito de perto com ela, sendo enganado por sua própria persona.

Continuando a olhar para dentro, o próximo arquétipo discreto é a sombra, uma palavra criada por Jung para resumir o que cada homem teme, despreza e não pode aceitar em si mesmo. Isso não significa que essa avaliação negativa do que ainda não foi vivido esteja correta; ela pode surgir da inibição ou de tendências esquizoides. Muitas vezes, o instinto é experimentado como estando na sombra e, na análise, torna-se mais aceitável para o indivíduo. Em geral, as atitudes em relação à sombra são uma mistura de julgamento, aceitação e integração – esperançosamente nessa ordem.

Em seguida, consideramos os arquétipos contrassexuais, *animus* e *anima*, que Jung diz expressarem o que é psicologicamente masculino em uma mulher e psicologicamente feminino em um homem. Vamos aprofundar essas ideias no capítulo 7. Neste ponto, estou pensando menos na sexualidade e mais na teoria de Jung de que esses arquétipos contrassexuais atuam como uma ponte ou conexão entre a consciência e o inconsciente (cf. p. 418-419).

O arquétipo interno mais profundo é o si-mesmo. O capítulo 4 é dedicado a esse tópico; neste ponto, eu simplesmente pontuo uma das formulações de Jung sobre o si-mesmo: que é o arquétipo mais central, o arquétipo que organiza outras experiências arquetípicas. Ao se referir ao arquétipo "central", Jung sanciona a forma hierárquica de classificação.

Outra abordagem amplamente aceita (por exemplo, junguianos citados por Brome, 1978, p. 276-277) é a de que existem quatro tipos de arquétipo. Primeiro, há os arquétipos "rasos", como persona e sombra, depois os "arquétipos da alma" (*animus* e *anima*), depois os "arquétipos do espírito" (os velhos – homem e mulher – sábios), e, finalmente, o si-mesmo.

Uma variante altamente suspeita dessas duas abordagens é a adoção excessivamente literal do ditado de Jung de que os arquétipos geralmente são tratados em análise em uma ordem previsível – persona, ego, sombra, *animus/anima*, si-mesmo.

Outra distinção é a entre os arquétipos da família (criança, mãe, pai, lar) e os arquétipos autorreferentes (si-mesmo, *animus/anima*, sombra e persona).

Outra abordagem, menos concretizada, é selecionar um tema arquetípico e ver como os vários arquétipos e suas imagens se agrupam em torno dele. Um exemplo pode ser a ideia de renascimento ou regeneração, que tem uma sensação distinta em diferentes estágios da vida ou quando observada de perspectivas diferentes – religiosas, psicológicas ou outras.

L. Stein fez uma contribuição útil quando propôs que cada estrutura arquetípica tem apenas uma "atribuição" (1967, p. 102). Stein fez uma distinção entre esses arquétipos individuais e agregados como *animus*, *anima* e sombra, que refletem combinações de atribuições. Ele concebeu:

> uma estrutura de planos [que] permite que os componentes individuais se organizem em pares de opostos [...] os arquétipos [...] são inter-relacionados e essa inter-relação

é teleológica, isto é, serve ao bem-estar do indivíduo como um todo (Stein, 1967, p. 102-103).

Eu adaptaria ligeiramente essa afirmação para que possamos falar de planos de imagens inter-relacionados, com um aspecto teleológico.

Críticas à teoria dos arquétipos

Foram feitos refinamentos, críticas e objeções ao esboço geral da teoria e é possível ver paralelos em outras disciplinas e outras escolas de psicologia. Antes de nos voltarmos a esses paralelos, será útil introduzir uma discussão geral sobre alguns dos problemas encontrados quando consideramos as ideias de Jung.

Em sua resenha de *Os arquétipos e o inconsciente coletivo* de Jung (OC 9/1), escrita em 1961, Hobson aponta que há uma confusão básica entre arquétipo como um conceito explicativo, semelhante ao de famílias botânicas, e como um conceito fenomenológico, diretamente ligado à experiência. O próprio Jung viu a diferença como semelhante àquela entre ler sobre uma doença em um livro didático e uma doença real que alguém possa ter. Portanto, há uma distinção a ser feita entre o conhecimento do arquétipo e a compreensão do arquétipo. E, talvez, isso reflita uma distinção entre teoria e prática. Às vezes, Jung adere à abordagem fenomenológica, observando sem índices externos de avaliação; às vezes, seu trabalho gira em torno de implicações de significado – por exemplo, a ideia de que o arquétipo possui algum tipo de pré-conhecimento.

Que um arquétipo é um conceito formal sem existência material e deve ser distinguido de imagens e representações arquetípicas é central, mas Jung adere a isso, segundo Hobson, apenas quando discute o conceito de forma minuciosa. "Infelizmente, porém, ele muitas vezes usa o termo de maneira solta e descuidada para se referir a formas arquetípicas, a motivos e até mesmo a imagens de fantasias altamente elaboradas" (Hobson, p. 70). Observei um exemplo semântico da inconsistência geral, descrita por Hobson, no uso da palavra "forma". Às vezes, ela se refere a uma imagem específica (a forma que o arquétipo assumiu), mas, às vezes, à forma do arquétipo, sua estrutura, em oposição ao seu conteúdo, a imagem.

Hobson se pergunta se a sensação de estranheza e admiração (numinosidade) é realmente essencial para que uma imagem seja reconhecida como uma imagem arquetípica. Ele sugere que a sensação se refere mais à experiência e menos a algo na imagem. Da mesma forma, motivos arquetípicos podem ocorrer sem qualquer sentimento numinoso. Poderíamos elaborar o ponto de Hobson dizendo que o senso de admiração se torna uma questão subjetiva para cada pessoa, de modo que alguns terão propensão para esse tipo de experiência.

É fundamental para a concepção de Jung que uma imagem arquetípica seja completamente distinta de uma imagem de memória, embora o conteúdo de ambas seja semelhante, devido à ubiquidade do arquétipo e seu efeito sobre a memória. Mas Jung então continua, de forma imprudente, na visão de Hobson, a usar a palavra arquétipo para se referir a imagens específicas como "o arquétipo da cobra" – imprudente, porque a palavra cobra "é uma imagem perceptual ou de memória". De acordo com Hobson:

> As propriedades anatômicas e comportamentais da cobra são tais que a tornam uma analogia eficaz da experiên-

cia psíquica, envolvendo ambivalência e transformação; e desde os tempos mais antigos em diversas regiões, ela tem sido vista com admiração e fascínio. É uma imagem adequada para expressar certos temas arquetípicos e para evocar as situações típicas em que esses padrões são liberados. Não há motivo para supor que poderia haver uma imagem de uma cobra, de uma pérola ou de uma mulher, a menos que essas fossem imagens perceptuais. Jung nega claramente que existam imagens inatas. Essas reflexões levantam a questão de saber se é apropriado referir-se a arquétipos por nomes como mãe, criança, *trickster* ou até renascimento. Esses nomes implicam uma matéria ou conteúdo específico, e pode ser que tenhamos que evoluir métodos abstratos e formais de representação, como os usados em matemática ou lógica matemática (Hobson, p. 72).

Essa é uma crítica estimulante, tanto que abordarei alguns dos pontos levantados por Hobson em uma discussão posterior. Hobson sugere que existem quatro critérios para uma imagem arquetípica, derivados das próprias diretrizes de Jung, e quase impossíveis de satisfazer, que devem ser cumpridos antes que uma imagem possa ser considerada arquetípica: o material deve ser específico, ocorrer regularmente em diferentes pessoas e também no material de uma pessoa; a imagética deve aparecer em diferentes culturas e em diferentes momentos; deve haver um significado semelhante sempre e onde quer que a imagem apareça; não deve haver possibilidade de a imagem ser adquirida por meio da aculturação. Isso leva Hobson a questionar se mitos e contos de fadas são realmente livres de cultura como Jung precisa que sejam para sua teoria. Eles são "fórmulas conscientes elaboradas" (Hobson,

p. 73) com um contexto social. E os exemplos da alquimia e do misticismo podem, argumenta Hobson, simplesmente mostrar que grupos de pessoas com um tipo semelhante de mente existem em diferentes épocas.

Devemos observar que Hobson não se refere a evidências biológicas e etológicas (cf. p. 86-91); no entanto, seu artigo foi uma resenha de livro e, portanto, não se destinava a trazer novos materiais.

Para Glover (1950), o conceito de arquétipos é como um pano vermelho junguiano para um touro psicanalítico. E, ainda assim, seu ataque direto contém vários pontos importantes. Ele se pergunta por que o antigo (como se diz que os arquétipos são) deve ser considerado sábio ou venerável. A mente do homem pré-histórico deve ter sido muito "mais jovem" do que a do homem moderno e teria menos inconsciente coletivo para fornecer sabedoria ou conhecimento. E, pergunta Glover,

> como uma tendência herdada pode adquirir sabedoria e experiência? [...] A sabedoria cresce com o desenvolvimento de formas conceituais que dependem, por sua vez, da formação de palavras e do poder da fala (Glover, 1950, p. 51).

Glover conclui lembrando-nos de que "o que é filogeneticamente antigo foi, em algum momento, ontogeneticamente jovem e, de fato, rudimentar" (Glover, 1950, p. 69).

É infeliz para a posição de Glover que ele mencione a aquisição de linguagem; como sabemos da psicolinguística, há razão para ver isso como condicionado arquetipicamente (cf. abaixo). A relação do arquétipo com o instinto e os impulsos simplesmente não é mencionada por Glover. No entanto, seu ponto de que "a filogenia é rudimentar" é interessante,

Jung e os pós-junguianos

assim como sua acusação de que Jung caíra no mito do Selvagem Nobre.

Uma segunda sugestão de Glover é que aquilo que parece ser material supostamente arquetípico simplesmente contém partes remanescentes do pensamento pré-real de uma criança, resíduos da atividade do processo primário. Os processos mentais iniciais são influenciados por representações mentais concretas e predominantemente visuais, e a inevitabilidade da frustração leva a "uma projeção constante no mundo dos objetos de características relacionadas ao sujeito" (Glover, 1950, p. 35-36). Glover (1950, p. 37) considera provável que tais "eternidades" como "experiência de necessidade instintual e gratificação, prazer e dor" influenciem mais as reações de um bebê do que a atividade arquetípica. É certo que, na atividade do processo primário, as imagens tendem a se misturar e podem simbolizar umas às outras, enquanto as realidades espaçotemporais são ignoradas. Portanto, há o risco de dominação ou identificação com uma imagem arquetípica. Mas, novamente Glover deixa uma brecha. Ele afirmou que as imagens arquetípicas resultam da projeção, no objeto, de características mais precisamente relacionadas ao sujeito. Mas é exatamente isso que resulta de nossas predisposições arquetípicas, em preconcepções buscam e encontram seu conteúdo no ambiente inicial (cf. a discussão sobre arquétipos e fantasia inconsciente, p. 98-102 abaixo).

Glover se questiona sobre as consequências de postular estruturas inatas. Ele cita as batalhas no Instituto de Psicanálise entre freudianos clássicos e kleinianos; baseando, este último grupo, muitas de suas concepções em estruturas inatas. Certamente, ele postula, estruturas inatas na psique levam simplesmente a repetições e não podem ser cumulativas. Segue-se que não pode haver progresso se o inato predominar. Como houve, se não progresso, evolução, então o poder do arquétipo inato não pode ser tão grande como se sugere. A resposta a isso é que um arquétipo é visto como estruturando um potencial que evolui em direção ao seu objetivo ao longo do tempo. Uma simples analogia seria a maneira como os fenômenos geneticamente herdados surgem durante a maturação, como mudanças corporais que ocorrem no momento apropriado. Não se argumentaria que o gene é irrelevante por causa disso.

A essência do que é arquetípico está em não ser aprendido ou adquirido de forma semelhante. Fotografias que mostram o feto chupando o dedo na barriga se tornaram disponíveis nos últimos anos. Essa evidência sugere que as teorias que afirmam que a correlação entre chupar o dedo e o prazer (ou o alívio da ansiedade) precisa ser aprendida estão equivocadas. Para o feto humano, chupar e prazer ou alívio de ansiedade estão simplesmente sempre ligados.

Predisposições estruturadas arquetipicamente não teriam valor sem uma correspondência ambiental suficientemente precisa ou adequada. Portanto, as aplicações da teoria arquetípica ao desenvolvimento precoce exigem enfatizar tanto a contribuição ativa do bebê, com base em suas capacidades e atributos inatos, quanto da mãe, usando sua responsividade informada arquetipicamente (para discussão detalhada disso, cf. p. 240-242, 314-321 abaixo).

Fordham, observando alguns de seus colegas psicólogos analíticos, fica perturbado com as tendências de relacionar imagens produzidas por pacientes a paralelos históricos, por exemplo, da alquimia, mitologia ou folclore. Uma concentração excessiva no conteúdo arquetípico faz com que se perca o contato com o contexto pessoal. Torna-se um exercício amplo, mas principalmente intelectual e não específico:

> O calcanhar de Áquiles da metodologia histórico-amplificadora é a seguinte: o paciente nunca pode ter estado presente no contexto histórico. Um paciente que produz material arquetípico com fortes paralelos alquímicos não está praticando no laboratório alquímico, nem vive no ambiente religioso e social para o qual a alquimia era relevante. Portanto, pode se tornar irreal [...] se isso for considerado alquímico [...] o paciente se torna ainda mais distante do seu contexto na vida contemporânea (Fordham, p. 145).

Fordham destaca a relevância dos arquétipos de Jung para uma consideração da infância. Sua qualidade psicossomática se encaixa bem às maneiras pelas quais um bebê experimenta as coisas através do corpo. Mente e corpo estão inextricavelmente ligados, e as funções corporais expressam estados psicológicos. Atividades como comer ou excretar são, de certa forma, projeção e introjeção.

Em termos de desenvolvimento de ideias, Fordham está preparado para ver padrões arquetípicos em ação. Ele vê precursores de suas próprias teorias da infância em mitos de criação de ovos cósmicos (Fordham, 1957, p. 118-119).

Dry (1961) critica Jung de uma maneira um tanto semelhante. Ela está insatisfeita com o peso dado ao mito, lenda e conto de fadas. Ela aponta que há um debate acadêmico sério sobre "difusão cultural ou unidade psíquica" e acusa que Jung aceitou este último de forma muito acrítica. Ela cita a objeção de Rivers de que, como o material de Jung é retirado principalmente de culturas indo-europeias, "não pode ser excluída a possibilidade de que a tradição comum alcance o indivíduo na infância e na juventude, por meio da mediação de pais, cuidadores, colegas de escola, ouvindo conversas aleatórias e muitas outras fontes" (Dry, 1961, p. 119).

Dry não fica impressionada com qualquer conexão entre as fantasias de crianças e bebês e motivos arquetípicos. Por exemplo, considerando uma fantasia de atacar a mãe e rasgar suas entranhas, ela se pergunta se há algum ponto em "invocar" o inconsciente coletivo na forma de mitos de heróis. Prefere sugerir que o mito é uma elaboração secundária da experiência infantil primária. Portanto, não concorda com a ideia de um arquétipo como um modelo para a experiência.

Não há dúvida de que houve uma mudança de ênfase na Escola Desenvolvimentista (e em certa medida na Escola Clássica), de modo que o mito, a lenda etc., embora ainda estudados e considerados importantes, foram substituídos por uma ampla investigação pessoal, social e familiar como base para a teoria arquetípica. Então, algumas dessas objeções foram integradas, como veremos em nossa discussão final. Tendo isso em mente, examinaremos os paralelos fora da psicologia analítica, os quais mencionei anteriormente.

Arquétipos e etologia

Houve várias tentativas de ligar a teoria arquetípica de Jung à etologia – a ciência do estudo do comportamento natural dos animais. A teoria arquetípica se tornaria mais aceitável fora da psicologia analítica se uma aliança pudesse ser estabelecida com a etologia, com seu estresse em características inatas e padrões de adaptação; e é possível que a psicologia analítica possa oferecer algo à etologia. O próprio Jung estabeleceu paralelos entre arquétipos e comportamento animal, sugerindo que toda a vida natural tem seus "arquétipos":

> Seja, por exemplo, o instinto de reprodução extremamente refinado da *Pronuba yuccasella*, a mariposa da iúca. Cada flor da iúca se abre apenas por uma única noite. A mariposa tira o pólen de uma dessas flores e o transforma em bolinha. A seguir procura uma segunda flor, corta-lhe o ovário e, pela abertura, deposita seus ovos entre os óvulos da planta; vai em seguida ao pistilo e enfia a bolazinha de pólen pelo orifício, em forma de funil, do ovário. A mariposa só executa esta complicada operação uma única vez em sua vida. [...] Por isso, a mariposa de iúca, acima mencionada, deve trazer dentro de si, por assim dizer, uma imagem daquela situação que provocou o seu instinto. Esta imagem dá-lhe a capacidade de "reconhecer" as flores da iúca e a sua estrutura (OC 8/2, §§ 268, 277).

O primeiro psicólogo analítico a mencionar especificamente a etologia moderna parece ter sido Fordham. Em um artigo intitulado *Biological theory and the concept of archetypes* (escrito em 1949, mas publicado em 1957), Fordham considerou que a demonstração, feita por Tinbergen, dos mecanismos de liberação inatos (IRMs) em animais pode ser aplicável aos seres humanos, especialmente na primeira infância. Os estímulos que produzem comportamento instintivo são selecionados de um amplo campo por um sistema perceptivo inato e, então, o comportamento é "liberado". No mesmo artigo, Fordham traçou um paralelo entre algumas das observações etológicas de Lorenz sobre o comportamento hierárquico dos lobos e o funcionamento dos arquétipos na primeira infância.

Jacobi (1959) mencionou Lorenz e seus "esquemas inatos" em conexão com arquétipos e também traçou um paralelo com a noção de *Umwelt* de Uexkull – o ambiente percebido subjetivamente e habitado por um organismo. Von Franz observou que Lorenz concordava, em princípio, com a teoria dos arquétipos, embora não com muitas das aplicações psicológicas em detalhes (von Franz, 1975).

Storr (1973) relacionou IRMs às predisposições inatas com as quais um bebê nasce, permitindo que ele responda a estímulos básicos como pais, o sexo oposto, morte e assim por diante. Storr citou Jung ao comentar que toda a natureza do homem pressupõe a mulher e que seu sistema está sintonizado nela desde o início (Storr, 1973, p. 49). E presume-se que o mesmo possa ser dito em sentido inverso.

Stevens (1982) sugere que a etologia e a psicologia analítica são disciplinas que tentam compreender fenômenos que ocorrem universalmente. A etologia nos mostra que cada espécie é equipada com capacidades comportamentais únicas que são adaptadas ao seu ambiente e

> mesmo permitindo nossa maior flexibilidade adaptativa, não somos exceção. Os arquétipos são os centros neuropsíquicos responsáveis por coordenar o repertório comportamental e psíquico de nossa espécie (Stevens, 1982, p. 17).

Seguindo Bowlby (1969), Stevens aponta que o comportamento geneticamente programado está ocorrendo na relação psicológica entre mãe e recém-nascido. A impotência do bebê, seu imenso repertório de estímulos de sinalização e comportamento de aproximação, desencadeia uma resposta materna. O cheiro, o som e a forma da mãe desencadeiam, por exemplo, uma resposta de alimentação. Parafraseando Stevens, nenhum teórico da aprendizagem ensinou o bebê a sugar ou a mãe a murmurar; em vez disso, o sistema já existente e arquetípico existente e arquetípico, que opera em mães e bebês, incorpora a instrução precisa: "Tateie pelo mamilo e quando encontrar, sugue".

Stevens está ciente dos limites da etologia. Pouco pode ser dito sobre experiência, sentido ou significado. Jung, Stevens nos lembra, estava essencialmente interessado nessas questões e é àquele que devemos a "extraordinária compreensão de que podemos perceber nossa própria filogenia como uma revelação pessoal" (Stevens, 1982, p. 76).

Arquétipos e biologia

Minha descrição sobre os trabalhos em etologia é essencialmente um exercício de paralelismo que talvez deixe de lado a questão mais difícil de todas para aqueles com uma inclinação científica: se as estruturas arquetípicas são herdadas, como exatamente isso acontece e em que parte do organismo humano elas são encontradas? Respostas a essa questão foram propostas a partir da biologia e da neurologia; primeiro, vamos tratar da biologia. Jung fez várias sugestões sobre a conexão dos arquétipos com os genes, particularmente no caso dos arquétipos contrassexuais, *animus* e *anima*, que acreditava terem provavelmente origens genéticas. Mais tarde, Fordham estabeleceu uma conexão entre os arquétipos e os genes, argumentando que "só o que está contido em um óvulo fertilizado é herdado" e concluindo que "quando se diz que os arquétipos são funções hereditárias, o que se quer dizer é que devem, de alguma forma, ser representados nas células germinativas" (Fordham, 1957, p. 11).

Stevens é mais preciso do que isso, sugerindo que é no próprio DNA que devemos procurar a localização e transmissão dos arquétipos. Como eles são coexistentes com a vida natural, devem ser esperados onde quer que a vida seja encontrada. O DNA traz um grau de regularidade, padrão e ordem para o mundo natural. O DNA é, diz Stevens, "o arquétipo replicável da espécie" (Stevens, 1982, p. 73).

A sugestão de Stevens de que o DNA pode envolver arquétipos foi antecipada por L. Stein em seu artigo *Introducing not-self* (1967). Nesse artigo, Stein faz a sugestão biológica mais precisa até então. Ele começa perguntando o que um organismo deve fazer para sobreviver ao perigo. A resposta, em sua forma mais simples, é reconhecer aquilo que é diferente de si mesmo. Isso é verdade na doença, quando o corpo luta para se livrar de uma infecção, ou quando uma pessoa identifica um inimigo ou, mais positivamente, quando um bebê reconhece figuras externas cuidadoras com quem se relacionar. Portanto, para a sobrevivência, um padrão perceptual pré-existente, capaz de reconhecer o que não corresponde a si mesmo, deve ser colocado em ação. O organismo pode tomar medidas preventivas, protetoras, adaptativas ou não fazer nada. Essa escolha é feita por meio de uma mensagem no DNA, carregada por um mensageiro. Stein observa que os vários termos usados para designar os mensageiros – modelos, genes, enzimas, hormônios, catalisadores, feromônios, hormônios sociais – são conceitos semelhantes aos arquétipos. Ele menciona figuras arquetípicas que representam mensageiros, como Hermes, Prometeu ou Cristo.

Baseando seus argumentos na consideração dos sistemas de defesa biológicos, Stein lista as características de um sistema de defesa somático. Ele deve operar em uma ampla variedade de circunstâncias específicas, de modo que seus agentes devem ser capazes de ir a qualquer lugar, sem perturbar o equilíbrio somático, mas, em pessoas predispostas, os agentes atacarão o próprio corpo. A proposta de Stein é que

> nem o sistema nervoso nem o sistema endócrino parecem capazes de cumprir todas essas funções. Isso leva a suposições de que o análogo biológico do próprio corpo parece ser o vasto reino de células-tronco linfoides e/ou as células mesenquimais indiferenciadas dos sistemas retículo--endoteliais (Stein, 1967, p. 104).

Arquétipos e neurologia

Outras tentativas de discutir a base somática dos arquétipos e o método de sua transmissão vêm do campo da neurologia e estudos da estrutura cerebral. Rossi (1977) sugere que divisão bem estabelecida entre os hemisférios cerebrais esquerdo e direito pode nos permitir localizar os arquétipos no hemisfério cerebral direito. Ele cita pesquisas que indicam que o funcionamento hemisférico esquerdo é principalmente verbal e associativo, enquanto o do hemisfério direito é principalmente visuoespacial e perceptivo. Assim, o hemisfério esquerdo está equipado como um processador crítico, analítico de informações, enquanto o hemisfério direito opera em um modo "gestalt". Isso significa que o hemisfério direito é melhor para obter uma imagem completa a partir de um fragmento, é melhor para trabalhar com material confuso, é mais irracional que o esquerdo e mais intimamente conectado a processos corporais.

Por todas essas razões, Rossi acredita que

o arquétipo e os conceitos relacionados de símbolo e inconsciente coletivo podem estar intimamente associados a imagens, gestalt e padrões visuoespaciais característicos do funcionamento do hemisfério direito. No entanto, uma vez expressos na forma de palavras, conceitos e linguagem do hemisfério esquerdo do ego, eles se tornam apenas representações que "recebem sua cor da consciência individual em que aparecem" (Jung). Figuras internas como a sombra, *anima* e *animus* seriam processos arquetípicos que têm origem no hemisfério direito (Rossi, 1977, p. 43).

No próximo capítulo, examinaremos a tese de Rossi sobre a interação entre os hemisférios cerebrais; neste ponto, nossa preocupação é com os arquétipos e sua possível localização. A formulação de Rossi foi estendida pelo neurofisiologista Henry (1977), que considerou menos útil a lateralização cerebral, como Rossi fez, do que o trabalho de Maclean sobre o cérebro tripartido. Em resumo, Maclean concebeu o cérebro como tendo três sistemas filogeneticamente diferentes: um cérebro sociocultural localizado no neocórtex, o sistema límbico, que lida com padrões determinados instintivamente e com emoção e, finalmente, um cérebro "reptiliano", localizado no hipotálamo e tronco cerebral, a área responsável pelos impulsos básicos. Esse cérebro "reptiliano" é uma parte mais antiga do cérebro e pode conter não apenas impulsos, mas também estruturas arquetípicas. A sugestão é que houve um tempo em que o comportamento emocional e a cognição eram menos desenvolvidos e o cérebro mais antigo predominava. Há um paralelo óbvio e marcante com a ideia de Jung de que os arquétipos "se cristalizaram" ao longo do tempo. Henry sente que o sistema límbico e o tronco cerebral, juntos, podem ser o local do inconsciente coletivo.

Teoria arquetípica e estruturalismo

Naquilo que é chamado de "ciências duras", podemos encontrar diversos paralelos entre a teoria dos arquétipos e abordagens estruturalistas na psicolinguística, psicologia cognitiva e antropologia.

Em seu trabalho em psicolinguística, Chomsky descreve um padrão invariável de aquisição de linguagem em crianças. Ele se refere a "universais" e faz uma distinção entre universais "formais" e "substanciais", semelhante à distinção entre arquétipo como tal (estrutura) e imagem arquetípica.

Da mesma forma, Piaget escreve sobre "esquemas" que são inatos e sustentam a atividade percepto-motora e a aquisição de conhecimento, sendo capazes de atrair o ambiente percebido para sua órbita. Eles se assemelham aos arquétipos por seu inatismo, atividade e necessidade de correspondência ambiental.

Finalmente, a partir do campo da antropologia, Lévi--Strauss, como Jung, procurou descobrir a natureza dos fenômenos coletivos. Em sua abordagem da estrutura e significado do mito, Lévi-Strauss concluiu que os fenômenos atuais são transformações de estruturas ou infraestruturas anteriores: "a estrutura do pensamento primitivo está presente em nossas mentes" (Leach, 1974, p. 16).

Paralelos com a psicanálise: Lacan

O fato de que os três pensadores cujo trabalho resumi (Chomsky, Piaget, Lévi-Strauss) são estruturalistas implica que todos eles sentem que a forma como percebemos o mundo é condicionada pela maneira como percebemos, ou seja, por aquilo o que somos biologicamente capazes de perceber e por uma tendência inata de classificar dados sensoriais de acordo com estruturas classificatórias pré-existentes. O praticante clínico mais francamente estruturalista é Lacan.

Ele foi além da proposição de que o inconsciente é uma estrutura que se encontra abaixo do mundo consciente; o próprio inconsciente é estruturado, como uma linguagem. Isso por si só sugere paralelos com Jung; diz-se até mesmo que Lacan tentou se encontrar com o psicoterapeuta. Lacan divide os fenômenos com os quais a psicanálise lida em três ordens: (1) aquilo que é da ordem do simbólico, que estrutura o inconsciente por um conjunto fundamental e universal de leis; (2) o que é da ordem do imaginário, que se aproxima da realidade psicológica, dos processos do mundo interno (como fantasia, projeção, introversão), atitudes e imagens derivadas, mas não equivalentes, à vida externa (isso é considerado por Lacan como nosso meio de lidar com a dor da separação, ou ruptura, como ele chama, – a ruptura do nascimento, da amamentação, do crescimento); (3) o que é da ordem do real, que corresponde não apenas à realidade externa, mas também ao que se poderia chamar de mistério da realidade (ao qual voltaremos mais adiante).

Pode-se argumentar que a teoria de Lacan é compatível à de Jung. As ordens simbólica e imaginária podem ser alinhadas à teoria arquetípica de Jung (inconsciente coletivo) e ao inconsciente pessoal, respectivamente. A ordem simbólica ordena o conteúdo do imaginário da mesma maneira que as estruturas arquetípicas predispõem os seres humanos a certos tipos de experiência. Se tomarmos o exemplo dos pais, as estruturas arquetípicas e a ordem simbólica predispõem nosso reconhecimento e relação com eles. As imagens dos pais no inconsciente pessoal estão indiretamente ligadas aos pais reais, sendo coloridas pela estrutura arquetípica ou pela ordem simbólica. As imagens resultantes dos pais são tanto subjetivas, no sentido pessoal, quanto objetivas; isto é, filogenéticas.

Mas e os pais reais? Aqui, Lacan se refere à ordem real. Porém, o faz de uma maneira altamente sugestiva. O real é uma "dimensão incomensurável" (Lemaire, 1977, p. 41) que "ninguém foi capaz de alcançar desde que a humanidade começou a se expressar" (Lemaire, 1977, p. 115). "Nota-se que algo disposto de uma certa maneira opera de maneira mais satisfatória, tem um resultado positivo, mas ainda deixa de fora o que não se entende: o real" (Lacan em entrevista para Lemaire, 1977, p. 116). Não conhecemos o real porque ele é pré-verbal, pré-representacional e sofre de "repressão primordial". O conceito de Lacan do real se aproxima, portanto, da elaboração de Jung do inconsciente psicoide, que pode ser visto como verdadeiro (ou mesmo Verdade), mas não pode ser conhecido diretamente.

Embora Lacan tente manter suas três ordens separadas, elas são mais bem expressas em uma forma circular, na qual o simbólico permeia o imaginário, o imaginário faz uso do real e, como vimos, o real retroage nas leis simbólicas. Na linguagem da psicologia analítica, estamos falando de complexos. Embora a linguagem seja bastante diferente, Jung provavelmente concordaria com Lacan que o inconsciente é organizado em uma rede intricada e governada por associação, acima de tudo "associações metafóricas" (Lemaire, 1977, p. 7). A existência dessa rede é demonstrada pela análise dos produtos do inconsciente: sonhos, sintomas e assim por diante.

Deve ficar claro que teorias como a concepção de Lévi-Strauss do inconsciente como um "universo de regras" vazio de conteúdo, são semelhantes às de Jung. De fato, às vezes, Lévi-Strauss soa notavelmente como Jung, especialmente em suas reflexões sobre parentesco e incesto. Mas a confusão entre estrutura arquetípica e conteúdo arquetípico tende a persistir (p. ex., Wilden, 1980, p. 242; Greenstadt, 1982, p. 486). Greenstadt, um psicanalista, afirma que "o arquétipo é formulado fundamentalmente como um conteúdo em vez de uma estrutura potencialmente funcional"; espero ter corrigido essa visão.

Paralelos com a psicanálise: Bion

Outro psicanalista cujo trabalho se sobrepõe à psicologia analítica é Bion (1963). Como veremos, seu conceito de "O" é semelhante a alguns aspectos da abordagem junguiana do si-mesmo (p. 269-270 abaixo). O que me interessa neste ponto é a teoria do pensamento de Bion. De acordo com o autor, os pensamentos precedem a capacidade de pensar. Os pensamentos em um bebê pequeno são indistinguíveis dos dados sensoriais ou das emoções desorganizadas. Bion usa o termo "proto-pensamentos" para esses fenômenos iniciais. Devido à sua conexão com dados sensoriais, os proto-pensamentos são concretos e autocontidos (pensamentos em si), ainda não capazes de representações simbólicas ou relações objetivas. Ou seja, eles ainda não são transformados em imagens visuais específicas ou qualquer outro tipo de imagens. Esses pensamentos que precedem um pensador não podem deixar de influenciar aquilo em que o este irá pensar à medida que se desenvolvem. Os pensamentos, então, funcionam como preconcepções – entidades psicossomáticas predispostas semelhantes a arquétipos.

O suporte para essa conexão vem da observação do analista kleiniano, Money-Kyrle (1968), de que a noção de Bion de preconcepções é descendente diretamente das ideias de Platão. A compreensão de Platão por Money-Kyrle é que qualquer objeto ou fenômeno particular deve ser visto como uma cópia imperfeita de uma ideia, ou objeto geral, no paraíso. Money-Kyrle, indo além, escreve:

> Se por "paraíso" nos referimos à nossa própria herança filogenética, parece-me que Platão estava muito próximo da verdade [...] Portanto, nossa "herança filogenética" contém uma imensa quantidade de informações potenciais [...] que provavelmente surgem em estágios, principalmente durante as primeiras semanas ou meses de vida pós-natal (sem contar o que se desenvolve antes) (Money-Kyrle, 1971, p. 443).

Em um ponto, Money-Kyrle afirma que "os arquétipos de Jung são provavelmente muito parecidos com as preconcepções inatas em teoria". Embora ele acrescente que "possa haver muitas diferenças na prática", veremos no capítulo 6 (sobre o processo analítico) como isso é menos relevante do que anteriormente (Money-Kyrle, 1977, p. 460).

Essas observações sobre Bion deixam para consideração posterior, no capítulo 5, as maneiras pelas quais a relação de contenedor-contido entre mãe e bebê ajuda na transformação

Paralelos com a psicanálise: arquétipos e fantasia inconsciente

Jung e Freud basearam sua argumentação em torno de quão literalmente o material analítico relacionado ao ato sexual dos pais deveria ser interpretado no que se diz respeito à questão de um adulto pensar que algo seja uma memória real, quando, na verdade, trata-se de uma fantasia. Apesar de sua insistência nos fatos, Freud queria saber de onde essas fantasias posteriores poderiam surgir. Nas *Introductory Lectures on Psychoanalysis* (1916-1917), Freud escreveu:

> Não pode haver dúvida de que as fontes [das fantasias] estão nos instintos; mas ainda tem que ser explicado por que as mesmas fantasias, com o mesmo conteúdo, são criadas em cada ocasião. Estou preparado com uma resposta que sei que parecerá ousada para você. Eu acredito que [...] fantasias primárias e, sem dúvida, algumas outras também, são um legado filogenético. Nelas, o indivíduo vai além de sua própria experiência para a experiência primordial, em pontos onde aquela fora muito rudimentar [...] Fui repetidamente levado a sugerir que a psicologia da neurose contém mais das antiguidades do desenvolvimento humano do que qualquer outra fonte (Freud, 1916-1917, p. 418).

Em outro texto, Freud sugere a existência de esquemas pré-subjetivos que podem ser fortes o suficiente para predominar sobre a experiência individual: "Onde quer que as experiências não se encaixem no esquema hereditário, elas são remodeladas na imaginação" (Freud, 1918, p. 119). Podemos não concordar com os matizes lamarckianos de Freud; isto é, sua sugestão de que as fantasias primárias são um resíduo de memórias específicas de experiências pré-históricas – mas há pouco problema para um psicólogo analítico junguiano com o conceito de esquemas pré-subjetivos.

Como um exemplo adicional desse consenso oculto, em *The Language of Psychoanalysis* (1980), Laplanche e Pontalis destacam que todas as chamadas fantasias primárias se relacionam às origens e que, "como mitos coletivos, elas pretendem fornecer uma representação e uma solução para o que constitui um enigma para a criança" (Laplanche & Pontalis, p. 332).

A noção de fantasia inconsciente de Klein é, no entanto, a ideia psicanalítica mais intimamente ligada à teoria arquetípica. Embora essa conexão tenha sido aceita pela maioria dos comentaristas, alguns escritores optaram por comparar arquétipos com objetos internos (por exemplo, Dry, 1961, p. 303; Storr, 1973, p. 48). Embora os objetos internos devam ter um componente arquetípico, também derivam do mundo externo e, portanto, não são estruturas nem possuem o poder predisponente do arquétipo ou padrão inato. Discordo de Storr quando, discutindo "imagens altamente irracionais", comenta: "chamá-las arquétipos ou objetos internos dificilmente parece importar" (Storr, 1973, p. 44).

Primeiro, há uma confusão entre arquétipo e imagem arquetípica, de modo que a irrelevância dessa questão é questionável. A origem dos fatos pessoais, todo o *status* dos históricos de casos e a luta contemporânea na psicanálise e na psicologia analítica, entre aqueles que favorecem os modos empíricos e os modos empáticos de apreender a experiência infantil – todas essas questões, vitais tanto para o analista iniciante quanto para o experiente, giram em torno da questão da relação dos arquétipos com o ambiente inicial. Storr polariza o que é realmente um espectro quando afirma que os analistas kleinianos "derivariam [...] imagens em grande parte das experiências reais do bebê, enquanto Jung as teria derivado mais da predisposição inata" (Storr, 1973, p. 44). Na verdade, tanto os kleinianos quanto a Escola Desenvolvimentista dos pós-junguianos postulam uma interação.

Obviamente, precisamos examinar mais de perto o que os kleinianos entendem por "fantasia inconsciente". Em seu artigo *The nature and function of phantasy* (1952), a analista kleiniana Isaacs explica que a grafia "ph" é usada em vez de "f" para distinguir o uso psicanalítico do sentido de devaneio, isto é, uma fantasia que é conhecida pela consciência. Isaacs sente que é outro erro ver a fantasia em oposição à "realidade", porque isso desvaloriza a importância do mundo interno e omite qualquer consideração sobre a forma como a chamada realidade é construída na mente. Um outro ponto é que a fantasia inconsciente é normal e não neurótica.

A ideia de fantasia inconsciente deriva de uma ideia de Freud. O id está em contato com o corpo e, portanto, entra em contato próximo com as necessidades instintuais, assume-as e lhes dá "expressão mental". A fantasia inconsciente é essa expressão mental do instinto (cf. "autorretrato do instinto" de Jung). E, diz Isaacs, "não há impulso, nenhuma resposta ou urgência instintiva que não seja experimentada como fantasia inconsciente" (Isaacs, 1952, p. 83). Isso deve incluir impulsos sexuais e destrutivos (cf. "bipolaridade" de Jung).

A fantasia é vista como o elo operacional entre os mecanismos do ego e os instintos. O instinto é, segundo Isaacs, um processo psicossomático direcionado a objetos externos concretos e, como vimos, é retratado na mente pela fantasia inconsciente. A imagem do que satisfaria nossas necessidades instintivas não só torna nossa interpretação da experiência subjetiva, mas também é necessária para realizar nossas necessidades na realidade.

Da mesma forma, Jung escreveu sobre fantasias inconscientes como "fantasias tendentes a se tornar conscientes" e que se manifestam na forma de imagens; ele também se refere à fantasia inconsciente como "criativa" (OC 9/1, §§ 101, 153). A fantasia inconsciente derivada do instinto de busca a objetos externos com os quais, nas palavras de Bion (1963), é possível "acasalar".

Não é meu objetivo neste capítulo majoritariamente teórico considerar as maneiras pelas quais essas ideias informam nossa compreensão de todo o processo de desenvolvimento, já que o capítulo 5 é dedicado a isso. Mas, quero apresentar algumas dessas teorias de volta à psicologia analítica para mostrar como elas foram digeridas. Lambert (1981a, p. 95), por exemplo, usa a frase "objeto arquetípico interno" (ênfase adicionada) para conceituar o encontro e alojamento na psique do bebê de todos estes elementos: predisposição arquetípica (fantasia inconsciente), objetos externos correspondentes, incorporação de objetos externos, "acasalamento", desenvolvimento do objeto arquetípico interno. Isso pode, então, ser projetado, em um ponto posterior no tempo, para o mundo externo ou para partes do próprio corpo do bebê ou para outras partes do espaço interno do bebê. Lambert dá como exemplo o hábito de chupar o dedo, que pode ser visto como uma projeção do objeto arquetípico interno (a imagem de um seio alimentando) em uma parte do próprio corpo do bebê.

Embora o objeto externo forneça as experiências necessárias para a construção de um objeto arquetípico interno, este pavimenta o caminho de volta para uma relação com o mundo externo através da reprojeção e subsequente exploração (cf. Heimann, 1952, p. 142-148).

Um paralelo psicanalítico empírico adicional à teoria arquetípica pode ser encontrado nos estudos de Spitz (1965) sobre o primeiro ano de vida. O autor descobriu que estímulos mínimos produziam comportamento previsível em bebês muito pequenos. Isso o levou a concluir que a vida interna do bebê era estruturada por "organizadores inatos". A produção de sorrisos ou olhares fixos, estimulados por máscaras e chupetas, foi citada por numerosos junguianos como evidência de arquétipos (Jacobi, 1959; Fordham, 1969a).

Arquétipo: uma palavra poderosa?

Essa variedade de paralelos com a teoria arquetípica tem uma consequência imprevista. Se tantos outros pensadores e pesquisadores, dentro e fora da psicologia, chegaram a conclusões amplamente semelhantes, então realmente precisamos da teoria de Jung? Ela acrescenta algo? Por exemplo, a ideia de Brome sobre arquétipos é que

> muitos constituintes genéticos retêm, ao longo de bilhões de anos, parte de sua antiga codificação instintual, o que dá origem a impulsos instintuais e formações de reação primordiais. O estoque dessas formações de reações conflitantes adquiriu o rótulo elevado de Inconsciente Coletivo. Assim, é possível reduzir o Inconsciente Coletivo ao que antigamente eram chamados de processos primários e, com isso, despir a teoria de muitas pretensões. Mas ne-

nhum junguiano autorrespeitável faria isso (Brome, 1978, p. 284-285).

Algumas das objeções de Brome foram respondidas na seção sobre Glover. Eu posso concordar com a desmistificação proposta por Brome até certo ponto – e acho que os pós-junguianos tendem a olhar para os arquétipos de uma forma muito mais funcional, como estruturando nossas imagens, ou como metáforas que traduzem padrões típicos de comportamento emocional. No entanto, para aqueles que entram em contato com a imagem arquetípica, um elemento se destaca. O indivíduo é realmente compreendido pela experiência e imagem arquetípica; suas experiências e atitudes conscientes podem não servir para nada, pois são varridas por esquemas pré-subjetivos.

Jung uma vez disse que "os arquétipos são, por assim dizer, como muitos pequenos apetites em nós, e se com o passar do tempo não recebem nada para comer, começam a roncar e a perturbar tudo" (Jung, 1978, p. 358). Uma paciente minha sonhou que estava sendo aberta e experimentada por cientistas. Isso refletia o que ela sentia sobre mim e sobre a análise. Mas a imagem também derivava de seu pai hipercrítico e de sua própria identificação inconsciente com sua mãe, que parecia ser desprezada e maltratada por seu pai. Não importava o que acontecesse na análise ou em sua vida, ela não conseguia abandonar a posição subjetiva de vítima dentro de uma estrutura de vilão-vítima. Na verdade, sua apresentação de si mesma era agressiva e bastante dominadora. Seu sonho sado-masoquista interno era "arquetípico" no sentido de que coloriu efetivamente seus relacionamentos precoces e subsequentes e, por mais que ela tentasse se libertar, sua vida se organizava em torno de padrões de crítica e rejeição.

O problema é que desenvolvimentos na psicologia analítica que ignoram ou vão além do que Rycroft se refere como uma linguagem "pomposa" e prenunciadora não têm ampla circulação. Rycroft (1982) concorda com a proposição de que existem "padrões de mentalização", mas a psicologia analítica como um todo perde sua simpatia a partir daí. De dentro da psicologia analítica, Plaut (1982) discorda, não tanto do tom da linguagem, mas da possibilidade de sua redundância, preferindo, em geral, a terminologia das relações objetais e outras utilizações psicanalíticas. Ele pergunta: "não estamos usando arquetípico como uma palavra poderosa, ou seja, para dar ênfase às observações que desejamos destacar?" (Plaut, 1982, p. 288). Difícil contestar que "arquétipo" se tornou uma palavra envolta em associações, julgamentos de valor e auras; portanto, essas são questões razoáveis.

Minha opinião pessoal é que vale a pena manter essa palavra. Primeiro, porque o desenvolvimento das ideias de Jung antecede a maioria das analogias. Em segundo lugar, porque a teoria arquetípica e sua linguagem são bem adequadas tanto para a análise cultural quanto para ser a variante clínica do estruturalismo. Em terceiro lugar, por uma razão paradoxal: um problema com o inato, com as estruturas, é, como vimos, que o elemento pessoal é introduzido, não como um fator de peso igual, mas como um subproduto ou concomitante. A teoria arquetípica é útil devido ao espaço e importância que atribui à dimensão pessoal. Refiro-me à facilidade com que elementos pessoais e estruturais podem ser vistos como mesclados ou delineados. Neste ponto, analisemos algumas tentativas pós-junguianas de se trabalhar nessa mistura ou delineamento.

A indivisibilidade do inconsciente pessoal e coletivo

Este é o título de um artigo seminal de Williams (1963a). A autora questiona a validade da divisão em inconsciente coletivo e pessoal, que é vista como o início da separação entre Freud e Jung; Jung "cedeu o inconsciente pessoal a Freud" (Williams, 1963a, p. 78) e o inconsciente coletivo e os arquétipos tornaram-se de sua responsabilidade.

A separação produziu uma situação curiosa, que mudou enormemente nos últimos anos. O analisando estereotipado de Freud tinha menos de 35 anos e o trabalho concentrava-se no desenvolvimento sexual e social. O analisando estereotipado de Jung estava na segunda metade da vida e presumia-se estar mais preocupado com a individuação e com as imagens arquetípicas. É claro que Jung não ignorava que os psicóticos podem produzir belas imagens arquetípicas e que um ego fraco sucumbirá ao seu impacto; isto é, não será capaz de viver uma vida pessoal, sendo agredido entre polaridades arquetípicas.

Williams oferece duas formulações que são projetadas para produzir um modelo integrado pessoal-coletivo do inconsciente. Sua primeira ideia é: "Nada no inconsciente pessoal precisa ser reprimido a menos que o ego se sinta ameaçado por seu poder arquetípico" (Williams, 1963a, p. 79). Ela quer dizer que o ego não pode assimilar um conteúdo puramente arquetípico e que as imagens fantasiosas inconscientes precisam ser humanizadas e personalizadas antes de poderem ser integradas; caso contrário, serão reprimidas.

Sua segunda proposição é que: "A atividade arquetípica, a qual forma o mito individual, depende do material fornecido pelo inconsciente pessoal (Williams, 1963a, p. 79).

Ela cita Jung ao dizer que é vital conhecer o fator pessoal e que esse é um dos motivos pelos quais ele analisou seu próprio mito pessoal – ele podia fazer concessões para seu próprio fator pessoal ao tratar pacientes. E, como vimos no capítulo 1, a insistência de Jung em que o analista em potencial seja analisado data de antes de 1912 e, portanto, estava presente na atitude de Jung em relação ao seu trabalho profissional desde o início.

Em defesa do impessoal

Seria um erro deixar a impressão de um equilíbrio de senso comum entre os fatores pessoais e coletivos. Se um fator pessoal sempre existe e pode ser conhecido por análise ou de qualquer outra forma, então segue-se que o fator impessoal ou arquetípico também pode ser apreendido por um processo de subtração. A distinção entre o pessoal e o coletivo ainda é mantida na psicologia analítica por formulações espaciais, como as de Adler, em que o inconsciente pessoal e a psique consciente "descansam sobre a ampla base de uma disposição psíquica universal herdada" (Adler, 1979, p. 15). Da mesma forma, a designação de Jacobi do inconsciente coletivo é como "objetivo" em contraste com a consciência que "sempre adota uma escolha e atitude pessoais". Ela continua: "do inconsciente coletivo, através dos arquétipos, fala a voz não falsificada da natureza, além do julgamento da mente consciente e não influenciada pelo ambiente" (Jacobi, 1959, p. 60, ênfase adicionada).

Embora também esteja preocupado em enfatizar a dimensão impessoal, a posição de Hillman é um pouco diferente. Ele considera o arquétipo como a característica central da psicologia analítica, argumentando que "arquetípico" é a palavra certa para caracterizar a abordagem de Jung. O arquétipo é "o mais fundamental ontologicamente" dos conceitos de Jung (Hillman, 1975a, p. 142). Ao mesmo tempo, é preciso (na imagem) e, por definição, incognoscível e aberto (na estrutura). Os arquétipos transcendem a psique individual – eles não são apenas uma parte dela. Uma consciência do arquetípico não pode ser adquirida simplesmente por meio do foco em pessoas ou casos. Esse olhar precisa de treinamento adicional em biografia, artes, ideias, cultura. Hillman está preocupado com "a estima impressionante" que mostramos pela psique pessoal (Hillman, 1975a, p. 143). No passado, os problemas psicológicos não eram resolvidos por meio de relacionamentos pessoais ou humanização, mas sim o contrário; uma conexão era procurada com "dominantes impessoais" – deuses, espíritos, ancestrais.

Hillman permite a dimensão pessoal "é claro" ((Hillman, 1975ª, p. 179) e considera a interação entre o coletivo e o pessoal como um tema que percorre o trabalho de Jung (Hillman, 1975a, p. 161). Mas:

> no nível ingênuo da experiência, há uma oposição entre o individual e o coletivo: não posso ser eu mesmo quando faço coisas de multidões, e a multidão não pode funcionar com um propósito unificado se tiver que levar em conta os estilos e necessidades de cada indivíduo. A antinomia filosófica entre o individual e o universal é, ela própria, uma situação arquetípica (Hillman, 1975a, p. 179).

Isso implica que os dois podem ser diferenciados. Antes que Hillman seja descartado como sem raízes por causa de sua insistência nessa diferenciação, eu diria que ele está realmente engajado em uma busca semelhante a todos os cientistas que discutimos anteriormente. Como eles, está procurando algo que possa dar uma perspectiva bastante diferente sobre o que é pessoal. A busca de Hillman envolve examinar mitos que "descrevem o comportamento dos arquétipos; eles são descrições dramáticas em linguagem personificada de processos psíquicos" ((Hillman, 1975a, p. 180; cf. capítulo 9, que é dedicado à psicologia arquetípica).

Assim, ao mesmo tempo em que um grupo de pós-junguianos abandona o mito em favor da família e do corpo, outro grupo amplia suas habilidades interpretativas mitológicas. Isso é um exemplo da autorregulação da psicologia analítica? Certamente parece que há um processo compensatório em ação.

O complexo psíquico autônomo

O conceito de complexo foi a maneira de Jung de ligar o pessoal e o coletivo. Experiências externas na infância e ao longo da vida se agrupam em torno de um núcleo arquetípico. Eventos na infância, e particularmente conflitos internos, fornecem esse aspecto pessoal. Um complexo não é apenas o vestuário para um arquétipo particular (que seria, mais precisamente, uma imagem arquetípica), mas um aglomerado das ações de vários padrões arquetípicos, imbuído de experiência pessoal e afeto. Segundo Jung, a emoção é organizada por grupos de representações tonalizadas por sentimentos (OC 2, §§ 329, 352), que também podem afetar a memória de modo que "A massa total de lembranças possui uma determinada tonalidade afetiva" (OC 3, § 80). Um complexo não é, portanto, uma entidade simples; o "complexo materno", por exemplo, contém emoções derivadas da interação da posição do ego com inúmeras configurações arquetípicas: o indivíduo, a mãe, o indivíduo e a mãe, mãe e pai, indivíduo e pai, indivíduo e irmão, indivíduo e irmão e mãe, indivíduo e família etc., etc. Para evitar as ramificações de uma lista interminável, precisamos de um conceito como o complexo.

Jung chegou a essas amplas conclusões entre 1904 e 1911 por meio de seu *Word Association Test* (OC 2). Ele analisou as respostas dadas pelos sujeitos a certas palavras, estímulos, em termos de velocidade de resposta, hesitação, ausência de resposta, repetição e assim por diante. Se a lista de palavras fosse administrada novamente, discrepâncias eram observadas. A tensão e a ansiedade em torno das palavras-chave (indicadores de complexos) deram um perfil dos problemas individuais. Os resultados foram impressionantes e de considerável valor para Freud como validação empírica de sua teoria da repressão na etiologia da neurose. O teste não é mais usado clinicamente, nem o psicogalvanômetro, que foi introduzido mais tarde para medir mudanças fisiológicas, como a condutividade da pele. O teste caiu em desuso principalmente porque, quando o clínico tem o conceito básico do complexo para trabalhar, pode determinar qual é o problema por meio da interação terapêutica ordinária.

Complexo e emoção

Um complexo resulta da mistura do núcleo arquetípico e da experiência humana, de modo que sentimos de acordo com nossos complexos. Às vezes, experimentamos o conteúdo do complexo apenas em projeção. Considerado dinamicamente, o complexo pode estar em conflito com o que consideramos ser a realidade ou com o que vemos como ideal – de forma que a atividade psíquica seja interferida. Como Jacobi (1959, p. 15) coloca, tal conflito com o ego consciente "põe o indivíduo entre duas verdades, dois fluxos de vontades conflitantes, e ameaça rasgá-lo em dois".

Estruturalmente, o complexo pode ser estudado em relação ao ego. Pode haver conflito ("duas verdades") ou o ego pode reprimir o complexo ou, ao contrário, ser dominado por ele. O complexo pode se dissociar completamente da personalidade, como na quebra psicótica.

Cada complexo está em relação a outros complexos e ao ego (cf. o próximo capítulo). Em problemas conjugais, por exemplo, o complexo em torno do membro do sexo oposto e aquele em torno de partes rejeitadas da personalidade muitas vezes se relacionam intimamente, de modo que elementos que causam ansiedade e tensão são projetados em nosso parceiro. Outra sutileza é que partes da psique de um dos pais podem ter um impacto no indivíduo; por exemplo, o filho ambicioso e motivado que está fazendo tudo para sua mãe (ou melhor, para o *animus* frustrado de sua mãe). Há também a filha adolescente, na qual o pai projetou seus próprios conflitos sexuais, considerando-a solta e pouco confiável; assim, ele estabelece limites irreais para seu comportamento.

Um problema adicional reside na distinção entre a identificação inconsciente com um complexo, por um lado, e, por outro, sentir-se dominado por ele. Olhando a partir do ponto de vista da identificação, o complexo da mãe pode envolver o comportamento do indivíduo como a mãe crítica ou possessiva que ele sentiu ter. Do ponto de vista de estar dominada, a pessoa sempre se sentiria "atingida" e criticada pelos outros e

Jung e os pós-junguianos

pode estar apenas disposta a oferecer um anzol para que essas críticas se sustentem, agindo de maneira provocativa. Por fim, é possível que a experiência de identificação com o complexo e a de ser dominado por ele possam coexistir.

Complexo e crescimento

É importante não ver o complexo como uma manifestação puramente patológica, embora os neuróticos demonstrem a teoria do complexo com clareza. E as emoções negativas em si não são necessariamente patológicas, enquanto as emoções positivas podem ser enganosas ou autoenganadoras. Uma vez que os arquétipos contêm todas as potencialidades concebíveis que podem ser liberadas, desde que haja um ambiente empático e responsivo, não devemos falar do menino pequeno crescendo para o papel de pai, líder ou homem sábio; em vez disso, ele realiza ou encarna um potencial. Como o complexo está inicialmente divorciado da consciência, a personalidade do menino é enriquecida pelos potenciais, que se tornam conscientes e integrados, ou empobrecidos pela contínua repressão.

Complexos como seres independentes

A noção de complexo se baseia na refutação de ideias monolíticas de personalidade. Temos muitos si-mesmos, que derivam da combinação de predisposição inata com experiência. No entanto, é um passo notável considerar um complexo como uma entidade autônoma, assim como uma pessoa. Na verdade, o próprio Jung se perguntou se sua teoria de complexos poderia parecer "uma descrição de demonologia primitiva" (OC

8/2, § 712). Na verdade, ele diz, que isso é bastante correto, pois quando pessoas de tempos antigos e medievais falavam de possessão por um demônio, ou de perda da alma, estavam se referindo à possessão ou repressão de um complexo.

Fundamentalmente, escreve Jung, "não há diferença de princípio algum entre uma personalidade fragmentária e um complexo [...] Os complexos são fragmentos psíquicos" (OC 8/2, § 253). Ele vai ainda mais longe: "Complexos se comportam como seres independentes". Jung completa essa última frase acrescentando

> Em resumo, comportam-se como organismos independentes, fato particularmente manifesto em estados anormais. Nas vozes dos doentes mentais assumem inclusive um caráter pessoal de ego (OC 8/2, § 253).

Às vezes, a segunda metade da frase é esquecida e, embora isso provavelmente não seja o que Jung pretendia, houve uma pressa em se representar a atividade psíquica como uma espécie de romance permanente, no qual complexos e seus processos associados são capturados em personificações tão simples e clichês que a estrutura e sutileza da atividade é completamente perdida. Menciono isso porque já tive vários alunos e pacientes que subitamente anunciaram para mim que o que estava falando naquele determinado momento era seu "velho sábio", ou sua "*anima*", ou até mesmo o "si-mesmo". Muitas vezes, isso é um processo puramente intelectual que não envolve contato emocional com o inconsciente, embora não precise ser sempre o caso. Mais adiante, olharemos para o uso terapêutico de tal personificação, mas, primeiro, apresento alguns argumentos contra a ideia de complexos como "seres independentes".

Contra complexos

Os psicanalistas Atwood e Stolorow (1975, 1979) desenvolveram uma tese que conecta teorias de personalidade com a vida pessoal e problemas do teórico. Assim, sua preocupação geral não é realmente com Jung – em vez disso, eles esperam que a análise se livre das reificações metapsicológicas que tratam as experiências subjetivas do teórico como se fossem entidades reais, semelhantes a coisas. Eles preferiram lidar apenas com o mundo experiencial subjetivo de pessoas individuais. Se fizermos isso, afirmam, podemos evitar impor um modo subjetivo de experimentar a natureza humana. Mas minha preocupação não é ligar a vida pessoal de Jung às suas ideias. Isso é feito competentemente de certa forma por Atwood e Stolorow, que concluem que não é surpreendente que haja conexões entre o histórico, muitas vezes conturbado, de Jung e suas ideias. Também não discutiria a proposição de que a teoria tem usos defensivos. Atwood e Stolorow enfatizam a maneira como o "imago objeto" (por meio do qual eles querem dizer imagem arquetípica ou complexo) é experimentado como uma personalidade separada, citando a sugestão de Jung de que "é correto tratar a *anima* como uma personalidade autônoma e fazer perguntas pessoais a ela" (OC 7, § 397). Aqui, Atwood e Stolorow sugerem, Jung "reifica essas experiências subjetivas de objetos imagos como personalidades vivas" ao postular a existência de entidades autônomas (Atwood & Atolorow, 1975, p. 198). Os objetos representados por Jung são dotados de poderes extraordinários, muitas vezes mágicos e sobrenaturais, "como se fossem figuras mitológicas surgidas da parte arcaica da humanidade" (Atwood & Atolorow, 1975,

p. 198). Essas imagens arquetípicas, dizem Atwood e Stolorow, são objetos primitivos, altamente engrandecidos e onipotentes, e também são divididos em onipotentemente bons ou onipotentemente maus ("divinos" ou "demoníacos"). Isso é visto por esses críticos de Jung como uma ativação regressiva de formas primitivas de se perceber e experimentar o si-mesmo e o objeto. Tais qualidades não têm nada a ver com a realidade. Essa crítica lembra o ponto de vista de Glover de que o material arquetípico é simplesmente o resíduo de modos infantis de pensar.

Em minha opinião, Atwood e Stolorow omitem qualquer referência a ênfase repetida de Jung na importância das posições do ego do indivíduo em relação aos arquétipos (cf. Williams acima). Atwood e Stolorow fazem uma distinção muito clara entre o interno e o externo, e, finalmente, o termo objeto imago não é equivalente à imagem arquetípica, porque o acasalamento entre o potencial interno e o objeto externo, característico da imagem arquetípica, não é implícito pelo objeto imago. O Objeto imago sugere apenas uma representação interna do que é realmente externo.

Menos extravagante, Dry (1961) pede cautela para que a metáfora não supere completamente o argumento. Ela sente que devemos ter cuidado para não tentar dividir os complexos completamente uns dos outros. Ela também está preocupada com o salto filosófico feito ao passarmos da ideia de que os complexos não estão dentro do nosso controle consciente para "personificações de seres conscientes, existindo em oposição ao sujeito" (Dry, 1961, p. 121).

Complexos: uma visão revisada

Mas o apoio para uma abordagem revisada aos complexos vem de uma fonte similar, a saber, a psicologia analítica do si-mesmo contemporânea, derivada do trabalho de Kohut (1971, 1977). Como um analista Kohutiano coloca, "as pessoas usam outras pessoas como partes funcionais de si mesmas" (Goldberg, 1980, p. 4).

Goldberg sugere que uma pessoa é realmente um "substantivo coletivo" (ibid., p. 9). Ele adverte contra a reificação ou antropomorfismo excessivamente simplistas, dizendo que não devemos pensar em um "pequeno homúnculo dentro de nossa cabeça" (Goldberg, 1980, p. 9). Mas, então, passa a afirmar que agora aprendemos a examinar o que acontece com uma pessoa ou entre pessoas "em termos do significado e das significações que se anexam aos 'acontecimentos'" (Goldberg, 1980, p. 9). A ênfase não está em como nomear o complexo ou parte do si-mesmo, mas no significado que isso tem para o indivíduo. É o mesmo que uma elucidação da "tonalidade afetiva". A psicologia, nessa hibridização entre Jung e Kohut, trata de significados, novos significados, significados ocultos. O que é necessário é uma abordagem que nos permita ter uma teoria de agentes internos afetando nossas vidas sem reificar ou personificar indevidamente esses agentes.

Podemos evitar isso mantendo em mente a noção de troca ou relacionamento. Goldberg dá um exemplo: se um professor e um aluno estão conversando, muitas vezes podemos ver a relação entre a criança e o pai, que também está presente. Quanto mais soubermos sobre esse aluno, em particular, mais saberemos que tipo de criança "se esconde nas sombras". Mas é apenas quando investigamos a natureza da troca que podemos fazer perguntas sobre o efeito que ela tem em ambas as partes. "Quais são os sentimentos envolvidos?", ele pergunta. "Como uma pessoa espera alterar e ser alterada pela outra? [...] devemos considerar a natureza da experiência pessoal, o significado subjetivo da troca" (Goldberg, 1980, p. 7).

Adaptado à psicologia analítica e sua teoria de complexos, isso equivale a perceber um complexo como um relacionamento interpessoal ou intrapessoal. Assim, não é uma *anima* nomeada, mas uma rede de relacionamentos constelada ao redor da *anima*. De fato, somos levados de volta à sugestão de Hobson de representações matemáticas, porque a rede se torna muito densa.

Uma implicação disso é que relacionamentos incluem todo o campo das relações objetais, internas, externas, "independentemente de instintos e ego serem ou não diferenciados do objeto" (Goldberg, 1980, p. 7). Isso é uma resposta eficaz à acusação de Atwood e Stolorow de que o subjetivo e o objetivo estão confusos em Jung. É feito uso da chamada confusão na construção de um campo de referência o mais amplo possível. A psicologia analítica, então, se tornaria (adotando o manifesto de Goldberg para a psicanálise) "uma investigação introspectiva de interações complexas [ou seja, complicadas], que são matrizes de significado" e a psique se torna um "lugar de relacionamentos" (Goldberg, 1980, p. 11).

Para resumir: duas revisões são propostas. A primeira é a concentração no sentido e significado do complexo para o indivíduo, em vez de isolar o complexo apenas através da nomeação. A segunda é uma reformulação do conceito de complexo, utilizando-o dentro de um amplo campo de relacionamentos, sem discriminação entre o objetivo e o subjetivo.

Uso terapêutico dos complexos

Dentro da psicologia analítica, Hillman, em particular, tentou justificar o uso da personificação dos complexos, não apenas na teoria, mas também na análise. Ele faz um apontamento importante de que reificamos o complexo apenas se o inferimos, mas, como experimentamos complexos o tempo todo, a reificação não é o problema primário. Na verdade, o surgimento de personificações na análise é, em si, um sinal positivo, indicando que os envolvimentos psíquicos estão sendo gradualmente decompostos em seus componentes mais básicos e, portanto, revelando o núcleo arquetípico (Hillman, 1975a, p. 188).

A ideia de que toda personalidade é múltipla pode ser entendida como um motivo para a regressão, se o resultado for a dissociação. Mas a multiplicidade da personalidade também pode levar a uma maior diferenciação, especialmente se o paciente for permitido a identificar e nomear as subpersonalidades ou complexos por si mesmo. Uma atitude analítica, introspectiva e psicológica é, portanto, facilitada, não prejudicada.

Hillman nos lembra que há mais em nossos complexos do que o sentimento de que uma parte da personalidade inflou para assumir a maior parte ou toda a totalidade. O complexo está enraizado no corpo e se expressa somaticamente (esse foi o motivo de se adicionar o psicogalvanômetro ao teste de associação de palavras). E o complexo é ativo, relacionando-se com outros complexos, com o ego, com outras pessoas, com a personalidade. É apenas quando o complexo funciona de forma psicopatológica que é concebido como "uma ferida aberta que atrai todos os insetos do bairro" (Hillma, 1975a, p. 190).

Terapeutas de outras escolas continuam fazendo uso da teoria dos complexos. Na terapia Gestalt, o paciente é encorajado a "falar com a dor" ou com seu problema. Na análise transacional, faz-se uso dos componentes "pai", "adulto" e "criança" do indivíduo. Finalmente, os conceitos metapsicológicos freudianos (id, ego, superego) são exemplos de complexos. Para Jung, o complexo era a "via régia para o inconsciente", o "arquiteto dos sonhos e dos sintomas". Na verdade, disse Jung, não é um caminho muito real, mas um "caminho áspero e incomumente sinuoso" (OC 8, § 210).

Arquétipo e complexo: discussão

Lembro-me das dúvidas de Hobson sobre a nomeação dos arquétipos, o que sente atrapalhar o uso do arquétipo como um conceito formal e utilitário. Minhas próprias propostas são um pouco diferentes das dele. Se há um ingrediente arquetípico em nossas vidas, então certamente é suficiente observar, lembrar e responder a isso (e lutar com as emoções causadas por ele), tendo em mente o impacto desse ingrediente em todas as situações, experiências e imagens. Então, nos perguntamos em relação a qualquer fenômeno: qual é a parte desempenhada pelo arquetípico? Incorporamos a dimensão pessoal, mas deixamos aberta a possibilidade de interpretação do todo ou parcialmente arquetípico. Evitamos o recuo para o argumento da natureza *versus* criação, assumindo uma camada constante de natureza, que certamente é o que todos os paralelos científicos e outros à teoria arquetípica têm nos mostrado que está em ação.

Isso pode ser o que alguns pós-junguianos já fazem – isto é, abandonar completamente os arquétipos discretos e assumir a existência de um componente arquetípico onipresente com maior ou menor impacto no indivíduo, dependendo de suas circunstâncias e de sua força egoica. As imagens e experiências podem, então, ser consideradas fenomenologicamente; em termos analíticos práticos, isso significa com o mínimo de categorização preconcebida.

Isso ocorre porque há um movimento geral na psicologia analítica afastando-se das grandes, decorosas e numinosas expectativas de imagens arquetípicas únicas. O arquetípico pode ser encontrado no olho do observador e não naquilo que se observa – um olho que interage com as imagens. O arquetípico é uma perspectiva definida em termos de seu impacto, profundidade, consequência e aderência. Ele está na experiência emocional da percepção e não em uma lista preexistente de símbolos. Em uma veia similar, há uma tendência a abandonar qualquer esquema, hierarquia ou programa de arquétipos e imagens arquetípicas. Temas, padrões, comportamentos, entrelaçam-se com imagens e o imagético, e esses, por sua vez, se misturam com emoção, instinto e corpo. Assim, um campo contínuo e sem emendas de referência é criado, sem foco ou lugar de interesse préeexistente ou prescrito. Isso é eleito pelo indivíduo, pelo contexto, pelo campo de referência – ou simplesmente elege a si mesmo.

Por exemplo, recordo-me de um grupo de discussão de casos em que uma participante contou sobre uma paciente que fora afetada pelos bombardeios durante o avanço israelense de 1982 ao Líbano. Essa paciente tinha inúmeros sonhos terríveis sobre ser bombardeada. Houve uma troca mais ou menos previsível sobre o que isso poderia significar para ela, quão interna ou externa a bomba realmente era, que visão o analista poderia ter, e assim por diante. Mais tarde, a mesma participante descreveu sua reação ao estar no grupo. Ela disse que o grupo era "prolixo" e continuou a dizer que sempre teve problemas com palavras quando era criança, e que só recentemente superou esse problema. O efeito sobre o grupo foi dramático e altamente imprevisível.

Alguns membros sentiram que haviam sido atacados, outros se identificaram com os problemas do orador em se comunicar, outros a atacaram, afirmando que ela certamente não havia superado esses problemas. O ponto é que, naquele momento e naquele contexto específico, o que estava envolvido em "bombardear" não era arquetípico em termos de profundidade ou catividade. Enquanto o que estava envolvido na luta de uma mulher com palavras certamente era. Mas "prolixo" parece muito menos "arquetípico" do que a imagem terrível de bombardeios. Claro, a verdade do assunto é que "prolixo" era, naquele momento, uma imagem arquetípica.

Jung alertou que "É praticamente impossível arrancar um arquétipo isolado do tecido vivo da alma e seu sentido" e continua a se referir aos arquétipos como "unidades que podem ser apreendidas intuitivamente" (OC 9/1, § 302). Eu também veria os arquétipos não tanto como organizadores ou criadores de padrões, mas de maneira cibernética, mais como agências de ligação que contêm a possibilidade de sentido. Tomando a teoria arquetípica como um todo, podemos ver três tipos de ligações de produção de sentido: polaridade – os espectros positivo e negativo, pessoal e coletivo, ou instintivo e espiritual do arquétipo; complementaridade – o equilíbrio relativo perceptível na psique; interação – a interação dos planos de imagens.

O leitor deve julgar por si mesmo se o trabalho científico sobre os arquétipos de Jung faz justiça à elaboração psicoide do autor do conceito e sua suposição de que o arquétipo é, em última instância, incognoscível, ou se tal trabalho é unilateral, olhando para baixo, para o mundo da biologia e dos instintos. Há uma tensão entre aceitar a teoria arquetípica com base pessoal e experimental e o desejo por um conhecimento mais certo.

3 O ego

A relação com os arquétipos depende da consciência e, por isso, quero esboçar as ideias de Jung sobre o ego (OC 6, § 706; OC 9/2, §§ 1-12; OC 8, §§ 343-442). Elas precisam ser vistas em relação à psicologia de Freud, porque, em suas várias formulações, Jung desafiou a concepção freudiana do ego e da consciência dele. Na verdade, Jung também adotou uma boa parte da especulação psicanalítica, anterior a 1920, sobre o ego, especialmente no que se refere às suas raízes no funcionamento corporal e na atividade cerebral e ao momento aproximado no qual pode-se assumir a existência do ego na criança em desenvolvimento; como Jung afirmou, isso ocorre durante o terceiro ou quarto ano. Devido à interconexão entre a psicologia junguiana e freudiana, pode ser uma boa ideia resumir as principais características do ego freudiano.

Para Freud, o ego era a agência central da personalidade, mediando os impulsos instintivos e as vontades infantis (o id) por um lado e os ditames da consciência (o superego) e da realidade externa por outro. O ego pode acionar um conjunto de mecanismos defensivos, em grande parte inconscientes, para proteger a pessoa de um excesso de ansiedade. A sua origem reside no conflito entre os impulsos e a realidade externa e também na personalidade, moldando-se através das identificações com outras pessoas, principalmente os pais. Isso significa que as atitudes conscientes e formas de comportamento de uma pessoa são, até certo ponto, aprendidas por meio do contato em um nível intenso com outras pessoas que são importantes para a criança. Para Freud, o ego é o repositório da razão, de modo que suas relações com o id são comparadas às de um cavaleiro e um cavalo.

Alguns psicanalistas contestam o conceito de Freud de um ego emergindo de um id indiferenciado, considerando o primeiro como a psique como um todo; outros adotam uma visão existencial, considerando-o a parte de nós que nos experimentamos como "Eu". Outra ideia psicanalítica vista como semelhante à de Jung é a noção de Glover (1939) de que o ego se forma por meio de uma fusão de núcleos de egos fragmentados. Jung escreveu sobre a coalescência de ilhas de consciência (OC 8/2, § 387).

Jung aponta que, embora se possa supor que o ego seja a entidade psíquica sobre a qual sabemos mais, na verdade é um mistério, cheio de obscuridades. O ego e a sua consciência existem em uma relação complementar com o inconsciente, de modo que aquilo que é conhecido nos diz algo sobre aquilo que não é. O ego, na expressão de Jung, é um espelho para o inconsciente.

O autor observou que uma das consequências da psicologia do século XX foi a relativização da consciência em geral e, portanto, do ego em particular. Aqui ele se refere ao trabalho de Freud sobre o inconsciente. O argumento de Jung é que embora seja correto ver o ego como o centro da consciência, aquele não pode mais ser considerado como o centro da psique. Assim, Jung vai além de Freud para incorporar seu próprio trabalho sobre arquétipos e o si-mesmo (cf. o próximo capítulo).

Um problema é que Jung usa os termos "ego", "complexo do ego", "consciência do ego" e "consciência" de forma intercambiável. Outra dificuldade é seu uso de metáforas ambíguas: o ego é tanto a pele esticada sobre o inconsciente quanto, ao mesmo tempo, o centro da consciência. Portanto, é útil considerar as ideias de Jung sobre o ego em três tópicos: (a) o ego pode ser visto como um núcleo arquetípico da consciência e falaremos de um complexo do ego como um conjunto de capacidades inatas; (b) o ego pode ser visto como um elemento na estrutura psíquica em termos de suas relações com o si-mesmo; (c) finalmente, Jung às vezes adota uma perspectiva de desenvolvimento para visualizar as mudanças de exigências feitas ao ego em várias etapas da vida.

O autor resistiu à tentação de dizer qual a proporção da psique ocupada pelo ego ou quão dependente esse é daquela como um todo. Ele se contentou em dizer que o ego é aprisionado e dependente de muitas maneiras. Por exemplo, para algumas pessoas ele é dominado ou sobrecarregado pelo inconsciente. Outros vão subvalorizar o inconsciente, com resultados igualmente psicopatológicos. Em outro lugar, Jung observa ironicamente que, muitas vezes, o equilíbrio certo só pode ser alcançado vivendo e examinando as consequências de um desequilíbrio.

O autor disse que o ego surge do choque entre as limitações corporais do indivíduo e o ambiente. Posteriormente, o ego se desenvolve a partir de novos choques com o mundo externo e também com o mundo interno. Porém, Jung ressalta que qualquer definição do ego deve ser meramente formal, sendo bastante difícil. Isso porque é o próprio ego que está fazendo a definição e também porque fazer uma definição muito precisa seria um insulto à individualidade humana, que é a essência do ego e da consciência do ego. Os elementos do ego podem ser estruturalmente semelhantes em uma pessoa ou outra, mas o tom emocional e a coloração emocional variam (e, é claro, as pessoas são constitucionalmente diferentes e têm origens diferentes).

Outra dificuldade para a precisão é que o ego não é uma entidade constante e imutável, mas totalmente mutável tanto na doença quanto na saúde. Assim, na doença mental pode haver distúrbios do funcionamento do ego e na maturação saudável, também haverá mudanças no estilo e ênfase. Essas mudanças podem ser aceleradas pela análise.

O centro da consciência

Em geral, Jung enfatiza o ego como uma entidade no centro da consciência. Essa entidade é responsável pela identidade e continuidade pessoal no tempo e no espaço; daí a memória ser uma função primordial do ego. O ego também está preocupado com a ação e, em última instância, com o poder da vontade e o livre-arbítrio. Ele está rodeado e imerso em complexos inconscientes e em imagens de vários tipos. Como discutimos no capítulo 2, o princípio de um complexo enfatiza a variedade da atividade e da experiência psíquica. Mais importante para nossa discussão atual é a ideia de que os complexos estão envolvidos em uma série de transações contínuas com o ego.

Ele também é derivado da combinação do interno com o externo, tendo uma vida relativamente autônoma dentro da psique. O ego pode, em si, ser considerado um complexo. O ego-complexo e os outros complexos podem se conectar repentinamente, de modo que algo que tenha estado poderosamente ativo em um indivíduo pode forçar-se à atenção consciente dessa pessoa. Isso não significa que o conteúdo interno simplesmente desaparecerá; em vez disso, terá uma relação específica com o ego-complexo. Jung dá o exemplo de São Paulo na estrada para Damasco. Seu complexo inconsciente de Cristo existia independentemente do seu ego-complexo. Sua conversão simboliza a união do complexo inconsciente e do ego-complexo. Pode-se argumentar que seu complexo de Cristo oprimiu seu ego-complexo, dada seu subsequente extremismo, como Jung sugeriu, referindo-se aos ataques epilépticos de Paulo como evidência de que a mudança de Saulo para Paulo não foi tão suave assim (OC 9/2, § 276).

Embora muitos dos complexos autônomos interajam com o ego-complexo enquanto emergem para a consciência, Jung tem muito cuidado ao estabelecer uma linha entre dizer que o ego é "o centro característico de nossa psique" e ao dizer que é o ponto central (OC 8/2, § 582).

Ao considerarmos como os vários complexos autônomos interagem com a consciência do ego, vemos que essa interação se torna mais intensa quando o ego é interferido por fragmentos psíquicos que ainda não se organizaram suficientemente em complexos.

Por exemplo, uma jovem paciente minha não conseguia entender por que não conseguia atrair ou manter um namorado. Ela era bonita e talentosa e eu também não conseguia entender isso. Discutimos como ela se relacionava com os jovens e, então, ela disse que geralmente começava contando todas as suas dificuldades e esperando ou desejando que eles oferecessem uma solução. Isso poderia ser algo banal, como mover alguns pertences de uma parte da cidade para outra, ou algo muito mais pessoal, como procurar conselhos sobre contracepção, ou perguntar ao rapaz por que ele achava que ela havia tentado se matar. No início, eu especulei que isso seria uma busca por um pai, mas, como sua ansiedade tinha um sabor de busca desesperada por segurança de que "tudo vai ficar bem", em vez de soluções específicas, tentei fazer conexões com o que ela havia me contado sobre sua infância. Sua mãe teve que lidar com seu pai alcoólatra e as crianças eram constantemente advertidas a não fazerem nada que pudesse incomodar o pai. O casal viajou para que o pai pudesse tentar um tratamento. Embora ela não se lembrasse de se sentir privada de atenção materna, estava claro que, na prática, sua imagem da mãe não era a de um recurso emocional. Mas não havia uma figura em sua mente (em sonhos ou fantasias) para dar alguma vida à imagem da mãe negligente. Então, ela sonhou que pegava um machado e atacava uma mulher mais velha que não a ouvia; as discussões que tivemos sobre isso a ajudaram a ver que ela havia pedido a potenciais namorados para realizar funções maternas, o que claramente os haviam aterrorizado. Levou muito tempo para que ela trabalhasse com essa percepção e contivesse sua ansiedade ou a trouxesse para mim ou para seus pais.

Jung enfatizou que o ego-complexo leva tempo para se desenvolver. Esse processo esporádico reflete a forma fragmentada como a experiência se acumula. A consciência pode, então, ser vista como um potencial precário, que se desdobra e se desenvolve ao longo do tempo.

O desejo declarado de Jung para a psicologia analítica era que ela reagisse a uma abordagem excessivamente racional e consciente, que isola o homem do mundo natural e de sua própria natureza, limitando-o. Mas ele insiste que as imagens fantasiosas e o material proveniente do inconsciente (sonhos e assim por diante) não podem ser usados de forma direta como se fossem uma espécie de revelação. Eles são simbólicos, um material bruto que deve ser transmutado para a linguagem da consciência. Ele concebe o ego cooperando com os complexos e com as imagens arquetípicas e projeta um modelo para mostrar como isso acontece.

O ego e o si-mesmo

Jung viu o ego surgindo e funcionando a serviço de algo maior do que ele mesmo. Chamou essa entidade de "si-mesmo" e usou a palavra de várias maneiras diferentes (cf. o próximo capítulo). Seu argumento é que, como o ego é apenas o centro da consciência, como o complexo do ego é apenas um complexo entre muitos e como o inconsciente é maior do que o consciente, há uma necessidade de se hipotetizar algo subjacente, além e mais profundo do que o ego. A relação do si-mesmo com o ego é comparada àquela do "motor ao movido". O si-mesmo, assim como o inconsciente, é postulado como sempre presente. Jung afirma que o si-mesmo é uma prefiguração inconsciente do ego – isto é, o ego é fundido com o si-mesmo, mas depois se diferencia dele. Jung descreve uma interdependência fundamental: o si-mesmo é supremo, mas é a função e o destino da consciência do ego desafiar perpetuamente essa supremacia. E o si-mesmo precisa do ego para que haja esse desafio. O ego deve tentar dominar a psique e o si-mesmo deve tentar fazer o primeiro desistir dessa tentativa.

Jung e os pós-junguianos

À medida que o si-mesmo avança, o ego sentirá uma sensação de derrota; mas sem o estabelecimento deste último, nenhuma experiência do si-mesmo é possível. A formação e a transformação do ego ocorrem ao longo da vida e a percepção de sua interdependência e de sua rendição final é central para a psicologia analítica (cf. p. 238-243 abaixo).

A função transcendente

Vamos assumir que um indivíduo está conscientemente obcecado pela sensualidade, por desejos carnais e pela diversão. A atitude oposta a esse tipo de obsessão – a espiritualidade – estará presente como potencial no inconsciente. Por alguma razão (como a dificuldade de viver uma vida puramente corporal, carente de profundidade e significado), a espiritualidade do indivíduo força-se a partir do inconsciente e entra no campo da consciência do ego. O ego será dividido entre esses dois opostos de sensualidade e espiritualidade e tentará manter-se no meio-termo. Esse meio-termo então torna-se tremendamente importante, porque a combinação de espiritualidade/sensualidade é um produto genuinamente novo. Os extremos existentes de espiritualidade e de sensualidade tentarão tomar conta do novo produto e um dos dois vencerá. Ou o ego favorecerá um lado ou o outro e o novo produto mediador será destruído, de modo que a divisão na psique da pessoa permanecerá sem cura. Ou o ego pode se tornar forte o suficiente para proteger o produto mediador, que então se torna, por assim dizer, superior aos dois antigos extremos. Nessa fase do processo, Jung diz haver algo fundamental. A força do ego da pessoa ajudará o produto mediador ou a posição intermediária a triunfar sobre os dois extremos. Mas a existência do produto mediador, na verdade, fortalece o ego. Uma nova atitude está disponível para a vida consciente e, ao mesmo tempo, a consciência do ego é fortalecida.

Jung chamou esse processo de "função transcendente" para enfatizar como opostos podem realmente gerar a transcendência de antigas posições na consciência e no inconsciente, de modo a encontrar uma nova posição, ligada ao ego. Este está mantendo a tensão dos opostos para deixar um símbolo mediador vir – uma facilitação dos processos do si-mesmo, que permitem a transcendência inconsciente-consciente. O símbolo apresenta uma maneira de se mover do "ou-ou" para o "e", indo além das limitações do discurso lógico ou do senso comum; o símbolo comunica sua mensagem de uma maneira que pode ser vista como a única possível. A experiência da centrada no "e" é central para a mudança psicológica. O que está envolvido é mais do que uma simples combinação de duas soluções possíveis para um problema. Em vez disso, a função transcendente media uma pessoa e a possibilidade de mudança, fornecendo, não uma resposta, mas uma escolha. Além da coragem moral, que é necessária para enfrentar a mudança, fazer uma escolha envolve a discriminação pelo ego das possibilidades e, em seguida, algum tipo de avaliação equilibrada delas.

Jung enfatiza esses dois aspectos da consciência. A discriminação, é a capacidade de distinguir o ego do não ego, o sujeito do objeto, o positivo do negativo e assim por diante. É impossível falar em reunir posições opostas sem antes distingui-las como opostas em primeiro lugar. Sem a consciência do ego, não haveria tal discriminação e, portanto, na visão de Jung, não haveria nada além de instintividade cega. Sem um ego experimentando, não poderia haver experiência, seja de coisas mais elevadas ou mais baixas. O segundo aspecto da consciência do ego é sua capacidade de manter as várias escolhas em algum tipo de equilíbrio, uma vez que elas tenham sido discriminadas, e de facilitar a produção de novos conteúdos psíquicos e, portanto, de novas atitudes conscientes.

Na ilustração da jovem que mencionei anteriormente, a primeira fase do trabalho analítico girava em torno de uma imagem que só poderia ser hipotetizada, porque não estava presente na consciência da mãe que não ouvia. Sua memória consciente era de uma mãe normal e atenciosa. A imagem do sonho do machado contradizia suas memórias de sua mãe e lhe apresentou uma escolha: tentar parar de pedir ajuda a cada garoto que conhecesse. Nesse caso, o produto mediador assumiu a forma de uma mudança de comportamento em vez de um símbolo específico. Mas a ideia de que a existência de um terceiro elemento novo fortalece o ego em si mesmo é demonstrada. Contendo sua ansiedade ou levando-a a figuras parentais apropriadas, ela teve oportunidades de internalizar imagens parentais úteis que, então, se tornaram parte de um processo de fortalecimento do ego.

O suporte neurológico para a intuição de Jung de uma função transcendente veio de Rossi (1977). Vimos, no capítulo 2, que há consequências psicológicas da divisão do cérebro em dois hemisférios cerebrais. A integração do funcionamento hemisférico pode ser análoga ou mesmo semelhante à função transcendente. Jung descreveu duas maneiras pelas quais a função transcendente pode se expressar – "o caminho da formulação criativa" (pensamento não direcionado, linguagem metafórica) e "o caminho da compreensão" (ciência, conceitos, palavras). O primeiro está associado ao hemisfério direito e o último ao esquerdo. Rossi diz que "assim como os hemisférios cerebrais estão em um processo contínuo de equilíbrio e de integração das funções um do outro, Jung descreve uma regulação semelhante" (Rossi, 1977, p. 45).

Por outro lado, Atwood e Stolorow (1975) viram a ideia da função transcendente como uma expressão da negação dos conflitos na vida de Jung e sua busca inconsciente por uma reunificação simbiótica ou fusão com um objeto idílico. O ego ou conteúdo consciente representa o bebê e o conteúdo inconsciente representa a mãe. No entanto, Jung teve o cuidado de afirmar que a transcendência da divisão interno-externa é momentânea e que o novo produto é, então, novamente desafiado de dentro para fora. Então, se houver uma fusão, essa deve ser vista como o ponto de partida para uma dinâmica adicional. Concordo, no entanto, que a noção de função transcendente possa ser usada para evitar o trabalho através de conflitos, proclamando sua resolução repentina.

Superego ou moralidade inata?

Como Jung utiliza "consciência" e "ego" de forma intercambiável, é difícil para ele conceber o ego como diferente de algo totalmente consciente. Contudo, isso é problemático, pois o autor não tem um conceito equivalente ao metapsicológico psicanalítico de um superego. Além disso, não pode dizer muito sobre as defesas do ego, que são inconscientes (cf. p. 158 abaixo).

No pensamento psicanalítico, o superego funciona como juiz ou censor do ego, levando eventualmente à consciência, à auto-observação e à formação de ideais. Inicialmente, a psicanálise viu-o como o "herdeiro do complexo de Édipo", surgindo da internalização das proibições e demandas parentais. Contudo, posteriormente uma fase anterior foi adotada como a origem da formação do superego. Os teóricos das relações objetais veem-no como uma introjeção de um seio tornado persecutório pela projeção da agressão do bebê ou pelo seu medo de uma mãe abandonadora. Há também a possibilidade de uma derivação do excesso de agressão a si próprio. Finalmente, um superego excessivamente ativo pode resultar de uma educação excessivamente rígida e proibitiva. Acredita-se que o superego evolui a partir dos primeiros momentos da vida (Segal, 1973, p. 2).

Jung afirmou que a ética e a moralidade, quando são mais do que a adesão cega a padrões coletivos, são inatas. Ele sugeriu que uma forma inata de consciência deve preceder tanto a formação de um código moral quanto a formação do superego, porque não pode haver culpa sem uma capacidade pré-existente da psique de sentir culpa (OC 10/3, §§ 825-857). Grinnell (1971) sugeriu que existe um "arquétipo moral" neutro e, portanto, capaz de sustentar uma consciência boa ou má. A sua função é "a extração do fator moral dos arquétipos amorais em geral" (Grinnell, 1971, p. 175).

Jung comenta que, além dos canais biológicos, mentais e espirituais para a energia psíquica, há também um canal moral ou ético (OC 8/1, §§ 108-111), de modo que a energia em si tem aspectos éticos, assim como biológicos, psicológicos e espirituais (OC 11/1, §§ 105-108). No entanto, a moralidade nesse canal é um tanto primitiva e cruel, podendo dividir-se em totalmente boa e totalmente ruim, acentuando a tensão de opostos e promovendo uma busca pela perfeição. Então, como Newton (1975) aponta, a função da mãe não é "fornecer" o superego, mas moderar e modificar a operação da moralidade primitiva e perfeccionismo do bebê, sinalizando a aceitação dele como um todo.

Hillman também reflete sobre essa moralidade primitiva. Ele estabelece a diferença entre inibição (inerente, uma tendência de equilíbrio embutida, parte da psique autorreguladora) e proibição (que vem de uma fonte externa autoritária). A inibição está presente em todos os impulsos, sugere Hillman, e sua função é promover a atividade fantasiosa, tornando os instintos psicológicos e levando o indivíduo a dialogar com eles (Hillman, 1975a, p. 105-125).

Entre os psicanalistas, Winnicott enfatizou que uma criança não nasce amoral, de modo que a imoralidade pode ser entendida como obedecer à autoridade externa em detrimento de um modo pessoal de vida ou senso de integridade. Searles apontou que os seres humanos têm uma necessidade inata de ajudar os outros. Essas visões sugerem que a noção de Jung de um senso moral inato pode não ter sido tão equivocada como uma primeira avaliação poderia implicar.

Também há muitas evidências etológicas sugestivas sobre o inatismo da moralidade. Por exemplo, o pássaro abelharuco-africano (comum na África Oriental) demonstra padrões complexos de amizade, parentesco e clã. Ele vive em tocas escavadas às margens do rio. Cada toca é propriedade de um clã de dois a onze pássaros. Nem todos os pássaros de cada clã se reproduzem, mas todos dormem juntos e ajudam a fazer a toca, defendê-la, incubar os ovos, alimentar e proteger os jovens. Os membros do clã compartilham um território de forrageamento, com limites respeitados por outros clãs; eles se deslocam

Jung e os pós-junguianos

para esse território, que fica a algumas milhas da toca. A verdadeira surpresa é que o clã não é composto por parentes, nem se baseia em associações aleatórias. Em vez disso,

> um clã consiste em um conjunto complexo e sempre mutável de amigos, parentes, parceiros antigos e associados que vêm, vão e reaparecem de uma maneira que poderia fornecer um enredo para uma novela de televisão (*Nature*, vol. 298, p. 264, apud *The Times*, 21 jul. 1982).

Por que esses pássaros não são mais egoístas? Como eles mantêm o controle de "quem ajudou quem" e quando essa ajuda deve ser retribuída? A sugestão é que essa capacidade de viver social e comunitariamente repousa em uma moralidade inata (cf. o livro extraordinário de Marais, A *The Soul of the White Ant*, 1937).

A sugestão de Jung de uma moralidade humana inata também remonta aos teólogos, que conduzem seu próprio extenso debate sobre o assunto. O interesse, portanto, foi despertado em ambos os extremos do espectro científico-espiritual.

A operação da consciência – tipos psicológicos

Jung estava interessado em ilustrar como a consciência funciona na prática, bem como em explicar por que ela funciona de maneiras diferentes em pessoas diferentes. O autor formulou uma teoria geral de tipos psicológicos, esperando distinguir os componentes da consciência. Essa teoria foi publicada pela primeira vez em 1921 (OC 6).

Alguns indivíduos são mais excitados ou energizados pelo mundo interno e outros pelo mundo externo: estes são extrovertidos e aqueles introvertidos. Mas, além dessas atitudes básicas em relação ao mundo, existem também certas propriedades ou funções da consciência. Jung as identificou como "pensamento" – modo pelo qual sabemos o que é uma coisa, a nomeamos e a conectamos a outras coisas; "sentimento" – que, para Jung, significa algo diferente de afeto ou emoção, correspondendo à avaliação do valor de algo ou à perspectiva sobre algo; "sensação" – que representa todos os fatos disponíveis aos sentidos, dizendo-nos que algo existe, mas não nos diz o que é; e, finalmente, "intuição" – que Jung usa para conceituar uma espécie de sensação de saber para onde algo está se conduzindo, quais são as possibilidades, sem prova ou conhecimento consciente. Um refinamento adicional é que essas quatro funções se dividem em dois pares – um par racional (pensamento e sentimento) e um irracional (sensação e intuição). Como veremos mais adiante, o que Jung quer dizer com essas categorias e, em particular, o uso da palavra "sentimento" são questões problemáticas.

Agora podemos descrever o estilo geral de consciência de uma pessoa e sua orientação em relação aos mundos interno e externo. O modelo de Jung é cuidadosamente equilibrado. Uma pessoa terá um modo primário (ou superior) de funcionamento; esse será uma das quatro funções. A função superior virá de um dos dois pares de funções racionais ou irracionais. Claro que a pessoa não dependerá exclusivamente dessa função superior, mas também utilizará uma segunda, a função auxiliar. Isso, de acordo com as observações de Jung, virá do par oposto de funções racionais ou irracionais. Assim, por exemplo, uma pessoa com uma função superior de sentimento (do par racional) terá uma função auxiliar de sensação ou intuição (do par irracional).

Usando as duas atitudes e as funções superior e auxiliar, é possível produzir uma lista de dezesseis tipos básicos. Jung às vezes representava as quatro funções em um diagrama em forma de cruz (Diagrama 1).

O ego no meio tem energia à sua disposição que pode ser direcionada para qualquer uma das quatro funções; e é claro que a possibilidade de extroversão-introversão fornece outra dimensão. Jung sentia que o número 4, embora obtido empirica e psicologicamente, era simbolicamente apropriado para a expressão de algo destinado a ser tão abrangente quanto uma descrição da consciência.

Diagrama 1

Jung então apresenta uma proposição que transforma sua teoria tipológica em algo de valor no diagnóstico, no prognóstico, na avaliação e em conexão com a psicopatologia em geral.

Até agora, atribuímos duas das quatro funções da consciência; e quanto às outras duas? Jung observou que a outra função do par que forneceu a função superior frequentemente causava muito problema para o indivíduo. Digamos que um indivíduo tenha uma função superior de sentimento. Se Jung estiver certo, então ele pode ter um problema com a outra função do mesmo par racional, isto é, pensamento. Podemos ver como essa abordagem de Jung funciona na prática. Todos conhecemos pessoas que têm uma atitude madura e equilibrada em relação à vida e parecem estáveis; elas se sentem em casa com as emoções e valorizam os relacionamentos pessoais. Mas podem faltar a capacidade para o intelectualismo sustentado ou para o pensamento sistemático. Elas podem até mesmo considerar tal pensamento como algo terrível, odiar a lógica e falar com orgulho de si mesmas como inumeráveis e assim por diante. Mas o orgulho pode esconder sentimentos de inadequação, e o problema pode não ser tão facilmente resolvido. Jung chama a função problemática de função inferior. Essa será a área da consciência que é difícil para uma pessoa. Por outro lado, a função inferior, que existe por longos períodos no inconsciente, contém um enorme potencial de mudança que pode insurgir de tentativas de se integrar o conteúdo dessa função à consciência do ego. Fazer isso, perceber a função inferior, é um elemento primordial na individuação devido ao "arredondamento" da personalidade envolvida.

É importante perceber que Jung está aplicando sua teoria de opostos na construção desse sistema (cf. o próximo capítulo para uma discussão mais detalhada sobre essa teoria). Dentro da ampla categoria de "racionalidade", pensar e sentir são opostos e esse fato chamou mais a atenção de Jung do que a oposição mais óbvia entre racional e irracional, por exemplo, entre pensar e intuir. É justamente o vínculo de sua racionalidade compartilhada que permite que o pensar e o sentir sejam concebidos como opostos. Jung sentia que, como uma pessoa é mais propensa a ser racional ou irracional, a questão importante tipologicamente teria que ser respondida dentro das próprias categorias racional ou irracional. Isso precisa ser enfatizado porque, de certa forma, entra em conflito com o senso comum, que afirmaria que os verdadeiros opostos seriam as tendências racionais e irracionais.

Jung especulou que, na maturação e individuação, esses vários opostos tipológicos se fundem de modo que as atitudes conscientes de uma pessoa, e consequentemente uma grande parte de sua experiência consigo mesma, tornam-se mais ricas e variadas. Uma questão interessante é a cronologia da formação do tipo. Jung descreve uma criança de dois anos que não entrava em um quarto antes de ter ouvido os nomes dos móveis lá presentes. Jung tomou isso como, entre outras coisas, um exemplo de introversão precoce. A ideia de cronologia leva ao enigma de quão fixo ou mutável é o tipo de uma pessoa e isso tem atraído as energias de vários pós-junguianos, como veremos no apêndice abaixo.

Jung pensava que as funções têm uma base fisiológica e um componente psíquico, que é parcialmente controlável pelo ego. Até certo ponto, uma pessoa pode escolher como operar, mas os limites provavelmente são inatos. Ninguém pode dispensar nenhuma das quatro funções; elas são inerentes à consciência do ego. Mas o uso de uma função específica pode se tornar habitual e excluir as outras. A função excluída permanecerá não treinada, subdesenvolvida, infantil ou arcaica e, possivelmente, completamente inconsciente e não integrada ao ego. Mas é possível para cada função ser diferenciada e, dentro de limites, integrada. No entanto, por razões sociais ou familiares, uma função pode se tornar dominante de forma a não estar em sintonia com a personalidade constitucional da pessoa.

A psicopatologia da consciência do ego

Nesta parte do livro iremos nos concentrar nas declarações de Jung sobre a psicopatologia da consciência do ego.

A primeira possibilidade é que o ego não surja satisfatoriamente de sua unidade e identidade original com o si-mesmo; portanto, haverá pouca discriminação ou consciência do ego e a personalidade será administrada pelos complexos autônomos em competição.

A segunda possibilidade é que o indivíduo permita que seu si-mesmo, ou personalidade total, seja limitado pela identificação com o ego – que, assim, se infla. Ele se comportará como se não fosse nada além de ego e a consciência do ego. O inconsciente e os complexos protestarão por serem negados dessa maneira, e uma tensão entre o ego e o si-mesmo, muito maior do que o considerado saudável, se desenvolverá, com consequências destrutivas.

A terceira possibilidade é que o ego possa se identificar com uma atitude consciente extrema, abandonando uma posição mediadora e cortando o resto do espectro de possibilidades. Para tanto, o ego irá "selecionar" dados emocionais de modo que elementos que não se encaixem no padrão consciente sejam negados ou divididos.

A quarta possibilidade é que o complexo de ego possa encontrar-se incapaz de se relacionar de maneira frutífera e imaginativa com os outros complexos, de modo que a personalização e diferenciação dos complexos que Jung considera vitais para o crescimento não possam ocorrer. O indivíduo não pode trazer imagens de fantasia ou, uma vez apresentadas, não pode se relacionar com elas.

A quinta possibilidade é que o ego possa ser sobrecarregado e arrastado por um conteúdo interno.

A sexta possibilidade é que o complexo do ego possa ser muito fraco para preservar a unidade e a integração do indivíduo, de modo que elas se rompam e não possam ser mantidas sob o impacto da multiplicidade e primitividade do inconsciente.

A sétima e última possibilidade de psicopatologia do ego está relacionada com a função inferior descrita na seção de tipologia acima. A função inferior pode estar tão desintegrada e indisponível que não faz sentido às intenções conscientes.

Ego e sombra

Jung usou o termo "sombra" para conceituar o que cada homem teme e despreza em si mesmo. A noção de sombra comumente expressa isso para a humanidade como um todo, ou para uma cultura específica em um momento particular. Embora seja possível para o ego tornar consciente o que está localizado na sombra, nunca será uma consciência total. O paradoxo é que tornar algo consciente também constela a inconsciência, porque consciente e inconsciente estão em relação mútua. Quando a consciência do ego ilumina algo, o que está na periferia fica na escuridão. Jung colocou da seguinte forma: "chegamos à conclusão paradoxal de que não há conteúdo consciente que não esteja, em algum outro aspecto, inconsciente" (*apud* Hillman, 1979b, p. 12-13).

Segue-se que quanto mais diferenciado o ego, mais problemática é a sombra. De fato, para alguém com um alto nível de consciência do ego, a sombra pode assumir a forma do inconsciente em si. A patologia resulta do fato de que elementos saudáveis do ego podem permanecer inconscientes e, portanto, operar de forma distorcida ou em projeção. Essa última possibilidade, a projeção da sombra, interfere em relacionamentos próximos no nível pessoal e no comunitário, dificultando a convivência harmoniosa. Em ambos os casos, é tentador empurrar o que não é desejado para fora, onde pode ser condenado à vontade. Em outras palavras, traves e ciscos.

Jung enfatizou que a sombra não deve ser considerada algo ruim. O lado escuro humano é, afinal, parte do homem. Portanto, há um aspecto moral convincente na integração da sombra: desbloquear relacionamentos pessoais e comunitários e também admitir o inadmissível, mas humano. O objetivo de tal integração é uma maior integridade psicológica (significando completude, não perfeição). A designação de sombra não é a mesma que a de pecado. De fato, Jung afirmou que tudo de qualquer substância ou solidez (portanto, de valor) projeta uma sombra.

A avaliação positiva de Jung sobre a sombra é mostrada mais claramente em conexão ao instinto: "pela assimilação da sombra, o homem como que assume seu corpo, o que traz para o foco da consciência toda a sua esfera animal dos instintos, bem como a psique primitiva ou arcaica, que assim não se deixam mais reprimir por meio de ficções e ilusões" (OC 16/2, § 452).

Jung comentou que a "falsa unidade" do homem se desintegra sob o impacto do inconsciente, de modo que um conflito começa entre o ego e a sombra:

> Enquanto o paciente podia pensar que outra pessoa (seu pai ou sua mãe, por exemplo) era responsável por suas dificuldades, ele conseguia manter incólume a seus olhos a aparência de sua unidade (*putatur unus esse*! acredita que

é um!). Mas assim que percebe que ele próprio possui uma sombra e que traz o inimigo "no próprio peito", o conflito começa, e o que era um torna-se dois (OC 16/2, § 399).

Mas tal conflito com o "outro" levará, na análise, à possibilidade de uma terceira posição transformadora e unificadora, se o ego puder alcançar a integração necessária.

A totalidade, ou completude, para a qual a integração da sombra leva, é vital se o homem quiser se desenvolver. Em primeiro lugar, Jung concluiu, o paciente deve ver que ele é o problema. Não se trata de se livrar da sombra, mas de reconhecê-la e integrá-la; essa é uma tarefa perigosa para a consciência do ego, porque o ego está em contato direto com os arquétipos e pode optar por um recuo incestuoso e evitar o confronto moral (cf. p. 332-335 abaixo).

Usado como metáfora em relação a uma cultura, a sombra inclui aqueles fora do sistema social (criminosos, psicóticos, desajustados, bodes expiatórios), bem como inimigos nacionais. Esses indivíduos são pessoas que não se encaixam com a tendência predominante de uma cultura que, por sua vez, pode ser vista como falha em assimilar sua sombra. Se essa falha continuar, a sombra social pode irromper, como no fascismo, ou no ódio racial, ou em uma guerra destrutiva sem sentido.

Um símbolo para o ego

Conclui-se da apresentação sobre a sombra que a consciência do ego pode ser simbolizada pela luz ou pela iluminação. No entanto, há outras maneiras pelas quais, de acordo com Jung, a consciência do ego encontra expressão cultural ou pessoal. Desde os tempos mais antigos, o símbolo da consciência do ego com o qual o homem tem sido capaz de se identificar é o herói. A vida do herói representa as aspirações do homem, e suas várias lutas e conflitos expressam adequadamente o curso desigual da existência humana. A jornada do herói, conforme expressa em mitos e lendas, "significa uma renovação da luz, um renascimento do consciente a partir das trevas, isto é, da regressão ao inconsciente" (OC 5, § 558).

É possível listar uma série de características que podem ser observadas em histórias heroicas. Isso não quer dizer que todas as histórias heroicas – Perseu, Hércules, Édipo, Moisés, Artur e assim por diante – exibirão todas essas características. As mais comuns são: a mãe do herói é uma virgem real. Seu pai é um rei e relaciona-se com sua mãe. As circunstâncias de seu nascimento são incomuns e o herói é dito ser filho de um deus. Ao nascer, seu pai ou seu avô materno tentam matá-lo, mas ele é levado e criado por pais substitutos em um país distante. Depois de uma vitória ou série de vitórias sobre um gigante, dragão ou fera selvagem e/ou um rei, o herói se torna o rei e se casa com uma princesa. Tudo corre bem por um tempo e o herói-rei elabora uma série de leis, mas, eventualmente, perde o favor dos deuses ou da população e é expulso do trono e da cidade. Depois disso, encontra uma morte misteriosa, muitas vezes no topo de uma colina. Seus filhos, se houver, não o sucedem e seu corpo não é enterrado. No entanto, ele tem um ou mais sepulcros sagrados.

Lord Raglan (1949), em seu livro *The hero*, nos diz que, de um possível de 22 características, Édipo marca 22, Teseu, 20, Rômulo, 18, Perseu, 18, Hércules, 17, Jasão, 15, Moisés, 20 e Artur, 19.

A invariabilidade do sexo masculino do herói deve ser simbólica. Devido à ênfase de Jung à personalização dos complexos, seus próprios preconceitos culturais e os da época, nota-se que o autor estava satisfeito em deixar a consciência ser simbolizada por figuras masculinas. Não quer dizer que as mulheres sejam excluídas da consciência ou sejam menos conscientes. No entanto, a ideia duvidosa de que a consciência de uma mulher resida em seu lado "masculino" permanece (cf. Stevens, 1982, p. 189). Esse problema é discutido no capítulo 7.

Uma personificação particular da consciência do ego deve ser observada, e essa é Jó; Jung escreveu um comentário psicológico sobre o Livro de Jó (*Resposta a Jó*, OC 11/4). Embora Jó seja teoricamente inferior a Yahweh, ele gradualmente se torna consciente da sombra de poder de Yahweh; isto é, ele alcança consciência de uma maneira que um Deus nunca pôde. Yahweh se comporta de maneira perturbada e distorcida. Seu ciúme e grandiosidade são infantis; Jó é como um pai, pressionado além da paciência humana em seu surto explosivo. Jó não representa a consciência madura do ego, pois ainda não há menção de conexão com o feminino, que permanece dividido. E, como aponta Lambert (1977), ele não é uma figura de todos os homens, mas uma metáfora para uma fase do desenvolvimento da consciência.

Críticas

Nós vimos como é difícil para Jung aceitar que o órgão e centro da consciência não estão, na verdade, cientes de sua própria operação. Assim, o autor fala muito pouco sobre as defesas do ego, além de não conceber defesa como o proposto por Anna

Freud (1937), em sua famosa classificação. Por outro lado, algumas das ideias de Jung se aproximam mais das definições de defesa propostas por teóricos das relações objetais (cf. p. 307-310 abaixo). O problema principal não é simplesmente que a ideia de defesa seja subdesenvolvida, mas o fato de não enfatizar a ansiedade como a razão primeira para as defesas. A psicologia analítica se beneficia das classificações psicanalíticas de ansiedade; por exemplo, ansiedade persecutória e depressiva, ou ansiedade resultante da atividade do superego.

A visão de Jung sobre a consciência do ego não permite muita variação na qualidade e intensidade da consciência. Gordon aponta que existem dois significados de consciência – estar ciente ou acordado, e estar autoconsciente. A autoconsciência também tem dois significados – "autoconsciência primária", na qual "se sabe e está ciente do que se faz e experiencia", e "autoconsciência reflexiva", que diz respeito a uma concentração deliberada nos processos mentais (Gordon, 1978, p. 173).

Jung não relaciona o desenvolvimento da consciência do ego a nenhum esquema de desenvolvimento ou maturação da personalidade. Considera o ego como algo que se desenvolve muito mais tarde, de modo que as crianças vivem em "notória inconsciência", na qual "ainda não há ego claramente diferenciado" (OC 17, § 83). Desse modo, Jung deixa em aberto a estruturação do próprio ego e também a questão de sua origem e como ele realmente se coesiona. Em particular, há pouca ênfase no papel da frustração na gênese do ego, e o símbolo do herói é considerado por alguns pós-junguianos como inadequado ou inapropriado. Jung não examina em grande detalhe o papel do ego nos relacionamentos pessoais nem o papel dos relacionamentos pessoais na formação do ego.

A reação de Glover às visões de Jung sobre o ego é que o autor parece ter abandonado qualquer sentido de evolução do inconsciente para o consciente e a conta psicanalítica da maneira como o "inconsciente dinâmico original evolui em formações estruturais posteriores" (Glover, 1950, p. 47). O conceito de conflito, diz Glover, é reduzido a um nível consciente, de modo que não há mecanismos infantis presentes no inconsciente. Já observamos que a falha de Jung em ver que o ego tem elementos inconscientes, como defesas, tem consequências infelizes. Mas o autor está constantemente preocupado com as relações entre o consciente e o inconsciente. Essas podem incluir conflito, mas muitas outras relações também são possíveis. Glover, portanto, se encaixa involuntariamente no estereótipo injusto do freudiano, que é visto pelos junguianos como aquele que considera o inconsciente como um inimigo.

Glover demonstra que Jung também abandonou o conceito de repressão – "a pedra angular do sistema de economia mental freudiano" (Glover, 1950, p. 78). Ele cita referências repetidas de Jung, sugerindo que a repressão seja algo sob controle consciente (supressão, em outras palavras). Acredito que isso possa refletir uma fraqueza de Jung ou possa ser um problema linguístico – certamente nenhum pós-junguiano argumentaria que se pode decidir o que reprimir ou se deve reprimi-lo.

A crítica adicional de Glover é que, ao enfatizar a autonomia dos complexos, Jung está tentando manter o ego limpo, desejando projetar o material infantil menos agradável nos complexos autônomos, renunciando, assim, à responsabilidade consciente por ele. Podemos esclarecer essa posição dizendo que, além de seu núcleo inato, cada complexo contém em si fragmentos de história pessoal infantil e elementos do ego (por exemplo, núcleos do ego, o próprio conceito de Glover).

A teoria tipológica de Jung tornou-se controversa e foi desafiada por Glover e por muitos outros. As objeções de Glover são que toda menção ao desenvolvimento é omitida e que a questão de saber se o tipo é considerado inato ou acidental é deixada em aberto. Acredito que Jung tentou discutir isso, mas evitou afirmar de forma inequívoca que o tipo é inato. Glover sente que a extroversão e a introversão são rótulos ridiculamente simples e "não podem dar a menor sugestão dos desenvolvimentos dinâmicos e estruturais elaborados e complicados que dão origem a esses resultados finais. Consequentemente, são inúteis" (Glover, 1950, p. 103). A objeção metodológica de Glover é que Jung está lidando com produtos finais quando deveria lidar com processos.

Storr (1973), em uma análise crítica da tipologia junguiana, apresentou uma teoria interessante que conecta as ideias de Jung sobre extroversão e introversão com as de Fairbairn, um psicanalista da Escola das Relações Objetais. Fairbairn vê a extroversão em termos de defesas do ego contra a depressão; os extrovertidos são deprimidos, porque, estando tão envolvidos com objetos externos e outras pessoas, vivem próximos ao medo da perda. Os introvertidos são basicamente mais primitivos, porque estão em fuga do mundo externo. Fairbairn, segundo Storr, sentia que o desenvolvimento pessoal desempenhava um grande papel nisso e criticaria qualquer ideia de que a atitude psicológica é inata ou geneticamente determinada.

Storr argumenta contra a visão equilibrada de Jung sobre extroversão e introversão, que, em termos de valores, os coloca em igualdade de condições. Storr acredita que extremos de extroversão são menos patológicos do que extremos de introversão (Storr, 1973, p. 73). Ele chega a essa conclusão porque o estado esquizoide, associado à introversão, precede o estado depressivo, associado à extroversão, no desenvolvimento. Somente o extrovertido se relaciona com outras pessoas inteiras (presumivelmente porque somente o extrovertido alcançou a posição ou estágio depressivo de preocupação). O introvertido, na forma extrema, é esquizofrênico. O afastamento esquizofrênico, envolvendo um indivíduo que habita um mundo próprio, é uma doença mais grave do que a depressão.

É difícil saber como avaliar essa ideia. É bem-vindo que se tenha feito uma tentativa de utilizar clinicamente esses conceitos de Jung, mas não tenho certeza de que muitos considerariam a introversão um estado mais patológico do que a extroversão.

A posição pode ser esclarecida, em parte, porque Storr aborda uma diferença básica entre Jung e a psicanálise em geral, que pode ser expressa em termos do ego. Jung, resumido por Storr, vê o ego "equilibrado entre interno e externo, entre subjetivo e objetivo, com uma necessidade igual de se relacionar com cada mundo" (Storr, 1973, p. 74). Na opinião de Storr, a psicanálise, por outro lado, vê o mundo interno como infantil ou, se excessivamente presente no adulto, como psicopatológico. A síntese de Storr é sugerir que o mundo interno de imagens fantasiosas é tanto infantil (e, portanto, patológico em um adulto) quanto biologicamente adaptativo. Ele aponta que o meio de adaptação do homem é parcialmente interno, envolvendo conceitos, símbolos, sonhos ou devaneios. Portanto, o mundo interno tem um papel a desempenhar na adaptação externa.

Na citação acima, Storr parece equiparar o interno ao subjetivo e o externo ao objetivo. Mas o foco da psicologia psicodinâmica é sugerir que a atividade interna tenha a força e o impacto no indivíduo da verdade objetiva e, inversamente, que aquilo que é sentido como real no mundo externo de relacionamentos e objetos é frequentemente colorido por fatores subjetivos. Toda a questão pode ser esclarecida pelo uso de um termo como "realidade subjetiva".

Storr notou um problema com o uso da palavra "sentimento" por Jung. Este autor tentou distinguir o sentimento da emoção ou afeto, mas surgem complicações porque um aspecto do sentimento é detectar e registrar a emoção. Willeford propõe uma solução para esse problema: "o sentimento é relativamente diferente da emoção, mas ambos derivam da organização afetiva subjacente à personalidade" (Willeford, 1976, p. 131).

Os pós-junguianos: introdução

Neste ponto, voltemos nossa atenção para as maneiras pelas quais esses temas foram abordados e desenvolvidos pelos pós-junguianos e para uma análise do debate sobre a consciência do ego, que está ocorrendo na psicologia analítica atual. Existem duas questões principais nesse debate. A primeira diz respeito à relevância, à aplicabilidade e à adequação do tema do herói como símbolo para a consciência do ego. A segunda diz respeito ao fato de o ego poder ser visto melhor como um aliado ou como um oponente da imaginação. Como veremos, há um aspecto comum a ser observado em ambos os debates: não existe uma única consciência do ego, mas sim uma série de variedades ou estilos de consciência do ego, que derivam das circunstâncias internas e externas da pessoa.

O tema do herói

Neumann trabalhou a imagem do herói como metáfora para a consciência do ego, associando-a à ideia de que existem estágios arquetípicos a serem observados no desenvolvimento do ego, os quais seguem os vários estágios do mito do herói. Neumann sentia que havia evitado a armadilha de uma analogia simplista entre o desenvolvimento ou evolução da espécie humana em relação ao desenvolvimento de um indivíduo homem ou mulher. Usando o mito como metáfora, o autor busca por material amplificatório por meio daquilo que pode ser chamado de "história popular da consciência", em vez de dados empíricos. Isso é justificado pela declaração de Neumann de que:

> Se, durante nossa exposição, "personificamos", falando da própria experiência do herói ou descrevendo uma situação mitológica do ponto de vista feminino, é entendido que estamos falando figurativamente e de forma abreviada. Nossa interpretação psicológica retrospectiva não corresponde a nenhum ponto de vista mantido conscientemente em tempos anteriores: é a elaboração consciente de conteúdos que foram extrapolados em projeções mitológicas, inconsciente e simbolicamente (Neumann, 1954, p. 150-151).

Segue-se a noção de que o ego individual passa por fases ou estágios arquetípicos de desenvolvimento, de modo que, em cada estágio de sua evolução, o ego entrará em uma nova relação com os arquétipos e complexos. Assim, o poder e o alcance da consciência do ego aumentam. Neumann enfatiza o poder criativo da consciência, vendo-a na fronteira entre individualidade e coletividade. O que se segue é minha tentativa de sintetizar as várias declarações do modelo que Neumann fez (1954, 1959, 1973).

Neumann chama a primeira fase do desenvolvimento da consciência de fase urobórica, em referência ao antigo símbolo da cobra circular que morde sua própria cauda. Ele observa que o uroboros "mata, se une e se impregna. É homem e mulher, gerando e concebendo, devorando e dando à luz, ativo e passivo, acima e abaixo, ao mesmo tempo" (Neumann, 1954, p. 10). O uroboros é uma representação não da infância ou da primeira infância como um todo, mas do estado de consciência característico dessa época. O uroboros é uma imagem que captura a essência da onipotência infantil, do solipsismo e da falta relativa de diferenciação consciente. (Para uma discussão completa da abordagem de Neumann sobre a relação mãe-bebê, cf. p. 315-321 abaixo.)

A segunda fase do desenvolvimento do ego, a fase matriarcal, é dominada pelo lado materno do inconsciente, a Grande Mãe, que, em seu controle do suprimento de alimentos e em outras manifestações de seu poder e proteção, força o ego a desempenhar um papel passivo. De acordo com Neumann, ainda não há diferenciação entre bebê e mãe, ego e não-ego, masculino e feminino, ou ativo e passivo. Os pais são vistos como não diferenciados e fundidos, em vez de como dois indivíduos separados que se uniram em um casamento.

Os primeiros atos do ego envolvem o uso de fantasia agressiva para fazer uma separação entre bebê e mãe e, posteriormente, entre mãe e pai. Depois disso, outros pares de opostos surgirão. Essa separação do que estava unido em dois opostos oferece a possibilidade de desenvolvimento adicional da consciência ao longo das linhas da descrição clássica de Jung de dois conteúdos psíquicos que se combinam para produzir um terceiro produto novo.

De acordo com Neumann, fazer essas diferenciações é um ato heroico. "Através do ato heroico de criação do mundo e da divisão dos opostos, o ego sai do círculo mágico do uroboros e se encontra em um estado de solidão e discórdia" (Neumann, 1954, p. 114-115).

O herói, simbolizando a consciência do ego, embarca em uma jornada que o envolverá em inúmeros conflitos e lutas. Essas lutas representam os obstáculos comuns do crescimento. Mas o que parece comum, geral e esperado pelo adulto observador é excitante, aterrorizante e tremendamente importante para a criança.

O que o herói está tentando fazer em sua busca e suas lutas? Neumann distingue três objetivos psicológicos. Primeiro, o herói/ego está tentando se separar da mãe e do ambiente materno. Segundo, o herói está tentando identificar e discriminar os lados masculino e feminino de si mesmo, para integrá-los. Terceiro, ele está procurando valores e modos de funcionamento psicológico para equilibrar a maneira superdirecionada e exageradamente consciente que teve que desenvolver para escapar do abraço da Grande Mãe. O ego tem que se comportar dessa maneira excessivamente estressada e estereotipicamente masculina para se libertar. A sensação agradável e flutuante de não ter responsabilidades é conhecida por todos nós; é um caminho altamente sedutor de regressão. A masculinidade unilateral pode, então, ser vista como necessária e inevitável, e precisar de seu oposto, ou seja, a princesa ou figura feminina semelhante e o tesouro. Isso pode ser visto mais como um objetivo que é diferente em qualidade das conquistas marciais ou outros processos tradicionalmente masculinos.

O tesouro também representa uma perspectiva de mundo bastante diferente dos valores do ego. Neumann diz que a necessidade de separação entre o ego em evolução e o mundo matriarcal leva a uma perda temporária de profundidade (da alma) e a um envolvimento em conflito e luta. A donzela da alma reequilibra a balança em seu casamento com o herói. Quando o herói possui a cativa, ele é capaz de abandonar fantasias incestuosas de casamento dentro de sua família e pode olhar para fora. Se essa tendência não fosse facilitada, a cultura humana permaneceria presa à família de origem, estática e estéril.

Neumann nos lembra que o herói encontra figuras úteis em sua jornada. Por exemplo, Perseu recebe o presente da invisibilidade de Hades, uma espada de Hermes e o escudo reflexivo necessário para matar a Medusa de Atenas. Do ponto de vista de Perseu, eles eram figuras parentais úteis que investiram no desenvolvimento do ego de sua criança e, portanto, um antídoto necessário para qualquer ideia inflada de que o herói tenha o mundo inteiro contra ele. Na vida real, os pais podem ver que seus filhos têm que crescer e se afastar, mesmo que isso possa trazer dor para todas as partes.

A batalha entre o herói e o rei (a fase patriarcal) é vista por Neumann com um significado diferente daquela entre o herói e o dragão-monstro. Aquela representa nada menos que a batalha perpétua entre as gerações, entre jovem e velho, novo e estabelecido. Neumann não aceita a visão de Freud de que o impulso de matar o pai se baseia na rivalidade sexual, e trabalha duro para diferenciar seu argumento do de Freud, concentrando-se nos

Jung e os pós-junguianos

aspectos culturais do conflito herói-rei. Parece mais provável, para mim, que as dimensões sexuais e culturais são dois lados de uma imagem completa (para uma discussão mais completa do complexo de Édipo na psicologia analítica, cf. p. 332-337).

Para resumir: Neumann identificou os principais elementos como o próprio herói, o dragão e a vítima/tesouro. O dragão, embora muitas vezes andrógino, é contíguo à mãe e ao arquétipo da mãe. Certamente é com ela que o herói deve lutar. A vitória sobre ela regenerará o ego-heroico, porque o tesouro oferece as várias recompensas descritas acima e porque a exposição deliberada do ego aos perigos do conflito com o dragão ou monstro é um teste vital de força.

A entrada na caverna e o contato ameaçador com a mãe transformam o ego. O resultado é o aumento da consciência do ego. Então, o aspecto feminino da vítima-tesouro desempenha seu papel em readaptar o estilo da consciência do ego a um modo mais equilibrado.

O herói é o portador do ego com seu poder de disciplinar a vontade e moldar a personalidade, e todo o sistema consciente agora é capaz de "romper com o governo despótico do inconsciente" (Neumann, 1954, p. 127).

O desenvolvimento do ego: uma fantasia arquetípica

Giegerich (1975) criticou Neumann por tentar traçar o desenvolvimento de um arquétipo, quebrando assim uma das "regras" da psicologia analítica, a qual diz que os arquétipos, como estruturas fundamentais, simplesmente não se desenvolvem. Giegerich também sentiu que o conceito de Neumann de estágios de desenvolvimento do ego é uma fantasia arquetípica do próprio autor, o que pode ser a explicação do motivo pelo qual a abordagem de Neumann cativou tantos psicólogos analíticos.

Giegerich argumenta que, embora existam estágios no desenvolvimento da consciência e mitos que amplificam esses estágios, cada mito, como um estilo de ego-consciência, está trabalhando contínua e contemporaneamente, de modo que todos os estilos estão em constante estado de interação. O ego é mais bem concebido, em outras palavras, como uma série de estilos de consciência com padrões de interação entre si.

Peço ao leitor que mantenha esta noção em mente – estilos de ego não envelhecem e não desaparecem – pois isso surgirá como um tema comum no pensamento pós-junguiano sobre o ego.

O argumento central de Giegerich é que utilizar a cultura para ligar a consciência do ego à filogenia é algo absurdo, porque esta precede a história cultural do homem conhecida por milhares de anos. Giegerich sentiu que Neumann levou seus estágios muito concretamente, não os usando como metáforas, o que, portanto, tornou concreto o que deveria ser deixado imaginário.

Desenvolvimento do ego na infância

Fordham concorda com Giegerich sobre Neumann ter usado de forma inadequada o conceito de arquétipo. Mas sua principal crítica às especulações do autor sobre o desenvolvimento da consciência, em seu artigo *Neumann and childhood* (1981), é que elas são adulto mórficas, ou seja, os fenômenos infantis são observados do ponto de vista de um adulto. Embora as crianças saibam menos sobre a vida adulta do que os próprios adultos, não há evidências de que a criança seja absolutamente inconsciente ou passiva da maneira como Neumann descreve.

Fordham cita estudos que demonstram que, em alguns aspectos, as percepções de realidade de um bebê são mais diferenciadas do que as de um adulto. Funções e percepções visuais, auditivas e táteis estão presentes desde o nascimento, de modo que o bebê pequeno tem uma ampla gama de imitação. Muito também foi aprendido sobre a vida intrauterina na qual o feto "desenvolve habilidades bastante sofisticadas e interage com o ambiente aquático no qual está contido". Mais importante, o recém-nascido está equipado para realizar um comportamento de aproximação que não é simplesmente reativo ou reflexivo. Esse comportamento de aproximação, diz Fordham, "pode ser mais bem compreendido considerando seu efeito sobre a mãe [...] parece que seus olhares, seus choros, seus movimentos são construídos para atuar sobre os sentimentos de sua mãe e apegá-la a ele" (Fordham, 1980a, p. 317).

O autor acredita que há um consenso crescente de que existem funções perceptivas do ego organizadas no nascimento e "não parece haver mais nenhuma base para se supor que a doação infantil é não organizada, mas essa visão ainda está em vigor, então precisa ser mencionada" (Fordham, 1976, p. 46). Mas, como veremos no próximo capítulo, Fordham não atribui essa organização principalmente ao ego ou à consciência do ego, mas sim à organização do ser.

O exame das funções do ego de Fordham é bastante interessante, pois demonstra uma visão moderna baseada em algumas formulações de Jung. As funções do ego são: (a) percepção – embora nem todas as percepções ultrapassem o limiar da consciência; (b) memória; (c) organização do funcionamento mental (presumível por meio das duas atitudes e das quatro funções da consciência delineadas por Jung). Isso também incluiria a parte desempenhada pelo ego na integração da fantasia – (d) controle sobre a mobilidade. Isso é importante por duas razões: primeiro, porque o ego é mostrado como enraizado no corpo e, segundo, porque o ego ressoa na separação real da mãe – (e) teste da realidade, (f) fala. Neste ponto, o importante é a forma como palavras como "eu", "você" e "ele" têm diferentes significados em diferentes estágios de desenvolvimento e são usadas com maior ou menor frequência. Outra função do ego é (g) defesas. A lista de defesas de Fordham e sua divisão em defesas mais antigas e mais recentes segue a prática convencional baseada nos desenvolvimentos na psicanálise. Mas ele enfatiza que as defesas do ego, que tendem a ser vistas negativamente e como dispensáveis em um estado de saúde mental, são entendidas como parte da maturação. Desde que as defesas não sejam muito rígidas e uma pessoa não se torne excessivamente dependente de um tipo específico de defesa, elas não podem ser vistas como psicopatológicas. Se o ego não usa mecanismos como projeção, introjeção e identificação, ele não pode se proteger da ansiedade nem acrescentar a si mesmo. Outra função é (h) capacidade de renunciar às suas funções controladoras e organizadoras – Fordham atribui grande importância a isso e sua proposição paradoxal seria que "apenas um ego suficientemente forte pode permitir que outras partes da psique floresçam" (Fordham, 1969a, p. 93-96).

Devemos observar que, quando Fordham fala de um ego que abre mão de suas próprias forças, ele se afasta de qualquer visão unitária do ego.

Por não estar disposto a aceitar o uso de mitos para falar sobre o funcionamento infantil, Fordham é altamente crítico sobre as etapas de Neumann para o desenvolvimento da consciência do ego. O problema com elas é que são afirmadas como representantes do desenvolvimento da estrutura interna de um arquétipo ou de um aspecto de um arquétipo. Assim como Giegerich, Fordham acredita que é conceitualmente errado afirmar que um arquétipo seja capaz de desenvolvimento, propondo, em vez disso, a ideia de que, em primeiro lugar, a consciência é necessária para o desenvolvimento (Fordham, 1981).

Comentário: (1)

Essas são questões altamente técnicas, que não interferem na utilidade do motivo do herói como metáfora para a consciência do ego e, em particular, na relevância do herói para questões de escolha moral. As metáforas arquetípicas mudam com o passar de cada geração; isso não implica mudança no arquétipo em si. Novas metáforas recebem reconhecimento cultural e cada geração subsequente tem um conjunto diferente de imagens para se basear. Por exemplo, as gerações seguintes ao Movimento das Mulheres encontrarão uma constelação bastante diferente de imagens em torno da mulher. Outro aspecto da imagem se tornou acessível; a imagem "virou" ou nós a contornamos.

Além disso, as manifestações arquetípicas ocorrem em formas diferentes, em momentos diferentes da vida. Assim, as demandas feitas ao ego na primeira infância e na velhice serão diferentes. E deve-se lembrar que um ego fraco não é necessa-

160 Coleção Reflexões Junguianas

riamente um ego infantil; a questão não é uma comparação entre o ego da infância e o da idade adulta, mas sim uma avaliação da adequação da fase das forças e fraquezas do ego.

Mito, infância e imaginação

No entanto, Giegerich é tão incisivo na abordagem científica de Fordham quanto foi no concretismo mitológico de Neumann. Ambos, segundo Giegerich, são essencialmente não psicológicos, porque estão inseridos no mito da Grande Mãe para a exclusão de todas as outras possibilidades: Neumann porque está envolvido na luta entre a Grande Mãe e o herói, e Fordham porque está excessivamente comprometido com um empirismo heroico-egoico e, portanto, afastado da imaginação e do imaginário.

Giegerich acredita que a ideia de um ego heroico é trágica,

> porque só pode continuar a separar, a dissolver, a analisar e a matar, mas nunca encontrará conexão, não porque tal conexão seja totalmente impossível, mas porque não tem lugar dentro de um mito que visa a separação e a violência. A "premissa" da visão estruturada pelo arquétipo do herói é a guerra, a oposição, o corte (Giegerich, 1975, p. 125).

Suspeito que o próprio Giegerich tenha falhado em ver que é justamente para alcançar a conexão que o ego heroico é levado a procurar a *anima* vítima.

A atividade heroica do ego exageradamente unilateral é trágica. Mas nem Fordham nem Neumann advogam isso, de modo que Giegerich pode ter criado uma suposta oposição.

O ego como inimigo da imaginação

Em seu ensaio *The Great Mother, her son, her hero, and the puer*, Hillman (1973) questiona se o ego sempre deve ser visto em relação à mãe; na verdade, ele diria que é vital ver o ego em termos diferentes daqueles que o relacionam ao arquétipo da mãe, porque a criança pode ser vista tão facilmente como representando um "movimento do espírito" como uma entidade que luta para se separar da mãe. Mas nos mitos heroicos, o herói é impensável sem a oposição de uma Grande Deusa. Para Hillman, o ato do ego emergente ao matar o dragão é interpretável em termos de matar a imaginação, o que leva a uma unilateralidade do ego. O dragão é uma entidade imaginária como o herói, mas este é que se torna dominante em nossa abordagem da consciência do ego.

Hillman afirma que a maneira heroica de pensar divide espírito e matéria (representados respectivamente pelo tesouro-*anima* e pela mãe-dragão). Essa divisão é demonstrada pela maneira como a *anima* tem que ser extraída sangrentamente do material materno, por assim dizer. Hillman se opõe a isso, formulando a possibilidade de a matéria e o espírito, longe de serem polaridades, sejam complementares. A princípio, poderia ser argumentado que essa ideia envolve interromper a história do herói mítico antes de chegar ao ponto no qual ele se casa com a *anima* cativa ou o espírito. De fato, interromper a história no ponto crítico, para ver o que ela nos sugere é exatamente o que Hillman quer que façamos para apreciar o paralelismo e a relatividade da psique. Cada vez que a história é interrompida, pode-se perceber uma diferente linha imaginária correndo por ela. A história pode revelar um estilo de funcionamento do ego como predominante, mas este pode ser substituído por outro estilo a qualquer momento. Ou mais de um estilo de ego pode estar em operação ao mesmo tempo.

Hillman afirma que, para a maioria dos psicólogos analíticos, o conflito e a luta opostos são o requisito fundamental para o crescimento, negando, assim, a possibilidade de acesso direto e fácil do ego ao espírito. O que é exigido é a luta heroica e dramática e, ao seguir essa visão, em vez de nos separarmos da Grande Mãe, caímos em seu colo/armadilha. Hillman sugere que a maneira de resolver o complexo materno não seria "separar da mãe", mas sim cortar a antipatia que me torna heroico e a torna negativa (Hillman, 1973, p. 98). A distorção surge quando preferimos o mito do herói como modelo para o desenvolvimento do ego. O que aconteceria, pergunta Hillman, se não concebêssemos o desenvolvimento do ego via o modelo heroico envolvendo conflito, força e busca constante pela luz? Essa é a única maneira de se chegar à consciência e à cultura?

Hillman cita Jung para ilustrar seu ponto: "Mas o efeito de um tal ato heroico infelizmente não dura muito. Sempre de novo os esforços do herói devem renovar-se e isto sempre sob o símbolo da libertação da mãe" (OC 5, § 540). Enquanto a psicoterapia tiver a ver com o ego, então, sempre será sobre a mãe e não sobre a psique. Por exemplo, o próprio nome do arquétipo-herói Héracles significa "glória de Hera". Apesar de sua tentativa de matá-lo ao nascer, Héracles afirma que é Hera quem o leva a extremos heroicos. Portanto, o caminho do desenvolvimento do ego não é afastado da Grande Mãe ou da mãe, mas segue em direção a ela. Se o complexo do ego é concebido como surgido de um conflito com a Grande Mãe, então o ego não passa de "o complexo da mãe de cueca" (Hillman, 1973, p. 107).

Jung e os pós-junguianos

Assim, para Hillman, seguindo os princípios de sua psicologia arquetípica, chegamos à proposição de que o ego heroico, longe de se tratar de uma separação da mãe, simplesmente nos leva de volta a ela. Um efeito colateral é a consequência destrutiva disso para a imaginação.

Comentário: (2)

Uma resposta ao argumento de Hillman se basearia no fato de que os estilos do ego têm um elemento apropriado à idade. Ou seja, o desenvolvimento e a consciência do ego afetam um ao outro, de modo que é imprudente separar o crescimento pessoal do desenvolvimento da consciência do ego. Mas, como vimos, Hillman e Giegerich já rejeitaram tal abordagem como reducionista.

Acredito que a impaciência de Hillman prejudique sua tese. Se ele pudesse ver o ego como crescendo em algum tipo de ambiente facilitador, então as outras coisas esperadas podem acontecer. É importante dizer isso para tentar construir uma ponte entre abordagens do desenvolvimento e arquetípicas. Poucos discordariam da visão de Hillman de que "a masculinidade assertiva é suspeita. Em algum lugar sabemos que deve ser reativa ao apego feminino" (Hillman, 1973, p. 105). Minha sensação é que há uma divisão humana normal entre o desejo de crescer e o desejo, ou necessidade, de regredir (cf. p. 332 abaixo). Podemos dizer, como Hillman, que quanto mais heroico, mais se é um menininho da mamãe. Mas também é verdade que, quanto mais próxima for a ligação incestuosa com a mãe, mais o heroísmo é necessário para iniciar a relação com o objeto e se tornar uma pessoa separada.

Também se poderia dizer que um ego engajado apenas em se separar da mãe, derrotando-a, é somente uma fase do desenvolvimento normal do ego, caracterizada pelo termo kleiniano "posição esquizoparanoide". Refiro-me ao ego assumindo uma linha "ou/ou" (função de cisão ou esquizoide) em resposta a imaginações de perseguição e ameaça materna (função paranoide). Um ego que não é destrutivo para a imaginação é aquele que pode funcionar em algo diferente de uma base "ou/ou", sendo capaz de lidar com ambivalência, fluidez emocional e a natureza multifacetada do mundo imaginária. Tal ego compartilharia as características da posição depressiva, na qual sentimentos mistos sobre si mesmo e os outros podem ser tolerados, a agressão é reconhecida, fantasias de dano são reparadas e a preocupação com a mãe como pessoa substitui a conveniência de dividir a mãe em má e boa, simplesmente atacando a má e amando a boa.

O ego como aliado da imaginação

Hillman e Giegerich têm enfatizado a imaginação e o imaginário como se fossem, de alguma forma, contrários à consciência do ego. Por outro lado, Plaut (1966) avançou a ideia de que a consciência do ego é uma pré-condição essencial para a imaginação, onde esta é vista como diferente da fantasia (ou seja, a expressão de desejos frustrados). Plaut chegou à conclusão de que "a capacidade de imaginar construtivamente está intimamente relacionada à, se não idêntica à, capacidade de confiar"; essa capacidade depende da qualidade da consciência do ego e da força do ego. Tanto a confiança quanto a capacidade de imaginar podem ser prejudicadas por defeitos ou problemas em relacionamentos precoces. Plaut chegou a suas conclusões considerando pacientes em análise que, aparentemente, não conseguem imaginar.

O exame de Plaut sobre como o ego experimenta os produtos da imaginação repousa em sua exploração anterior (1959), na qual tentou responder à pergunta: quem ou o que experimenta qualquer coisa antes da consciência do ego ser estabelecida? A teoria de Plaut foi que as experiências corporais do bebê devem se anexar ou serem atraídas por pedaços de ego, os quais chamou de "elementos zonais do ego". Com o tempo, esses elementos coadunam para formar a consciência do ego como tal. Mas se houver um problema nos relacionamentos precoces, isso não acontece, e testemunhamos a formação do que Plaut, por acaso, chamou de "ego de emergência". Isso parece forte, mas, na realidade, é apenas frágil e incapaz de permitir a passagem ou se relacionar com os produtos da imaginação. Esses são então experimentados como avassaladores para o ego ou tornam-se belas imagens autocomplacentes.

Por trás dos elementos zonais do ego, Plaut percebeu um "ego arcaico", que está presente desde o nascimento, mas que nunca se tornará consciente. O ego arcaico continuará ao longo da vida e não deve ser concebido como pré-natal ou primitivo. Plaut sente que essa ideia é reforçada pelo que sabemos atualmente sobre a atividade dos bebês (cf. p. 157).

Eu selecionaria duas características do argumento de Plaut que fortalecem minha ideia de uma abordagem psicológica analítica subjacente ao ego. Primeiro, o ego arcaico está presente desde o nascimento. Isso é algo que continua ao longo da vida, de maneira semelhante às teorias primárias e secundárias da teoria freudiana. Segundo, há enormes diferenças na qualidade da consciência do ego, dependendo de qual zona está centrada. Quero enfatizar a ideia de diferentes estilos de ego.

Um ego central coerente deve ser estabelecido para permitir a passagem de conteúdos do mundo interno para o externo de maneira assimilável – a verdadeira imaginação então florescerá em oposição a um fantasiar relativamente passivo, em que os conteúdos mentais não são de propriedade do indivíduo, mas apenas acontecem a ele. Essa passividade é uma forma de alienação decorrente de um defeito na consciência do ego, causado por uma sensação de falta de ter sido mantido no ambiente materno.

Plaut sentiu que sua formulação estava alinhada à ideia de Jung de função transcendente, na qual um ego permeável fica no meio do caminho entre a individualidade da pessoa e sua conexão com a coletividade inconsciente. Ele comentou que, no desenvolvimento do pensamento de Jung, parece ter ocorrido uma mudança entre a escrita de *The transcendent function*, em 1916, e *Mysterium Coniunctionis,* em 1955-1956. No primeiro, Jung identifica duas funções complementares do ego – permitindo que o material flua por meio de formulação criativa e, em seguida, a necessidade de entender esse material. No segundo trabalho, Jung fala da necessidade de mudança de uma "atitude meramente perceptiva, ou seja, estética, para uma de julgamento" e observa que isso "está longe de ser fácil". Plaut resume a ideia de Jung como um pedido de julgamento do conteúdo interno ao ego, mas, ao mesmo tempo, um pedido para o ego liberar seu controle para deixar que tal conteúdo interno se revele.

Na facilitação da consciência do ego, Plaut considera o papel do analista análogo ao da mãe. Esse profissional fornece um ambiente que pode conter experiências emocionantes e permitir que elas sejam sentidas e compartilhadas, além de ajudar na descoberta e desenvolvimento de imagens que, se expressas em palavras, se tornam ligadas à parte consciente do ego. Essa última função pode ser referida como emprestar um pouco de ego ao paciente.

A proposição é que a mãe/analista empresta seu ego à criança/paciente para que ele possa reunir experiências emocionantes em um ego central e, assim, sentir-se como uma unidade. Segue-se que aquilo que está além das fronteiras do ego – aquela parte da experiência psicológica tão procurada por Hillman e Giegerich – agora possa ser discutido de maneira realista. Plaut distingue esse realismo do "entusiasmo conjunto sobre imagens interessantes (fantasia) que podem não estar suficientemente ligadas ao núcleo do ego" (Plaut, 1966, p. 136).

Pós-junguianos: recapitulação

Nós examinamos o trabalho de Neumann sobre os detalhes do mito do herói como uma metáfora arquetípica para a consciência. Ele enfatizou a forma como a inevitável unilateralidade da "masculinidade" é equilibrada por uma nova conexão com o "feminino". Fordham se opôs a isso principalmente por causa da insistência de Neumann em um estado totalmente inconsciente e passivo no nascimento, que é contradito por estudos empíricos e científicos sobre bebês. Fordham seguiu Giegerich em contestar a imagem de Neumann de um arquétipo que pode se desenvolver. Mas Giegerich considerou tanto Neumann quanto Fordham presos em fantasias genéticas sobre a infância.

Giegerich e Hillman viram no ego heroico algo inerentemente hostil à imaginação. Hillman destacou o paradoxo em que, como o herói e a Grande Mãe são inseparáveis, a atividade do ego heroico levará diretamente de volta ao mundo materno, em vez de efetuar uma separação da mãe. Plaut, longe de perceber o ego como um oponente da imaginação, considerava o ego totalmente flexível ou permeável como um pré-requisito para o desenvolvimento da imaginação.

Podemos comentar que o ego heroico, em forma exagerada, pode ser visto como um estilo de ego apropriado para a idade. Mas isso por si só levanta as questões: quantos estilos de ego existem e quais são eles? O ponto é que ver o ego como um aliado da imaginação enfatiza a inadequação do herói – ou qualquer outra imagem única – como uma representação da consciência do ego. Por exemplo, apenas um ego não heroico pode dispensar suas forças para permitir a integração dos produtos da imaginação.

Estilos de consciência do ego

Mencionei há pouco a ideia de que cada zona corporal gera um estilo e qualidade de consciência do ego diferentes. Vamos olhar para isso, porque é a partir dessa ideia que obtemos a imagem mais clara de um esquema que fundamenta uma ampla gama de estilos de consciência do ego. Lambert (1981b) desenhou um quadro de um ego com pelo menos seis estilos, bastante diferentes, derivados do desenvolvimento zonal e da teoria das relações objetais e, eu adicionaria, cada um com sua própria mitologia. Os primeiros três estilos foram mencionados inicialmente por Abenheimer (1968).

O primeiro deles surge da resposta do bebê à frustração e da sua reação às primeiras separações. Ele tenta superar a separação para satisfazer suas demandas. As necessidades a serem atendidas são principalmente orais e, por isso, poderíamos chamar isso de um estilo oral de funcionamento do ego.

Em seguida, à medida que o bebê se torna consciente de sua crescente independência, explora suas próprias capacidades, atributos, poder e produtividade. Abenheimer, seguindo Freud, vê a defecação como a expressão primordial disso; o bebê pode fazer isso sozinho e a experiência de excreção foca sua consciência: o estilo anal de funcionamento do ego.

O que provoca um terceiro estilo é que a criança começa a controlar seus conteúdos internos a tal ponto que o ego pode desenvolver seus próprios interesses, relativamente divorciados das exigências de querer, precisar e ser vulnerável. Isso corresponde à vontade livre do indivíduo, sua capacidade de ser o sujeito das ações. Nesse ponto, a criança está suficientemente separada da mãe para que esse estilo de funcionamento do ego tome a forma de um afastamento materno e de sua feminilidade e adquira um caráter completamente diferente – daí um estilo fálico de funcionamento do ego.

O que é central para nós é que Abenheimer aponta que cada estilo de funcionamento do ego não só existe ao lado dos outros, mas também está em conflito com os outros estilos. O ego oral quer ser dependente e regredir, o ego anal está engajado em uma busca por autoestima, e o ego fálico procura evitar (ou talvez matar) a mãe por completo e perceber seu ideal como masculino.

Lambert sente que, além dos três modos delineados por Abenheimer, ele poderia ter adicionado um derivado da transição do funcionamento de dois para três indivíduos, no desenvolvimento de uma pessoa em sua família; poderíamos chamar isso de estilo de consciência edipiana, e imagino que se concentraria em sentimentos de rivalidade, posse e exclusão e na elaboração de sensações de culpa. Lambert também pode diferenciar um estilo de consciência do ego derivado de um funcionamento genital adulto pleno.

Mas a maior omissão para Lambert é que Abenheimer não se refere às mudanças na qualidade da consciência trazidas pela mudança no bebê, que são geradas pelo funcionamento primitivo de divisão para ter uma preocupação real com a mãe como pessoa. Discutimos as diferenças entre essas posições, como as posições paranoide-esquizoide e depressiva, anteriormente (cf. p. 164). Isso leva Lambert a postular um estilo de funcionamento do ego na posição depressiva.

Agora podemos identificar seis estilos diferentes de funcionamento do ego: oral, anal, fálico, edipiano, genital adulto e aquele estimulado pela conquista da posição depressiva (ou estágio de preocupação). Lambert conclui: "podemos postular que qualquer negociação com essas seis posições deva ativar o grau de autoconsciência apropriado a cada uma delas" (Lambert, 1981b, p. 10).

A observação adicional de Lambert é a importância da frustração. O autor se pergunta se a tendência à frustração e o desconforto para promover a consciência do ego têm uma base arquetípica. Ele se refere à figura do diabo, de satanás, do adversário, como uma "crítica espontânea do *status quo*" (Lambert, 1981b, p. 15). Lambert relaciona o adversário a fenômenos diversos, como o princípio da falseabilidade de Popper e a presença de uma "oposição leal" no sistema político britânico. A consciência do ego parece precisar desse "outro", esse tu arquetípico. Podemos ver isso ainda mais claramente no trabalho de Zinkin, que será discutido mais adiante.

Comentário: (3)

Estamos lidando com paradoxos: o ego é fundamental na formação de vínculos e relacionamentos, mas está preocupado com a separação e limites. O ego é necessário para a imaginação ser integrada, mas pode aniquilar o imaginário.

Existem estágios de desenvolvimento do ego exemplificados pelos estágios do mito do herói? O herói – ou qualquer outra imagem unilateral – é adequado para expressar a multiplicidade de estilos de ego? É possível relacionar a ideia de um ego imaginário variado com pontos de referência zonais e com a maternagem boa o suficiente?

O leitor lembrará de uma hipótese minha do capítulo 1. Sugeri que as diferenças entre as escolas também podem revelar a base comum da disciplina da psicologia analítica. Há diferenças, mas também alianças estranhas e parceiros de cama. E polemicamente há generalizações ultrajantes, como a acusação de Hillman de que todos os comentários sobre o desenvolvimento da consciência do ego são fantasias retrospectivas (Hillman, 1972, p. 243), ou a afirmação de Lambert de que Hillman quer acabar com o ego completamente (Lambert, 1981a, p. 6).

Fui surpreendido pela forma como analistas da Escola Desenvolvimentista, como Plaut com seu conceito de um ego permeável, Fordham com um ego que pode abrir mão de seus poderes, Lambert com seus seis estilos de ego, podem ser comparados a Hillman e Giegerich da Escola Arquetípica, que veem o ego operando sob a égide de muitos mitos em paralelo. Onde isso deixa Neumann e a Escola Clássica, que foi atacada por membros das outras duas escolas? Sugiro que Neumann, com sua imagem central de reconexão com o feminino, pode não ser tão monoliticamente heroico assim. Então, há uma abordagem ou ponto de vista junguiano com diferenças de opinião altamente importantes entre as escolas.

Kohut fornece um ponto de referência na psicanálise. Ele vê o ego como uma "moralidade de maturação", que tem a civilização ocidental em seu controle. Isso foi causado em grande parte por Freud, que colocou os "valores de conhecimento" no topo da árvore das capacidades humanas. Isso significa, acima de tudo, a capacidade de discriminar entre o interno e o externo, não importa o quão doloroso seja. O que evoluiu na psicanálise é uma distinção demasiado rígida entre o interno e o externo (Kohut, 1980, p. 480-481).

O trabalho dos pós-junguianos sobre a consciência do ego é parte de uma modificação geral do sistema de valores da psicodinâmica. Com base no trabalho de Jung, a síntese pós-junguiana pode contribuir para a reavaliação atual do ego.

O diálogo precede a autoconsciência

Um exemplo dessa síntese pode ser encontrado no artigo de Zinkin (1979), *The collective and the personal*. O autor sentiu que a divisão da psique de Jung em pessoal e coletivo tende a ver o indivíduo em relação ao grande grupo coletivo e não em termos de um indivíduo em relação a outro. Jung sempre se refere ao "mundo externo" como algo que está além da psique individual e não como um mundo de outras pessoas. E sua ideia de que o ego é o centro da consciência, "apesar de seus grandes poderes organizacionais, simplesmente não é o Eu que se dirige ou se reconhece quando é abordado por outra pessoa" (Zinkin, 1979, p. 235). E embora Jung tenha feito do si-mesmo o centro (e às vezes a totalidade) da psique, ele não deu "nenhuma consideração especial [...] para o si-mesmo ter uma função ao se relacionar com outras pessoas [...] seu modelo não permitia essa possibilidade" (Zinkin, 1979, p. 235). Portanto, nem o ego nem o si-mesmo são responsáveis pelas relações com outras pessoas!

Zinkin recorre a Martin Buber para colocar o princípio do diálogo como o traço distintivo central das relações pessoais. Zinkin diz:

> Minha visão é que a experiência do diálogo com outra pessoa, desde o início da vida, principalmente com a mãe pessoal (ou substituta da mãe), está na raiz de todas as outras formas de diálogo – seja com Deus, com pedras, com o mundo exterior ou com conteúdos do inconsciente (Zinkin, 1979, p. 237).

Zinkin resume Buber como distinguindo três formas de perceber outra pessoa. Essas formas são nomeadas por Buber como observar, contemplar e tomar consciência. Se observamos outra pessoa, estamos adotando uma atitude objetiva e imparcial em relação a ela. Se contemplamos outra pessoa, nos abrimos às suas transmissões para nós mesmos. Mas se tomamos consciência de outra pessoa, entramos em um diálogo verdadeiro e profundo de duas vias com ela. A adaptação de Buber por Zinkin permite incluir a relação pessoal dentro da esfera do ego e também diferenciar que tipo de atividade do ego está ocorrendo. Neste ponto, novamente, podemos observar que o funcionamento do ego é concebido em termos de diversos estilos diferentes.

Zinkin, então, dá um passo de importância fundamental. Ele desafia a ideia junguiana básica de que a consciência "surge" do inconsciente. Usando dados de estudos de interação mãe-bebê para apoiar sua ideia, ele sugere que, "nas primeiras semanas de vida, uma forma inicial de conversa ocorre entre mãe e bebê – às vezes chamada de protoconversa" (Zinkin, 1979, p. 237). A inferência é que é falso afirmar que o bebê primeiro experimenta uma imagem coletiva da Grande Mãe e só então percebe uma mãe real diferenciada pela consciência.

Zinkin se pergunta se a criança não experimenta primeiro sua mãe pessoal e depois generaliza isso para uma ideia de maternidade. Se assim for, então o pessoal precede o coletivo. O autor tenta resolver a questão por meio de uma analogia com o campo dos estudos linguísticos. Existem dois pontos de vista sobre o desenvolvimento da linguagem. Alguns estudiosos pensam que uma criança observa uma entidade e depois abstrai uma classe geral a partir disso, e outros dizem que temos um senso inato de categoria e reconhecemos uma entidade que se encaixa na categoria. Mas parece possível que ambos esses processos possam ocorrer simultaneamente. Assim, argumenta Zinkin, a hipótese do pessoal em primeiro lugar poderia coexistir com a visão mais geralmente aceita de que a consciência da mãe pessoal surge do inconsciente coletivo.

Uma das seções do artigo de Zinkin, que estou discutindo, tem como título *Dialogue precedes Self-awareness*. Essa expressão se baseia na ideia de "*a priori* da relação" de Buber. O diálogo com o outro precede o diálogo consigo mesmo. O diálogo com o mundo ou consigo mesmo é imaginário, diz Buber,

Jung e os pós-junguianos

e somente com outra pessoa é possível ocorrer um verdadeiro diálogo. Nenhum psicólogo analítico poderia concordar que o diálogo consigo mesmo é "imaginário", se isso for pejorativo, e Zinkin não é exceção. Mas a interação entre o diálogo com o outro e a autoconsciência certamente é um fator importante no desenvolvimento da consciência do ego (para uma consideração disso em relação à análise, cf. p. 361ss.).

Herói e anti-herói

Por fim, gostaria de abordar uma tentativa de Redfearn de levar adiante a tese de Neumann, evitando as armadilhas observadas por Fordham e outros. Em seu artigo *The captive, the treasure, the hero and the "anal" stage of development*, Redfearn (1979) levanta a possibilidade de ampliar toda a nossa ideia de autoconsciência do ego, de modo a livrá-la de seu tom elevado, superior (e possivelmente compulsivo). Ele enxerga um fio anti-heroico na metáfora do herói:

> Se considerarmos o que são os "tesouros" do inconsciente, eles são os "tesouros" do incesto, os "tesouros" do sadismo e outras pulsões negativas pré-genitais, os "tesouros" de todas as partes da personalidade repudiadas e abominadas (o oposto de "tesouro") pela consciência [...] Eles só estão disponíveis "atrás das costas da mãe" e são, como encontramos em nosso material clínico, fantasiados como os "tesouros" das entranhas ou partes traseiras da mãe. Claro que esses "tesouros" precisam ser transformados em formas aceitáveis, e esse é geralmente o trabalho que precisa ser feito pelo herói, ajudado pela mãe sábia/*anima*/irmã (Redfearn, 1979, p. 190).

Redfearn nos lembra que

176 Coleção Reflexões Junguianas

> Jung cavou fundo no poço de sua própria inconsciência, e
> ele e sua psique inconsciente trabalharam duro para con-
> verter a sujeira e o lixo que lá encontraram em tesouros de
> valor universal (Redfearn, 1979, p. 190).

O próprio Jung conectou a busca do herói pelo tesouro e o feminino a uma dimensão excremental:

> Se, portanto, um objeto muito conceituado é aproximado
> pelo inconsciente da região anal, isto indica uma atenção
> e uma valorização como aquela que a criança confere a es-
> tas funções desprezadas pelo adulto [...] É preciso lembrar
> também que existe uma relação íntima entre excrementos
> e ouro, o extremamente vão une-se ao extremamente va-
> lioso (OC 5, § 276).

Redfearn visualiza a imagem do herói como essencialmente compensatória aos sentimentos de dependência (dependência normal). Ele não concorda com a afirmação de Fordham de que o herói representa uma defesa maníaca (Fordham, 1981, p. 117). Em vez disso, a postura e estilo heroicos da consciência do ego fazem parte do processo de amadurecimento, e Redfearn relaciona a imagem do herói à parte ativa do bebê na alimentação e na realização de demandas em geral.

Assim, o herói é também um anti-herói. Minha própria visão é que, devido aos desenvolvimentos na consciência e nas experiências deste século, tal mudança na definição é possível. Isso é observável nos desenvolvimentos da literatura em geral e do romance, em particular. Por exemplo, os críticos literários americanos Fiedler e Wise nos deram, respectivamente, as metáforas de "o vagabundo como herói da cultura americana" e "o *schlemiel* [idiota, em iídiche] como herói moderno" (1955, 1971). O herói moderno, a imagem moderna da consciência do ego está, como Redfearn sugere em seu artigo, à deriva em um mundo que ele não criou, ansiando por um poder mais que terreno. O herói se pergunta se pode alcançar um destino separado e individual, e podemos ver isso nas aventuras dos heróis picarescos nos romances de Kerouac, Mailer, Bellow, Updike, Heller e assim por diante.

Este herói vagueia entre romances, amizades, empregos e grupos; de certa forma, ele está procurando um dragão para lutar como forma de ingressar no caminho da relação com a alma. Em todos os lugares, ele sente os efeitos aprisionantes da terrível mãe. Ele precisa de ordem e significado, mas frequentemente encontra caos e falta de sentido. Essa busca pode constituir a expressão social da busca da consciência do ego pela *anima*. Podemos vê-lo na política geracional de protesto ou em explosões de interesse em psicologia "humanista", ou seja, a psicologia da relação com os outros.

Apêndice ao capítulo 3

Desenvolvimentos em tipologia

Este assunto é colocado em um apêndice devido à sua natureza técnica e ao risco de obscurecer as linhas dos debates sobre o ego, o que não significa que este tópico seja sem importância.

Seria tentador concordar com Storr que "enquanto a dicotomia entre extroversão e introversão se mostrou valiosa e continua a estimular a pesquisa, a quadridimensionalidade das quatro funções foi descartada por todos, exceto pelos junguianos mais dedicados, e, suspeito, é pouco usada até mesmo por eles" (Storr, 1973, p. 79). Isso não é confirmado pelos resultados de uma pesquisa, conduzida por Plaut (1972), sobre as opiniões dos analistas junguianos a respeito da utilidade da tipologia de Jung na prática clínica e da importância da tipologia para a psicologia junguiana em geral. Metade dos analistas que responderam acharam a tipologia útil na prática clínica e três quartos acharam que a tipologia é importante para a psicologia junguiana. Claro, como Plaut admite, há enormes desvantagens nessa pesquisa. Por exemplo, os analistas que não têm interesse em tipologia podem simplesmente ter jogado o questionário fora. Mas os resultados, combinados com o grande número de artigos sobre o assunto, publicados no *Journal of Analytical Psychology*, parecem indicar um interesse extenso. Da mesma forma, Bradway e Wheelwright (1978) descobriram que 74% dos analistas usam a tipologia com 5% ou mais de seus pacientes. A motivação de alguns, mas não de todos, parece ser tentar colocar uma área da psicologia junguiana em uma base mais científica, melhorando testes que medem o funcionamento da consciência.

Plaut vê o debate contemporâneo como:

> um confronto entre as ideias de tipos fixos *versus* o simbolismo constituído por um quadro psicológico dentro do qual movimentos (possivelmente acelerados pelo processo de análise) ocorrem (Plaut, 1972, p. 147).

Eu não pretendo entrar nos mecanismos precisos e detalhes da construção, administração e pontuação dos testes. Os dois principais são o teste Gray-Wheelwright (1964) (conhecido como GW) e o Indicador de Tipo Myers-Briggs (1962) (conhecido como MBTI). Ambos esses testes usam perguntas fechadas, formuladas na forma de alternativas; dessa maneira, pode-se objetar que várias das hipóteses de Jung são incorporadas aos testes projetados para avaliá-las. Por exemplo, Loomis e Singer

Jung e os pós-junguianos

(1980) conduziram um experimento no qual reescreveram os dois testes clássicos, eliminando as perguntas de escolha fixa. No GW, há uma pergunta:

Em uma festa eu
a. gosto de falar
b. gosto de ouvir.

Essa pergunta foi substituída por dois itens que cobrem o mesmo assunto, mas separados no teste. Os participantes foram solicitados a usar o "antigo" teste e o "novo" teste na mesma sessão, e alguns resultados impressionantes surgiram. A discrepância entre o antigo e o novo foi de 61% em relação a algo tão básico quanto a função superior, de modo que 48% dos sujeitos não possuíam uma função inferior oposta à função superior da maneira tradicionalmente esperada.

Loomis e Singer questionam por que a polaridade superior/inferior precisa ser enfatizada quando tem tão pouca validade quando vista empiricamente. Isso não é contrário à ideia junguiana básica de que os opostos podem ser transcendidos? Eles se perguntam por que

> sensação e intuição, ou pensamento e sentimento, ou introversão e extroversão, nunca aparecem emparelhados como as duas funções mais desenvolvidas em nenhum perfil obtido por inventários que medem a tipologia de Jung (Loomis & Singer, 1980, p. 353).

e concluem que isso é mais do que um resultado de uma estrutura de pergunta de escolha forçada. Houve uma falha em considerar a polaridade enfatizada por Jung de uma maneira crítica. Eles acrescentam que mais pesquisas são necessárias, mas, especialmente para pessoas criativas, a polaridade pode ser vista como nada mais do que uma suposição. Loomis e

Singer inadvertidamente forneceram apoio a um dos "erros" junguianos mais comuns cometidos pelos estudantes. Anteriormente, vimos que Jung estava mais interessado na oposição dentro dos pares racionais ou irracionais de funções do que naquela entre tendências racionais e irracionais dentro de uma pessoa. Isso ocorreu porque ele sentiu que verdadeiros opostos compartilham uma base comum. Os alunos muitas vezes desafiam a ideia de que a função inferior deva ser do mesmo lado da divisão racional/irracional, e podem estar certos em fazê-lo (cf. o próximo capítulo para mais discussão sobre a teoria dos opostos).

Bradway e Detloff (1976) substituíram a distinção entre pares de funções racionais e irracionais por uma distinção entre julgamento e percepção – termos menos sujeitos a mal-entendidos, como Jung observou. (Essa é uma distinção também enfatizada de maneira semelhante no MBTI). As funções irracionais lidam com percepções, com a descoberta das coisas como são, enquanto as funções racionais fornecem julgamento sobre o material bruto. Como uma revisão adicional da teoria de Jung, Bradway e Detloff acham que fazer uma distinção nítida entre as funções superior e auxiliar é problemático. Esses autores descobriram que o teste Gray-Wheelwright não diferenciava com sucesso entre as duas funções predominantes, de modo que, ao usá-lo, a lista de dezesseis tipos básicos pode ser reduzida para oito. Isso é conseguido pelo acoplamento do que havia sido anteriormente dividido em superior e auxiliar. Por exemplo, uma pessoa que anteriormente era descrita como pensamento superior/intuição auxiliar agora seria referida como usando pensamento e intuição, e a mesma terminologia descreveria aquele que anteriormente era considerado como sendo portador de intuição superior/ pensamento auxiliar.

Bradway e Wheelwright também descobriram que, embora o teste Gray-Wheelwright não conseguisse distinguir funções superiores e auxiliares, a autotipagem pode ser mais precisa nesse aspecto (1978). Nota-se que Bradway e Detloff/ Wheelwright não são tão extremos em suas revisões quanto Loomis e Singer, já que estes desafiam a estrutura oposicionista básica da teoria de Jung. No entanto, aqueles anteciparam o enfraquecimento do conceito de função inferior de Loomis e Singer. Quando Bradway e Wheelwright examinaram os resultados da autotipagem em comparação àqueles obtidos pelo teste Gray--Wheelwright, descobriram que quase 25% dos analistas junguianos que realizaram a autotipagem não indicaram que sua função inferior era a oposta de sua função superior, como a teoria de Jung requer. Ou seja, a função inferior foi considerada como oposta à função superior em termos de uma divisão racional/irracional.

Talvez a visão mais extrema entre os pós-junguianos seja a de Metzner et al. (1981). Eles consideram que as quatro funções são capazes de operar sem referência a nenhum padrão geral particular, em combinações de superior, auxiliar e inferior, dependendo da situação. Eles também contestam que haja uma distinção verificável entre julgamento e percepção, e afirmam que as categorias de experiência e julgamento da experiência funcionam melhor. Eles propõem uma tipologia de doze tipos, na qual cada uma das quatro funções poderia ter qualquer uma das outras como "inferior" (em um novo uso da palavra; o que eles querem dizer é que um tipo de sentimento, por exemplo, terá uma amálgama das outras três funções menos proeminentes em sua constituição). Eles sentem, como Storr, que a representação em forma de mandala em cruz das quatro funções, embora emocionalmente satisfatória, é muito restritiva.

Em resumo, há três principais modificações propostas para a tipologia de Jung: Loomis e Singer se perguntam se as duas funções racionais ou as duas irracionais, em combinação, não dariam uma imagem mais clara da orientação consciente de uma pessoa. Bradway e Detloff defendem a desistência de tentativas de diferenciar nitidamente entre função superior e auxiliar. Metzner, Burney e Mahlburg consideram que as quatro funções são capazes de servir em qualquer capacidade ou combinação.

O turbilhão é tamanho que é quase um alívio encontrar Meier e Wozny (1978), que usaram uma abordagem computadorizada sofisticada para devastar todos os testes. Os resultados disso são que os testes parecem medir apenas três coisas bastante básicas: extroversão-introversão (mas de maneira superficial), a divisão entre o pensamento introvertido e o sentimento extravertido (extremos opostos polares no modelo original de Jung) e a faixa geral de sensação-intuição pode ser diferenciada – isto é, os sentidos podem ser distinguidos daquilo que é intuitivo.

Como Plaut (1979) sugeriu, alguns pós-junguianos estão usando a tipologia de uma maneira diferente: para defender várias teses sobre a natureza do homem e a estrutura de sua psique. Adler propôs que a tipologia não é apenas um esquema para testar a personalidade, sendo também valiosa para revelar a interação dinâmica de opostos, o que tem muito a ver com a psique autorreguladora.

A questão da aplicabilidade clínica da tipologia permanece crucial e tem sido pressionada com mais força por Fordham (1972). Ele aponta que há uma ambiguidade no trabalho de Jung sobre os tipos, no que diz respeito a considerá-los como algo eterno e dado na personalidade – uma espécie de equivalente de arquétipos na consciência – e ver os tipos como capazes de sofrer alteração e integração durante a análise e a individuação. Mas, acrescenta Fordham, é o aspecto eterno e não o dinâmico da tipologia que Jung e a maioria dos pós--junguianos enfatizaram. No entanto, em suas memórias sobre Jung, Fordham (1975) lembra que a maioria das pessoas viram Jung por uma ou duas consultas (era um grande número de pessoas devido à sua fama e ao ritual estabelecido de novos analistas "junguianos" visitarem o mestre) e ficaram surpresas com a sua intuição. Fordham se pergunta se, ao invés de adivinhar, Jung estava usando sua teoria dos tipos nesses encontros únicos para buscar o conteúdo inconsciente oculto, ou seja, a função inferior, que, ainda não diferenciada do inconsciente, provavelmente era uma dor de cabeça.

As formulações de Von Franz (1971) nos ajudam a compreender como a tipologia pode ser utilizada na prática clínica, talvez mais como um ponto de orientação para o analista do que qualquer outra coisa. Ela acredita que a função superior (como normalmente abordamos o mundo) surge de uma predisposição biológica combinada a uma tendência natural das pessoas em jogar com suas habilidades e desenvolver aquilo em que são melhores. Com o tempo, a promoção do modo já mais forte de proceder pode levar a uma degeneração do resto da personalidade consciente. Às vezes, uma criança é forçada a ser diferente do que é, ou um membro da família é designado para uma função dentro da família, de modo que as distorções resultantes apresentam problemas específicos.

O lado subdesenvolvido da personalidade consciente permanece no inconsciente como um elemento lento, infantil e tirânico (parafraseando Jung). Isso é o que as pessoas se referem quando afirmam que "simplesmente não conseguem" fazer tal coisa ou que "não são boas" em algo. Por exemplo, um intuitivo extremo encontrará no preenchimento de um formulário simples um fardo extraordinário e terá que gastar horas nele. Algumas pessoas são praticamente analfabetas em matemática, outras são desajeitadas e ineptas em tarefas mecânicas como digitação e assim por diante. Em geral, a pessoa pode experimentar esse lado não desenvolvido de si mesma, essa função inferior, como destrutiva e um incômodo para a consciência do ego.

Mas há um lado positivo. Von Franz menciona contos de fadas em que há um rei com três filhos. O filho mais novo é um completo tolo em comparação aos outros, mas é ele quem encontra sucesso em qualquer tarefa ou problema que enfrenta o país – e isso depois de ter sido ridicularizado por quem sequer pensou em tentar ajudar. Esse filho mais novo é, vale ressaltar, a quarta pessoa no conto de fadas e, retratado como um tolo, é uma representação da função inferior. Ele representa "a parte desprezada da personalidade, a parte ridícula e desadaptada, mas também aquela que constrói a conexão com a totalidade inconsciente da pessoa" (Von Franz, 1971, p. 7).

Portanto, a função inferior da consciência age como um elo entre o ego e o inconsciente, precisando ser assimilada pelo primeiro. Uma consequência particular disso é que uma pessoa unilateralmente introvertida pode precisar desenvolver uma função inferior extrovertida para crescer, exigindo que a pessoa se torne mais mundana ou materialista. Isso precisa ser dito, porque o processo de individuação, de forma simplificada, parece envolver apenas a introspecção. Para algumas pessoas, a individuação pode significar uma reorientação para fora.

Embora os problemas causados pela função inferior possam ser temporariamente eliminados pela projeção, a relação especial entre a sombra e a função inferior significa que isso não pode durar para sempre. O desenvolvimento da função inferior pode levar a uma crise, mas isso pode valer a pena se a unilateralidade for corrigida.

Por fim, Von Franz menciona Jung, citando a lendária alquimista Maria Prophetissa: "Um se torna dois, dois se tornam três e, do terceiro, surge o um como o quarto". A realização da função inferior ajuda a realização de toda a personalidade, e é por isso que é necessário tentar integrá-la à consciência do ego. O cenário está agora preparado para o próximo capítulo sobre o si-mesmo e a individuação, no qual as questões de unidade e multiplicidade são primordiais.

O si-mesmo e a individuação

4

Freud pode ter desafiado nossa concepção de consciência, mas elevou o centro da consciência, o ego, a uma posição mais alta. Jung, como vimos, estava preocupado em não superestimar a importância do ego, vendo-o como algo originário do si-mesmo e também subordinado a ele. O uso da palavra si--mesmo por Jung é diferente do uso cotidiano e do uso psicanalítico; além disso, o termo tem uma qualidade inclusiva. Tentei destacar os principais temas.

A estrutura deste capítulo é a seguinte: primeiro, discutem-se as características centrais da atitude de Jung em relação ao conceito de si-mesmo e sua teoria da individuação. Em seguida, reviso alguns dos problemas gerais que foram percebidos nas ideias de Jung. Prosseguindo para os pós-junguianos, suas extensas contribuições são analisadas e comentadas. Por fim, faço alguns paralelos psicanalíticos.

O si-mesmo e o significado

Ao longo deste capítulo sobre o si-mesmo, o leitor encontrará o uso repetido de palavras como unidade, ordem, organização, integridade, equilíbrio, integração, totalidade, regulamentação, padrão, centralidade e síntese. Tal variedade de termos teria pouco peso se não fosse pela conexão fundamental do si-mesmo com questões de significado.

O que, na concepção de Jung, o si-mesmo está buscando? Sua resposta foi a descoberta de significado e propósito na vida. Quando falamos, portanto, de autorrealização, queremos dizer mais do que um objetivo clínico. Jung não negou a existência da falta de sentido, mas afirmou que a vida sem significado não vale a pena ser vivida. Tradicionalmente, questões de significado têm pertencido à alçada da religião organizada, com uma tendência a ver o significado em termos dogmáticos e moralistas, embora, claramente, para muitos isso não pareça assim.

Quando falamos de "equilíbrio" ou "padrão", não o fazemos como se Zeus tivesse estabelecido um esquema preciso a ser seguido obedientemente. Sempre há Hermes, o palhaço e mensageiro dos deuses, para explorar a incorrigível desobediência da humanidade. Em outras palavras, precisamos distinguir entre a estrutura do si-mesmo, que diz respeito ao padrão e equilíbrio de diferentes partes em um todo integral, e o conteúdo do si-mesmo, uma variedade infinita de formas e imagens.

Um paralelo corporal seria as glândulas; cada uma tem sua própria função organizadora, de modo que, quando saudáveis, são reguladas ou equilibradas em relação umas às outras por uma dinâmica em todo o corpo. Sem isso, sua função organizadora específica é inútil. Na maturação, às vezes uma glândula predomina e às vezes outra, como, por exemplo, os hormônios sexuais. Então a imagem não é de "ordem" estática, mas sim de uma integração dinâmica. Da mesma forma, os arquétipos têm sua própria função organizadora, mas precisam estar relacionados ao todo.

188   Coleção Reflexões Junguianas

Como Jung enfatizou, a consciência é o fator que dá ao mundo um significado, e ele destaca a natureza individual desse significado. O ponto de Jung era que é ilógico falar da "vida" como se ela precedesse o "significado"; na verdade, os dois estão indissoluvelmente ligados (OC 9/1, § 67). E, como Jaffé colocou:

> nenhuma resposta é a final e nenhuma delas pode responder completamente à pergunta do significado da vida. A resposta muda à medida que nosso conhecimento de mundo muda; significado e falta de significado fazem parte da plenitude da vida (Jaffé, 1971, p. 11).

O ego e o si-mesmo

Jung se alertou para algo maior do que o ego por meio de suas experiências pessoais e clínicas, pelo contato com religiões orientais e pela descoberta do que parece motivar a função transcendente. Analisamos o papel desempenhado pelo ego na integração de um "produto mediador", formado por uma síntese de dinâmicas conscientes e conteúdos inconscientes. Essa qualidade de integração depende da força do ego e, reciprocamente, o fortalece. Mas, primeiramente, o si-mesmo é responsável pela capacidade de produzir qualquer combinação (o produto mediador). Inicialmente, Jung considerava o si-mesmo como composto pelo consciente e pelo inconsciente, mas, posteriormente, diferenciou o si-mesmo e o ego da seguinte forma:

> O eu está para "si mesmo" assim como o *patiens* está para o *agens*, ou como o objeto está para o sujeito, porque as disposições que emanam do si-mesmo são bastante am-

plas e, por isso mesmo, superiores ao eu. Da mesma forma que o inconsciente, o si-mesmo é o existente *a priori* do qual provém o eu. É ele que, por assim dizer, predetermina o eu (OC 11/3, §391).

A relação entre o ego e o si-mesmo é um assunto que vários pós-junguianos trabalharam extensivamente. Neste ponto, podemos observar que uma mutualidade é implicada, que nem o si-mesmo nem o ego existem independentemente, apesar da natureza supraordenada do si-mesmo. Um lema familiar para junguianos é que o si-mesmo precisa do ego tanto quanto o ego precisa do si-mesmo, daí o termo "eixo ego-si-mesmo" (cf. p. 241-243 abaixo).

Síntese e totalidade

Uma definição operacional do si-mesmo, como Jung o concebeu, seria: "o potencial para a integração da personalidade total". Isso incluiria todos os processos psicológicos e mentais, a fisiologia e a biologia, todos os aspectos positivos e negativos, potenciais realizados ou não realizados, e a dimensão espiritual. O si-mesmo contém as sementes do destino individual e também olha para a filogênese. A definição enfatiza a integração, porque o si-mesmo funciona como um recipiente para todos esses elementos díspares. Essa síntese é relativa na prática; estamos preocupados com um ideal – a culminação da psique autorreguladora e dos arquétipos psicossomáticos e teleológicos. O si-mesmo envolve o potencial para se tornar inteiro ou, experiencialmente, sentir-se inteiro. Parte de sentir-se inteiro é sentir um senso de propósito, e, desse modo, um elemento vital na integração é perceber algum objetivo. Parte da totalidade também é sentir que a vida faz sentido e ter inclinação para fazer algo sobre isso quando não faz; uma capacidade religiosa. Jung diz:

> O si-mesmo, apesar de ser simples, por um lado, é, por outro, uma montagem extremamente complexa, uma *conglomerate soul*, para usar a expressão indiana (OC 9/1, § 634).

O centro da personalidade

Na mesma passagem, Jung se refere ao si-mesmo como o "centro" da personalidade – uma distinção em relação à "personalidade total". Da mesma forma, ele concebe o si-mesmo como o arquétipo central ou centro de um campo de energia. Essa dupla definição (centro e, ao mesmo tempo, totalidade) cria um problema, mas Jung afirma confiantemente que "o si--mesmo não é apenas o ponto central, mas também a circunferência que engloba tanto a consciência como o inconsciente" (OC 12, § 44). A formulação de que o si-mesmo é o centro e a circunferência da personalidade pode ser comparada com a ideia de que o ego é o centro e a totalidade da consciência.

Está claro que a ideia de Jung do si-mesmo é diferente dos sentimentos ordinários de autoconsciência ou do conceito psicanalítico de identidade pessoal; essas qualidades importantes, Jung localiza no ego. A ideia de centro, de ter um centro, de ser motivado ou regulado por um centro, pode ser a descrição mais precisa do que está envolvido em um sentimento de totalidade. Há um sentido em que uma definição do si-mesmo, enfatizando a totalidade, pode ser vista como uma hipótese conceitual (ideal), enquanto sentimentos de ter um núcleo central de si mesmo expressam a experiência do si-mesmo.

Equilíbrio, padrão, ordem

Uma qualidade adicional do si-mesmo como um centro da personalidade é que ele permite sugerir um padrão, equilíbrio e ordem, sem implicar qualquer cessação da dinâmica da psique. No capítulo 2, analisamos o padrão arquetípico e a questão foi levantada: "O que confere padrão aos próprios arquétipos?" Minha resposta parcial foi que, ao conceber um ingrediente arquetípico, em vez de arquétipos específicos ou representações arquetípicas particulares, incluímos automaticamente um elemento ideológico; o que é arquetípico envolve objetivos. Algumas vezes, Jung preferiu considerar o si-mesmo como um arquétipo cuja função especial é equilibrar e padronizar, não apenas os outros arquétipos, mas toda a vida de uma pessoa em termos de propósitos ainda não considerados e não vividos. O impacto desse arquétipo poderia ser observado em fenômenos coletivos, como o desenvolvimento e uso simbólico de números – por exemplo, um para simbolizar a unidade, dois, o diálogo, três, a Trindade (ou o complexo de Édipo), quatro, a totalidade de algo – os quatro pontos cardeais, os quatro humores, as quatro funções de consciência de Jung, e assim por diante.

É difícil ver qual seria a função precisa do arquétipo do si-mesmo, uma vez que todos os arquétipos têm tal função de padronização. O conceito seria redundante, mas por duas propriedades especiais adicionais o si-mesmo é elevado acima da categoria ordinária dos arquétipos. Essas propriedades são (a) o funcionamento do si-mesmo como um sintetizador e mediador de opostos dentro da psique, e (b) o si-mesmo como o principal agente na produção de símbolos profundos, impressionantes e numinosos de natureza autorreguladora e curativa. Esses aspectos especiais do si-mesmo levam alguns pós-junguianos a usar um "S" maiúsculo; minúsculas são usadas nas Obras Completas para evitar a aparência de esoterismo.

O si-mesmo e os opostos

Nós já discutimos a bipolaridade dos arquétipos. Para Jung, a bipolaridade é da essência; é uma condição necessária para a energia psíquica e para uma vida vivida em um nível diferente do que o da instintualidade cega. Opostos são necessários para a definição de qualquer entidade ou processo – uma extremidade de um espectro ajuda a definir a outra, dando-nos uma concepção disso. E, às vezes, o conflito é tal que nós "sofremos" os opostos. Jung sugere que é infrutífero buscar o membro primário de um par de opostos – eles estão realmente ligados e não podem ser separados; eles envolvem um ao outro. O Índice Geral das Obras Coletadas de Jung (OC 20) contém uma lista de pares de opostos ligados, que compensa a contemplação, pois demonstra a parte fundamental desempenhada pelo antagonismo nas teorias psicológicas de Jung e em sua maneira de pensar em geral. Por exemplo: ego/si mesmo, consciente/inconsciente, pessoal/coletivo, extroversão/introversão, racional/ irracional, Eros/Logos, imagem/instinto. De fato, virtualmente todas as principais ideias de Jung são expressas de forma que envolva opostos.

Um não junguiano pode dizer que claramente a vida é definida em termos de opostos; então, o que há de tão extraordinário ou particularmente psicológico nesse reconhecimento? A insistência de Jung na natureza fundamental do antagonismo pode ser ainda atacada argumentando-se que reflete uma dependência excessiva da filosofia germânica – por exemplo, a tese-antítese-síntese de Hegel. É certamente verdade que Jung foi influenciado por Hegel e que concebeu o processo psicológico em termos de discriminação e, em seguida, síntese de opostos. A experiência de sintetizar os opostos envolve um processo de equilíbrio ou autorregulação. Jung se refere a isso como compensação – implicando a retificação automática de um desequilíbrio ou atitude unilateral. A compensação pode, inicialmente, aparecer sob a forma negativa de sintomas. Não se deve pensar que isso implica que o equilíbrio seja regular ou facilmente alcançável. A neurose pode, então, ser vista como desenvolvimento desequilibrado ou unilateral, surgindo da dominação de uma das duas faces do par.

Como sugerimos, Jung tende a conceber a própria psique em termos de equilíbrio ou desequilíbrio. Isso pode ser ainda mais elaborado para demonstrar as consequências psicopatológicas do desequilíbrio:

ego/si mesmo – patologicamente, o si-mesmo sobrecarrega o ego, ou o ego infla e se identifica com o si-mesmo.

ego/persona – confusão entre identidade genuína e papel social.

ego/animus-anima – o ego pode rejeitar a contrassexualidade (cf. capítulo 7), levando à unilateralidade estereotipada; em um homem, comportamento "macho", crueldade, superintelectualismo; em uma mulher, comportamento leve ou "histérico". Ou o ego pode se identificar completamente com o elemento contrassexual, expresso, devido à sua primitividade, inicialmente como um estereótipo, levando, a um homem, mau humor, sentimentalismo, letargia e efeminação, e, a uma mulher, dogmatismo, competitividade e insistência no literal ou factual. Deve-se enfatizar que o arquétipo contrassexual funciona em termos estereotipados somente quando há um desequilíbrio entre o ego/*animus-anima*.

ego/sombra – patologicamente, uma rejeição da instintualidade, portanto, uma despotencialização da personalidade, ou uma projeção de facetas inaceitáveis da personalidade em outras pessoas (cf. p. 141 acima). Também é possível se identificar com a sombra – uma forma de inflação negativa, como autodepreciação, falta de autoconfiança, medo do sucesso (e um estado "analítico" peculiar em que tudo é atribuído a motivações inconscientes sombrias e desagradáveis).

tipologia – A descrição de Jung sobre as atitudes e funções da consciência repousa nessas ideias sobre opostos. No entanto, como a extroversão e a introversão parecem ser, em grande parte, inatas, não é realmente possível falar delas como opostos dentro de uma pessoa, exceto em potencial. Mas como uma explicação para muita fricção interpessoal, elas se destacam como representações de visões de mundo opostas. Também é possível observar uma possível tensão entre a posição inata de extroversão-introversão e aquela que é habitualmente usada. Finalmente, na individuação (cf. p. 210 abaixo), um equilíbrio entre as duas atitudes pode se desenvolver. As quatro funções, por outro lado, são evocações de opostos.

Elas estão alinhadas em pares de opostos – cada par contém outro par de opostos e assim por diante. No apêndice do capítulo anterior, notamos que há dúvidas sobre a validade de tal hipótese oposta. Por outro lado, Apter (1982), em sua teoria não analítica de reversões psicológicas, sugere que a motivação e outros aspectos do funcionamento psicológico são mais bem expressos em termos de "biestabilidade" e da "teoria da reversão". Da mesma forma, Lévi-Strauss se refere a "oposições binárias" como fundamentos do pensamento e cultura humanos (cf. Leach, 1974).

Isso retoma a visão de Jung de que a tensão dos opostos redistribui energia psíquica. Mas, além disso, e de se definirem um ao outro, os opostos também podem constelar um ao outro; uma luz forte evoca uma sombra forte. Isso explica o fenômeno em que um extremo polar de repente se reverte e assume exatamente o caráter oposto. Essa tendência de qualquer posição extrema oscilar para o oposto é chamada por Jung de enantiodromia, emprestando o termo de Heraclitus. Jung definiu enantiodromia como "a emergência do oposto inconsciente no curso do tempo" e cita Heraclitus dizendo que "é o oposto que é bom para nós" (OC 6, §§ 708-709). Como veremos, os pós-junguianos da Escola Desenvolvimentista mostraram como a atitude de Jung em relação aos opostos pode ser relevante para o desenvolvimento da personalidade (cf. p. 238-240 abaixo).

Do signo ao símbolo

A segunda das duas funções do si-mesmo, que o distingue dos outros arquétipos, diz respeito às representações e símbolos que, à luz da teoria de Jung, podem ser vistos como pertencentes ao si-mesmo, levando a uma experiência pessoal dele.

Antes de considerar isso, é importante entender o que Jung quer dizer quando se refere a símbolos.

A própria definição de Jung de símbolo pode ser resumida à melhor formulação possível de um conteúdo psíquico relativamente desconhecido, que não pode ser compreendido pela consciência. Mattoon (1981) ilustra isso com o símbolo do "reino dos céus". Essa imagem se torna um símbolo, porque se refere a algo desconhecido, que dificilmente poderia ser descrito por uma simples declaração. Metáforas específicas podem ser usadas para "circum-navegar" o símbolo, mas a imagem simbólica "aponta para um significado que está além da descrição" (Mattoon, 1981, p. 135). Para Jung, um símbolo não é um sinal; isso se refere ao que já é conhecido (um sinal de trânsito, um sinal para o banheiro, e assim por diante). A psique produz espontaneamente símbolos quando o intelecto não consegue lidar com uma situação interna ou externa. Um símbolo não é uma analogia que simplesmente ilumina ou traduz (embora Frey-Rohn, 1974, p. 256, se refira a símbolos como "analogias psíquicas").

L. Stein (1973) nos diz que a palavra símbolo deriva das palavras gregas *sym*, que significa "juntos", "comum", 'simultâneo", e *bolon* – "aquilo que foi lançado". Daí, símbolo como o lançamento de coisas que têm algo em comum (L. Stein, 1973, p. 46). Jacobi (1959) considera que um exame da palavra alemã *sinnbild* é útil. *Sinn* significa "sentido" ou "significado" e *bild* significa "imagem" – daí, símbolo como imagem significativa (Jacobi, 1959, p. 95). Edinger (1962) demonstra uma correspondência com nossa ideia moderna de um registro; comerciantes gregos cortavam entalhes em um pedaço de madeira para mostrar a quantidade de mercadorias que estavam negociando. Quando o comprador e o vendedor se separavam, o pedaço de madeira era dividido verticalmente, e cada participante, então, ficava com um registro idêntico. Daí, o símbolo como uma cura para uma divisão no homem (Edinger, 1962, p. 66). Westmann (1961) sugeriu que o pedaço de madeira dividido era compartilhado entre um iniciado em um culto e aquele que o iniciou; uma associação prospectiva adicional.

Psicólogos analíticos reiteram as diferenças entre a abordagem de símbolo de Jung e a de Freud. Este via um símbolo como a tradução de uma imagem em outra, necessitada pela repressão, geralmente da sexualidade. Então, "arranha-céu" simboliza "pênis", o que não pode ser permitido na consciência por medo de castração. Os símbolos são, portanto, principalmente defensivos na visão de Freud e não as invenções psíquicas propositais e curativas da conceituação de Jung. O nexo mais frequentemente citado da diferença entre as duas abordagens é a atitude em relação à imagem incestuosa. Diz-se que Freud a leva literalmente; Jung vê um desejo de reconexão às raízes e de enriquecimento da personalidade. Veremos no próximo capítulo que os psicanalistas gradualmente se aproximaram da atitude de Jung, tanto em relação à sexualidade em geral quanto à imagem incestuosa em particular. Jung sentiu que a abordagem de Freud sobre símbolos era muito rígida – embora ele mesmo atribua significados relativamente fixos a alguns símbolos, como a água para o inconsciente. Mas o significado completo só pode ser revelado por meio da amplificação e, portanto, não é fixo (mas cf. Hillman, p. 243 abaixo). E a ideia de Jung de que o símbolo expressa um conflito de uma maneira que ajude a resolvê-lo não tem paralelo em Freud.

Existem vários aspectos especiais da abordagem de Jung aos símbolos que são mais ou menos considerados como dados por psicólogos analíticos contemporâneos; uma enumeração desses aspectos pode ajudar o leitor a se identificar com o fundo das abordagens pós-junguianas aos símbolos.

(1) O significado simbólico permeia o veículo que o carrega. Isso significa que a forma do símbolo será apropriada ao seu significado. Às vezes, uma imagem será tanto sinal quanto símbolo – Mattoon sugere que a cruz se encaixa nessa descrição.

(2) Símbolos transcendem opostos, mas alguns símbolos vão além, abraçando a totalidade; esses são os símbolos do si-mesmo. Como ilustração do movimento da diversidade para a unidade, um paciente meu sonhou que viu uma caixa de insetos copulando; havia centenas deles, machos e fêmeas. O processo de reprodução era tão rápido que ele podia observá-lo. Mas, em vez de aumentar a população da caixa, a atividade reprodutiva parecia levar a menos formas, porém maiores e mais humanas. O sonhador acordou antes que qualquer conclusão fosse revelada, mas especulou se o final teria sido um inseto ou um humano ou dois insetos ou dois humanos. Interpretamos isso como simbolizando sua crescente integração.

(3) O si-mesmo simboliza a infinitude do arquétipo, e qualquer coisa que um homem postule ou conceba como uma totalidade maior do que ele pode se tornar um símbolo do si-mesmo – Cristo ou Buda, por exemplo.

(4) Central para todas as escolas de psicologia analítica é a ideia de que a principal pergunta que fazemos sobre um símbolo é o seu significado, em vez de sua origem ou

uma investigação sobre a composição precisa da imagem. Isso levou a enfatizar uma abordagem ou atitude simbólica como sendo de suma importância. Isso é enfatizado por Jung (OC 6, §§ 818-819), mas mais desenvolvido pelos pós-junguianos e mais fundamental para eles (por exemplo, Whitmont, 1969, p. 15-35).

(5) Embora alguns símbolos possam fazer seu trabalho independentemente da atitude consciente, outros exigem uma atitude particular antes de serem percebidos e experimentados como símbolos. Note – essa atitude é mais do que simplesmente a consciência, que pode ser muito literal e não simbólica. O que é referido como uma atitude simbólica pode ser facilitada na análise, embora cuidadosa e cautelosamente. Veremos, mais adiante neste capítulo, como a formação de uma atitude simbólica também pode ser prejudicada ou facilitada na experiência de desenvolvimento (cf. p. 247 abaixo).

(7) Os símbolos trabalham em direção à autorregulação e em benefício de uma amplitude natural da personalidade. Jacobi (1959, p. 82) destaca que quanto mais universal o estrato da psique do qual o símbolo deriva, mais fortemente ele impacta o indivíduo. Imagens como fogo, água, terra, madeira, sal, com implicações abrangentes para o homem, tornam-se símbolos poderosos. Da mesma forma, os símbolos da casa (personalidade) e do sangue (paixão) também são mais fortes do que o usual. Portanto, estamos diante de uma hierarquia de símbolos – bem como, deve-se notar, com alguns significados bastante fixos.

Jacobi questiona se a ideia de "autorretrato do instinto", geralmente aplicada a imagens, é aplicável aos símbolos. Ela conclui que esse não é o caso, porque o símbolo "olha para cima", envolvendo um significado espiritual. No entanto, parece haver uma conexão geral entre símbolo e instinto, já que o símbolo transcendente, o terceiro fator em qualquer conflito polarizado, tem a capacidade de transformar a energia ao mudar sua direção para novos canais. Então, como vimos, o ego será capaz ou não de sustentar o novo padrão de energia e o símbolo.

Símbolo a serviço do si-mesmo

Agora podemos retomar nossa discussão sobre símbolos do si-mesmo que podem levar à sua experienciação. Tais símbolos referem-se a algo acima e além do indivíduo, ou ao centro do indivíduo, ou sugerem profundidade. Em todos os casos, haverá um sentimento de integração, aliado a um senso de lugar no esquema das coisas; a personalidade é enriquecida. É possível distinguir símbolos que se referem ao si-mesmo *per si* daqueles que se referem ao si-mesmo como uma agência ordenadora, embora o mesmo símbolo possa existir em ambas as categorias. Por exemplo, a imagem da criança pode funcionar como um símbolo do si-mesmo (criança como totalidade, integração, potencial), ou como um símbolo compensatório para uma pessoa excessivamente adulta, colocando-a em contato com áreas das quais ela está excluída.

Símbolos de totalidade são exemplificados por mandalas; essa é uma palavra sânscrita que significa "círculo mágico", referindo-se a uma figura geométrica com subdivisões mais ou menos regulares, dividida por quatro ou múltiplos dela, e designada por Jung como forma de expressar a totalidade, irradiando de um centro. Mandalas podem ser desenhadas durante a análise junguiana e o caráter delas pode ser interpretado. Elas podem servir como imagens de totalidade compensatória para pessoas que estão fragmentadas ou serem usadas defensivamente.

Símbolos do si-mesmo não só expressam a integração ou ordem potencial, como também contribuem para isso, e para as capacidades de autocura da psique. Experiências simbólicas muitas vezes são declaradas por Jung como numinosas – isto é, poderosas, imponentes, enriquecedoras, misteriosas – mas não capazes de serem descritas exatamente. Não apenas símbolos de natureza pictórica podem ser numinosos – estados de sensação corporal ou, por outro lado, confrontos com obras de arte ou fenômenos naturais podem promover esse tipo de experiência. Isso se aproxima do que alguns psicólogos humanistas (por exemplo, Maslow) chamam de "experiências de pico" (Samuels, 1979; Mattoon, 1981, p. 194). Essa versão um tanto resumida não pode esperar descrever experiências desse tipo e devemos lembrar que há considerável espaço para autoengano. No entanto, podemos conectar esse tipo de experiência à emoção humana comum. Estou pensando na sensação de ter sido criado, de ser uma criatura em vez de um criador, ou de estar na presença de algo que não foi criado por si mesmo, o que é parte da experiência numinosa. Essa é uma versão mais diferenciada da sensação de descoberta da alteridade que acompanha a saída de fantasias grandiosas infantis de fazer sem o outro. Como Bateson (1979) diz, a descoberta da diferença é um "choque alegre" (= numinoso).

Jung e seus colaboradores mais próximos esquematizaram as imagens que formam os símbolos do si-mesmo (por exemplo, Jacobi, 1959, p. 139ss.). Contudo, ao fazerem isso, tornaram mais difícil para uma pessoa encontrar sua própria posição, pois predefiniram o significado simbólico de uma imagem (cf. p. 243 abaixo). É a implicação pessoal dos símbolos do si--mesmo que promove o crescimento, não o conhecimento ou a classificação deles; apenas uma experiência pessoal do símbolo leva à reconciliação dos opostos.

Uma paciente minha sonhou com um garfo usado em fazendas para empilhar feno. Suas associações com essa imagem eram que os dentes do garfo eram curvos como o corpo de uma mulher; esses dentes eram afiados e tal garfo era usado na terra para produzir alimentos e não em um jardim doméstico. A imagem do garfo com seus dois dentes sugeriu que duas tendências estavam sendo trabalhadas no sonho. As curvas femininas, tão suaves e gentis, contrastavam com as duas pontas. Essas, a sonhadora sentiu, eram dois mamilos horríveis e, ainda assim, estranhamente reconfortantes por complementarem a feminilidade suave, dando-lhe "um ponto".

A imagem do garfo encapsulou duas reconciliações diferentes. Primeiro, a mãe da sonhadora, naquele momento, era sentida como feminina, assim como fálica e ameaçadora (na realidade, a mãe era uma mulher de sucesso na carreira); os mamilos afiados foram reconciliados pela curvatura e pela conexão com a fertilidade. Segundo, a sonhadora, que também estava envolvida em uma estrutura de carreira e era mãe, estava insegura se esses dois aspectos poderiam ser combinados e inconscientemente era mais contida no trabalho (ela era professora). Automaticamente, sentia que seus colegas masculinos eram mais brilhantes e se abstinha de contribuir para as discussões e assim por diante. A imagem do garfo sugeriu que não apenas os dois lados de sua vida poderiam ser mantidos juntos, mas também que isso poderia ser produtivo em um contexto mais amplo. O resultado foi que ela foi capaz de terminar seu livro, que se tornou uma obra padrão, e fazer uma turnê de palestras altamente bem-sucedida.

O si-mesmo transpessoal: (1) a imagem de Deus

A menção da "alteridade" leva a uma consideração do si--mesmo como uma entidade transpessoal. Isso pode ser mais bem examinado por meio da divisão dos aspectos transpessoais do si-mesmo em três. O primeiro (discutido nesta seção) concebe a imagem de Deus no homem como um símbolo do si--mesmo. Da mesma forma que, por exemplo, Cristo representa uma personalidade maior do que a do homem comum, Cristo, como símbolo, representa algo maior do que o ego médio – o si-mesmo (OC 11/3, § 414). Jung não está dizendo nada categorial sobre a existência de Deus; isso não pode ser afirmado de forma empírica. Ele está se referindo a sentimentos que uma pessoa pode ter de fazer parte de uma divindade ou de estar conectado a ela, entendida como algo maior do que ele mesmo e fora da ordem usual das coisas. Jung comenta que as religiões surgem naturalmente e podem ser vistas como expressão de um "instinto" religioso (OC 17, § 157). Despojadas de dogmas e intelectualizações, as religiões repousam em experiências do grandioso – visões, revelações, transformações, milagres, conversões e assim por diante. Essas são mais profundas do que tentativas de ver Deus como um pai glorificado ou *anthropos*, que simplesmente refletem necessidades do ego de ver as coisas "lá fora", em projeção.

Símbolos do si-mesmo e da imagem de Deus no homem são, de fato, a mesma coisa, diz Jung:

> Como nunca podemos discernir empiricamente em que consiste um símbolo do si-mesmo, nem o que é uma imagem de Deus, estas duas ideias aparecem sempre misturadas, apesar das tentativas no sentido de diferenciá-las; por exemplo, o si-mesmo, enquanto sinônimo do Cristo interior, joanino ou paulino, e o Cristo enquanto Deus (consubstancial ao Pai) ou o Atman, enquanto etapa do si-mesmo individual e essencial do cosmos, ou o Tao, enquanto estágio individual e processo correto dos acontecimentos universais. Psicologicamente, a esfera do "divino" começa imediatamente do outro lado da consciência, onde o homem se acha entregue ao risco da instância natural. Ele designa os símbolos da totalidade que daí provém com diversos nomes, conforme as épocas e os lugares (OC 11/2, § 231).

Como Frey-Rohn (1974, p. 215) comenta, ambas as formas de consciência – experiência psicológica do si-mesmo e experiência religiosa – baseiam-se na mesma coisa, ou seja, algo experimentado como uma unidade abrangente e integrada.

Jung via Cristo como um símbolo do si-mesmo em sua reconciliação das polaridades divino/humano e espírito/corpo. E na ressurreição de Cristo, ele transcende e media as polaridades vida/morte. Mas para ser um símbolo ainda mais completo de integração, Cristo teria que estar ligado ao anticristo, ao mal e ao bem.

Cristo como símbolo religioso difere de Cristo visto do ponto de vista psicológico, pois, enquanto psicologicamente ele representa o paradigma da individuação, porque viveu sua natureza e destino até o fim, ele não representa a perfeição que tem sido enfatizada na Igreja convencional. Essa formulação colocou Jung em dificuldades com teólogos que viam em Cristo apenas o que é bom e consideravam o mal como *privatio boni*, apenas a ausência do bem. Outro aspecto da incompletude de Cristo, para Jung, era a falta do elemento feminino, que não aparece nas representações da Trindade, mas que é encarnado pela Virgem Maria (cf. p. 452 abaixo).

Da mesma forma, o desenvolvimento da visão sádica e onipotente de Deus, no livro de Jó, até a intervenção do sofredor Cristo do Novo Testamento, demonstra um movimento dentro da própria imagem de Deus. Isso é análogo à forma como o si--mesmo pode ser visto como um repositório de potencial ainda a ser vivido, mas que emerge e se desdobra ao longo do tempo.

O si-mesmo transpessoal: (2) o si-mesmo e os outros

Mattoon (1981, p. 112) comenta que a conceituação de Jung sobre o si-mesmo é um sistema relativamente fechado, que não reflete muito sobre a inter-relação entre o si-mesmo e os outros. Eu sinto que o si-mesmo transpessoal possa ser visto em termos de relações com os outros. O si-mesmo é a fonte primária de fenômenos como a empatia. A capacidade humana de se colocar no lugar do outro implica algo mais do que uma extrapolação de dados referentes ao si-mesmo, que é, então, aplicada à situação dos outros. A empatia é uma forma de interpenetração psicológica, um vínculo profundo entre as pessoas; a relação mãe-bebê é tanto um exemplo especial disso como um modelo para a empatia ao longo da vida. Estamos falando de maneiras pelas quais as pessoas absorvem as lições da experiência e isso, pode-se argumentar, depende da capacidade de compreensão do si-mesmo, que é mais do que a aprendizagem do ego.

Uma outra função transpessoal em relação ao si-mesmo e aos outros diz respeito à tendência de buscar uma fusão com algo "maior' do que si-mesmo, que foi brevemente mencionada no capítulo 2. Se o si-mesmo, como uma integração, é uma forma de unicidade, então impulsos regressivos na vida adulta, como o desejo de se reunir com o ambiente uterino, nostalgia, sentimentos oceânicos felizes e fenômenos similares, estão conectados ao si-mesmo. Isso é uma inclinação junguiana sobre o instinto de morte. Como concebido por Freud, a hipótese do instinto de morte refere-se a uma tentativa do organismo de reduzir a excitação e a tensão a zero, alcançando um estado inorgânico, como na morte.

Jung pode ter pensado em Fausto de Goethe quando falou de uma perigosa nostalgia pelo próprio abismo, pelo afogamento na própria fonte, pelo ser atraído para o subterrâneo reino das mães" (OC 5, § 553). Nesse trecho, ele aponta que não se refere apenas à mãe pessoal, mas à mãe que "regride para além desta, até um assim chamado "eterno-feminino", onde "a 'divina criança' dorme procurando o despertar de sua consciência" (OC 5, § 508). O si-mesmo, manifestado na forma do "instinto de morte", tem a ver com experiências de junção, fusão e unicidade. Uma combinação de abordagens psicanalíticas e psicológicas analíticas sugere que o instinto de morte tem um propósito; ou seja, atuar como um antídoto necessário à dor e à ansiedade resultantes da ruptura e separação, para que, na paz e tranquilidade de um estado integrado de unicidade, as caldeiras da criatividade possam ser reacendidas.

A busca consciente pela perfeição pode ser vista como uma regressão maligna sob o comando do instinto de morte, mas o retorno inconsciente a uma condição unitária original como preparação para o renascimento psicológico é o aspecto positivo do instinto de morte e um prelúdio necessário para o crescimento (cf. p. 332 abaixo para uma reformulação dessas ideias em termos do desenvolvimento da personalidade).

O si-mesmo transpessoal: (3) o *unus mundos*

A ideia de que o mundo é um só foi destruída pela revolução científica de Newton e pelo Iluminismo. A imagem de uma forma de inteligência divina permeando toda a criação não pôde sobreviver ao surgimento da observação empírica e dos sistemas, subsistemas e princípios que gradualmente emergiram. A morte de Deus foi também a morte desse *unus mundus*, mas Jung revive essa noção quando especula sobre o inconsciente psicoide. Ele escreve:

> Como a psique e a matéria estão encerradas em um só e mesmo mundo, e, além disso, acham-se permanentemente em contato entre si, e em última análise, assentam-se em fatores transcendentes e irrepresentáveis, há não só a possibilidade, mas até mesmo uma certa probabilidade de que a matéria e a psique sejam dois aspectos diferentes de uma só e mesma coisa (OC 8/2, § 418).

Aqui ele reformula a ideia do *unus mundus*, não tanto no sentido de que tudo obedece à mesma regra, mas de que cada estrato da existência está intimamente ligado a todos os outros estratos. Jung comparou a integração unitária de um indivíduo com a do mundo e, portanto, suas ideias sobre o si-

-mesmo e sua especulação sobre a natureza do universo caminham juntas (OC 14, § 664). A abordagem de Jung é, portanto, holística (embora ele não use a palavra) em sua preocupação com o todo, sempre maior e mais interessante do que suas partes. Do ponto de vista histórico, Jung é também (implicitamente novamente) um teórico dos sistemas, uma vez que a ação em um ponto do *unus mundus* tem implicações em todo o sistema.

Jung antecipou muitas das consequências filosóficas dos desenvolvimentos na física moderna que mudaram a maneira como olhamos conceitos básicos como tempo, espaço, matéria e causa e efeito (cf. Capra, *The Tao of Physics*, 1975). A insistência de Jung de que o que torna a psicologia diferente das outras ciências é a participação do observador, levando a uma sobreposição sujeito-objeto, é impressionantemente similar ao enfoque científico moderno no viés do observador e na inter--relação com os fenômenos observados. O mundo paradoxal da física subatômica, com seu foco na interação e troca rápida de matéria em todo o campo, e a teoria da relatividade assemelham-se à psique em sua fluidez e funções simbólicas. A psicologia caminha constantemente na corda bamba entre o geral (o típico, o coletivo, a síndrome) e o individual ou único, o que também é capturado no jargão da física sobre "probabilidade". Finalmente, quando o físico subatômico pode aceitar que algo pode ser simultaneamente uma partícula (limitada a um volume preciso e pequeno) e uma onda (que cobre uma ampla área), é mais fácil chegar a um acordo com a noção de Jung do si-mesmo como centro e circunferência.

Aqueles céticos em relação à revivificação do conceito de *unus mundus* de Jung podem ponderar as implicações de relatos, como os da seção de ciências do *The Times* em 25 de janeiro de 1983, de experimentos que parecem corroborar a teoria de que há uma força subjacente na natureza, unificando as quatro forças que são conhecidas por controlar o universo: eletromagnetismo, forças nucleares forte e fraca e gravidade. Isso deve ser adicionado aos nossos comentários anteriores sobre "ação à distância" e o arquétipo psicoide (cf. p. 73 acima).

Sincronicidade

Em sua busca pelo que está além das regras do tempo, espaço e da causalidade (uma busca que ele insistiu ter surgido de experiências repetidas de que o mundo nem sempre obedece a essas regras), Jung criou o termo "sincronicidade". Ele definiu isso de várias maneiras: como um "princípio de conexão acasual", referindo-se a dois eventos conectados de maneira significativa, mas não causal (ou seja, não coincidentes no tempo ou espaço) e, finalmente, referindo-se a dois eventos que coincidem no tempo e espaço, mas que depois se revelam ter outras conexões mais significativas. Jung optou por tentar demonstrar o princípio da sincronicidade examinando uma possível correspondência entre os signos astrológicos de nascimento e os parceiros de casamento subsequentes. Ele concluiu que não havia conexão estatística, mas o padrão era devido ao acaso; assim, a sincronicidade foi proposta em 1952 como uma terceira opção (OC 8/3, *Sincronicidade*).

O experimento foi muito criticado. A amostra foi baseada em pessoas que acreditavam em astrologia e, portanto, não era aleatória; as estatísticas foram contestadas e, o mais importante, a astrologia, seja lá o que for, não pode ser considerada acasual! É a dificuldade suprema de demonstrar a acasualidade que tem dificultado as tentativas de colocar a sincronicidade em uma base científica. No entanto, a maioria das pessoas já experimentou coincidências significativas ou detectou algum tipo de maré em seus romances, e é em conexão com esse tipo de experiência que a hipótese de sincronicidade de Jung pode ser útil.

No entanto, Jung aplicou a sincronicidade a uma ampla gama de fenômenos que são, talvez, mais precisamente vistos como psicológicos ou parapsicológicos. Um exemplo concreto desse tipo de atividade pode ser o nível cenestésico de percepção – um exemplo disso é a comunicação entre mãe e bebê, como mencionado anteriormente. Como concebido por Redfearn, isso certamente não é sincronicidade.

> Existe uma conexão íntima entre os dados sensoriais, ou seja, do corpo ou da imagem facial da mãe, por meio da organização desses dados pelos processos perceptivos [...] até os afetos e expressões motoras[...] integrados em uma estrutura neurológica não necessariamente conscientes [...] o si-mesmo nesse nível é um si-mesmo corporal (Redfearn, 1982, p. 226).

O conceito de individuação de Jung

Esta consideração sobre a ideia de Jung sobre a parte desempenhada pelo si-mesmo nos processos psíquicos nos leva naturalmente à parte desempenhada por esses processos na realização gradual do si-mesmo ao longo da vida. Jung chamou isso de individuação.

A essência da individuação é a conquista de uma mistura pessoal entre o coletivo e o universal, por um lado, e, por outro, o único e o individual. É um processo, não um estado; exceto

Jung e os pós-junguianos

pela possibilidade de se considerar a morte como um objetivo final, a individuação nunca é concluída e permanece um conceito ideal. A forma que o processo de individuação assume, seu estilo e a sua regularidade ou irregularidade, dependem do indivíduo. No entanto, certas imagens expressam o núcleo do processo de individuação; por exemplo, uma jornada, morte e renascimento e símbolos de iniciação. Jung encontrou paralelos na alquimia. Elementos básicos (os instintos, o ego) são transformados em ouro (o si-mesmo) (cf. p. 354 abaixo, para uma discussão mais completa da alquimia).

A individuação, conforme exposta por Jung, deve ser diferenciada da individualidade ou da conquista de uma identidade egoísta. O funcionamento saudável do ego pode ser necessário para a individuação, mas não é coextensivo a ela. Jung desenvolveu sua teoria a partir de sua experiência com pacientes na segunda metade da vida. Na primeira metade da vida, na concepção de Jung, o ego heroico luta para se libertar da mãe e estabelecer sua independência; isso leva a uma inevitável unilateralidade que a psique buscará corrigir. Isso pode se manifestar na meia-idade, quando uma pessoa reavalia sua vida de forma privada e introspectiva, inicialmente divorciada do mundo dos relacionamentos. Depois disso, o resultado da reavaliação retroalimentará as relações pessoais, levando a uma maior clareza e satisfação. A tarefa na segunda metade da vida é ir além da diferenciação egoísta e da identidade pessoal para um foco no significado e nos valores suprapessoais; a estabilidade do ego se preparou para isso.

Essas observações preliminares preparam o terreno para a apresentação dos principais elementos do processo de individuação, conforme Jung mais frequentemente o descreveu, ou seja, em termos da segunda metade da vida. O fato de essa restrição não ser mais aceita por todos os psicólogos analíticos ficará claro.

Individuação e o si-mesmo

A individuação pode ser vista como um movimento em direção à totalidade por meio da integração de partes conscientes e inconscientes da personalidade. Isso envolve conflito pessoal e emocional, resultando na diferenciação de atitudes conscientes gerais e do inconsciente coletivo (OC 6, §762).

Isso sugere tornar-se si mesmo a pessoa que se destinava a ser, alcançando o próprio potencial. Isso implica o reconhecimento e aceitação de partes de si próprio que inicialmente são repugnantes ou parecem negativas, e também a abertura para as possibilidades apresentadas pelo elemento contrassexual (*animus-anima*) que pode atuar como uma porta ou guia para o inconsciente, como veremos no capítulo 7. Essa integração leva não apenas a um maior grau de autorrealização, mas também à consciência de que se tem um si-mesmo.

Jung se refere à "realização de uma personalidade maior" (OC 7, §136) por meio dessa integração, embora reconhecesse que a integração da sombra, implicando a aceitação de aspectos rejeitados, reprimidos e ainda não vividos de si mesmo, é dolorosa, especialmente quando o que está envolvido é a retirada de projeções sobre outras pessoas. O si-mesmo se torna uma imagem não apenas de uma pessoa mais completa, mas também do objetivo da vida e, nesse contexto, podemos falar corretamente em alcançar ou realizar o próprio si-mesmo:

> Qualquer que seja o significado da totalidade, do si--mesmo do homem, trata-se empiricamente de uma imagem da finalidade da vida, produzida espontaneamente pelo inconsciente, para além dos desejos e temores da consciência [...] A *dynamis* (força) deste processo é o instinto que vela, para que tudo quanto pertence a uma vida individual seja nela integrado, quer o sujeito concorde ou não, quer tome consciência do que está acontecendo ou não (OC 11/4, § 745).

Jung enfatiza que a qualidade da consciência faz uma diferença decisiva e acrescenta que, diante da natureza, a inconsciência nunca é aceita como desculpa – "o contrário, grandes castigos pesam sobre ela". O si-mesmo está localizado em um "degrau moral mais alto" e um homem deve "conhecer algo da natureza de Deus se quiser entender a si mesmo" (OC 11/4, §§ 745-746). Agora fica claro por que Jung estava tão preocupado em equiparar o si-mesmo à imagem de Deus.

Individuação também pode significar "tornar-se a si mesmo, ou seja, a quem se é realmente". Isso sugere um desenvolvimento equilibrado ou otimizado, envolvendo a incorporação de idiossincrasias pessoais para que a verdadeira natureza de uma pessoa não seja danificada pela repressão ou, inversamente, pelo exagero ou hipertrofia de um lado. Isso envolve um senso de autoconsciência, juntamente a uma imagem precisa de si mesmo, o mais desprovida possível da decepção de si mesmo. O ideal do ego é abandonado em favor da autoaceitação e, mais importante, o superego, em sua forma negativa de aderência cega às normas coletivas, é substituído, como um árbitro moral, pelo si-mesmo, agindo como um guia interno. O que estamos descrevendo é uma separação do coletivo, juntamente a uma atitude de assumir responsabilidade por si mesmo e a um posicionamento desenvolvido em relação ao passado e ao futuro. A separação do coletivo pode se estender a uma retirada de investimentos em relacionamentos, e acho que é verídico dizer que as ideias de Jung sobre a individuação enfatizam o diálogo entre o indivíduo e o inconsciente coletivo um pouco mais do que o diálogo entre o indivíduo e os outros.

Nós observamos como o ego desenvolve símbolos para compensar atitudes conscientes unilaterais e para unir opostos. Um exemplo específico disso está no campo da tipologia. Na concepção de Jung dos processos de individuação, as várias funções da consciência começam a operar de maneira menos hierárquica. A função inferior, em particular, torna-se mais integrada. Esse é o aspecto do processo de individuação mais aberto à idealização. A tensão psicológica dos opostos dentro de uma pessoa não é expelida ou substituída pela individuação; ela pode até mesmo ser acentuada à medida que o ego retira seu apoio ao modo habitual de consciência. Assim, um conflito entre impulsos racionais e irracionais pode surgir; antes disso, um dos lados pode ter sido reprimido. O trabalho sobre os opostos é uma parte central da análise e uma reconciliação final é impossível. Para Jung, a individuação não é uma eliminação do conflito, mas sim uma consciência aumentada dele e de seu potencial.

Nossa discussão sobre complexos mostrou como a psique deve ser concebida como uma entidade múltipla; no entanto, falamos sobre integração e totalidade. O equilíbrio entre essas duas tendências (elas mesmas opostas e complementares) é um tema-chave na psicologia pós-junguiana. Também observamos as maneiras pelas quais a psique usa a compensação em suas tentativas de autorregulação para manter um equilíbrio. Essas minis compensações gradualmente se unem na individuação, e o que é revelado à pessoa é o plano, padrão e significado de sua vida. Podemos considerar isso como uma forma de autorregulação; as várias partes da personalidade se relacionam em torno de um centro, o si-mesmo.

Quando falamos de opostos, implicamos que o ego diferencia as duas metades do par. Nesse aspecto, o processo de individuação depende da função do ego. Mas é central para a concepção de Jung que símbolos e imagens ocorram independentemente do ego, que, então, tenta integrá-los.

As implicações para a análise são que o progresso é alcançado pela facilitação de símbolos e imagens que derivam do si-mesmo e acompanham o processo de individuação. Portanto, é relativamente menos importante na Escola Clássica as manifestações externas na vida do paciente ou a interação terapêutica (mas cf. p. 369 abaixo). Uma correlação disso é que a remoção dos sintomas não pode ser um critério para mudança ou desenvolvimento. Na verdade, como Jung costumava destacar, para alguns pacientes, a natureza de seus problemas requer o surgimento de um ou mais sintomas. Seja como for, o ego desempenha um papel contínuo na individuação e não é subsumido pelo si-mesmo (cf. p. 243-247 abaixo para uma discussão completa de "símbolo" e "imagem" e p. 128 acima para discussão do papel do ego em relação aos símbolos).

Existem muitas metáforas e resumos da individuação: diferenciação, realização de potencial, consciência do "mito pessoal", aceitação de si mesmo. Existem outras, mas essa seleção de termos já exemplifica bem a ideia.

Problemas conceituais gerais

As objeções de Glover à ideia do si-mesmo de Jung são caracteristicamente contundentes (1950). Ele questiona se o si-mesmo deve ser concebido como algo em que se trabalha ou se cria, ou como algo que se desenvolve a partir de si ou dos outros. A resposta é, claramente, que deve ser considerado como ambos, mas a pergunta de Glover ilumina essas duas tendências na psicologia analítica: aqueles que veem a vida mais como um desdobramento daquilo que sempre esteve lá e aqueles mais interessados na busca por um objetivo. Em seguida, Glover questiona a relação do si-mesmo com o mundo exterior. Ele ressalta que se a totalidade carrega toda a energia, não sobrará energia para relacionamentos externos. Em resposta a essa fraqueza, os pós-junguianos tendem a ver as relações pessoais e com objetos como mais conectadas à individuação do que Jung parece ter postulado. Finalmente, Glover está preocupado com a possibilidade de a ênfase na divindade fazer do si-mesmo um imperativo moral. Isso, diz Glover, expõe uma contradição porque, se a individuação envolve uma substituição da dominação do superego por atividade autodirigida, uma instrução moral para individuar, vinda de fora da pessoa, ofenderia o princípio. Neste ponto, devemos conceder que Glover tem razão, de modo que a noção de que a individuação possa ser direcionada é uma contradição em termos. Mas e quanto à individuação assistida na análise? Admitidamente, tudo depende do grau de autodirecionamento, mas a existência da própria ideia de individuação fará com que o material gravite em direção a ela.

Storr aborda o ponto sobre relacionamentos externos, comentando que grande parte dos escritos de Jung parecem

Jung e os pós-junguianos

desconectados dos "problemas cotidianos, sintomas neuróticos, dificuldades sexuais e todos os outros assuntos que podem fazer uma pessoa recorrer a livros sobre psicologia e psicoterapia" (Storr, 1973, p. 91). Uma das minhas preocupações centrais é que as ideias de Jung podem e são usadas na terapia o tempo todo (e não apenas por junguianos). No entanto, Storr se refere às discussões e dissertações longas e muitas vezes intermináveis sobre o religioso, o alquímico e outros simbolismos, que podem afastar os leitores modernos de Jung. Em outro momento, ele comenta que Jung escreve "quase nada sobre o efeito da análise na vida do paciente no mundo ou em seus relacionamentos pessoais" (Storr, 1973, p. 90). Novamente, mesmo que isso seja verdade para Jung, foi corrigido pelos pós-junguianos.

Ironicamente, Dry (1961) comenta sobre a extraordinária fragmentação dos escritos de Jung sobre individuação e também observa a introversão de sua forma de pensar. Ela sente que, em comparação, por exemplo, às ideias de James sobre conversão religiosa, a individuação é uma atividade um tanto discreta e carente de entusiasmo e alegria de viver. Isso reflete a opinião de vários pós-junguianos que sentem que a descrição de Jung é demasiadamente estática.

Atwood e Stolorow (1975) afirmam que, como os principais perigos pessoais para Jung eram a dissolução da personalidade e a sensação de ser sobrecarregado de dentro para fora, o estabelecimento de uma representação de si mesmo rígida e estável é uma necessidade. Isso deve acontecer por meio da individuação – o preenchimento gradual da personalidade reduz o espaço disponível para a ansiedade. Eles detectam três maneiras pelas quais esse "preenchimento" da personalidade é alcançado. A primeira é tornando o inconsciente consciente, a segunda por meio da função transcendente, e a terceira fazendo uma distinção entre conteúdos pessoais e coletivos e, assim, possibilitando o contato com temas universais, que fornecem estabilidade adicional. Mas Atwood e Stolorow negligenciam completamente o papel desempenhado pelo ego em relação à função transcendente e fazem uma divisão muito acentuada entre conteúdos coletivos e pessoais, eliminando a possibilidade de formulações que enfatizem a experiência pessoal de conteúdos universais – o que é central para a ideia de individuação de Jung. No entanto, o que eles veem como a redução defensiva do espaço vazio no si-mesmo e a conexão disso com a diminuição da ansiedade sugerem a possibilidade de uma falsa individuação, caracterizada por uma inundação de símbolos não correspondida pelo aumento da autoconsciência e da integração genuína.

Eu mencionei anteriormente o problema de ver o si-mesmo como um ponto central e também como uma totalidade. Nesse sentido, Fordham (1963) sentiu que Jung desenvolveu duas teorias incompatíveis do si-mesmo. Se o si-mesmo significa (a) toda a personalidade, ele afirma que nunca pode ser experimentado, porque o ego, como agente da experimentação, está "dentro" da totalidade. Se o si-mesmo se refere a (b) um arquétipo central, então não pode também se referir à totalidade que inclui o ego, pois, para Jung, é certo que o ego e os arquétipos devam ser distinguidos. O si-mesmo, nesta segunda definição, exclui completamente o ego. Fordham prefere conceber o si-mesmo não como um arquétipo, mas além de arquétipos e ego, que são então vistos como surgindo ou "desintegrando" do si-mesmo. Nessa formulação, é possível evitar complicações causadas pela visão do ego e do si-mesmo como dois sistemas completamente diferentes.

Fordham postula uma integração do si-mesmo primário, presente no nascimento, que, ao encontrar uma correspondência no ambiente, inicia um ciclo rítmico de desintegração e reintegração. O ego, como elemento consciente do si-mesmo, está ligado à totalidade dos conteúdos arquetípicos do si-mesmo, pois, caso contrário, nenhuma experiência seria possível. As ideias de Fordham sobre desintegração e individuação (cf. Fordham, 1957, 1976, 1978a) tornaram-se importantes na psicologia analítica contemporânea e são discutidas mais adiante nesta seção do capítulo; seu modelo de desenvolvimento pessoal é resumido no capítulo 5 deste livro).

Newton (1981) sugere que ainda é razoável ver o si-mesmo como um arquétipo especial, um "arquétipo transcendental", que é diferente de outras manifestações arquetípicas. Ela conclui que a dinâmica do si-mesmo (sua ênfase em estados de integração, totalidade, reconciliação de opostos) afeta nossa experiência dos outros arquétipos. Ao mesmo tempo, Jacoby (1981) sente que, embora possa haver uma contradição lógica, não há contradição experiencial em ver o si-mesmo como parte do todo e o todo.

Na verdade, Jung reescreveu sua definição do si-mesmo em 1960 (OC 6, §§ 789-791), levando em conta essa aparente contradição e enfatizando que o si-mesmo é um conceito transcendental especial. Embora a nova definição fortaleça a ideia do si-mesmo como organismo total, o elemento transcendental permite uma oscilação que possibilita que o si-mesmo também funcione como o arquétipo da unidade.

Humbert (1980) aponta que o problema aparentemente simples de se reconhecer como sujeito é um problema que muitos filósofos consideram uma armadilha sem sentido. Ele prefere uma definição muito mais pessoal: "o si-mesmo é a voz interior que me diz frequente e precisamente como devo viver". Ele enfatiza que o que se entende por "totalidade" é a relação do consciente e do inconsciente, e não apenas uma adição (Humbert, 1980, p. 240). O autor representa uma tendência em conceber o si-mesmo como um sistema composto de subsistemas relacionados.

Redfearn (1969) está preocupado em distinguir as diferenças entre o si-mesmo junguiano e outros usos. Ele sente que existem dois usos cotidianos do si-mesmo – para simples identificações do si-mesmo (quem sou factualmente) e para se referir a uma experiência subjetiva (aproximadamente, o que está no meu corpo, ou o que sinto estar no meu corpo). Jung usa o ego para se referir a ambos os sentimentos. Em relação ao si-mesmo, Jung está preocupado com a sua expressão e autorrealização, em vez das representações de si próprio como algo que aparece no ego. Essa é a distinção crucial entre a psicologia analítica e a psicanálise ortodoxa. Esta última viu o si-mesmo como um tipo particular de representação no ego e nada mais, pelo menos até recentemente (cf. p. 253ss.).

O si-mesmo: um conceito relativo

Muitos pós-junguianos têm se afastado de uma consideração exclusiva da integração para examinar estados parciais, representações de partes do si-mesmo; eles veem o si-mesmo como um conceito estéril e supervalorizado quando usado para negar a multiplicidade e a policentricidade da psique. O intrigante é que os analistas que seguem esse caminho vêm de todas as escolas, usando maneiras diferentes, mas compatíveis, de se expressar.

Hillman (1971, 1981), em seu artigo *Psychology: Monotheistic or polytheistic?*, cita a equação de Jung do si-mesmo com o monoteísmo e do *animus-anima* com o politeísmo. Assim como o politeísmo é uma pré-etapa do monoteísmo, *animus* e *anima* são precursoras do si-mesmo. Jung concluiu que o si-mesmo é "o arquétipo que é mais importante para o homem moderno entender" (OC 9/2, §§ 422-470). Embora Hillman se debruce sobre a questão mono/poli, quero me concentrar no que ele diz sobre o si-mesmo; o argumento politeísta é encontrado no capítulo 9.

A preferência de Jung pelo si-mesmo, diz Hillman, estreita indevidamente uma psicologia que, em todos os outros aspectos, enfatiza a pluralidade e multiplicidade da psique, dos arquétipos e complexos. Devemos assumir que complexos diferenciados são menos importantes do que o si-mesmo? Se sim, então tudo na análise terapêutica, exceto o si-mesmo e seus produtos, é relegado ao segundo plano. Todas as explorações da consciência tornam-se preliminares à experiência do si-mesmo. Assim, passaríamos nosso tempo procurando e observando a conjunção de opostos, mandalas, o *unus mundus*, sincronicidade etc.

Falar de oposição entre a psique pluralista e o si-mesmo (integrado e completo) é, em si, uma atividade monística, porque o ou/ou contradiz o pluralismo ("não terás outros deuses diante de mim"). Que há um lugar para a experiência unitária dentro de uma perspectiva pluralista é demonstrado pelo comentário de Lopez-Pedraza sobre o artigo de Hillman: "o muito contém a unidade do um sem perder as possibilidades dos muitos" (Lopez-Pedraza, 1971, p. 214). Isso revisa radicalmente a noção de Jung de que o um contém os muitos, como representado, por exemplo, pelas mandalas.

Hillman continua perguntando onde na psicologia a superioridade do si-mesmo é demonstrada? O lugar do si-mesmo como repositório de experiência integrada pode ser mantido, mas esse seria apenas um estilo de funcionamento entre muitos. Outros pós-junguianos, como L. Stein (1967), têm enfatizado que a integração é apenas uma opção psicológica. A valoração do si-mesmo por Jung pode ser considerada como uma expressão de um temperamento "teológico", tanto quanto de introversão. Como Hillman observa, Jung considerava a tendência monística como introvertida e a pluralística como extravertida (OC 6, § 536).

Além de o si-mesmo ser desinflado, existem maneiras pelas quais ele funciona que são inadequadas por si próprias. O si-mesmo não pode lidar com "um campo múltiplo de focos cambiantes e relações complicadas" (Hillman, 1981, p. 112); sua tendência será sempre buscar uma síntese que pode exigir a introdução de dados psíquicos, um *complexio oppositorum* que restaura a harmonia em detrimento da espontaneidade. Hillman sugere que suspendamos nosso pensamento habitual sobre a unidade, sobre os estágios, sobre o desenvolvimento psicológico, uma fantasia de individuação que "a caracteriza principalmente como movimento em direção à unidade, expressa em totalidade, centrando-se ou em figuras como o Velho Sábio ou como a Velha Sábia" (Hillman, 1981, p. 113). Lopez-Pedraza se refere, nesse sentido, à "discussão interminável no Instituto Jung" em Zurique sobre Yahweh e Cristo como símbolos do si-mesmo (Lopez-Pedraza, 1971, p. 212).

Mas Jung usou um modelo policêntrico da psique. Ele escreveu sobre uma multiplicidade de consciências parciais como estrelas ou faíscas divinas, "luminosidades" (OC 8, § 388). Isso apoia uma psicologia policêntrica, e a proposta de Hillman era que apontássemos menos para reunir as faíscas em uma unidade e mais para integrar cada faísca "de acordo com seu próprio princípio" (Hillman, 1981, p. 114); devemos aceitar a multiplicidade de vozes sem insistir em unificá-las em uma figura. Segue-se disso que o processo de dissolução é tão valioso quanto o processo de unificação. Um interesse mais próximo na variedade psicológica em vez da unidade psicológica produzirá *insights* mais profundos sobre emoções, imagens e relacionamentos. Isso não satisfará aqueles que precisam ver a individuação como um movimento impelente do caos para a coerência e, finalmente, para a totalidade. Mas o caos sempre é menos útil do que a totalidade? E a totalidade não pode aparecer no caos?

De acordo com Hillman, totalidade, em um sentido verdadeiramente psicológico, significa ver um fenômeno como um todo, como ele se apresenta. Ele contrasta isso com a totalidade em um sentido teológico, que significa o uno. Existem duas visões de completude, uma totalidade psicológica, na qual a individuação se mostra em relações múltiplas, e uma totalidade teológica, em que a individuação se mostra em graus de aproximação a um ideal ou unidade (Hillman, 1981, p. 116).

Individuação pode significar desintegração e fragmentação (ou pode envolver esses processos), mas há mais de um mito ou significado de individuação.

Resumindo, a preferência de Hillman é menos em relação a "identidade, unidade, centralidade, integração" e mais em relação a "elaboração, particularização, complicação". A ênfase não está na transformação, mas sim em "aprofundar o que está lá para si mesmo" (Hillman, 1981, p. 129).

Guggenbühl-Craig (1980) apresenta uma reavaliação semelhante do si-mesmo. Para ele, a visão de Jung sobre o si--mesmo é simplesmente muito positiva, deixando de fora a "invalidez". O reconhecimento dessa patologia e incompletude em nós mesmos é o verdadeiro oposto da totalidade e ainda não é encontrado em visões clássicas do si-mesmo na psicologia analítica. Quando falamos sobre o si-mesmo:

> muito se fala sobre qualidades como redondeza, completude e totalidade. Já é hora de falarmos sobre deficiência, a invalidez do si-mesmo. Eu sempre tive dificuldade com o fato de que mandalas são consideradas símbolos por excelência do si-mesmo – elas são muito inteiras para o meu gosto [....] A completude é cumprida por meio da incompletude [...], admitidamente, é difícil sustentar a imagem de completude e totalidade e, ao mesmo tempo, aceitar a invalidez (Guggenbühl-Craig, 1980, p. 25).

Guggenbühl-Craig questiona se os junguianos se tornaram envolvidos em um "culto da perfeição". Por exemplo, evitamos perguntar se um psicopata, faltando moralidade, tem um si--mesmo. Se sim, é um si-mesmo imoral?

Plaut (1974) também examinou as luminosidades de Jung ou múltiplos aspectos da consciência, mas a partir do ponto de vista das relações objetais e da psicologia de objeto parcial que caracteriza a Escola Desenvolvimentista. Na infância, o mamilo pode ser considerado um objeto parcial, representando o objeto inteiro e transmitindo a mesma aura para o bebê como o objeto inteiro. Às vezes, o objeto parcial pode representar todo o mundo externo. Por esses motivos, o objeto parcial é provavelmente experimentado como fascinante e impressionante. Os objetos parciais da infância e as luminosidades funcionam de uma maneira que contribui para a relativização da totalidade do si-mesmo que temos discutido.

Plaut (1975) sentiu que naturalmente nos comportamos como se partes fossem um todo, e dotamos coisas e temas específicos com a profundidade e a vida da totalidade. Ele argumenta que seria um erro subestimar um objeto que não é completo e que ainda expressa divisões precoces (por exemplo, entre bom e ruim). Em tal objeto, não teria havido uma "fusão de características", ou seja, de boas ou más imagens da mãe, que nos permitiria falar de constância do objeto (Plaut, 1975, p. 208). O que Plaut se refere, em contraste, como um objeto constante, pode ser unilateral e considerado pelo indivíduo sem qualquer ambivalência saudável. Mas tal objeto é valioso e necessário para muitas pessoas e pode funcionar como um "núcleo alternativo" em torno do qual a experiência pode se consolidar e ser assimilada. Tal objeto pode ser "fascinante e inspirador, em suma, numinoso". Plaut conclui: "como tal, pode ser idêntico ao si-mesmo de Jung" (Plaut, 1975, p. 214). Plaut sustenta sua ideia apontando as conexões entre sexualidade (como expressa em imagens pictóricas de órgãos sexuais) e criatividade ou espiritualidade. Além disso, as pessoas que investiram singularmente em uma "divindade, uma musa ou uma ideologia" estão todas participando da natureza numinosa e luminosa do que é menos do que completo, menos do que o si-mesmo.

Podemos traçar um paralelo entre o ataque de Guggenbühl-Craig à perfeição e a aceitação do objeto constante por Plaut. Invalidez e incompletude são vistas como compatíveis com o si-

-mesmo, mas também como uma influência moderadora sobre ele. Juntamente com a insistência de Hillman em afastar-se da supervalorização de estados integrados, podemos observar quão radical é a mudança em relação ao ponto de partida de Jung.

Fordham também sente que há muito foco nas funções integradoras e na capacidade do si-mesmo. Ele considera um estado precário e dinâmico como uma condição *sine qua non* da vida humana, seja fisiológica ou psicológica. Isso é especialmente verdadeiro no caso das estruturas psíquicas: "às vezes elas são predominantemente estáveis (integradas), às vezes são instáveis (desintegradas)". Continuando esse comentário sobre o artigo de Hillman de 1971 mencionado anteriormente, Fordham entende que o autor está argumentando pela inclusão de estados desintegrados no processo de individuação e concorda com isso (Fordham, 1971, p. 211-212). O que Fordham pretende em seu próprio trabalho sobre desintegrados (por exemplo, 1976) é bastante semelhante ao objetivo de Hillman: ambos insistem no policentrismo da psique. A ênfase exclusiva ou resolução do caos em padrão simplesmente não é viável, seja na infância ou ao longo da vida.

No artigo *The si mesmo as an imaginative construc*, Fordham(1979a) nos lembra que nenhum símbolo pode representar o si-mesmo inteiro, porque, para formar imagens, o si-mesmo tem que se dividir na parte que cria imagens (o inconsciente) e na parte que observa e interage com as imagens (o ego). Ele afirma que o ego deve, em certa medida, sempre estar "do lado de fora". Fordham comenta que saímos das formas arquetípicas grandiosas e do misticismo para sermos capazes de considerar o si-mesmo como composto de partes, cada uma sentida igualmente como "eu mesmo". Ele se refere a partes do si-mesmo, como o si-mesmo social e o si-mesmo ético, por exemplo.

Assim como existem estados de integração e desintegração, deve haver duas formas do si-mesmo: o si-mesmo inteiro (integrado) e as partes do si-mesmo (desintegradas) que são suficientemente estáveis para serem expressas e experimentadas. Fordham então faz um ponto que, efetivamente, o alinha com Hillman nessa questão. Ele afirma que seu modelo é neutro; as partes do si-mesmo não são menos importantes que o si-mesmo inteiro, que permanece como uma abstração não representável.

Fordham e Hillman estão propondo, cada um, um eu situacionista, relativizado e pluralista, no qual conjuntos de experiências carregam a sensação de "ser eu mesmo" em vez de sentir-se ou sentir-se "inteiro". Se o fragmento psíquico ou parte do eu for vivido plenamente, então a totalidade cuidará de si mesma. Não deve ser esquecido que a sensação de ser si mesmo, muitas vezes, é extremamente desconfortável e, assim, satisfaz as objeções de Guggenbühl-Craig ao eu idealizado e perfeito.

Por fim, nesta revisão da posição atual da "integração", gostaria de incluir o ponto de L. Stein de que, se estamos falando de estrutura no sentido de "estruturas arquetípicas", então falar de ordem é uma tautologia. O arquétipo *a priori* faz, em qualquer caso, sua "ordenação" no sentido de padronização. Mas equiparar tal ordem ou padrão com harmonia está completamente errado: o caos pode ser ordenado; conservadorismo não é necessariamente harmonioso e estados de desintegração podem persistir. Devemos, conclui Stein, distinguir entre uma teoria de macro ordem e uma experiência de microinstabilidade (L. Stein, 1967).

No entanto, seria equivocado deixar a impressão de que a mudança em direção a um enfraquecimento do foco na integração envolve todos os pós-junguianos. Adler (1961), ao notar que há uma tendência desintegradora do inconsciente, acredita que há "uma unidade empírica na qual até mesmo o inconsciente "negativo" tem uma tendência oculta à integração" (Adler, 1961, p. 37). Em relação às mandalas, elas expressam "a unidade da psique e sua totalidade" (Adler, 1961, p. 56). Em outros textos, Adler acredita que "o círculo, a circularidade, simboliza a totalidade e a integração, e como tal, o si-mesmo" (Adler, 1979, p. 21). Declarações semelhantes podem ser encontradas em Jacobi, 1959; Edinger, 1960; Whitmont, 1969; Frey-Rohn, 1974; Mattoon, 1981.

Há, portanto, um debate genuíno que vai além de uma questão de acentuação ou ênfase. O comentário razoável de Gordon é que o si-mesmo, como conceito, tem dois aspectos. Utilizado metapsicologicamente ou em um retrato da estrutura psíquica, refere-se à totalidade da psique, incluindo experiências e capacidades conscientes, inconscientes, pessoais e arquetípicas. O si-mesmo também pode ser utilizado em um modelo experiencial, como forma de dar sentido à nossa experiência (Gordon, 1978, p. 33). Eu acrescentaria que "dar sentido" é uma proposição diferente de ordenar, organizar e até integrar.

Individuação: um processo democrático

É difícil saber a quem Jung se refere quando fala de individuação. Ele compara o termo a um impulso, como o sexo ou a fome, postulando um instinto no homem de crescer psicologicamente, assim como a maturação física ordinária. Portanto, a individuação é uma tendência natural. Ao mesmo tempo, afirma que, antes que a individuação possa ser considerada um objetivo, um mínimo necessário de adaptação às normas coletivas deve ser alcançado primeiro (OC 6, § 760). Isso pode significar que a individuação é apenas para aqueles com "egos fortes", com boa adaptação social e que estão funcionando genitalmente. Isso sugere que a individuação é para uma elite, e Jung justificar isso com sua visão de que a natureza, afinal de contas, é aristocrática (OC 7, §§ 198, 236; OC 17, §§ 343, 345).

Jung se refere às pessoas como tendo uma "designação" para a individuação (OC 17, § 300): "Somente pode tornar-se personalidade quem é capaz de dizer um "sim" consciente ao poder da destinação interior que se lhe apresenta" (OC 17, § 308). Mas ele continua a dizer que a tarefa necessária é traduzir a vocação para a própria realidade individual (validando, assim, o papel desempenhado pelo ego na individuação).

No entanto, o uso da palavra "vocação", além de muitas outras referências que equiparam a individuação a uma atitude religiosa ou espiritual, podem levar a concebê-la como um chamado místico em vez de uma necessidade e processo psicológico. A individuação implica aceitar o que está além do indivíduo, o que é simplesmente desconhecido, mas não desprovido de sentimentos. Nesse sentido, é um chamado espiritual, mas, como a realização da plenitude de uma personalidade, é um fenômeno psicológico. A busca ou procura pela individuação cativa muitas pessoas, e o próprio processo às vezes é simbolizado como o graal, em vez deste ser simbolizado como objetivo daquele.

Finalmente, há a necessidade de questionar a ideia de Jung de que a individuação é um processo exclusivamente ou mais acentuadamente relacionado à segunda metade da vida. Argumenta-se pela Escola Desenvolvimentista que a individuação é uma atividade ao longo da vida e que, em todas as suas características essenciais, pode ser observada em crianças. Isso levou a uma distinção entre a individuação "apropriada" à segunda metade da vida e a individuação na infância e ao longo da vida. Devido à contradição mencionada anteriormente, na qual a individuação é considerada tanto natural quanto restrita a poucos, precisamos de uma classificação tripartida: (a) individuação como um processo natural que ocorre ao longo da vida; (b) individuação como um processo natural que ocorre na segunda metade da vida; esses dois são distintos de (c) individuação trabalhada e trazida à consciência por meio da análise. Podemos apenas lamentar que a última ideia de individuação (individuação na análise) domine as noções populares de psicologia analítica como envolvendo simbolismo alquímico, religioso, místico e outros símbolos arcanos. E, não menos importante, embora todos os pós-junguianos falem de processos de individuação, o termo "individuado", implicando um estado de ser, ainda é usado.

Se a individuação significa se tornar a pessoa que se é, ou que se pretendia ser, ela pode muito bem incluir todos os tipos de doenças e feridas pessoais resultantes de disposições acidentais de fatores arquetípicos e/ou desastres ambientais, como sugerido por Guggenbühl-Craig (1980). Devemos dizer que um órfão não pode individuar-se? Ou um paraplégico? Ou um perverso? Assim como a implicação de que o si-mesmo envolve apenas integração foi questionada, objeções equivalentes foram feitas a uma definição muito idealizada da individuação.

Podemos considerar, nesse contexto, a teoria de Fordham sobre a individuação na infância. Ele parte do comentário de Jung de que "a individuação é praticamente o mesmo que o desenvolvimento da consciência a partir do estado original de identidade [...] a não diferenciação original entre sujeito e objeto" (OC 6, § 762) como ponto de partida. Esse desenvolvimento ocorre na infância. Da mesma forma, a diferenciação da "psicologia coletiva e geral" (OC 6, § 757) pode ser equiparada à separação do bebê de sua mãe. Fordham sustenta que essa diferenciação é concluída até os dois anos de idade. Após o nascimento, o eu primário se desintegra, e o bebê então dá passos em direção à conquista de um estado de identidade com a mãe (Fordham, 1976, p. 37); a partir dessa identidade, o bebê desenvolve relações de objeto e individua, de acordo com a definição de Jung. É claro que ninguém se separa completamente da mãe em um sentido emocional; uma "continuidade de união torna possível a fusão recorrente e frutífera com os outros na vida posterior" (Fordham, 1976, p. 38). Na visão de Fordham, o estado de identidade com a mãe torna-se a base do *animus--anima*, persona e "a personalidade superordenada" (Fordham, 1976, p. 38).

Antes do segundo ano, o bebê alcança um grau razoável de domínio corporal, controle dos esfíncteres anal e uretral e um senso de sua própria fronteira de pele. Ele também faz progressos emocionais em termos de preocupação com os outros e desenvolvimento de uma consciência rudimentar. E, acima de tudo, ele usa símbolos – seja objetos de transição ou outros tipos de brincadeiras (Fordham, 1976, p. 21-23). Todos os ingredientes essenciais para a individuação estão presentes, e nada mais é necessário além de uma boa maternidade ordinária

(Fordham, 1976, p. 40). O processo é vulnerável e pode dar errado, mas pode ser reparado a qualquer momento. Os opostos, como bom e mau, interno e externo, foram reconciliados, e uma integração consciente/inconsciente, diferente da integração orgânica original ao nascer, foi alcançada.

Pode-se dizer que isso é apenas uma descrição da maturação em vez da individuação. Existem duas maneiras possíveis de considerar isso. A primeira diria que as características descritas acima são uma parte especial da maturação, relacionada à união de diferentes aspectos da personalidade à experiência simbólica. Maturação é o termo mais amplo, individuação é uma parte especial. A segunda resposta seria acolher a maturação como individuação, enfatizando que temos um modelo de individuação como um processo natural que, por ser alcançável por todos na infância, é potencialmente alcançável por todos na vida posterior. Ao enfatizar o quão natural é o processo, Fordham democratiza a individuação.

Jung provavelmente não concordaria com a ideia de Fordham de que há individuação na infância:

> Mas observo cada vez mais que se confunde o processo de individuação com o processo de tornar-se consciente, e que o eu é, consequentemente, identificado com o si-mesmo, o que naturalmente acarreta uma irremediável confusão entre os conceitos [...] (OC 8/2, § 432).

Neste ponto está em jogo a concepção ou preconceito de Jung sobre o que é ou deveria ser a individuação. Jung estava tão preocupado com um tipo específico de símbolo do si-mesmo e de experiência simbólica que, às vezes, perdia de vista sua percepção inicial de que a individuação é como um instinto ou impulso e, portanto, natural.

Mais uma vez, Hillman identifica o mesmo problema a partir de uma perspectiva diferente, sugerindo que, em vez de individuação, deveríamos falar de uma multiplicidade de individuações derivadas de nossas várias personas internas. Portanto, um indivíduo não pode fornecer uma norma nem mesmo para si mesmo (Hillman, 1975b, p. 88). Cada um de nós tem muitos deuses para obedecer, e nossas várias normas internas são expressas nesse panteão interno. A avaliação global é inútil.

Na opinião de Hillman, a individuação é uma fantasia arquetípica. Em sua definição clássica, é o trabalho ou produto de um único arquétipo, o si-mesmo. Não é a única maneira de proceder. A individuação é em si mesma uma maneira particular de ver, a qual automaticamente envolve fantasias de desenvolvimento, progresso ou ordem. A proposta de Hillman é um entrelaçamento incessante envolvendo numerosas modificações trabalhadas pelos arquétipos uns nos outros. Mas não deve haver uma definição do que é a individuação.

Meltzer, a partir de sua formação psicanalítica Kleiniana, escreveu em termos surpreendentemente semelhantes:

> A Sra. Klein descreveu, em essência, o que se pode chamar de um modelo teológico da mente. Cada pessoa precisa ter o que se pode descrever como uma "religião" na qual seus objetos internos desempenham as funções de deuses – mas não é uma religião que derive seu poder por acreditar nesses deuses, mas sim porque esses deuses, de fato, desempenham funções na mente. Portanto, se não se confiar neles, terá problemas, e esse problema é o narcisismo (Meltzer, 1981, p. 179).

A iconoclastia de Hillman (a individuação é apenas uma forma de ver as coisas) pode ser adicionada à democratização de Fordham (que não requer nada mais do que uma boa maternidade ordinária) para dar o sabor de uma síntese pós-junguiana.

Outro fator a ser considerado é a inclusão de relacionamentos pessoais próximos dentro do escopo da individuação. É possível que uma reunião ou integração das partes da personalidade possa levar a um afastamento natural dos relacionamentos pessoais. Mas para algumas pessoas, a proposição pode ser revertida e a qualidade do relacionamento com os outros se torna central (cf. Plaut, 1979).

Na área de relações pessoais, ainda mais do que em qualquer outra, individuação não pode significar perfeição. Podemos ter que falar, como Guggenbühl-Craig (1980) faz, de casamentos de individuação que, pelos "padrões normais", são considerados loucos, mas que representam a expressão ótima do eu em um relacionamento. Tal individuação, qualidades como tolerância, senso de alteridade, e assim por diante, inevitavelmente serão testadas em um relacionamento de duas pessoas – e, como ninguém é perfeito, a psicopatologia deve ser levada em conta. Isso está relacionado à necessidade de envolver esta última ma em nossas visões de individuação.

Acredito que o próximo passo será conectar a individuação ao funcionamento de grupos e da sociedade. Muitos junguianos "não conseguem lidar com grupos" (ou pelo menos é o que dizem), ao mesmo tempo em que há uma crescente interação entre a psicologia analítica e a psicoterapia de grupo (cf. p. 405 abaixo). Não consigo pensar em nenhuma razão teórica pela qual os elementos centrais da individuação, especialmente como modificados e reconstruídos pelos pós-junguianos, não devam se aplicar à vida social de forma geral.

Ao discutir a individuação, é importante lembrar que Jung teve o cuidado de distingui-la de uma "totalidade inconsciente", uma falsa individuação. "Totalidade consciente", em contraste, é uma "união bem-sucedida do ego e do si-mesmo, de modo que ambos preservam suas qualidades intrínsecas" (OC 8/2, § 430n).

Como o oposto é o oposto?

Os pós-junguianos também modificaram a estrutura da psicologia do si-mesmo de Jung em torno de opostos e sua reconciliação. Na psicanálise freudiana, os opostos, como ativo/passivo, fálico/castrado, masculino/feminino, são vistos como permanentemente incompatíveis. Um não pode levar ao outro em uma síntese, ou processo dialético similar; em vez disso, o próprio par expressa um conflito permanente. A análise junguiana clássica faz muito uso dos opostos: "sobretudo, ter uma visão clara e objetiva do si-mesmo implica lidar com os opostos" (Hannah, 1967). Às vezes, os opostos se tornam quase miraculosos em sua operação: "a melhor chance de que a bomba atômica não seja usada é se pessoas suficientes pudessem suportar a tensão dos opostos em si mesmas" (Hannah, 1967). Willeford (1976) considera que nem todos os fenômenos psicológicos expressam polaridades subjacentes. Ele acredita que pode ser um erro ter um modelo que enfatize a dinâmica de polaridade/reconciliação, porque isso negligencia "a interação mutuamente solidária das funções que podem, mas nem sempre, se opor umas às outras" (Willeford, 1976, p. 116). A concentração nos opostos leva ao descuido de sutis graduações e transições de diferença; o conceito é simplesmente muito abrangente. Esse é um ponto também destacado por Dry (1961), que argumenta que os pares de opostos mais usados por Jung (consciente/inconsciente, masculino/feminino, instinto/espírito) são muito complexos para serem unidades últimas da vida mental. Ela reconhece que a tensão dos opostos se torna uma necessidade hipotética para explicar a criação de energia psíquica, mas considera essa explicação muito exclusiva. E quanto à energia nas zonas do corpo, por exemplo? Eu iria ainda mais longe e, em consonância com as tendências modernas na psicanálise, questionaria se precisamos de um conceito de energia psíquica. A energia, como vimos no capítulo 1, é uma analogia desenvolvida a partir do mundo físico e facilmente se torna uma reificação metapsicológica. Por outro lado, a noção de energia, mesmo que hoje em dia seja considerada puramente uma metáfora, ajuda a explicar as diferenças na percepção.

Hillman rejeita o antagonismo como base para a psicologia. Sua imagem para a psicologia é algo mais circular, "prosperando em ciclos de retorno aos mesmos temas insolúveis" (Hillman, 1975b, p. 213). O antagonismo é uma ferramenta útil, mas pode se tornar o mestre, continua Hillman. Embora nenhuma das oposições de Jung sejam oposições lógicas (são oposições empíricas), há uma tendência de se comportar como se fossem. O que realmente estrutura toda a concepção da psique de Jung é o antagonismo e a complementaridade.

A sugestão adicional de Hillman é que, em qualquer evento psíquico, o oposto pode ser considerado como já presente: "todo evento psíquico é uma identidade de pelo menos duas posições". Somente quando olhamos de um lado é que vemos o antagonismo (Hillman, 1979a, p. 80). Desde que as categorias em consideração estejam de alguma forma conectadas, podemos assumir uma identidade de opostos. Isso implica que devemos considerar tudo em relação ao seu oposto o tempo todo. A reconciliação não é obra da consciência, mas repousa na identidade pré-existente de opostos. A criança contém a mãe e vice-versa; eles não são opostos. Da mesma forma, a criança e o adulto são identidades profundamente envolvidas uma com a outra. Em resumo, o antagonismo é apenas uma metáfora para uma forma particular de olhar as coisas. Acima de tudo, é uma metáfora para a percepção que auxilia e encoraja o ego com suas habilidades analíticas holísticas, porém limitadas.

É claro que a ideia de "identidade de opostos" de Hillman é, em si mesma, uma metáfora para uma forma de percepção, e pode-se argumentar que ele estendeu em vez de contradizer a tese de Jung de que os opostos podem ser unidos, sintetizados ou reconciliados. Há uma tensão real entre as partes criança e adulto de uma pessoa, que é criativa e, portanto, importante não ser negada.

Os tipologistas pós-junguianos também têm sido críticos da teoria dos opostos de Jung, como vimos no apêndice do último capítulo. Se os opostos podem ser transcendentais, por que enfatizar a polaridade? – questionaram Loomis e Singer (1980). E Metzner et al. (1981) propõem o que equivale a um *pot-pourri* de atitudes e funções.

Ao reunir esse material, podemos perceber que nos são oferecidos três modelos diferentes para a atividade psicológica:

(1) pares de opostos conflitantes (Freud);

(2) opostos potencialmente reconciliáveis (Jung);

(3) circularidade e identidade de opostos (Hillman).

Uma quarta abordagem, derivada de Jung, é visualizar a atividade psicológica e o desenvolvimento como uma espiral. A espiral é um sistema que oferece oportunidade para novos elementos entrarem, embora não *ad libitum*. Na espiral, os mesmos elementos interagem entre si, mas em um lugar diferente a cada repetição na ascensão. (Por exemplo, ego e si mesmo se relacionam de forma diferente em pontos diferentes.) A espiral também ilustra a maneira pela qual os componentes da psique são influenciados pelas demandas ambientais. A circularidade e o oposicionismo se apresentarão como fenômenos apropriados à fase na espiral. Zinkin (1969) sugeriu que a espiral pode ser usada para ilustrar um campo de duas pessoas (por exemplo, a análise) e pode ser apertada ou aberta. A dimensão interpessoal não é excluída pela teoria dos opostos de Jung, mas as figuras, aparentemente reais, com as quais o ego pode estar em conflito são geralmente vistas por ele como manifestações externas de processos internos. Por exemplo, conflito com a *anima* em vez da esposa.

Shorter (comunicação pessoal, 1982) acredita que a essência da teoria dos opostos é que a tensão e o conflito entre eles exigem uma resolução por meio da ação, ou seja, uma mudança psicológica. Os opostos e o que fazemos em relação a eles informam nossa atitude em relação à vida, seja discernindo significado ou não. Acima de tudo, a tensão entre o consciente e o inconsciente enfatiza a necessidade de síntese.

Os opostos em desenvolvimento

A abordagem geral de Jung em relação aos opostos, aparentemente abstrata e quase filosófica, tem sido usada como base para especulações, por membros da Escola Desenvolvimentista, sobre o ego e o si-mesmo na infância. Essas ideias refletem a maneira pela qual o ego e o si-mesmo são experimentados como separados: "de fato, às vezes podem ser experimentados como opostos um ao outro" (Gordon, 1978, p. 32-33). O ego resume tudo o que está envolvido na separação, no sentido de fronteira, identidade pessoal e conquista externa "com todas as imagens associadas ao próprio corpo e à própria personalidade" (Gordon, 1978, p. 32-33). Do si-mesmo, derivamos "a necessidade de fusão e totalidade – com as fantasias associadas de reentrada no seio ou na barriga da mãe [...] ou uma fusão novamente com a mãe, a natureza ou o universo" (Gordon, 1978, p. 32-33).

A interação entre os dois sistemas psíquicos do si-mesmo e do ego também foi enfatizada por Strauss (1964), que considerava a resolução do conflito entre as tendências de separação (ego) e união (si mesmo) crucial para o desenvolvimento da personalidade na infância e ao longo da vida. Strauss distinguia entre dois estados diferentes que são ambos implicados no conceito de si mesmo de Jung. Primeiro, uma totalidade inata, integral, fundida e indiferenciada, e segundo, o si-mesmo como uma conjunção de opostos. Estados pré-existentes de totalidade, o si-mesmo primário, ou simplesmente o fato orgânico do ser humano, não são o mesmo que uniões formadas a partir de duas ou mais entidades ou partes diferenciadas da personalidade.

Em outro texto (Samuels, 1982), comentei que a discriminação dos opostos na infância tem algo a ver com a mordida agressiva, com fantasias de desmembramento e com o simbolismo dos dentes. Essa fantasia representa o processo de diferenciação em opostos que podem, então, se unir, como foi explicado anteriormente. A imagem que um bebê desenvolve do casamento de seus pais pode ser a primeira união de opostos diferenciados que experimenta. Primeiro, ele deve conscientemente diferenciar os pais fundidos, e a mordida o ajuda nessa conquista; depois, deve superar seu ciúme e inveja dos pais para "permitir" que tenham um casamento ou união frutíferos.

Muitos analistas da Escola Desenvolvimentista (por exemplo, Redfearn, 1978) destacaram que o resultado da discriminação dos opostos depende da capacidade do indivíduo de conter a tensão causada pelo rompimento de suas tentativas anteriores de manter uma construção de mundo unitária. Essa contenção é uma função do ego cujas raízes iniciais estão na qualidade de "contenção" da mãe sobre seu bebê, o qual está em conflito (cf. capítulo 5).

Na análise, discriminar e reconciliar os opostos (um conectado ao ego e o outro ao si-mesmo) podem coexistir. Newton (1965) apresentou material de casos ilustrando como, para uma paciente, o trabalho analítico envolveu a discriminação dela mesma como separada do analista, e também a reconciliação das imagens de tudo-bom e tudo-mau do analista/mãe.

Seja qual for o *status* dos opostos como teoria, sua aplicação ao desenvolvimento pessoal e ao trabalho clínico é um interessante produto de um dos interesses básicos de Jung. É notável que todos os escritores sobre esse tema em particular mencionem raramente o si-mesmo sem mencionar o ego, e vice-versa. Neste ponto, voltemos nossa atenção para esse relacionamento para examiná-lo com mais detalhes.

O eixo ego-si-mesmo

Edinger (1960, 1972) comenta que a fórmula clássica "primeira metade da vida– separação ego-si-mesmo, segunda metade da vida – reencontro ego-si-mesmo" precisa de revisão. Ele sugere que a separação e reunião do ego e do si-mesmo ocorrem em um ciclo alternado ao longo da vida. A relação ego--si-mesmo ocorre em três formas: identidade ego-si-mesmo, separação ego-si-mesmo e alienação ego-si-mesmo. Na identidade ego-si-mesmo, o ego e o si-mesmo são um só, o que significa que o ego é absorvido. A separação ego-si-mesmo nunca é completamente alcançada, mas implica um alto grau de conscientização tanto do ego quanto do si-mesmo. O eixo ego-si--mesmo (termo cunhado por Neumann (1959) e utilizado com maior precisão por Edinger) funciona como a passagem entre as partes conscientes e o inconsciente da personalidade. Se o eixo ego-si-mesmo apresenta algum mal funcionamento (por exemplo, se houver um conteúdo inconsciente tão ameaçador que o ego fecha a passagem aterrorizado), então ocorre uma alienação entre o ego e o si-mesmo.

Edinger comenta que é difícil, na prática, distinguir entre separação ego-si-mesmo e alienação ego-si-mesmo. A alienação ocorre porque o verdadeiro pai simplesmente não pode aceitar todos os aspectos da personalidade da criança que estão contidos no si-mesmo.

Seguindo Neumann (1973), Edinger acredita que o si-mesmo só pode ser experimentado no início da vida por meio da projeção nos pais – ele não pode emergir sem um relacionamento concreto entre pais e filho para funcionar como uma "evocação pessoal do arquétipo" (Neumann, 1959, p. 21). Neumann foi além ao considerar a mãe como "portadora" do si-mesmo da criança e, às vezes, "como" o próprio si-mesmo da criança: "o desenvolvimento posterior do eixo ego-si-mesmo da psique e a comunicação e oposição entre ego e si-mesmo são iniciados

242   Coleção Reflexões Junguianas

pela relação entre mãe como Si mesmo e a criança como ego" (Neumann, 1973, p. 17).

O que Neumann fez foi desenvolver a proposição de que o bebê/ego se separa da mãe/si-mesmo. Fordham (1981) apontou que, se o si-mesmo significa a totalidade, então não haveria bebê. Ou, visto de outro ângulo, se a mãe é o si-mesmo do bebê, não haveria mãe. Fordham acredita que o aceitável é que, para o bebê, sua mãe é uma parte do si-mesmo (Fordham, 1976, p. 54).

Essa diferença de opinião entre Fordham e Neumann pode ser vista como parte de uma divisão mais ampla entre abordagens empíricas e científicas para o estudo da infância, em contraste com aquelas baseadas em metáforas e empatia. A ideia de Neumann de que a mãe carrega o si-mesmo do bebê está relacionada com a teorização psicanalítica moderna sobre a importância do espelhamento, e toda essa questão é detalhada no próximo capítulo. Em termos do debate pós-junguiano sobre integração e pluralismo, a concepção de Neumann do si--mesmo segue a de Jung, em vez de levar a uma ideia de uma psique policêntrica, enquanto a abordagem de Fordham, como vimos, permite mais variedade.

Essa questão de a mãe funcionar como o si-mesmo do bebê, em oposição ao si-mesmo do bebê se desintegrando em relação à mãe, gera muita discussão na psicologia analítica. Newton e Redfearn fazem duas sugestões de ponte úteis. Primeiro, as imagens que aparecem no material clínico da relação mãe-bebê simbolizam as relações entre o si-mesmo e o ego:

> Assim como o si-mesmo inicia, compreende e transcende os impulsos zonais e as relações de objeto parcial, se tudo correr bem, a mãe "mantenedora" inicia a relação de alimentação, sustenta e apoia seu bebê nas vicissitudes

do conflito emocional associado ao seu impulso oral, por meio de sua capacidade de manter contato com ele como uma "pessoa inteira" (Newton & Redfearn, 1977, p. 299).

A partir dessa conexão geral entre a atividade do si-mesmo, que vem de dentro, e a atividade materna, que vem de fora, um segundo paralelo mais preciso pode ser traçado. Sentimentos internos de harmonia e propósito (experiências do si-mesmo) podem ser imaginados como internalizações do ambiente materno e especialmente da presença e sensação da mãe (Newton & Redfearn, 1977, p. 310). Uma analogia pode ser feita com a maneira como a personalidade de um diretor permeia uma escola. A posição do ego-si-mesmo do indivíduo reflete o que se desenrolou entre ele e sua mãe. Essa talvez seja uma maneira mais satisfatória de utilizar o eixo ego-si-mesmo do que a formulação simplista e reificada de "mãe como si-mesmo". É interessante observar o quanto a relativização do si-mesmo tem avançado – o centro da personalidade, arquetípico em sua essência, depende das experiências emocionais da infância para sua encarnação individual. Esse é um dos pontos-chave de aproximação teórica na psicologia pós-junguiana, na qual os detalhes da análise da infância e da "personalidade maior" do si-mesmo finalmente se encontram.

Do símbolo à imagem

O impacto da modificação pós-junguiana nas teorias fundamentais de Jung é claramente observado em relação aos símbolos. Pretendo mostrar como a diferenciação inicial de Jung entre sinal e símbolo foi ampliada para fazer uma distinção entre símbolo e imagem.

Um psicólogo analítico clássico, como Adler, seria enfaticamente contrário à atribuição de significados específicos aos símbolos e, pelo que posso perceber, todos os pós-junguianos seguem isso em princípio. Adler foi ainda mais longe e encontrou uma vantagem positiva na "imprecisão dos símbolos" (Adler, 1979, p. 11). Essa ambiguidade é apropriada e reflete a natureza da vida, diz ele. Além disso, se adaptarmos o "princípio da complementaridade" do físico Bohr à psicologia, saberemos que afirmações de interpretação, que são muito claras e distintas, inevitavelmente contêm algo falso. Se estamos lidando com a psique, é melhor sermos indiretos.

Mas, apesar de repetidos avisos e proibições, existem dicionários de símbolos. Na página de rosto do livro *A Dictionary of Symbols*, de Cirlot (1962), encontramos a seguinte afirmação: "o objetivo básico deste trabalho é criar um centro de referência geral para estudos simbólicos, *clarificando o significado essencial e invariável de cada símbolo*" (ênfase adicionada). No prefácio, é dado crédito especial a Jung (p. xii). A psicologia analítica pode se distanciar desse tipo de empreendimento, mas existem tentativas repetidas de "fixar" o símbolo. Por exemplo, na introdução de *The origins and history of consciousness*, Neumann se esforça para argumentar que aquilo que parece um símbolo pessoal é, na verdade, transpessoal, portanto, coletivo e fixo (Neumann, 1954, p. xxiii). Mais tarde, ele se refere aos aspectos pessoais do símbolo como "personalizações secundárias", implicitamente desvalorizando a variação individual em relação à versão primária Neumann, 1954, p. 335-342). Von Franz foi ouvida em uma rádio da BBC em 23 de agosto de 1982, dizendo que "pássaros sempre significam intuições espirituais – é por isso que o Espírito Santo é sempre representado por um pássaro".

É uma maneira de falar muito comum em alguns círculos da psicologia analítica: definitiva, dogmática, autocontida, criando e mantendo um grupo fechado que sabe e, consequentemente, causa cismas e divisões.

A explosão mais furiosa contra esse tipo de abordagem veio de Hillman (1977, 1978). Ele baseia sua diatribe contra os símbolos naquilo que sabe que está sendo feito em algumas análises junguianas (método), em oposição a declarações de princípios (metodologia). Como ex-diretor de estudos do Instituto Jung, em Zurique, espera-se que ele saiba. Sua posição, em linguagem simples, é que os símbolos foram trabalhados até a morte: "eles já não chamam minha atenção" (Hillman, 1977, p. 62). O que foi desenvolvido é um conhecimento de símbolos que, simbolicamente, os matou. (Cf. Fordham, 1957, p. 51, onde a mesma imagem de matar o símbolo é evocada.)

Antes que algo possa se tornar um símbolo, precisa ser uma imagem (cf. Samuels, 1982, p. 323). Mas olhar para os símbolos de maneira acadêmica, como parte de uma tese ou dissertação, os transforma em algo menor do que imagens, ao removê-los de qualquer contexto específico, clima ou cena. As imagens são, ao mesmo tempo, reificadas e minimizadas. Segue-se que alguns chamados símbolos, por não serem mais imagens autênticas, não podem ser considerados verdadeiros símbolos. Se olharmos para uma imagem do ponto de vista simbólico, limitamo-la instantaneamente pela generalização e convenção. Isso parece, a princípio, ser uma confusão de Hillman entre sinal (*à la* Freud) e símbolo (*à la* Jung). A refutação de Hillman repousa na diferença, já observada, entre metodologia e método: o fato de que os psicólogos analíticos procuram símbolos em Jung, ou em outros lugares, demonstra que tais entidades não são imagens e, portanto, não podem ser verdadeiros símbolos.

Mas será que as imagens precisam se tornar símbolos? Jung disse que o "processo simbólico é uma experiência em imagens e de imagens" (OC 8/1, § 82), de modo que não haveria símbolos sem imagens. Mas vimos que, na visão de Hillman, os símbolos tendem a apagar a peculiaridade característica e a plenitude das imagens. De certa forma, sofremos por causa do trabalho que Jung e Freud fizeram; ao abstrair o símbolo da imagem, esta última se perdeu. Para os analistas contemporâneos, o símbolo não é mais tão misterioso como antes. Eles se tornaram "substitutos de conceitos" (Hillman, 1977, p. 68). A linguagem outrora esquecida do inconsciente foi, em grande parte, recuperada pelos fundadores e pela segunda geração. Segundo Hillman, a terceira geração tem como marca o resgate da imagem a partir do símbolo.

Na abordagem imagística de Hillman, a imagem é concentrada em sua relação com a imagem; isso lembra a minha fantasia do "arquétipo nos olhos de quem vê", apresentada no capítulo 2. Vimos que um resultado disso é que não é necessário que as imagens arquetípicas sejam "grandes" – ou seja, "simbólicas". Se uma imagem é arquetípica ou não, depende do que se extrai dela. O movimento é do símbolo imanente para a imagem pragmática. A implicação para a análise é que as interpretações deixam de ser certas ou erradas, passando a ser feitas em paralelo, sendo sua eficácia avaliada pela riqueza do que delas flui. Isso é notavelmente semelhante à noção do analista kleiniano Meltzer de uma "atmosfera interpretativa", na qual ocorre uma discussão bilateral sobre o significado de imagens e interações, em vez de uma 'tradução" da imagem em símbolo pelo analista.

Ao compararmos os comentários de Hillman sobre imagem com os de Fordham sobre símbolo, vinte anos antes (1957), precisamos lembrar que, na época de Fordham, o símbolo ainda era uma palavra com uma conotação positiva, de modo que aquilo que o autor critica como não simbólico é semelhante ao que Hillman considera não imagético. A questão é que ambos os teóricos ridicularizam abordagens definitórias ou tentativas de apreender símbolos/imagens como distorções que devem ser dissecadas e corrigidas. Não há um dicionário pré-concebido de interpretações instantâneas.

Desenvolvimento da atitude simbólica

A atitude simbólica, embora seja um potencial universal, pode ser interrompida ou interferida no início do desenvolvimento. Isso leva à especulação sobre a questão de uma pessoa, que não tenha integrado imagens opostas iniciais de seios bons e ruins, ou mães boas e más, pode ser capaz de combinar simbolicamente opostos em um momento posterior. Antes de um bebê poder desenvolver a capacidade de simbolizar, deve primeiro ser capaz de fazer e sustentar uma distinção consciente entre ele mesmo e seu mundo interno, ele mesmo e seu mundo externo, e entre os mundos interno e externo. Em termos práticos, a pergunta é se um bebê pode ter uma imagem interna suficientemente estável de sua mãe para lhe proporcionar uma sensação de segurança e confiança quando ela não está presente. Ou seja, se ele pode empregar um símbolo dela em sua imaginação. Consideramos que a atitude simbólica se desenvolve por meio do uso de objetos transicionais e do brincar (cf. p. 231). Neste ponto, devemos notar a observação

248 Coleção Reflexões Junguianas

de Fordham de que Jung chegou a muitas de suas intuições por meio do brincar com pedras e seixos – isso o ajudou a intuir uma maneira de conectar, por meio de símbolos, suas "duas" personalidades (Fordham, 1976, p. 23).

Gordon (1978) delineou as várias etapas pelas quais a atitude simbólica se desenvolve. Com base em ideias de Segal (1973), ela diferencia entre uma "equação" simbólica e a verdadeira função simbólica. Ambas são baseadas em uma camada de dados sensoriais e impressões sensoriais incoerentes. Mas há uma diferença crucial; na equação simbólica, não há elemento "como-se", ou seja, nenhum sentido de metáfora. O exemplo famoso de Segal é o do violinista esquizofrênico que não conseguia tocar, porque seria como se masturbar em público. Por outro lado, para minha paciente que teve o sonho do forcado, não havia dúvida de que acreditava que os mamilos de sua mãe eram como se fossem dentes.

Gordon sugere que existem três possíveis explicações para o motivo pelo qual algumas pessoas não conseguem se beneficiar da experiência do "como-se". Essas são o medo da morte (geralmente evidente como atração pela morte), problemas e medos de separação e ganância. Todos esses são contrários ao desenvolvimento da variedade psicológica e, portanto, antitéticos à metáfora. A morte é um estado inorgânico e não variável; problemas com a separação implicam a negação das realidades de limites e da alteridade; e a ganância é uma tentativa de obter tudo dentro de uma única pessoa.

Segue-se da hipótese de Gordon que o próprio si-mesmo interfere no desenvolvimento da atitude simbólica, uma vez que todos esses problemas são essencialmente um apego à unicidade. Mas o si-mesmo também é responsável pelo elemento significativo nos símbolos. Temos que concluir que existem dois tipos de si-mesmo – um que promove e outro que destrói a atitude simbólica – ou que estamos lidando com disfunções do si-mesmo. Ou, combinando essas ideias, estamos observando funções naturais do si-mesmo, mas que possivelmente atuam de forma destrutiva nas circunstâncias específicas de um indivíduo. Essas funções naturais podem ser referidas como defesas do si-mesmo.

Defesas do si-mesmo

Fordham (1974a) expandiu sua ideia de si-mesmo primário para incluir a noção de que o si-mesmo, assim como o ego, possui mecanismos de defesa. Esses mecanismos entram em ação quando falta um ajuste empático suficiente entre o bebê e a mãe, de forma que os processos de desintegração habituais não fluem livremente. Em outro momento, Fordham (1976) comentou que a falta de capacidade de simbolizar surge de uma "catástrofe básica" na relação entre o bebê e a mãe, de modo que, embora a alimentação real possa ocorrer, não houve comunicação emocional. Essa falta, juntamente a privações mais tangíveis, como doença, morte precoce da mãe, problemas com gêmeos, entre outros, pode ser vista como aquilo que leva ao recuo para a unicidade expressa na ausência da capacidade "como-se". Somos obrigados a postular uma capacidade do si--mesmo de formar uma barreira absoluta entre o si-mesmo e o não-si-mesmo, quando necessário ou impelido pela ansiedade ou ameaça. Este é um ponto teórico importante: não é simplesmente o trauma ou a expectativa frustrada que destrói a capacidade de simbolizar. Existem também sistemas de defesa que podem reagir ao não-si-mesmo insensivelmente apresentado como se fosse um inimigo feroz que deve ser neutralizado por todos os meios.

Lambert sugere que está sendo descrita uma personalidade verdadeiramente despedaçada, mas mantida junta por defesas de ferro fundido. O resultado do despedaçamento é que nenhum ego pode se unir e se formar ao lado de processos de desintegração-reintegração; portanto, a experiência, em muitas situações, (por exemplo, relacionamentos) será de desintegração (Lambert, 1981b, p. 196). Jung, de seu ponto de vista diferente, se refere a um indivíduo gerando uma "unidade falsa", na qual tudo que está errado é localizado fora dele mesmo, ou a presença da sombra pessoal é negada. Mas quando essa unidade falsa entra em contato com o inconsciente (ou seja, imagens), ela se despedaça (OC 16, § 399). Plaut (1959) usou o termo "ego de emergência" para se referir ao mesmo fenômeno, um ego rígido e caracteristicamente frágil. E Newton (1965) sugeriu que imagens fantasiosas de interação mãe-bebê, que fundem as duas pessoas em uma unicidade feliz ou horrível, estão desempenhando uma função similar.

Minha ênfase própria está no uso, pelo indivíduo, de fantasias incestuosas para contrair a área disponível para experiência interpessoal, de modo que os outros sejam tratados como partes do si-mesmo. O controle onipotente dos mundos interno e externo é assim preservado (Samuels, 1980a). O termo que usei na época foi "onipotência urobórica", para descrever o objetivo defensivo das fantasias infantis de onipotência – um retorno a uma unicidade menos ameaçadora e sem objeto.

O *unus mundus*: perspectivas clínicas

O último aspecto do si-mesmo a se considerar do ponto de vista da psicologia pós-junguiana é a utilidade, ou falta dela, do *unus mundus* para a prática clínica. Para evitar reivindicações exageradas, é importante distinguir a acausalidade em si, conceitos de um universo conectado e exemplos especiais de conexões "estranhas" citadas por psicólogos analíticos a partir do trabalho em campos científicos não psicológicos. (Cf. o uso da relatividade por Gammon (1973) e o uso da biologia por Keutzer, (1982).) Como o objeto de estudo da psicologia é tão difícil de compreender, os psicólogos analíticos constantemente fazem essas incursões em outros campos para ajudá-los a compreender o material.

As desvantagens do *unus mundus* para a análise e terapia são óbvias: um recuo para um holismo espúrio e defensivo que, ao "transcender" a realidade, evita qualquer tentativa de alcançar níveis mais profundos. Isso não seria uma atividade do si--mesmo, mas o uso defensivo pelo ego de uma versão distorcida do si-mesmo. Em relação às vantagens para a prática clínica, Williams sugeriu que ter a sincronicidade em mente resgata o analista e o paciente dos

> dois perigos das atitudes opostas: (1) Sou o peão do destino, ou seja, de poderes sobrenaturais; e (2) Eu, o ego, fiz isso, ou seja, realizei mágica. O analista também é resgatado de recorrer a explicações puramente causais que geralmente servem apenas para desacreditar a experiência em vez de permitir que ela trabalhe em direção à mudança (Williams, 1963b, p. 138).

A abordagem de Williams é fortalecida pelo comentário de Fordham de que a sincronicidade não é uma teoria sobre parapsicologia ou outras formas incomuns de causalidade, mas sim uma tentativa de definir um problema no qual fenômenos tomados como resultado do acaso não são causados por este último (mas pela sincronicidade). Jung tenta cortar a dualidade entre acaso e causa (Fordham, 1957, p. 35-36).

Jung sugeriu que os fenômenos chamados de sincrônicos podem ser mais prevalentes quando o nível de consciência é baixo. Eles podem então ser vistos como compensatórios, possivelmente direcionando a atenção terapêutica para áreas problemáticas que, por serem inconscientes, não serão conhecidas. O que pode ser ainda mais importante é a maneira como as coincidências aprofundam a interação terapêutica e a conexão entre o analista e o paciente (cf. a ilustração de casos no capítulo 10 para exemplos disso).

Pesquisas interessantes foram realizadas nessa área por Dieckmann e outros três psicólogos analíticos alemães que formaram um grupo de pesquisa para estudar a contratransferência e, em particular, registrar as associações dos analistas ao material dos pacientes, ao mesmo tempo em que registram os comentários dos pacientes. Em relação às associações à imagem dos sonhos:

> o resultado mais surpreendente para nós foi a conexão psicológica entre as cadeias de associações dos analistas e dos pacientes. Para o psicoterapeuta, é claro que a cadeia de associações deve estar conectada de forma significativa psicologicamente. Portanto, era de se esperar que essa conexão fosse encontrada não apenas na cadeia de associações do paciente, mas também na do analista; o que não esperávamos era que as duas cadeias estivessem novamente conectadas entre si, de modo que corresponderam significativamente em toda a linha. Talvez a

situação possa ser melhor caracterizada pela exclamação espontânea de um de nossos membros: "Os pacientes continuamente dizem o que estou pensando e sentindo no momento!" (Dieckmann, 1974, p. 73).

Dieckmann conclui fazendo referência à proposta de Spitz de um sistema perceptivo cenestésico, baseado em sistemas perceptivos filogeneticamente mais antigos, localizados nos sistemas nervosos simpático e parassimpático (Dieckmann, 1974, p. 82) – reminiscente das observações de Henry sobre a localização dos arquétipos no hipotálamo, o cérebro mais antigo e "reptiliano" (Henry, 1977, p. 39).

O último uso *de unus mundus* no trabalho clínico que quero mencionar é o questionável recurso na análise a sistemas como o *I Ching*, Tarô ou astrologia. Talvez valha a pena refletir sobre o que Jung escreveu a Frey-Rohn, em 1945, sobre o *I Ching*:

> Achei o I Ching muito interessante [...] Eu não o tenho usado há mais de dois anos, sentindo que é preciso aprender a andar no escuro, ou tentar descobrir (como quando se está aprendendo a nadar) se a água nos carregará (apud Jaffé, 1979).

Paralelos psicanalíticos

Nos últimos anos, psicanalistas têm desenvolvido um interesse no si-mesmo e na psicologia do si-mesmo. Isso surgiu da necessidade clínica e, em particular, do trabalho com pacientes mais perturbados para os quais a teoria estrutural ortodoxa e as abordagens de relações objetais pareciam inaplicáveis. Teóricos de diversos *backgrounds* têm começado a trabalhar nesse campo, tornando a situação extremamente confusa. No entanto, como tenho certeza de que a psicologia do si-mesmo pós-junguiana e a psicologia do si-mesmo psicanalítica se cruzam de forma criativa, quero examinar o trabalho de três importantes teóricos psicanalíticos: Kohut, Winnicott e Bion.

Ao mesmo tempo em que concordo com Jacoby (1981) que não há muito sentido em se vangloriar do fato de que os psicanalistas estão pisando em terrenos já explorados por Jung há cinquenta anos, também tenho muita simpatia pela visão de Gordon (1980) de que, precisamente porque os analistas junguianos têm trabalhado com ideias do si-mesmo por tanto tempo, eles são menos afetados pelo fracionamento psicanalítico nessa área.

A psicologia do si-mesmo de Kohut e a psicologia analítica

Kohut, que morava em Chicago, produziu a mais abrangente psicologia psicanalítica do si-mesmo (por exemplo, em 1971 e 1977) e aplicou suas descobertas, levando a mudanças no enfoque clínico e na técnica. Ele pode ser visto como opositor a três correntes distintas na psicanálise. Primeiro, contra a abordagem psicobiológica de Freud, que parece mecânica e concentrada na modificação do princípio de prazer, de modo que a visão de Freud sobre o narcisismo é fundamentalmente depreciativa, na perspectiva de Kohut. Em segundo lugar, Kohut reage à psicologia do ego, com sua concentração nas defesas contra a ansiedade baseada no conflito pulsional. O papel desempenhado pelo conflito psíquico nos processos internos é contestado pelo autor. Por fim, a psicologia do si-mesmo kohutiana é diferente em sua natureza da psicologia das relações objetais e da abordagem kleiniana, porque esta última não envolve construções metapsicológicas e, mais importante, repousa em uma divisão entre o interno e o externo que, segundo os kohutianos, contradiz a experiência (Tolpin, 1980).

Na verdade, como veremos no próximo capítulo, Kohut contesta a validade psicanalítica da abordagem das relações objetais para a experiência do desenvolvimento precoce! Em resumo, isso se deve ao fato de um ponto de vista objetivo ser aplicado à atividade interna. Embora um observador possa detectar conflitos, isso não necessariamente está sendo vivenciado como conflito pelo sujeito infantil, que está simplesmente prosseguindo com sua maturação. Kohut prefere sua própria metodologia empática. Mas também veremos como, mesmo nas teorias das relações objetais do desenvolvimento da personalidade, foi encontrada uma posição para o conceito do si-mesmo (cf. p. 255 abaixo).

Há dois princípios que fundamentam o pensamento de Kohut. Em primeiro lugar, o narcisismo pode ser visto como algo que persiste ao longo da vida, em vez de algo que existe em uma forma primária e depois se dissolve em relações libidinais saudáveis com os outros. Para Kohut, o narcisismo implica envolvimento positivo e investimento em si mesmo, o desenvolvimento e a manutenção da autoestima, e a construção e realização de ambições e metas. Deste modo, não pode ser considerado patológico no sentido de uma falha em se relacionar com outras pessoas ou objetos externos. O desenvolvimento narcisista torna-se uma tarefa ao longo da vida. O segundo princípio de Kohut é que um centro psíquico diferente do ego é necessário para explicar não fenômenos, mas sentimentos. Inicialmente, Kohut, como muitos psicanalistas, usou o termo "si mesmo" para se referir a uma representação da pessoa e da identidade conforme aparecia no ego (por exemplo, Jacobson, 1964). Mais tarde, Kohut afirmou que o si-mesmo é um sistema psíquico próprio, com sua própria dinâmica e estrutura.

Examinemos brevemente os fundamentos da ideia de Kohut sobre como o si-mesmo se desenvolve. O desenvolvimento narcisista segue seu próprio caminho separado, da mesma forma que as relações objetais são concebidas como detentoras de um caminho de desenvolvimento distinto. É importante notar que não há motivo fundamental para que o desenvolvimento narcisista prejudique as capacidades de relacionamento com objetos – o contrário é provavelmente verdadeiro, já que o desenvolvimento positivo do si-mesmo leva a relações positivas com os outros.

O desenvolvimento narcisista também possui seu próprio conjunto de objetos, chamados de si-mesmo-objetos. Para começar, um si-mesmo-objeto de "espelhamento", geralmente a mãe, permite que o bebê expresse e manifeste seu "exibicionismo" e "grandeza". Ou seja, ela permite a ilusão de que ele governa o mundo, sendo seu centro. Ela faz isso não apenas por meio de suas respostas empáticas ao bebê, mas também pela aceitação jubilosa dele. O bebê forma uma ideia de si mesmo como pessoa (mais tarde, autoestima) com base no que vê no espelho do rosto da mãe e na forma como ela comunica sua atitude em relação a ele.

Gradualmente, a mãe introduz níveis e tipos aceitáveis de frustração que modulam as ilusões/delírios grandiosos e onipotentes do bebê. Ela suaviza a queda, mas não muito cedo. Kohut se refere a essa desinflação de forma amorosa como uma das vá-

Jung e os pós-junguianos

rias "internalizações transmutadoras". A grandiosidade é transformada em autoafirmação fundamental, metas e ambições. Isso significa que é possível lidar com a desinflação se a pessoa que a faz irradiar amor e aceitação enquanto o faz. Kohut considera essa capacidade como uma parte natural da maternidade.

Ao mesmo tempo, o bebê tenderá a idealizar seus si mesmo-objetos, inicialmente o mamilo e o seio, e depois a mãe. Ele faz isso por duas razões principais – por meio da projeção de sua própria bondade grandiosa e também porque precisa conceber um bem maior fora de si mesmo, um estímulo autocriado para se relacionar com o mundo. O princípio da internalização transmutadora se aplica igualmente a esses si-mesmo-objetos idealizados, assim como à grandiosidade. Eles também são gradualmente internalizados como ideais e valores.

Ao considerar esses dois processos juntos, um si-mesmo bipolar emerge, no qual a grandiosidade arcaica e o exibicionismo são transformados em metas e ambições (um polo), e as idealizações arcaicas se tornam ideais e valores internos (o outro polo). Juntos, os dois polos formam o que Kohut chama de "si-mesmo nuclear". Isso é considerado a estrutura mental complexa mais primitiva.

Embora as questões de desenvolvimento e análise psicopatológica sejam abordadas nos próximos dois capítulos, as implicações do modelo de Kohut sobre o desenvolvimento do si-mesmo para o tratamento merecem uma breve nota. As internalizações transmutadoras, por meio do trabalho das transferências de si--mesmo-objeto na análise (espelhamento ou idealização), podem reparar danos causados ao si-mesmo nuclear pela psicopatologia parental, defeitos ambientais ou uma relação inadequada entre o bebê e a mãe. Se os dois desenvolvimentos decorrentes da grandiosidade e da idealização derem errado, o resultado é uma mistura de incapacidade de atingir metas e ambições e de desfrutar de qualquer atividade, e uma capacidade diminuída de se relacionar com a vida instintual e ordenar a experiência em termos de valor. Isso se expressa em uma forma de desconexão ou inacessibilidade, na formulação de demandas irracionais, na autossuficiência exagerada, no medo de exploração, e assim por diante. Kohut, entre outros psicanalistas, descreveu essa condição como transtorno de personalidade narcisista.

As ideias de Kohut sobre o *timing* são particularmente interessantes. Em algum momento entre dois e quatro anos, a grandiosidade é transformada em ambição; em algum momento entre quatro e seis anos, a idealização se converte em valores e princípios. O si-mesmo é, portanto, criado pelo si-mesmo-objeto parental sendo capaz de considerar e tratar o bebê como se já tivesse um si-mesmo (o termo de Kohut é "si-mesmo virtual"). Gradualmente, a assertividade do bebê e a raiva saudável, aceita pelo si-mesmo-objeto espelhador, asseguram o estabelecimento do si-mesmo. A raiva é concebida como uma resposta positiva a um senso de ter sido ferido.

É importante notar que o si-mesmo, conforme descrito por Kohut, é tanto uma estrutura metapsicológica quanto uma entidade experiencial. Embora isso não satisfaça os lógicos (de maneira semelhante à formulação do centro e circunferência de Jung), há consideráveis vantagens em ter essa dupla perspectiva: estrutura objetiva e experiência subjetiva. O si-mesmo pode ser visto como uma ordenação dos sentimentos sobre si próprio que se desenvolveram na infância e que não requer compreensão do ego para ter efeito. O si-mesmo pode permanecer inacessível ao ego.

Voltando à nossa tarefa de comparação crítica, tem havido um debate dentro da psicologia analítica sobre as diferenças e similaridades entre a teoria do si-mesmo de Kohut e a de Jung. Desde o início, podemos observar que, se o si-mesmo é concebido como criado durante o desenvolvimento, como na visão de Kohut, então isso é antitético à teoria arquetípica de Jung e, em particular, à concepção pós-junguiana de Fordham de um si-mesmo *a priori* primário. Por outro lado, como Jacoby apontou, Kohut fala de um "plano de vida" sendo estabelecido no si-mesmo nuclear (Jacoby, 1981, p. 23) e da "especificidade imutável" do si-mesmo (Jacoby, 1983, p. 108). Neste ponto há um problema de linguagem e de formação teórica. Para um analista com formação freudiana, o termo "plano de vida" evoca conceitos relacionados ao determinismo psíquico e à primazia da experiência inicial na formação da personalidade posterior. Portanto, para Kohut, eventos ocorridos aos quatro anos que afetam alguém aos quarenta anos podem muito bem constituir um "plano de vida".

Minha opinião é que Kohut não fala do si-mesmo como algo presente desde o início – sua visão é mais de que o si-mesmo é o resultado de numerosas comunicações entre mãe e bebê. No entanto, a ideia de que a mãe espelha o grandioso si-mesmo do bebê implica que ela deve, de alguma forma, estar em comunicação com ele (qual é o "si-mesmo" que cria os si-mesmo-objetos?), e, portanto, é possível estender a teoria de Kohut para envolver a ideia de um si-mesmo inato. Contudo, a própria referência de Kohut ao si-mesmo do bebê se formando em um ponto específico no tempo contradiz a ideia de um si-mesmo no sentido junguiano.

No entanto, a descrição de Kohut sobre a maneira como o si--mesmo é criado pela comunicação empática entre o bebê e seus si-mesmo-objetos preenche uma lacuna na teoria de Fordham, que é menos focada nas experiências do si-mesmo e da individualidade. Podemos agregar as duas teorias para considerar que os desintegrados de Fordham são uma explicação de como os si mesmo-objetos são construídos; então, a teoria de Kohut ilumina maneiras pelas quais as relações bebê/si-mesmo-objeto se unem em um sentimento de individualidade.

Jacoby sugere que um paralelo adicional pode ser traçado entre o uso de Kohut do si-mesmo-objeto (a mãe) e a ideia de Neumann de que a mãe carrega ou incorpora o si-mesmo do bebê (Jacoby, 1981, p. 21). Eu colocaria a teoria de desenvolvimento de Kohut no meio do caminho entre a de Fordham e Neumann. "O bebê de Kohut" é forte, eficaz, independente, ativo, vigoroso, com um sentimento de "direito normal" ou "confiança primária" que não é extinto pelas frustrações e ansiedades cotidianas em pequena escala:

> A capacidade do bebê de enraizar, sugar, engolir, recusar e afastar o mamilo, agarrar, tocar, chorar, gritar, chutar, lutar, impulsionar-se com movimentos de natação, olhar, ouvir, mover-se em sincronia com a voz humana etc. são capacidades autônomas nessa fase (Tolpin, 1980, p. 54-55).

Isso soa mais como Fordham, com sua ênfase na contribuição ativa do bebê, do que Neumann – mas o que falta é a sugestão vital de que essas capacidades fazem parte de uma integração organizada que existe desde o início da vida. Ao mesmo tempo, a resposta da mãe que espelha a continuidade e a integridade do bebê também ecoa com a forma como Neumann concebe a relação primal entre o bebê e a mãe, que carrega seu si-mesmo.

Continuando nossa discussão sobre o fato de a teoria do si-mesmo de Kohut ser compatível com a de Jung, Schwartz--Salant (1982) tendeu a discordar de Jacoby e apontou quatro diferenças básicas. O si-mesmo de Kohut está tão ligado ao desenvolvimento que reflete apenas um padrão arquetípico – o arquétipo do *"puer-senex"*, que significa crescimento e amadurecimento em direção à sabedoria. Apenas os opostos criança/adulto da personalidade estão envolvidos. Em seguida, o si-mesmo de Kohut irradia uma qualidade defensiva; é mais uma defesa do si-mesmo do que o si-mesmo no sentido junguiano. Em terceiro lugar, a polaridade de exibicionismo--idealização é apenas uma das muitas possibilidades, deixando de fora, por exemplo, a integração do arquétipo contrassexual. Por fim, o si-mesmo kohutiano é, em grande parte, positivo; emoções negativas como ódio, inveja, raiva e assim por diante, são "produtos de desintegração" de uma "empatia pobre" (Schwartz-Salant, 1982, p. 21).

Para Jung, o si-mesmo envolvia todas as possibilidades, positivas e negativas, espirituais e instintivas. Schwartz-Salant acredita que a atitude simpática em relação a Kohut, por parte de alguns pós-junguianos, tem a ver com sua abordagem proposital, mas, pessoalmente, encontra valor nas ideias de Kohut em sua aplicação clínica. Ele não é convencido pelas muitas declarações "cósmicas" de Kohut.

Jacoby (1981) realmente levou mais a sério as referências de Kohut ao "narcisismo cósmico". Kohut registra que "o si-mesmo é o centro do universo psicológico do indivíduo", sendo um centro de iniciativa; já mencionamos a metáfora de um "plano de vida". Por fim, Kohut é positivamente "junguiano" em sua confissão dos limites da psicologia do si-mesmo.

> O si-mesmo como o centro do universo psicológico do indivíduo, assim como toda realidade – física ou psicológica – não é conhecível em sua essência. Não podemos, através da introspecção e empatia, penetrar no si-mesmo *per si*; apenas suas manifestações psicológicas percebidas introspectiva ou empaticamente estão abertas a nós (Kohut, 1977, p. 310-311).

Este aspecto da tese de Kohut levanta várias semelhanças e algumas diferenças instigantes. Como vimos, a explicação de Kohut do si-mesmo como algo que surge a partir de processos de espelhamento e idealização pode ser utilmente adicionada à teoria de Fordham de um si-mesmo primário integrado com poderes organizadores inatos (arquetípicos). Para aqueles com uma inclinação pictórica, Fordham fala essencialmente de um si-mesmo grande em forma de gota que se desfaz; Kohut de pequenos pedaços que gradualmente formam a gota. A tensão entre as duas teorias é aquela entre o si-mesmo como visto por um observador externo e uma experiência em primeira pessoa de um si-mesmo.

A psicologia do si-mesmo esforça-se na difícil tarefa filosófica de expressar como outra pessoa se sente em relação a si mesma e o que seu mundo interior e suas experiências significam para ela. Como observamos ao discutir complexos, a psicologia do si-mesmo é uma psicologia do significado. Os problemas filosóficos podem ser apreciados quando se lembra que também precisamos saber como o indivíduo se sente em relação ao que os outros sentem sobre ele.

Dentro da própria psicanálise, houve considerável discordância entre os teóricos das relações objetais e o grupo de analistas conectados a Kohut. Falando em nome dos kohutianos, Tolpin considerou que todas as abordagens das relações objetais são distorcidas por serem baseadas em conflito, seja entre o mundo interno e a realidade externa ou entre diferentes agências internas. Há, continuou ela, um erro básico que confunde a psicologia normal de uma criança com os produtos de desintegração mental de um adulto. A teoria das relações objetais

> não explica o funcionamento normal da mente, as regulamentações centrais de uma esfera livre de conflitos, que são parte e parcela [...] de um si-mesmo coeso, um centro independente de iniciativa capaz, dentro dos limites humanos, de utilizar suas próprias funções para regular o si-mesmo (Tolpin, 1980, p. 59).

Tolpin concluiu observando que debates dentro da psicanálise como esses – "discussões controversas e infrutíferas sobre a teoria das relações objetais iniciais" – têm "agravado uma divisão" em uma profissão psicanalítica já dividida (Tolpin, 1980, p. 60).

Assim, pode haver um argumento a favor, juntamente com Gordon (1980), de que a psicologia analítica pode fazer a ponte entre a psicologia do si-mesmo e a teoria das relações objetais. Se o narcisismo for visto como um amor-próprio saudável, então devemos perguntar, assim como Gordon: "quem é esse Eu que amo?" Embora seja verdade que um objeto de si mesmo comunica algo para o bebê, que o ajuda a desenvolver um sentimento sobre si mesmo, esse mesmo objeto de si mesmo também é, em parte, uma construção emocional do bebê, sobre o qual ele tem uma ampla gama de sentimentos. Essa construção de um objeto de si mesmo surge da operação dos mecanismos de defesa iniciais (como identificação projetiva, divisão e idealização) e, especialmente, da desintegração do si-mesmo. Em resumo, a contribuição pós-junguiana é um modelo que pode incorporar potenciais inatos, processos internos e objetos externos, usando uma perspectiva subjetiva e objetiva.

Estamos lidando com o encontro do mais alto e do mais baixo. O si-mesmo é a personalidade suprema, a totalidade, a imagem de Deus. É também algo que o bebê experimenta na presença e sensação de sua mãe, para usar novamente a frase de Redfearn. Embora possamos tentar distinguir esses dois aspectos do si-mesmo, eles tendem a constelar um ao outro e um grau de confusão é provavelmente inevitável. O que seria uma pena é uma situação em que a psicologia analítica ou a psicanálise adotasse apenas uma dessas duas perspectivas; isso seria tão fútil quanto tentar viver apenas pelo processo primário ou secundário, ou em termos de Jung, usar apenas o pensamento direcionado ou não direcionado em detrimento do outro.

Winnicott e o si-mesmo

Winnicott (1958, 1965, 1971) é outro psicanalista cujo trabalho é frequentemente comparado ao de Jung. Sabemos que Winnicott teve contato com psicólogos analíticos, contribuindo com uma revisão para o *Journal of Analytical Psychology* e participando de várias reuniões "ecumênicas" da Sociedade Britânica de Psicologia, que envolvia psicanalistas e psicólogos analíticos. No entanto, ele se recusou veementemente a conceder crédito aos conceitos da psicologia analítica e mencionou escassamente o trabalho da Escola Desenvolvimentista, que estava efervescendo em Londres ao mesmo tempo em que estava escrevendo muitos de seus artigos. A influência de Winnicott na psicologia analítica tem sido grande (e reconhecida), especialmente no que diz respeito às suas ideias sobre o desenvolvimento do relacionamento entre mãe e bebê. Neste capítulo, estamos mais preocupados com a atitude de Winnicott em relação ao si-mesmo.

No início da vida, segundo Winnicott, não há si mesmo nem autoconsciência. É apenas quando esta última se desenvolve que podemos falar de um si-mesmo. A "pessoa" começa no ego em formação e Winnicott tende a se referir ao si-mesmo para superar as deficiências das teorias freudianas ortodoxas de pulsões e sistemas estruturais, que deixam de fora uma pessoa que vivencia e contribui para sua própria experiência. Essas contribuições assumem a forma de uma realidade interior, concebida como um agrupamento em torno de um núcleo central do si-mesmo ou núcleo da personalidade:

> o si-mesmo central poderia ser visto como o potencial herdado que está vivenciando uma continuidade de ser e adquirindo, à sua própria maneira e própria velocidade, uma realidade psíquica pessoal e um esquema corporal pessoal (Winnicott, 1965, p. 46).

O si-mesmo é visto como um núcleo mais ou menos isolado, imerso e cercado pela realidade interna. Ele se desenvolve através do reconhecimento da alteridade e da diferença; o si-mesmo é definido pelo outro. O bebê começa a vida em um estado relativamente pouco integrado e, dependendo da qualidade dos cuidados maternos, progride em direção à integração e ao *status* de "si mesmo unificado". Além do papel da mãe na promoção dessa integração, Winnicott também observa a contínua elaboração na imaginação e fantasia da atividade corporal. Em outras palavras, a integração é um produto conjunto do ambiente materno e dos próprios processos psíquicos do bebê. Se o ajuste entre mãe e bebê não for "suficientemente bom", o bebê irá experimentar o ambiente como persecutório e invasivo, impondo-se sobre ele. O que acontece em tais circunstâncias, de acordo com Winnicott, é que o Verdadeiro Si-mesmo do bebê é ultrajado, ficando com raiva e ansioso pela destruição prematura de sua onipotência, escondendo-se. O bebê então apresenta ao mundo um Falso Si-mesmo de adaptação e conformidade. Na vida adulta, o Falso Si-mesmo é vivenciado como vazio, sem sentido e inautêntico.

Há duas semelhanças com Jung. Primeiro, o Falso Si-mesmo de Winnicott é similar à persona de Jung quando funciona de forma patológica. E segundo, embora o ego dificilmente seja um Falso Si mesmo, um ego que não reflita parte da intencionalidade do si-mesmo viverá a vida em termos do vazio e falta de sentido característicos do Falso Si mesmo.

Independentemente das vicissitudes do Verdadeiro/Falso Si-mesmo, fica claro que, para Winnicott, são as relações objetais e a relação do bebê com sua mãe que alteram e afetam seu senso de si próprio, muito mais do que a contribuição do si-mesmo para as relações objetais. Ao contrário de Jung, Fordham e Neumann, Winnicott geralmente retratava o si-mesmo como o produto final da evolução de uma condição não integrada para uma condição integrada.

O próprio Winnicott viu uma maneira de fechar a lacuna entre sua abordagem e a da psicologia analítica. Em uma de suas referências à psicologia analítica, ele observa que os psicólogos analíticos sentem que há um "si-mesmo primitivo que se

Jung e os pós-junguianos 267

parece com o ambiente", que surge dos arquétipos, algo além da operação do instinto. Winnicott acreditava que:

> nós devemos modificar nossa visão [ou seja, da psicaná-lise] para abranger ambas as ideias e ver (se for verdade) que no estado teórico primitivo mais precoce o si-mesmo tem seu próprio ambiente, autocriado, que é produzido tanto pelo si-mesmo quanto pelos instintos (Winnicott, 1958, p. 155n).

Não tenho certeza se algum psicólogo analítico já afirmou que o ambiente é o si-mesmo; a questão em disputa é se podemos teorizar sobre um si-mesmo que existe por si só em relação e interdependência com o ambiente. Neste ponto, Winnicott está se aproximando dessa visão, que difere de sua noção mais desenvolvida de um si-mesmo criado a partir da atividade entre o indivíduo e seu ambiente.

O destaque de Winnicott no si-mesmo como um órgão de significado, suas observações sobre a necessidade do homem de transcender a si mesmo por meio da ação criativa, também se aproximam da ideia de Jung sobre o si-mesmo. Talvez o paralelo mais claro esteja no grau de confiança dado aos processos inconscientes, vistos não em termos de conflitos potenciais e neuroses, mas como enriquecedores da vida, até mesmo numinosos. A ênfase de Winnicott está na qualidade de vida e não em abstrações como saúde mental ou sanidade, e esse aspecto do processo do Verdadeiro Si-mesmo se assemelha à individuação.

Outra área do trabalho de Winnicott que pode ser comparada com a psicologia analítica é sua noção de objetos transicionais, que levam à formação de símbolos e a uma "terceira área", a "área da experiência". Isso é distinto das outras áreas da realidade interna e externa. Opera simbolicamente e sua origem pode ser observada no uso de objetos tangíveis pelo bebê (como cobertores, ursinhos de pelúcia, ou sua própria mão e dedos), inicialmente como uma defesa contra a ansiedade de separação e depressão, e posteriormente como símbolos da mãe ausente. Winnicott (1971) usou a frase "a primeira posse não-eu" para implicar que os objetos transicionais ocupam um ponto especial em um espectro de si próprio-outro, um ponto intermediário que reflete o precário estado da capacidade do bebê de reconhecer e aceitar a realidade. O funcionamento da área de transição, suas funções de síntese e sua ponte entre o interno e o externo, lembram a função transcendente de Jung, na qual os símbolos podem unir conteúdos que a inteligência não consegue. Para Winnicott, o uso de símbolos, inicialmente tangíveis, mas posteriormente psicológicos, é uma forma de entrar em contato com a realidade psíquica interna. O autor considerava os símbolos lidando com uma transcendência da polaridade entre "fenômenos do mundo externo e fenômenos da pessoa individual que está sendo observada" (Winnicott, 1971, p. 168).

O interesse de Winnicott pelo brincar está diretamente ligado à experiência pessoal de Jung em relação ao seu potencial criativo (Jung, 1963). A essência do brincar é que as regras do ego podem ser quebradas; diferenças de categorias, hierarquia, realidade, normalidade, decência, clareza e assim por diante, tudo pode ser descartado. Se aceitarmos que o brincar opera a partir do sistema do si-mesmo, em vez do sistema do ego, então é na conexão de Winnicott do brincar e do *ethos* do brincar com a religião e a criatividade que se forma a ligação mais clara entre ele e Jung. Jung se refere a um instinto ou impulso religioso, de modo que o brincar também é ubíquo e natural. A religião e a criatividade prosperam na transcendência, em

Jung e os pós-junguianos

símbolos e em tipos de experiência "não-eu", e todos esses elementos estão presentes no brincar infantil.

O conceito de O de Bion

O terceiro e último psicanalista cujas ideias estou comparando com as de Jung é Bion. Novamente, devemos ser seletivos e inevitavelmente fazer injustiça a todo o edifício conceitual de Bion (cf. Bion, 1977). É o conceito de O de Bion que se assemelha a várias utilizações do si-mesmo por Jung. O pode ser definido como: "realidade última, verdade absoluta ou realidade psíquica incognoscível no sentido kantiano, que só pode ser conhecida por meio de suas transformações" (Grinberg et al., 1977, p. 145).

Em qualquer observação, Bion afirmou que não estamos preocupados com fenômenos estáticos, mas sim com transformações entre um estado e outro. Na análise, as associações do paciente expressas em palavras são transformações de pensamentos e emoções; estas, por sua vez, são transformações de eventos internos ou externos, passados ou presentes. Essas transformações são baseadas em certos "fatos originais" – no contexto de uma sessão analítica, esses fatos insondáveis são representados por O. Este, portanto, implica uma realidade psicológica. Segundo Bion, O só pode ser conhecido indiretamente, através da observação das transformações. Primeiro, a partir de O, por exemplo, na sessão analítica descrita. Segundo, em O, o que implica que O em si próprio contém uma dinâmica. Transformações em O são sempre disruptivas. Por fim, há um sentido em que os fenômenos se tornam O, ou seja, se reconectam à sua base última. Como só pode ser inferido e não conhecido diretamente, é necessário ter fé ou comprometimento para se aproximar de O. Isso pode ser a convicção de um cientista ou de um místico.

Podemos ver paralelos com Jung e com a psicologia analítica. Jung também insiste que o si-mesmo é irrepresentável, observável apenas através de suas manifestações. As interrupções em O lembram o processo de desintegração. O processo de se tornar O é paralelo ao impulso de retornar ao "mundo das Mães", o fundamento do próprio ser. E a convicção e paixão de conhecer O o mais de perto possível são similares ao instinto de individuação de Jung. Conhecer as manifestações de O pode ser alcançado pelos sentidos e pelo ego; conhecer O é uma questão de fé.

Fordham considerou que O corresponde ao seu próprio conceito de si-mesmo primário, e que O, como verdade última, corresponderia ao si-mesmo ou à imagem de Deus de Jung (Fordham, 1980b, p. 203). Plaut sugeriu que a insistência de Bion em o analista deixar de lado suas intenções e desejos conscientes para se concentrar na "intuição analítica" (termo de Bion) sobre o que está acontecendo na sessão implica algo semelhante a uma dinâmica ego-si-mesmo; O ocuparia, então, o extremo do si-mesmo de um eixo ego-si-mesmo, com a intervenção mais ativa do analista no extremo do ego do eixo (Plaut, 1972).

Parece-me que o ponto principal de semelhança é que tanto O quanto o si-mesmo de Jung não evoluem como tal, mas são vistos como contendo todos os potenciais. O que evolui é o estado de conhecimento e proximidade em relação a O ou ao si-mesmo. Assim, o estágio de desenvolvimento emocional de uma pessoa (quão individuada ela está) influencia sua percepção e experiência de O e do si-mesmo de maneira semelhante.

Psicanálise e individuação

Havia pensado em estabelecer uma distinção clara entre as ideias psicanalíticas e o conceito de individuação da psicologia analítica. No entanto, na discussão psicanalítica sobre o que constitui ou não a "normalidade", encontramos paralelos com o pensamento pós-junguiano sobre a individuação.

Joseph (1982), em seu artigo *Normal in psychoanalysis* observou que, a partir de sua experiência, "normal" não era sinônimo de regular, padrão, natural, típico, como o dicionário sugeria. Na verdade, o que é considerado normal é determinado por uma avaliação subjetiva. Freud (1937) havia falado da "normalidade em geral" como uma "ficção ideal", de modo que Joseph conclui que Freud associava a normalidade à possibilidade de ser analisável e ao resultado de uma análise bem-sucedida. Joseph chamou a atenção para o trabalho de Offer e Sabshin (1973), que em seu livro *Normality* distinguem quatro aspectos diferentes da palavra-ideia "normal". São eles: normal como saúde, normal como média, normal como ideal, normal como processo.

Essa abordagem não dogmática também foi adotada por Jones, que propôs, em 1931, que a normalidade poderia ser avaliada em termos de "felicidade", "eficiência" e "adaptação à realidade". Klein (1960), de maneira semelhante, escreveu sobre a normalidade envolvendo a interação harmoniosa de vários aspectos da vida mental, como maturidade emocional, força de caráter, capacidade de lidar com emoções conflitantes, equilíbrio recíproco entre mundos internos e externos e, por fim, uma integração das partes da personalidade levando a um conceito de si-mesmo integrado.

O que está por trás dessas explorações dos psicanalistas sobre a normalidade é uma ideia muito semelhante à individuação – considere a lista de Klein. Os psicanalistas, por sua vez, podem perceber que, longe de ser uma busca mística, o conceito de individuação na psicologia analítica está relacionado a uma preocupação deles mesmos.

Nota conclusiva

Quero concluir reunindo os principais problemas de definição que mencionei em torno do uso da palavra "si-mesmo". Em primeiro lugar, há confusão entre o si-mesmo como uma experiência (eu mesmo) e o uso da palavra de forma objetiva na teoria psicológica. Em seguida, há um problema entre o si-mesmo como centro (arquétipo de unidade ou equilíbrio) e o si-mesmo como totalidade da personalidade. Por fim, precisamos distinguir o si-mesmo *per si* das autorrepresentações e símbolos.

Espero que o leitor tenha notado a mudança gradual de ênfase: atualmente, o si-mesmo e a individuação tendem a ser discutidos em um tom mais relativo. Em relação ao si-mesmo, vimos isso em termos de debate sobre integração, um exame da teoria dos opostos, ênfase na interdependência do si-mesmo e do ego e rejeição da abordagem do dicionário de símbolos. A individuação também tem sido vista de forma menos absoluta e expandida para incluir a psicopatologia – uma reconexão enfática com uma psicologia natural.

5 O desenvolvimento da personalidade

Chegamos ao ponto em que é apropriado discutir o desenvolvimento da personalidade de um indivíduo. O ego e o si-mesmo surgem da articulação de potenciais inatos em resposta a fatores ambientais encontrados pelo indivíduo. Se o ego for suficientemente forte para permitir a passagem livre de conteúdos inconscientes, ele próprio é fortalecido; muito disso depende da qualidade dos relacionamentos iniciais e do estabelecimento da confiança. Para tanto, é central a forma como a frustração é enfrentada pela mãe e pela criança. O si-mesmo, tratado como um sentimento subjetivo de ser, continuidade e integração, é primeiramente experimentado pelo indivíduo em termos da presença e da sensação de sua mãe, quando ela o aceita como um todo integrado; ele experimenta sua totalidade pessoal por meio da percepção materna de sua totalidade, por meio de seu olhar relacionado. A capacidade materna de manter unida a multiplicidade de ser do filho e de lhe dar um senso de significado proporciona ao filho uma base para a integração psíquica subsequente. Ele, por sua vez, traz para a situação um potencial inato de sentir-se completo em si mesmo.

A visão tradicional é que Jung não estava muito interessado no desenvolvimento pessoal do indivíduo, que sua teoria do desenvolvimento precoce é, portanto, inadequada, tendo que ser corrigida por meio de empréstimos em massa da psicanálise. Embora possa ser verdade que os interesses de Jung muitas vezes estivessem mais envolvidos a áreas como a filogênese e a exame do desenvolvimento psicocultural, não é de forma alguma verdade que ele não deixou nenhuma teoria de desenvolvimento na primeira infância e no restante da infância. Sua escrita sobre esse assunto é dispersa e muitas de suas teses mais sugestivas não são encontradas no volume das Obras Completas intitulado *Desenvolvimento da personalidade* (OC 17). Isso porque Jung se move tão rapidamente do pessoal e ontogenético para o transpessoal e filogenético que, em vez de uma declaração coerente, encontramos numerosas referências, sendo nossa tarefa transformá-las em uma tese consistente.

Faz parte da minha intenção mostrar que os escritos de Jung representam uma teoria consistente e que, mais uma vez, tanto as áreas de preocupação que mapeou quanto suas atitudes gerais antecipam por muitos anos o que aconteceu na psicanálise, como Roazen confirmou. A psicologia analítica teve seus próprios debates internos, e este livro os registra, mas em certas áreas-chave; o elenco de pensamentos inspirado e pioneirizado por Jung permite que os psicólogos analíticos avancem suavemente onde os psicanalistas experimentam conflito interno e o problema de lealdade e responsabilidade para com Freud. Observamos isso em relação à combinação da psicologia do si-mesmo com a teoria das relações objetais e veremos isso novamente em relação ao desenvolvimento da personalidade.

Devido à dispersão dos escritos de Jung sobre o assunto do desenvolvimento e por não querer escrever uma história do pensamento psicanalítico, a estrutura deste capítulo é diferente da dos anteriores. Nestes, os seguintes elementos foram manti-

Jung e os pós-junguianos

dos separados: a contribuição de Jung, críticas de fora e dentro da psicologia analítica, o *corpus* e o debate pós-junguiano, paralelos na psicanálise e em outras disciplinas e meus próprios comentários. Aqui, esses elementos precisam ser entrelaçados.

A influência da infância

Podemos querer saber mais sobre a reticência de Jung em unir seus pensamentos sobre o desenvolvimento precoce. Nesse sentido, ele parece ter passado pelo mesmo processo intelectual que as gerações posteriores de freudianos. Roazen observou que Jung argumentava que a neurose não era necessariamente uma questão de fixação "anos antes do surgimento da psicologia do ego" (Roazen, 1976, p. 272).

A principal razão pela qual Jung não pôde investir energia no desenvolvimento de uma teoria coerente tem a ver com uma super-reação a Freud. Jung frequentemente mencionava que usava teorias freudianas (e adlerianas) quando apropriado para o paciente, e a implicação era de que tais teorias eram adequadas. As primeiras modificações de Jung em relação a Freud, como em *Freud e psicanálise*, escrita em 1913 (OC 4), não disfarçam a enorme dívida que tinha com seu mentor. E, como observamos em relação ao ego no capítulo 3, há momentos em que Jung funciona como um autêntico freudiano (talvez como o Freud que conhecia), especialmente no que diz respeito à cronologia dos vários eventos psicológicos na infância.

Talvez Jung, conscientemente, tenha decidido deixar o "berçário" para Freud e, conscientemente, quisesse se diferenciar encontrando outras direções a serem exploradas – muitas das quais o interessavam desde seus dias de estudante antes de seu encontro com a psicanálise ou mesmo com a psiquiatria. Por exemplo, em um volume de artigos de Jung dados à fraternidade estudantil Zofingia, na Universidade de Basileia, em 1895, encontramos indícios de vários aspectos de seu trabalho posterior em religião, natureza da ciência, psicologia e outros assuntos (Jung, 1983). Ao mesmo tempo, Jung não consegue ignorar as questões que Freud e ele exploraram juntos, mas acabaram por se separar. Isso é comprovado pela ubiquidade, nas escritas de Jung, de declarações sobre muitos dos pontos de desacordo com Freud sobre a vida precoce, por exemplo, a questão da natureza literal ou simbólica das memórias e também sobre o complexo de Édipo; ou a importância relativa dos pais no destino do indivíduo; ou, crucialmente, os prós e contras de abordagens redutivas e construtivas (ou sintéticas). Todos esses assuntos são discutidos neste capítulo.

Outra razão importante pela qual Jung não codificou suas ideias sobre o desenvolvimento precoce é por correr o risco de obscurecer sua visão de uma psicologia da vida inteira, que ele criou em contraposição à concentração de Freud na primeira infância e no restante dela. Vamos analisar isso mais tarde. Jung viu o uso da redução como central para o método de Freud de tentar revelar "processos elementares de desejo ou esforço, que, em última análise, são de natureza infantil ou fisiológica" (OC 6, § 788).

Jung é crítico do método redutivo porque o significado do produto inconsciente (sintoma, imagem do sonho, ato falho) é perdido. Ao tentar conectar tal produto inconsciente com o passado, seu valor para o indivíduo no presente pode ser perdido. A objeção adicional de Jung foi a tendência da redução para simplificar demais, evitando o que considerava uma compreensão mais profunda.

Jung questionou a operação do determinismo psíquico e da causalidade em um indivíduo. Ou seja:

> A psicologia de um indivíduo nunca pode ser explicada exaustivamente apenas por ele mesmo: é necessária uma clara compreensão da maneira como ela também é condicionada pelas circunstâncias históricas e ambientais [...] nenhum fato psicológico pode ser explicado apenas em termos de causalidade; como fenômeno vivo, está sempre indissoluvelmente ligado à continuidade do processo vital, de modo que não é apenas algo evoluído, mas também continuamente evolutivo e criativo (OC 6, § 717).

Jung mais adiante aponta que aquilo a que se refere como o "ponto final" é geralmente dado como certo na vida cotidiana, onde tendemos a ignorar o fator estritamente causal. Por exemplo, se um homem tem uma opinião e a expressa, tendemos a querer saber o que ele quer dizer, o que ele está tentando dizer. Estamos menos interessados na origem de sua ideia. Mas Jung afirma que as perspectivas causal e final também podem coexistir. Ao discutir nossa compreensão da fantasia, o autor diz que

> ela precisa ser entendida tanto causalmente quanto propositadamente. Interpretada causalmente, parece um sintoma de um estado fisiológico ou pessoal, o resultado de eventos antecedentes. Interpretada propositadamente, parece um símbolo, buscando caracterizar um objetivo definido com a ajuda do material à disposição, ou traçar uma linha de desenvolvimento psicológico futuro (OC 6, § 720).

Jung é menos do que justo do ponto de vista reducionista. Ele dá como exemplo da abordagem reducionista uma interpretação de um sonho de um banquete suntuoso em termos do sonhador ter ido para a cama com fome! Neste ponto, a concepção de "reducionista" de Jung é um tanto prosaica. Podemos extrair muitos outros significados possíveis desse sonho, ainda que de forma reducionista, mas menos rigidamente, talvez. Por que um banquete "suntuoso"? Isso é compensação por privações orais anteriores? Ou uma inflação? Ou um desejo? E o sonhador é anfitrião ou convidado? Foi uma celebração tradicional ou uma ocasião única? Um batizado ou um funeral? Eu não consideraria essa lista de perguntas como exaustiva também, mas a diferença é que a abordagem reducionista, como eu entendo, não implica uma mentalidade arquivista; também requer imaginação. Não se trata apenas de reconstruir a infância e a juventude. Nessas questões, é feita referência à fantasia e ao estado atual do sonhador, enfatizando uma conexão prospectiva com o passado.

A psicanálise experimentou um debate interno paralelo sobre causalidade. A psicanálise freudiana havia desenvolvido o conceito de determinismo psíquico. Qualquer evento psicológico é visto como o resultado inevitável de eventos psicológicos anteriores. Esses eventos anteriores funcionam como causas, e os fenômenos em discussão são os efeitos dessas causas. Rycroft, ao fazer uma avaliação interna do campo da psicanálise, dá inúmeras indicações de que essa analogia com a ciência natural é contestada. Por exemplo:

> Refiro-me [...] às dúvidas que foram expressas por Szasz, Home, Lomas, a mim mesmo e a outros sobre as suposições causal-deterministas da teoria freudiana serem válidas, ou seja, se é realmente possível sustentar que o comportamento humano tem causas assim como os fenômenos físicos ou que a personalidade humana pode re-

almente ser explicada como resultado de eventos que lhe aconteceram quando criança (Rycroft, 1972, p. ix).

Essa citação de Rycroft vem da introdução de seu *Critical Dictionary of Psychoanalysis*, que é um livro extremamente útil. Nessa introdução, Rycroft continuou mostrando como outras lacunas na teoria freudiana foram supridas pelos psicólogos do ego, teóricos das relações objetivais e analistas existenciais. As semelhanças entre esses três grupos e os psicólogos analíticos, junguianos e pós-junguianos é o que estamos discutindo. O fato de que isso pode ser feito é particularmente agradável, uma vez que Rycroft afirmou sofrer do "defeito constitucional não incomum de ser incapaz de entender os escritos de Jung" (Rycroft, 1972, p. IX).

O que Rycroft escreveu sobre causalidade pode ser comparado com o escrito por Jung em 1921:

> uma psicologia científica não deve depender exclusivamente do ponto de vista estritamente causal, originalmente assumido a partir da ciência natural, pois também deve considerar a natureza proposital da psique (OC 6, § 718).

Voltando a Rycroft, o autor afirma que ele e os analistas que mencionou sentem que a contribuição crucial de Freud foi ver os sintomas como comunicações:

> Defensores desse ponto de vista argumentam que teorias de causalidade são aplicáveis apenas ao mundo de objetos inanimados e que a tentativa de Freud de aplicar princípios deterministas derivados das ciências físicas ao comportamento humano não leva em conta o fato de que o homem é um agente vivo capaz de tomar decisões e escolhas e de ser *criativo* (Rycroft, 1972, p. 89, ênfase adicionada).

É em relação à criatividade (em todos os sentidos) que examinaremos o que Jung quis dar a entender por abordagem sintética ou construtiva, as quais contrasta com a abordagem reducionista; depois veremos como isso afeta suas ideias sobre o desenvolvimento inicial. Meu ponto de vista é que, a menos que o compromisso de Jung com a ideia de síntese na interpretação seja compreendido, suas ideias sobre a primeira infância e o restante dela farão menos sentido.

O método sintético

Jung usou os termos "sintético" e "construtivo" como sinônimos, mas o primeiro é preferível devido a uma confusão com a terminologia psicanalítica em que "construções" se referem a tentativas de alcançar uma reconstrução factual do passado do paciente, o que é exatamente o oposto do que Jung quis dizer em seu uso de "construtivo", buscando implicar "construção" ou avanço (OC 6, §701).

É importante notar o que Jung disse em relação ao método sintético, pois suas afirmações estão abertas à idealização. Jung afirmou que via os produtos inconscientes como simbólicos e antecipadores de algum desenvolvimento psicológico que ainda não ocorreu. Por exemplo, um sintoma que se relaciona com excesso de trabalho pode aparecer como um símbolo compensatório que chama a atenção para a necessidade de retificar a situação.

Um paciente meu que se encaixava nessa descrição se viu dormindo na mesa do escritório com certa regularidade; isso o levou a tomar pílulas para manter seu nível de energia alto. Logo, sua dose estava acima do que era seguro e tivemos que discutir toda a situação. Focando na questão do sono, produziu-se uma memória (que pode não ter sido factual, mas não é o ponto aqui) de dormir com a cabeça no colo da mãe quando viajava de trem nas férias, em sua adolescência. Ele havia dormido assim, porque se sentia enjoado. Sem entrar em muitos detalhes, isso o levou a compartilhar suas preocupações comerciais com sua esposa, que foi, para sua surpresa, útil e, juntos, organizaram uma rotina menos exigente para ele. Ele parou de tentar proteger sua esposa e pediu a ela o amparo simbolizado pela imagem do colo de sua mãe. Sua fantasia de que estava protegendo sua esposa (e servindo aos interesses dela com seu excesso de trabalho) continha sua própria necessidade de cuidado maternal de forma projetada. Eu dou um exemplo assim para deixar claro que a abordagem sintética pode funcionar de forma concreta.

Jung resumiu essa abordagem referindo-se a uma "função prospectiva do inconsciente". Já discutimos como o si-mesmo regula a psique de maneira que sugere que o organismo "sabe" o que é melhor para ele. Isso é evidência da "função prospectiva". Como os produtos do inconsciente são concebidos como expressões "orientadas para um objetivo ou propósito" (OC 6, § 701), segue-se que nosso interesse está menos nas fontes de material inconsciente e mais no significado. O problema, então, é como elucidar esse significado, e é neste ponto que Jung justificou seu uso de dados comparativos e de amplificação (cf. cap. 1 desta obra).

A característica do método sintético que é mais diretamente relevante para nossas considerações sobre o desenvolvimento precoce é a maneira como o inconsciente se expressa em "linguagem simbólica". Foi a compreensão de Jung sobre a natureza sintetizante dos símbolos, e sua insistência nisso, que proporcionou o combustível intelectual para a ruptura com Freud.

Pessoas reais ou figuras simbólicas

É bem conhecido o fato de Jung ter se recusado a aceitar o complexo de Édipo como um evento literal e factual. Ele reconheceu o componente arquetípico e viu, no desejo da criança pela mãe, um anseio regressivo de reentrar em seu corpo e retornar a um estado de contentamento precoce. Jung também enfatizou, como veremos em detalhes mais adiante, o resultado de aprimoramento da personalidade de tal retorno.

É relativamente bem conhecido que Freud foi forçado a aceitar a tese de Jung sobre a fantasia adulta retrospectiva em relação à cena primal, por exemplo. Jung, segundo Laplanche e Pontalis em seu *The Language of Psychoanalysis*, "estilhaçou" o argumento de Freud (Laplanche & Pontalis, 1980, p. 332). Freud continuou a sustentar que a percepção ou a má percepção desempenhava um papel, mas chegou muito perto de postular o funcionamento de um arquétipo, como vimos no capítulo 2 (p. 98 acima).

É menos conhecido até que ponto Jung desenvolveu sua ideia de que o que parecia "real" para o paciente quando falava de figuras parentais era, na verdade, uma referência a figuras simbólicas formadas a partir da interação de arquétipo e experiência, ou apenas o resultado da identificação arquetípica. Por exemplo, referindo-se à criança, Jung escreveu:

> Afirmações tais como "o motivo da criança é apenas um vestígio da memória da própria infância" e outras expli-

cações similares só nos fazem fugir da questão. Se, ao contrário – com uma pequena modificação dessa frase – dissermos que "o motivo da criança é o quadro para certas coisas que esquecemos da própria infância" já nos aproximamos mais da verdade. No entanto, uma vez que o arquétipo é sempre uma imagem que pertence à humanidade inteira e não somente ao indivíduo, talvez seja melhor formular a frase do seguinte modo: "o motivo da criança representa o aspecto pré-consciente da infância da alma coletiva" (OC 9/1, § 273).

Ou, com referência à luta entre o herói e a mãe-monstro, Jung não considerava esta última como simbolizando a mãe real:

Não é, portanto, a verdadeira mãe, mas a libido do filho, cujo objeto a mãe fora outrora. Interpretamos os símbolos mitológicos de modo excessivamente concreto e estranhamos a cada passo as infindáveis contradições dos mitos. Sempre de novo esquecemos que é a força criadora inconsciente que se oculta em imagens. Se, portanto, o texto diz: "Sua mãe era uma fada má", a tradução é: o filho é incapaz de separar a libido da imago materna; ele sofre resistências porque está preso à mãe (OC 5, § 329).

E não, presumivelmente, como "sua mãe era uma bruxa". Ou, com referência aos pais:

Os "pais" não são eles mesmos mas apenas as suas imagens, aquelas ideias que se originaram do encontro da personalidade dos pais com a disposição individual do filho (OC 5, § 505).

Em todas essas passagens, é feita referência à pessoa real, ou seja, à "criança empírica", à "peculiaridade parental". Portanto, Jung não descartou completamente a parte que poderia ser desempenhada pelos eventos reais da infância na contribuição para a psique adulta. Na verdade, ele fornece uma estrutura que permite aos psicólogos analíticos contemporâneos considerar todo o material que seus pacientes trazem como "real", sem grande preocupação se o material é factual ou se pode ser considerado confiável. Distorções de memórias de infância e motivos arquetípicos são tratados com o mesmo respeito fenomenológico que os chamados fatos. Veremos, mais adiante, como os analistas da Escola Desenvolvimentista foram liberados por isso, mas, primeiro, devemos tentar esclarecer uma área do pensamento de Jung, na qual o autor falhou em mesclar de forma notável as abordagens arquetípica e empírica. Isso tem a ver com a natureza da psicologia da criança.

Psicologia infantil

O problema pode ser simplesmente formulado da seguinte forma: devemos ver uma criança pequena como uma extensão da psicologia de seus pais ou como algo reconhecível por si só? A pergunta deve ser feita porque, nesse ponto, Jung se contradiz. Na transcrição de uma entrevista filmada em 1957, Jung faz as seguintes declarações: "já na mais tenra infância, uma mãe reconhece a individualidade de seu filho, e se você observar cuidadosamente, poderá ver enormes diferenças mesmo em crianças muito pequenas". E

> em qualquer caso de neurose infantil, volto aos pais e vejo o que está acontecendo lá, porque as crianças não têm psicologia própria, no sentido literal. Elas estão tão imersas na atmosfera mental de seus pais [...] estão impregnadas da atmosfera paternal ou maternal, e expressam essas influências (Jung, 1978, p. 274).

Caso se pense que a palavra falada tenha contribuído para essa contradição, Jung mostra a mesma confusão em outros lugares. Em sua introdução ao livro de Wickes, *Inner world of childhood*, ele escreveu:

> Que opinião, por exemplo, formará o leitor atento acerca do fato obscuro, mas inegável, da identificação do estado psíquico da criança com o inconsciente dos pais? [...] Nesta identidade não há nada de "místico" [...] Esta identidade provém essencialmente do estado de inconsciência em que se encontra a criança pequena [...] A falta de consciência é que origina a indiferenciação. Ainda não existe o "eu" claramente diferenciado do resto das coisas, mas tudo o que existe são acontecimentos ou ocorrências, que tanto podem pertencer a mim como a qualquer outro.

Mas em outro lugar encontramos:

> A psique pré-consciente, como por exemplo a do recém-nascido, não é de modo algum um nada vazio, ao qual, sob circunstâncias favoráveis, tudo pode ser ensinado. Pelo contrário, ela é uma condição prévia tremendamente complicada e rigorosamente determinada para cada indivíduo, que só nos parece um nada escuro, porque não a podemos ver diretamente (OC 9/1, § 151).

Minha sugestão é que essa fraqueza contém uma força potencial. A individualidade da criança não deriva apenas do que Jung se refere como seus "pais acidentais" (OC 17, § 93). Mas a criança não crescerá sem a orientação dos pais e, em alguns casos, isso será inadequado. Na maioria dos casos, haverá uma ligação satisfatória entre a individualidade da criança e o ambiente em que ela nasce. No entanto, satisfatório não significa perfeito. Como vimos, a frustração é essencial no desenvolvimento da consciência. Jung descobriu o que pode ser visto como o ponto crucial ou a característica essencial de uma abordagem de desenvolvimento moderna. A criança, como uma pessoa separada, tem que se adequar aos seus pais para sobreviver, enquanto eles, por sua vez, terão que se adaptar à sua individualidade.

Os pós-junguianos e a psicologia do desenvolvimento

A imagem que esbocei mostra Jung em sua maior ambivalência. Não é surpreendente que essa falta de certeza tenha estimulado uma variedade de debates entre as escolas de pós-junguianos e, no caso da Escola Desenvolvimentista, dentro da própria escola.

Existem duas áreas principais de discordância. A primeira diz respeito a indagação de uma abordagem de análise que utiliza a teoria do desenvolvimento ser baseada em algo além de um "devaneio genético" (Giegerich, 1975, p. 125). O segundo debate (mais limitado à Escola Desenvolvimentista) apresenta o seguinte questionamento: quando falamos sobre "a criança", estamos nos referindo a uma situação empiricamente observável na infância ou a imagens derivadas de nossa empatia com partes infantis de um adulto? Vamos considerar essas duas questões em ordem: primeiro, o valor ou a falta dele em uma abordagem desenvolvimentista.

Psicologia do desenvolvimento: verdade ou mentira para a psicologia?

Giegerich, que utilizou o termo "devaneio genético", considerava que qualquer olhar para trás é não junguiano porque, para Jung, o "de onde" é menos essencial do que o "para onde". Giegerich estava, na verdade, atacando a tentativa de Neumann de delinear estágios de desenvolvimento do ego, estendendo essa tentativa à inclusão de "verificação empírica, verdade científica e sistematizações" (Giegerich, 1975, p. 125).

Giegerich recebe apoio da declaração de Hillman de que a criança funciona como uma tela na qual o psicólogo desenvolvimentista "pode livremente expor suas fantasias sem contradição" (Hillman, 1972, p. 243). Ou, em outras palavras: "a fantasia de Freud sobre a mente da pequena menina se torna uma fantasia freudiana na mente da pequena menina" (Hillman, 1972, p. 243).

O que Giegerich e Hillman estão tentando dizer é que é a tentativa de descrever e teorizar sobre a primeira infância que é interessante, e não qualquer dado verificável. A tentativa é, é claro, uma busca arquetípica ou questionamento e o objetivo é o conhecimento das origens. As descobertas da psicologia do desenvolvimentista constituem nada mais do que mitos contemporâneos da criação. Novamente, Rycroft, vindo de uma formação totalmente diferente, aponta que as teorias desenvolvimentistas são conceitos explicativos históricos que tentam explicar o "presente clínico". Segue-se que:

> os conceitos que foram obtidos por extrapolação a partir de adultos tendem a ser formulados em termos do desenvolvimento futuro de um construto teórico, "o bebê" ou "a criança", que tem um papel tão importante na literatura analítica (Rycroft, 1972, p. xxiii).

Isso não diminui os esforços daqueles que analisam ou observam crianças, como discutiremos. Mas ainda é verdade que estamos lidando com uma tendência de falar de eventos que têm a sua ocorrência inferida.

Hillman está bastante correto ao sugerir que a noção de um analista ou observador completamente objetivo de crianças é absurda. Portanto, qualquer observação que fazemos sobre a criança ou a infância não é simplesmente sobre a criança ou a infância. Ele explica que a visão da nossa cultura sobre a criança mudou ao longo dos séculos e que isso pode ser visto nas imagens em evolução de crianças na pintura e escultura. Além disso, apenas recentemente a ideia de infância como uma entidade separada "que requer atenção e instalações especiais" foi desenvolvida (Hillman, 1975a, p. 10).

Mas por trás das afirmações contrárias de Hillman, há um modelo de desenvolvimento em seu trabalho que é diferente de um modelo linear (estágios, etc.) por um lado e, por outro, da noção de desenvolvimento como uma espiral. A ideia de espiral implica que os mesmos elementos na personalidade encontram expressão repetida, mas em pontos diferentes e em relação diferente ao ego e ao si-mesmo, ao longo da espiral. O viés é, portanto, em direção a uma ideia de crescimento, e isso Hillman quer evitar, preferindo seu modelo circular (cf. p. 236 acima). O que se quer dizer com circularidade é que cada elemento da personalidade é visto como sempre presente e sempre estado assim, e que o desenvolvimento é concebido como o desenvolvimento de algo em si mesmo, na natureza que sempre esteve presente.

Neste ponto, gostaria de ser provocativo ao sugerir que a abordagem circular, promovida, por Hillman, dentro da Escola Arquetípica, poderia ser resumida pelo uso da palavra "desembalar", que é geralmente associada à Escola Desenvolvimentista (por exemplo, Lambert 1981a, p. 193). Os conteúdos do si-mesmo se desembalam ao longo do tempo e "se enredam" com o ambiente. Hillman (1979b) afirmou, em seu ensaio *Senex e puer*, que o *senex*, o velho sábio, o arquétipo do significado, está presente desde o início "como todos os dominantes arquetípicos" (Hillman, 1972, p. 21). O autor aborda, portanto, a ideia de um si-mesmo primário (que, como vimos, não nos leva inevitavelmente a estados estáveis e organizados). Hillman vê o *senex* como um potencial, pronto para ser encarnado quando o estímulo de desenvolvimento certo é fornecido; isso não precisa ser na velhice, já que há formas apropriadas à idade do velho sábio presentes na criança pequena. Pode-se pensar na curiosidade da criança, no respeito pelo conhecimento e na capacidade de aprender com a experiência como evidência disso e, até mesmo, de "sabedoria" infantil.

A semelhança entre o modelo de desenvolvimento de Hillman e o da Escola Desenvolvimentista tem a ver com a percepção de que o desenvolvimento é gerado, em grande parte, por algo que já está presente na criança. Isso pode ser comparado com a ênfase de Jung no prospectivo, no ponto de vista final e na abordagem sintética. Estritamente falando, não há incompatibilidade entre esses dois pontos de vista (o circular e o prospectivo). Os objetivos de uma pessoa sempre estiveram presentes. Mas, há uma diferença de ênfase. Mais uma vez, como nas variedades de estilo de ego e na democratização e relativização do si-mesmo e da individuação, podemos ver que as duas asas do mundo pós-junguiano se unem para atacar o centro, a Escola Clássica.

Não quero contradizer as afirmações de Hillman sobre sua visão geral, que é abertamente antidesenvolvimentista, mas sim destacar essas semelhanças. Ele afirmaria, talvez, basear suas ideias nas de Jung, especialmente quando Jung se refere ao "filho da mãe ancestral"" (Jung, 1963, p. 153) e reitera o tema do homem de dois milhões de anos que está presente em um bebê (Jung, 1978, p. 99).

Neste ponto, voltemos nossa atenção para uma avaliação diferente da importância do desenvolvimento pessoal.

A importância do desenvolvimento

Giegerich e Hillman expressaram sua visão arquetipalista de que a psicologia do desenvolvimento é fantasia. Como era de se esperar, a Escola Desenvolvimentista não concorda com isso. Fordham sugeriu que o ponto central da análise é decompor estruturas complexas em formas e sistemas simples para explorar os padrões comportamentais básicos e o funcionamento mental do paciente. Fordham afirmou que é "nos estados infantis da mente [que] se encontra o núcleo da estrutura posterior" (Fordham, 1978a, p. 59). Além dessa intenção analítica, o autor também sugere que discutir e explorar a infância e a juventude é terapêutico por si só. Não há razão para descartar uma análise da história pessoal em conjunto com o contexto social e cultural da pessoa.

Fordham prossegue discutindo a questão de quão "histórico" deve ser considerado o processo de análise. Ele almeja uma reconstrução o mais completa possível do desenvolvimento do paciente. Mas também reconhece que isso é, por necessidade, incompleto. O trabalho de reconstrução tem a vantagem de dar ao analista e ao paciente uma perspectiva, mas Fordham enfatiza que essas reconstruções podem ser revistas ou descartadas ao longo do tempo.

Por exemplo, um paciente pode mudar de opinião sobre seus pais. Um paciente meu considerava seu pai como um "fracasso completo", mas também um valentão e um tirano. Quando seu pai morreu, o paciente teve a tarefa de comunicar isso aos seus tios, tias e primos. Ele nunca tinha conhecido nenhuma dessas pessoas anteriormente, embora soubesse que, devido ao momento da morte de seu avô e a uma lacuna de dezessete anos entre seu pai, o mais jovem, e seus irmãos e irmãs, seu pai tinha sido desfavorecido familiar e materialmente. Ele vivera uma vida de classe trabalhadora; as outras crianças levaram uma vida de classe média alta e profissional. Foi ao ter que falar com esses outros que meu paciente começou a apreciar algo da experiência de vida de seu pai e ver sua própria infância como menos torturada ou perseguida e mais como parte de um contexto mais amplo de tragédia. De alguma forma, nesse processo, ele perdoou seu pai.

Fordham discutiu a questão, levantada por Jung e mencionada anteriormente, de saber se a análise reducionista é destrutiva para o inconsciente:

> a redução do comportamento humano a um número de entidades primárias não é o fim dos seres humanos com sua imprevisível capacidade criativa [...] Isso é uma ilusão que pode ser igualmente atribuída àqueles que colocam ênfase excessiva em tipos [...] ou arquétipos (Fordham, 1978a, p. 60).

Lambert (1981a, p. 106) fez a afirmação paradoxal, mas importante, de que é o objetivo de libertar o paciente do excesso de envolvimento com o passado que torna o exame e, quando possível, a reconstrução da história desejável. Ele se refere a fenômenos clínicos como a tendência de reagir com uma resposta emocional grosseira e inadequada a uma situação atual. O paciente pode estar funcionando com a impaciência e a nervosidade de um bebê, talvez, e com um estilo global de funcionamento de bebê. Ou um paciente pode apresentar uma personalidade muito unilateral, com uma fixação em algum ponto anterior que interfere no funcionamento adulto – dependência excessiva ou ciúme, talvez.

Com relação à dimensão cultural, Lambert sugeriu que aspectos como o sistema social na época em que o paciente está crescendo, a moda na criação de filhos, as atitudes religiosas dos pais, podem ter que ser levados em conta. Mas o autor é enfático ao afirmar que o analista como historiador é diferente de um historiador comum, porque o passado com o qual o analista lida ainda está vivo.

Em seu artigo *The significance of the genetic aspect for analytical psychology*, Neumann (1959) sugeriu que a psicologia analítica deveria tentar combinar o pessoal e o transpessoal, o "genético temporal" com o atemporal e impessoal. Desde que esse artigo foi escrito, uma quantidade considerável de atenção foi dada a essa questão. A própria contribuição de Neumann foi expressa por meio de seu termo "a evocação pessoal do arquétipo". Tomando a dependência da criança pela mãe como exemplo, o autor apontou que tal dependência é tanto da mãe quanto da imagem arquetípica da mãe. O arquétipo transpessoal e atemporal não pode ser ativado, exceto por um encontro pessoal com um ser humano. No entanto, como a evocação do arquétipo ocorre no nível pessoal, há a possibilidade de distúrbios e patologias.

Neumann esperava ter encontrado uma posição intermediária entre uma orientação desenvolvimentista e uma arquetípica. Nessa esperança, ele tem algo em comum com a Escola Desenvolvimentista, com a qual, como psicólogo analítico clássico, está tão frequentemente em conflito, em grande parte porque seu conceito de desenvolvimento é dissimilar. Conclusão de Neumann: "não seria apropriado nem escavar dados pessoais durante a anamnese, nem amplificar apenas o material arquetípico, deixando a infância sem consideração" (Neumann, 1959, p. 129).

Redfearn (1974), em seu texto *Can we change?*, afirmou que, para a maioria das pessoas, mesmo mudanças substanciais não interferem na sensação de "continuidade dinâmica". Ou seja, eventos e experiências que parecem ter alterado a vida de alguém não mudam a essência da pessoa. No que diz respeito à nossa discussão sobre desenvolvimento, isso sugere uma posição intermediária. A continuidade dinâmica implica que o material pode ser analisado de forma reducionista ou sintética, no aqui e agora, ou em combinações dessas perspectivas, dependendo de qual delas pareça mais útil, com o material em mãos ou presente no momento.

Como ilustração desse pragmatismo, Redfearn ofereceu uma memória pessoal de sua adolescência tardia, quando sempre parecia estar procurando por algo, como uma imagem visual, uma joia, a garota perfeita, ou uma ideologia ou ideal. Ele escreveu:

> Podemos olhar para esses objetos de busca como diferentes versões ou derivações de um seio idealizado, ou mãe, ou algum outro estado psicológico perdido. Não há mal em usar esses termos, desde que não se desanime na busca. Pois, é

somente através da busca por esses objetivos que a vida e a mudança podem continuar (Redfearn, 1974, p. 1).

Empatia e observação

Sugeri que houvesse um segundo debate entre os pós-junguianos, desta vez dentro da Escola de Desenvolvimentista. Isso diz respeito aos méritos relativos de um modelo de infância derivado da observação empírica de mães e bebês reais (como o proposto por Fordham em 1980) e um modelo envolvendo extrapolações empáticas a partir do material obtido na análise de adultos e crianças. Os defensores da primeira visão sentem que evitam a fantasia adultomórfica em que estados psicológicos posteriores, que ocorrem em adultos regredidos ou doentes, são confundidos com o que pode ser observado como normal na infância. Aqueles que favorecem a extrapolação empática sentem que estão melhor equipados para penetrar na vida interna de um bebê, descobrindo sobre as experiências de sentimento do bebê no adulto. Muitos que formularam hipóteses sobre o que acontece na primeira infância concordam que, em um estágio inicial, o bebê opera e, crucialmente, é relacionado por sua mãe como se estivesse em um estado de identidade psicológica ou, metaforicamente falando, em unidade com sua mãe – por exemplo, o narcisismo primário, de Freud, o autismo normal, de Mahler, a ilusão de onipotência, de Winnicott. Embora haja diferenças entre essas ideias, há um grau de sobreposição. Da mesma forma, o trabalho com adultos em análise apresenta fantasias de onipotência idealizada ou horrível com o analista. Quais são as conexões entre esses dois conjuntos de fenômenos? Em nenhum dos casos é objetivamente verdadeiro que há algo

Jung e os pós-junguianos

presente além de duas pessoas. Mas, metafórica e emocional-mente falando, em ambos os casos, prevalece uma atmosfera de unidade psicológica. A questão é até que ponto tais fantasias em um adulto são regressivas no sentido de que elas remetem ao que foi experimentado e sentido na infância. Ou são tais fantasias adultas simplesmente desejos de que a infância tivesse sido assim, sentimentais ou buscando simpatia, dependendo se o estado de unidade é agradável ou desagradável?

O debate girou em torno da questão de saber se é útil afir-mar que mãe e bebê funcionam de acordo com a percepção subjetiva do bebê sobre seu relacionamento. Ou, em outras palavras, se um bebê muito pequeno não tem uma percepção clara de limites ou da ruptura ou separação objetiva entre sua mãe e ele mesmo, quão válido é se referir a uma fase de unidade psicológica de duração limitada e existente ao lado da separa-ção observada pelo observador?

Do ponto de vista observacional, não existe essa unidade. Mãe e bebê começam a vida juntos como dois seres separados e gradualmente se encontram e entram em um relacionamento. Todo o processo envolve a participação ativa de ambos. É reco-nhecido que, durante este relacionamento, o bebê pode se iden-tificar com sua mãe, até mesmo ficar confuso, mas isso é uma ilusão temporária por parte do bebê e não deve ser permitido a compensar a nossa compreensão da separação objetiva dos dois (Fordham, 1976, p. 54).

Do ponto de vista empático, tanto o bebê quanto o adulto regresso, cada um em suas respectivas fases, estão lutando para estabelecer limites e integrar a consciência da separação, que é objetiva. Mas, para o bebê, a ilusão de unidade ou de oni-potência é normal e fornece a base para um desenvolvimento de ego satisfatório. Para o adulto, tais ilusões têm um sentido patológico, mas nos falam de sua experiência de ilusão normal em sua infância. Como essas fantasias também afetarão seus relacionamentos atuais e estado emocional, elas são uma ponte potente entre passado e presente. Como Newton colocou:

> Do ponto de vista observacional, a realidade da separação do bebê não nos diz nada sobre a sua experiência subjetiva [...] Gostaria de distinguir entre a observação do bebê e trabalho com o bebê no adulto. Jung disse que cada fase do desenvolvimento se torna um conteúdo autônomo da psique. Nos pacientes adultos, imagens relacionadas à infância derivam de complexos autônomos com uma dimensão pessoal e arquetípica [...] O analista, que está participando da relação [...] estará em contato e usará suas próprias respostas subjetivas [...] Na observação do bebê, o observador é um não participante [...] presumivelmente, ele busca objetividade, utilizando o mínimo possível de respostas subjetivas. As diferenças entre essas duas abordagens podem enriquecer uma à outra, ou podem levar a mal-entendidos (Newton, 1981, p. 73-74).

A noção, mencionada por Newton (ao citar Jung), de que cada fase do desenvolvimento inicial se torna e continua sendo um conteúdo autônomo da psique na vida adulta é de enorme importância. Em qualquer momento, fases anteriores do desenvolvimento, ou melhor, da experiência, têm a possibilidade de se tornar operativas dentro de uma pessoa. Isso sugere que há um mosaico incrivelmente complicado de imagens potenciais. Essas fases tornam-se conteúdos autônomos, os quais influenciam uns aos outros e ao ego, constituindo, assim, um sistema que explica distorções e outros problemas que possam afetar a reconstrução objetiva. Além do viés subjetivo, temos que conceber imagens posteriores como influenciadoras das anteriores, à medida que a integração do ego ocorre; as regras do tempo nem sempre se aplicam.

Podemos dizer que as experiências pessoais da infância, que evoluíram dessa maneira, funcionam no adulto como complexos, núcleos em torno dos quais os eventos adultos se agrupam, e que ditam as emoções e sentimentos que tais eventos despertam. As imagens da infância na vida adulta precisam ser consideradas como símbolos, além de se referirem ao bebê histórico. Uma questão-chave é o equilíbrio entre fatores interpessoais e intrapsíquicos.

Na infância, os determinantes arquetípicos, as expectativas inatas, afetam a experiência do bebê em sua interação com a mãe pessoal. E, por sua vez, a atividade interpessoal estimula a imagem intrapsíquica. Em um adulto, imagens surgidas desse contexto interpessoal/intrapsíquico afetam seus relacionamentos adultos.

O fato de esses conteúdos serem expressos na forma de imagens é uma ponte útil para o tom policêntrico e imagético da psicologia arquetípica; mais uma vez, as duas escolas, aparentemente opostas, mostram uma face semelhante. Por isso, parece que temos as ferramentas para alcançar o equilíbrio entre o pessoal e o arquetípico, algo que Neumann procurou em 1959.

Por exemplo, uma paciente minha, a qual teve que ir ao hospital para uma pequena operação, tinha certeza de que o câncer de sua mãe entraria em fase terminal. Ela fantasiava que a mãe cronometraria esse acontecimento propositalmente. As coisas acabaram acontecendo dessa maneira. A paciente teve que sair da cama do hospital minutos antes de sua operação para correr para o lado da cama de sua mãe. A imagem que a paciente havia desenvolvido de sua mãe desde a infância envolvia um sentido particularmente negativo de unicidade entre as duas. Nessa ocasião, a imagem foi primeiro o cerne de sua fantasia e depois se desenrolou na realidade. A psicanálise apresenta sua versão do debate. Kohut (1977, p. 267-312) afirmou que a essência da psicanálise, sua singularidade entre as ciências, é o fato de ela ter adquirido seu material bruto com base na introspecção e empatia. "O mundo é definido pela postura introspectiva do observador" e há uma "unidade entre o observador e o observado". De fato, Kohut sugeriu que os fenômenos só podem ser considerados psicológicos se o modo de observação for baseado na introspecção e na empatia:

> A empatia não é apenas uma maneira útil de termos acesso à vida interior do ser humano – a própria ideia de uma vida humana interior e, desse modo, de uma psicologia de estados mentais complexos, é impensável sem a nossa capacidade de conhecer por meio de introspecção vicária – minha definição de empatia – o que é essa vida interior do ser humano, o que nós mesmos e o que os outros pensam e sentem (Kohut, 1977, p. 306).

A abordagem empática nas observações difere do empirismo das ciências naturais. Mesmo quando tal empirismo é aplicado por psicólogos do desenvolvimento com uma perspectiva analítica, o que está envolvido é um observador que ocupa "um ponto imaginário fora do indivíduo que está experimentando" (Kohut, 1977, p. 306). Por outro lado, o modo empático e introspectivo de observação coloca o observador "em um ponto imaginário dentro da organização psíquica do indivíduo com quem se identifica empaticamente" (Kohut, 1971, p. 219).

Observações que levam a dados empíricos pertencem às ciências sociais: elas não são analíticas. Kohut diz que as formulações de Spitz (1965) e de Mahler (1975) não estão erradas.

Ao contrário, elas são "distantes da experiência", porque não são derivadas de uma imersão empática prolongada na vida interior do observado. Na verdade, o grau de exterioridade é tão grande que Kohut condena tal trabalho observacional como sendo dominado e contaminado pelos "juízos de valor tradicionais do homem ocidental" (Kohut, 1980, p. 450).

Esse último ponto sobre os valores ocidentais ressoa, com algumas críticas de Hillman, uma postura de desenvolvimento em relação ao ego (cf. p. 161-163 acima). Kohut sugere que o foco do trabalho de Mahler sobre "separação" e "individuação" (que significa algo diferente do uso que Jung faz dessa palavra) reflete uma escala já existente de valores: dependência é "ruim", autossuficiência sem reclamações é "boa". Isso deve ser contrastado com o foco do trabalho de Kohut sobre "estados internos de sentimento", dos quais a independência é apenas um deles (Kohut, 1980, p. 451).

O que está implícito no uso repetido de Kohut da imagem-palavra "empatia"? Empatia envolve colocar-se no lugar ou dentro de outra pessoa, sem perder de vista quem se é. A outra pessoa pode ajudar a empatizar quando uma análise está progredindo bem, e paciente e analista estão trabalhando juntos. Ou o paciente pode erguer defesas contra a empatia do analista. E a empatia pode ser usada em observações de crianças (por exemplo, a meditação poética de Winnicott sobre os sentimentos internos de um bebê em uma tentativa de colocá-los em palavras – "Olá objeto", e assim por diante). A dificuldade é que, para muitas pessoas, empatizar com uma criança é problemático por causa da necessidade de ativar seu próprio eu-criança sem impor seus padrões de experiência. Pode ser visto como diferente da observação "objetiva" de bebês na qual o eu-criança do observador está, idealmente, sob controle. Embora a maioria dos observadores de bebês saiba que essa objetividade é inatingível, poucos seguiriam Kohut em seu incentivo a uma aparente confusão entre si e o outro.

O autor se esforça para distinguir a empatia da compaixão, por um lado, e, por outro, da intuição. A empatia não precisa ser compassiva, embora seja necessária para uma verdadeira compaixão. A guerra psicológica é baseada na empatia, assim como as artimanhas do vendedor habilidoso. No que diz respeito à intuição, a distinção é mais difícil de se fazer. Todos os pais e a maioria dos analistas tiveram a experiência de uma associação com o material do paciente antes que o paciente chegasse exatamente àquele ponto (cf. pesquisa de Dieckmann sobre contratransferência, à p. 252-253).

A principal razão pela qual esses fenômenos não são baseados na intuição é que o processo pelo qual ocorrem é suscetível à investigação racional, enquanto os atos e experiências intuitivas não o são. Kohut observou que

> Claramente ninguém falará de intuição em relação à nossa capacidade de reconhecer o rosto de um amigo. Mas e quanto ao diagnóstico de uma doença com apenas um olhar de um médico experiente, a escolha aparentemente sem razão de uma direção de investigação científica que, para outros, parece pouco promissora e que, no entanto, acaba por levar a uma grande descoberta de um pesquisador talentoso; e sim, até mesmo os movimentos decisivos de certos grandes jogadores de xadrez, estrategistas militares, políticos e diplomatas? Em todas essas instâncias, o talento e a experiência se combinam para permitir a rápida e pré-consciente coleta de um grande número de dados e a capacidade de reconhecer que eles formam uma configuração significativa, ou o reconhecimento de um

complexo configuracional que fora pré-conscientemente montado (Kohut, 1980, p. 450-451).

O autor está ciente de que a observação do mundo externo pode ser feita de forma muito mais detalhada do que a observação do mundo interno. No entanto, dentro das limitações da observação deste último, a empatia não é apenas importante, mas também garante que os mais altos padrões apropriados para a investigação do mundo interno sejam mantidos. Não há diferença, em princípio, entre a investigação não empática do mundo externo e as investigações empáticas do mundo interno. Em primeiro lugar, é simplesmente a empatia que torna isso possível. O leitor pode notar a semelhança com a definição de Jung de empatia, o qual enfatizou a "animação" do objeto e a possibilidade do uso ativo da empatia (OC 6, § 486).

Contribuição de Jung para a Psicologia do Desenvolvimento

Após essas discussões preliminares, quero me concentrar na contribuição de Jung para a compreensão do desenvolvimento precoce. Além disso, estabeleço paralelos com teorias de desenvolvimento na psicanálise. Na seção seguinte, as contribuições pós-junguianas são discutidas. Posso delinear oito áreas nas quais a contribuição de Jung é marcante ou notável; algumas delas foram discutidas em outros textos, de modo que forneci referências cruzadas.

Ênfase na mãe. Jung foi um dos primeiros a enfatizar a importância primária do relacionamento entre o bebê e a mãe, em termos reconhecidos hoje. Isso deve ser comparado com a insistência de Freud de que era o triângulo edipiano que impunha sua aura e vicissitudes nos padrões de relacionamento posteriores. Jung escreveu em 1927:

> A relação mãe-filho é, de qualquer modo, a mais profunda e a mais comovente que se conhece; de fato, por um certo tempo, a criança é, por assim dizer, parte do corpo da mãe. Mais tarde, faz parte da atmosfera psíquica da mãe por vários anos, e, deste modo, tudo o que há de original na criança acha-se indissoluvelmente ligado à imagem da mãe (OC 8/2, § 723).

Da mesma forma, devemos ter em mente a centralidade da necessidade de se separar da mãe (e as limitações desse esforço): "Com o passar dos anos, o homem cresce e se desliga naturalmente da mãe [...] mas não se desliga, por forma igualmente natural, do arquétipo" (OC 8/2, § 723).

Jung enfatizou três aspectos da relação da criança com a mãe. Estes são, primeiramente, que ao longo da maturação haverá regressão; segundo, que a separação da mãe é uma luta; terceiro, que a nutrição é de importância primordial.

A regressão ocorre devido às demandas feitas ao bebê para se adaptar; tais demandas podem ser externas ou internas. A regressão não é apenas em relação à mãe pessoal, uma espécie de recarga ou descanso das demandas da vida, mas também à imagem arquetípica inconsciente da mãe, porque

> a regressão, se não for dificultada, não estaciona na "mãe", mas regride para além desta, até um assim chamado "eterno-feminino" pré-natal, ao mundo primitivo das possibilidades arquetípicas onde, "envolta por visões de infinitas criaturas", a "divina criança" dorme procurando o despertar de sua consciência. Este filho é o germe do todo que o caracteriza através dos símbolos que lhe são próprios (OC 5, § 508).

Isso lembra a distinção do psicanalista Balint entre regressão benigna e maligna, em que a primeira oferece a chance de um "novo começo" (Balint, 1968). A segunda ênfase de Jung foi a luta da criança para se separar da mãe. Poderíamos perguntar por que a separação é concebida como uma luta. Jung nunca questionou se o indivíduo quer (é quase programado a) se separar; mas ele estava ciente de que outras vontades ou tentações existem. Permanecer fundido com a mãe, além de apropriado para a idade, é atraente porque, por exemplo, conflitos edipianos são evitados. Uma outra ideia de Jung lança luz sobre o porquê do uso da palavra "luta" ser justificado. Ele sugeriu que a separação dos pais é também uma iniciação em um novo estado. Mas:

> Se ocorrer uma transformação, a forma antiga não perde seu atrativo: quem se separa da mãe, anseia pela volta à mesma. Esta nostalgia pode transformar-se em paixão arrasadora, que ameaça tudo o que já se conseguiu. Neste caso a "mãe" aparece de um lado como a meta máxima, de outro lado como ameaça perigosa, com a mãe "terrível" (OC 5, § 352).

Este é o cerne da situação do herói que discutimos no capítulo 3. Jung identificou uma divisão na natureza humana: uma parte quer crescer para fora e para frente, enquanto a outra quer voltar às origens para se fortalecer. Uma parte procura assimilar novas experiências "lá fora", a outra busca um encontro novo e regenerativo com forças psicológicas elementares. Essa divisão é a premissa essencial de qualquer conceito de instintos de vida e morte. Embora o instinto de morte encontre manifestação externa na agressão e na destrutividade, vimos que seu verdadeiro objeto é reduzir o mundo conhecido a um estado preconcebido que, do ponto de vista da psicologia, seria inorgânico (cf. p. 247). É por isso que a busca inconsciente do homem pela regressão também é perigosa.

A terceira ênfase de Jung sobre a relação mãe-bebê é a respeito da importância da alimentação nos primeiros anos de vida. O autor, empenhado em se separar de Freud, insistiu que essa é uma área não sexual. Freud, observara Jung em 1913, percebeu que a alimentação era prazerosa e excitante, o que o levou a concluir que sugar tinha uma qualidade sexual. A resposta de Jung foi que tal observação apenas nos diz que tanto o sexo quanto a sucção são excitantes: "A obtenção do prazer não é, de forma alguma, o mesmo que sexualidade" (OC 4, § 241). Jung prosseguiu observando que, no homem, como na maior parte do resto da natureza, há uma concentração exclusiva na nutrição e no crescimento por algum tempo. Tanto o período intrauterino quanto o imediato período extrauterino da infância pertencem a essa fase dos processos vitais (OC 4, § 237).

Jung seguiu esse ponto importante por meio do que, atualmente, parece ser um erro de julgamento. Ele argumentou que, se existem tanto instintos sexuais quanto instintos nutricionais, então não devemos afirmar que a alimentação é sexual, para que alguém não afirme o contrário, que o sexo é baseado na alimentação. Agora sabemos que muitas disfunções sexuais ocorrem precisamente por causa de impulsos alimentares não realizados ou devido a experiências ruins. Em resumo, a sexualidade e a nutrição influenciam uma à outra.

Há várias razões para essa influência mútua. Há contato corporal e intimidade em ambas as atividades, e ambas envolvem a penetração de algo por outro. Ambas produzem excitação e, eventualmente, descarga de tensão. Misturas entre o oral

Jung e os pós-junguianos

(nutricional) e o genital (sexual) assumem muitas formas. Projeções de agressão oral levam às fantasias de homens de vaginas com dentes. A mãe incorporadora ou invasora torna-se ou a vagina que engole ou a fantasia da mulher de um pênis intrusivo e controlador. (Essas confusões zonais não são todas entre oralidade e genitalidade. O sexo é falado como sujo (confusão anal/genital), ou é experimentado como uma luta pelo poder, com imagens derivadas das tensões anais da infância.)

Jung parecia estar abrindo a porta para essas formulações, mas a fechou ao descartar seu próprio argumento como "manipulação de conceitos". Ele não pôde aceitar que os dois instintos, separados da sexualidade e nutrição, pudessem coexistir no bebê. Concluiu que

> Mas aqui não há a coexistência das manifestações dos instintos separados, porque um dos sistemas instintivos ainda não está desenvolvido, ou o está apenas de forma rudimentar. [...] A coexistência dos dois sistemas de instintos é uma hipótese que facilitaria as coisas [...] (OC 4, § 241-242).

No entanto, Jung chegou a afirmar que existem "muitas conexões íntimas entre as funções nutritivas e sexuais" (OC 4, § 291). Estou convencido de que se Jung não estivesse preso a uma atitude tão unilateral (sem sexo na infância) quanto Freud (nada além de sexo na infância), teria sido capaz de explorar isso ainda mais.

Em relação à psicopatologia da relação mãe-bebê, Jung descreve o resultado de uma expectativa arquetípica que não é atendida. Nesse caso, é uma expectativa arquetípica mantida pelo bebê. Se a experiência pessoal não consegue humanizar a imagem arquetípica, o indivíduo é obrigado a tentar alcançar uma conexão direta com a estrutura arquetípica que sustenta a expectativa; tentar viver com base na imagem arquetípica. A patologia também resulta da confirmação, pela experiência, de apenas um polo das possibilidades positivas/negativas disponíveis. Assim, se experiências ruins predominam sobre as boas na infância, então o polo da "mãe ruim" da gama de expectativas é ativado, e não há contrapeso. O indivíduo pode ser dito estar "possuído" pela imagem da mãe ruim. Da mesma forma, uma imagem idealizada da relação mãe-bebê pode levar apenas o extremo "bom" do espectro a ser experimentado, e o indivíduo nunca chegará a um acordo com as decepções e realidades da vida.

Se nos voltarmos para as teorias psicanalíticas atuais da relação mãe-bebê, podemos ver que as nuances expressas no trabalho de Jung também estão presentes, embora, às vezes, expressas em termos diferentes. Em seu livro *Narcissus and Oedipus: Children of psychoanalysis*, Hamilton (1982, p. 28) descreve as várias vertentes da psicologia infantil psicanalítica e traça essas visões da criança que variam de uma orientação passiva e negativa a uma orientação ativa e positiva. No extremo passivo, encontramos Freud com sua ideia de narcisismo primário (do qual o bebê relutante precisa ser "tentado"), Mahler (simbiose entre mãe e bebê) e Kohut. Na descrição de Hamilton, todos esses teóricos veem a criança como tendo uma atitude relativamente passiva em suas primeiras relações. Movendo-se ao longo da escala, encontramos a teoria das relações de objeto, como a desenvolvida por Klein. Em seguida, vêm ideias de intensa relação entre mãe e bebê (Balint). Finalmente, há as teorias mais "ativas" de "sincronia interacional" (Bower) e o destaque de Winnicott à mutualidade.

Jung se insere no gráfico de Hamilton, embora não tenha desenvolvido essas ideias tanto quanto os psicanalistas que a autora menciona, em sua concepção da criança como dominada pela psicologia de seus pais (passiva) e como um indivíduo ativo. Uma crítica ao gráfico de Hamilton é que ela não distingue claramente quais teóricos usam uma perspectiva intrapsíquica, quais usam uma perspectiva interpessoal e, se houver, quais usam ambas.

Mecanismos psicológicos precoces. Jung deu descrições de mecanismos psicológicos, alguns dos quais aplicou a estados infantis, embora todos antecipem a teoria das relações objetais.

O primeiro mecanismo é a dissociação, que geralmente é vista na psicanálise kleiniana como uma defesa precoce, envolvendo o controle do objeto e dividindo-o em uma parte boa e uma parte má. Da mesma forma, o ego também é dividido em bom e mau (Segal, 1973, p. 128). O indivíduo pode desfrutar do bem ou atacar o mal, com base na dissociação com menos confusão e menos medo de punição ou perda.

Jung fala sobre dissociação em relação à mãe ou, mais precisamente, à imagem da mãe. Jung se referiu à "mãe dupla" (em 1912) e isso pode ser entendido de duas maneiras: primeiro como a dualidade entre a mãe humana e pessoal e o arquétipo da mãe e, segundo, como a dualidade entre as versões boas e más da mãe real ou arquetípica (OC 5, §111 e 352). Provavelmente devemos colocar "real" e "arquetípico" entre aspas, porque a mãe real tem um ingrediente arquetípico e a mãe arquetípica requer evocação pessoal. Podemos apresentar as dualidades esquematicamente:

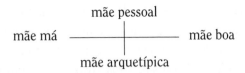

Um segundo mecanismo é referido por Jung como "identidade primitiva". Com isso, ele quer dizer uma semelhança *a priori* baseada em uma não diferenciação original do sujeito e do objeto. Tal identidade, por exemplo, como experimentada pelo bebê em relação à mãe, é inconsciente e uma "característica do estado mental do início da infância" (OC 6, § 741-742). Em 1921, então, Jung havia descrito um estágio de desenvolvimento semelhante à "área de criação" de Balint (1968) e à fase autística normal de Mahler (1975). Em todos esses casos, o foco é colocado na falta relativa de diferenciação sujeito-objeto. A contribuição de Jung é notável por seu destaque em uma semelhança já existente, uma tendência inata à identidade, em vez de uma semelhança que é descoberta através da experiência ou alcançada através da fantasia. Ele e a maioria dos outros teóricos considerariam isso como identificação (cf. Laplanche & Pontalis, 1980, p. 205).

Mais importante do que a identidade primitiva é o uso que Jung faz de um tipo especial de identidade para o qual usa o termo "participação mística". Essa é uma frase que emprestou de Lévy-Bruhl, o antropólogo. Na antropologia, isso se refere a uma forma de relação com um objeto (significando "coisa"), na qual o sujeito não pode distinguir a si mesmo da coisa. Isso se baseia na noção cultural de que a pessoa e a coisa – por exemplo, um objeto de culto ou artefato sagrado – já estão conectadas e, quando o estado de participação mística é ativado, essa conexão ganha vida.

Jung usou o termo a partir de 1912 para se referir às relações entre pessoas nas quais o sujeito, ou parte dele, exerce uma influência sobre o outro, ou vice-versa, de modo que os dois se tornam momentaneamente indistinguíveis para o ego do sujeito. Em linguagem psicanalítica mais moderna, Jung está descrevendo a identificação projetiva, na qual uma parte da personalidade é projetada no objeto e o objeto é, então, experimentado como se fosse o conteúdo projetado. Por exemplo, um bebê pode projetar sua agressão no seio da mãe. Se ele o fizer com intensidade suficiente, identificará o seio com sua própria agressão e se sentirá atacado ou perseguido pelo seio. O conteúdo é projetado sobre ou para dentro do objeto, que é então identificado com o conteúdo.

A identificação projetiva ou a participação mística são defesas precoces que também aparecem na psicopatologia adulta. Elas permitem ao sujeito controlar o objeto ou, pelo menos, manter a ilusão de controle, definindo o objeto externo ou "colorindo-o" de acordo com a visão de mundo interior do sujeito. Dessa forma, a herança arquetípica do bebê exerce sua influência sobre o mundo externo, de modo que podemos falar em esquemas subjetivos de experiência ou de objetos arquetípicos (cf. p. 99-103).

Há também uma semelhança entre a participação mística e a noção de objeto de si mesmo, de Kohut, na qual a divisão usual de si mesmo e objeto é desafiada (cf. p. 255). Uma outra conexão pode ser feita com a ideia de "acasalamento" entre o que é inato e o que é ambiental, de Bion.

Jung utilizou a ideia de projeção e introjeção (OC 6, §§ 767-768 e 783-784). Não há necessidade de discutir o uso desses termos em detalhes, pois é relativamente não idiossincrático. No entanto, podemos considerar sua noção de que a projeção pode consistir em conteúdos coletivos, tanto quanto pessoais, seu foco no papel da "projeção ativa" na empatia e seus comentários sobre a diminuição da pessoa causada pela projeção, o que leva eventualmente à necessidade de recolher projeções (cf. von Franz, 1980).

A libido pré-edipiana. Temos discutido Jung como pioneiro da psicologia do desenvolvimento pré-edipiano. Ele apresentou várias ideias sobre a libido e de como ela poderia ser descrita como pré-existente ao complexo de Édipo. O que Jung fez foi acentuar o componente emocional do processo libidinal especificamente instintual. Observou que o afeto de uma criança é tão intenso quanto ao de um adulto, o que, aliás, é mais um motivo para contestar uma definição exclusivamente sexual de libido, esta última enfatizando a diferença entre a libido infantil e adulta.

Jung mencionou, em 1913, uma "libido alimentar" (OC 4, § 269). Em outros textos, observou que, se um objeto venerado está relacionado para uma criança, à região anal, então isso deve ser visto como uma forma de expressar respeito. Jung percebeu, portanto, a conexão entre a analidade e a criatividade, algo que muitos outros teóricos desenvolveram.

O foco de Jung era na transformação da libido e, em particular, no movimento da energia psíquica "para cima", do instinto para as áreas de formação de valores e espiritualidade. O problema era, e continua sendo, como manter as conexões entre instinto e espírito sem perder o sentido das diferenças.

A psicanálise também se preocupa com a transformação da libido instintual. Mas, além da espiritualidade e formação de valores, é dada mais ênfase à transformação da libido em relacionamentos. Rycroft sugere que

Jung e os pós-junguianos

> durante os últimos trinta e cinco anos, mais ou menos, analistas freudianos de todas as escolas têm, cada vez mais, considerado [as zonas erógenas] como veículos pelos quais as relações da criança com seus pais são mediadas (Rycrot, 1972, p. xxiv).

Rycroft afirma sobre a fase anal:

> [essa fase] agora é vista não apenas como um período durante o qual as crianças pequenas estão preocupadas com suas funções anais, mas também como um período durante o qual estão aprendendo o domínio do próprio corpo e enfrentando o problema de tornar seu comportamento aceitável para os adultos (Rycrot, 1972, p. xxv).

Diferenciação. Este é um termo usado frequentemente por Jung, e de diversas formas. Em sua principal definição, em 1921 (OC 6, § 705), o autor falou da diferenciação como a separação de partes do todo. Por exemplo, concentrando-se e tendo consciência da existência relativamente separada dos complexos ou dos órgãos da psique.

Um segundo uso está relacionado à individuação. Aqui, pode-se dizer que uma pessoa se diferenciou das outras. Ou, de outra forma, para ter diferenciado a si mesmo, houve uma diferenciação da pessoa como um todo além da unidade – lateralidade ou divisão desnecessária.

A noção de diferenciação pode ser usada em conexão com a primeira infância e com a infância, ao menos porque permite falar de seus corolários: não diferenciação e pré-diferenciação. Esses são estados psicológicos (não diferenciados), nos quais limites adequados não foram mantidos. Pré-diferenciação sugere um aspecto normal do desenvolvimento precoce; não diferenciação é mais uma categoria psicopatológica.

Um esquema psicossomático. Em 1913, Jung introduziu um modelo de crescimento psicossomático que conecta maturação fisiológica e simbolismo psicológico de maneira notável (OC 4, §§ 290-291). Ele sugeriu que, ao longo da infância, a libido está lentamente se movendo em direção a uma forma sexual. Jung viu como característica central desse processo a forma como a sucção deixa de ser uma função de nutrição e se torna uma atividade rítmica, visando ao prazer e à satisfação. Tal ritmo se torna a base ou modelo para a estimulação manual das várias partes do corpo. Eventualmente, a mão que "esfrega, perfura, escolhe, puxa" alcança os órgãos genitais e a masturbação se segue. O elemento-chave para nós nesta descrição é a maneira como o ritmo manual posterior é dito derivar, o que significa simbolizar, o ritmo de sucção anterior. Utilizamos o termo simbólico porque a masturbação na infância aponta para a sexualidade genital completa e é, portanto, uma atividade prospectiva e não apenas um substituto para a experiência de sucção no passado.

Um modelo como esse também nos permite postular regressão, bem como progressão ao longo de um espectro: sucção nutricional – sucção hedonística – exploração manual do corpo – estimulação genital manual – genitalidade. Também podemos ver a fase de exploração do corpo como conectada à formação de uma fronteira de pele.

Para fins de completude, quero observar algumas outras características da contribuição de Jung para a psicologia do desenvolvimento inicial, que foram discutidas completamente em outras partes do texto: sua teoria de formação do ego decorrente de ilhas de consciência (cf. p. 146) e sua abordagem aos símbolos (cf. p. 195ss.). Podemos conectar a abordagem de Jung à de Winnicott (1971), por meio do uso da ideia de objetos

Jung e os pós-junguianos

transicionais. Como vimos, a formulação paradoxal de que tais objetos são a "primeira posse não-eu" se encaixa exatamente na função que Jung estabelece para um símbolo: ele deve ligar aparentes irreconciliáveis de maneira única.

A visão dividida de Jung da psicologia infantil também foi discutida neste capítulo. A visão da criança como um indivíduo sustenta a análise infantil. A criança pode ser fortalecida para sobreviver a um ambiente doméstico difícil, mesmo hostil ao tratamento, precisamente porque é um indivíduo com suas próprias forças. Por outro lado, a visão da criança como um repositório de psicopatologia parental sustenta a terapia familiar; praticantes proeminentes nesse campo reconhecem a dívida com Jung (cf. p. 330).

Para recapitular: examinamos áreas em que a contribuição de Jung para as teorias do desenvolvimento precoce da personalidade merece distinção. Elas foram:

- ênfase na mãe
- descrição de mecanismos psicológicos precoces
- teoria da libido pré-edipiana
- diferenciação
- um esquema psicossomático
- teoria da formação do ego
- símbolos

Devido à solidez disso, não acho que possamos concordar com Glover quando se refere à "versão de sala de estar do desenvolvimento psíquico" de Jung (Glover, 1950, p. 50) ou quando afirma que Jung rejeitou qualquer teoria de desenvolvimento mental individual (Glover, 1950, p. 41).

Neste ponto, quero mostrar como os pós-junguianos avançaram, o que eles rejeitaram ou adaptaram nesse modelo e o que eles adotaram de outros lugares.

Visões pós-junguianas sobre o desenvolvimento inicial

A esta altura, os leitores já devem ter percebido que há oposição entre as teorias de Fordham e Neumann. Por exemplo, vimos no capítulo 3 como eram diferentes suas visões sobre a consciência do ego. No capítulo 4, ficou claro que ambos os pensadores têm uma concepção diferente do si-mesmo. Em certo grau, sua oposição teórica decorre do fato paradoxal de que ambos optaram por suprir as deficiências que perceberam na psicologia analítica decorrentes da relutância de Jung em codificar suas ideias sobre o desenvolvimento inicial. No entanto, *mutatis mutandis*, Fordham e Neumann estão em conflito como representantes das Escolas Desenvolvimentista e Clássica, respectivamente.

Como a base intelectual das diferenças entre esses dois escritores é a abordagem dissimilar que possuem sobre a infância e a primeira infância, gostaria de apresentar suas ideias de forma paralela e comparativa. Embora essa tarefa tenha dependido da minha própria compreensão do trabalho de ambos, minhas fontes específicas são o livro *The child* de Neumann (1973, publicado postumamente, em alemão, em 1963 e, segundo a Sra. Neumann me informou, escrito entre 1959-1960), *The emergence of child analysis*, de Fordham (1980a), e a compreensão clara de Lambert sobre as visões de Fordham em seu livro *Analysis, repair and individuation* (1981a). Devo enfatizar que tanto Fordham quanto Neumann escreveram muito mais amplamente do que essa concentração no desenvolvimento inicial pode indicar.

Selecionei quatro tópicos para facilitar a comparação: (1) os estágios iniciais, (2) a relação mãe-bebê, (3) os processos maturacionais e (4) a psicopatologia.

Fordham
(1) Os estágios iniciais
As visões de F. sobre o desenvolvimento precoce enfatizam sua derivação da observação objetiva de mães e bebês; portanto, parece ocupar o extremo empírico da dicotomia empirismo-empatia. No entanto, as visões de F. contêm um elemento substancialmente subjetivo, uma vez que também derivam de material analítico do trabalho com adultos e crianças. F. postula um si-mesmo primário, existente, de certa forma, antes do nascimento, e contendo todos os potenciais psicofisiológicos. Esses assumem a forma de expectativas arquetípicas do ambiente e predisposições – maneiras de perceber, agir e reagir ao ambiente. O si-mesmo primário também contém o potencial para a consciência do ego, mas de forma fragmentada. Mais importante, o si-mesmo primário carrega o que poderia ser categorizado como propensões inatas e individualizadoras. Isso incluiria uma tendência ao crescimento, um fator teleológico, uma capacidade homeostática e várias funções de autoproteção. A tendência ao crescimento é encapsulada na capacidade do si-mesmo primário de se desintegrar e, em seguida, se reintegrar de maneira rítmica (cf. abaixo na seção sobre processos de maturação). A desintegração envolve mais do que uma relação crescente com o ambiente; devemos lembrar que partes diferenciadas do si-mesmo desfrutam de seu próprio conjunto de relacionamentos intrapsíquicos. O bebê é separado de sua mãe a partir do momento da concepção e continua sendo uma pessoa separada. Sua tarefa é estabelecer um relacionamento com a mãe mesmo quando o relacionamento mais precoce é de caráter fusional ou de participação mística. O bebê possui capacidades perceptivas bem desenvolvidas (cf. p. 157-159) e é concebido por F. como um bebê ativo em sua capacidade de atrair as sensibilidades de sua mãe e se conectar a ela. Ele nasce capaz de se adaptar; a adaptação não deve ser entendida como aquiescência, mas envolve a habilidade de influenciar e dominar o mundo externo para que, eventualmente, o bebê e a mãe se conheçam como um todo. Apesar do fato de que as relações de objeto completas não estão em operação, a cena é absolutamente humana; até mesmo o funcionamento de um objeto parcial é pessoal.

Neumann
(1) Os estágios iniciais
A concepção de N. sobre o desenvolvimento precoce é derivada principalmente de fontes subjetivas, ou seja, uma extrapolação empática a partir de material adulto, e ele afirma especificamente que está tentando visualizar o desenvolvimento precoce "de dentro", como o bebê o experimenta. Ao mesmo tempo, assim como com F., descobrimos que isso não é o quadro completo. N. também afirma usar um

316 Coleção Reflexões Junguianas

ponto de vista objetivo, derivado do uso de material mitológico, não relacionado a nenhuma pessoa específica, como metáforas para fenômenos psicológicos. N. se refere a um segundo nascimento psicológico do bebê que ocorre no final do primeiro ano. (Também se refere a um terceiro nascimento quando a criança entra na cultura predominante.) Denomina as primeiras etapas de fases embrionárias extrauterinas, implicando que o bebê não está totalmente formado como pessoa e o si-mesmo pode ser melhor concebido como integrado em um ambiente materno e aquoso. N. sustenta que as várias etapas do desenvolvimento são condicionadas de forma arquetípica e, em geral, há relativamente pouco estresse no ambiente receptor de elementos arquetípicos. A fase inicial do desenvolvimento também é caracterizada como não ego ou pré-ego, e N. usa a imagem do uróboro para expressar as características dessa fase. Deve ser lembrado que o uróboro serviu como uma imagem de onipotência infantil, negação de ter uma mãe e falta de senso de limite. À medida que, no estado mais primitivo, o uroboros desperta uma forma especial de regressão, semelhante a um anseio pelo inconsciente por um lado e, por outro, a um desejo de fusão com uma mãe criativa. Embora o ego não esteja ativo no uroboros, ele existe em uma forma passiva, como núcleos de ego ainda não despertos. Como vimos no capítulo anterior, N. vê a mãe como "portadora" do si-mesmo da criança ou, às vezes, como o próprio si-mesmo da criança.

Fordham
(2) A relação mãe-bebê
F. enfatiza que a mãe não é onipotente, mas sim metade de uma relação. O resultado do desenvolvimento inicial será satisfatório com nada mais do que uma maternagem comum, e é importante não idealizar o papel da mãe. A mãe facilita o crescimento, especialmente pela sua capacidade de conter o bebê. Isso pode ser visto como uma extensão da contenção no útero, expressa no ato físico de segurar. No entanto, há mais implícito. A contenção também é expressa no olhar da mãe, em sua fala e em sua presença geral. Além disso, sua preocupação com o bebê proporciona uma forma de contenção mental (ele está em seus pensamentos) e dá sentido ao mundo para o bebê. A mãe permite-se ser afetada pelo bebê e usa suas capacidades empáticas em relação a ele. Ela absorve as emoções do bebê, as compreende e depois as devolve, transformadas e compreensíveis. A mãe e o bebê estão em uma relação sistêmica e cada um afeta o outro. Mas isso não é de forma alguma uma relação simbiótica.

Neumann
(2) A relação mãe-bebê
N. se refere a isso como a "relação primordial", caracterizada pela total dependência do bebê em relação à mãe. O instinto de autopreservação do bebê tentará manter esse vínculo existente. O corpo da mãe é o mundo no qual o bebê vive e, nas fases iniciais, a criança tem pouco mais do que um "corpo-próprio", que, de qualquer forma, está cativo na relação embrionária primordial. Isso é descrito ainda como

uma "união dual" em que mãe e bebê, objetivamente separados, estão funcionando psicologicamente como um. A mãe é vista como a "Grande Mãe Boa", ela contém, nutre, protege e aquece seu filho. N., de forma um tanto alarmante, à primeira vista, a descreve como não pessoal, anônima, transpessoal, arquetípica. Sob exame, ele está apenas se referindo à sua instintividade *qua* mãe. No entanto, N. descarta a possibilidade de a mãe ser vista como uma pessoa humana pelo bebê; e isso não ocorre durante um bom tempo em sua visão, de modo que é apenas no final do primeiro ano que as várias funções maternas são humanizadas e vivenciadas na pessoa da mãe. Uma relação eu-tu então pode surgir entre mãe e bebê, mas mesmo assim "a relação primordial ainda é todo o campo de vida da criança [...] mesmo assim, a mãe continua sendo toda poderosa" (Neumann, 1973, p. 25). N. vê a participação mística da mãe e do bebê como existente desde o nascimento e não como algo a ser alcançado. Ele também observa que o controle e a regulação do desenvolvimento infantil são inicialmente exercidos exclusivamente pela mãe (em contraste com F.). Ao mesmo tempo, N. também parece reconhecer o efeito desencadeador que um bebê tem sobre sua mãe; ele cita pesquisas sobre tópicos como a forma da cabeça do bebê estimula uma resposta materna.

Fordham

(3) Os processos maturacionais

F. vê um processo de desenvolvimento contínuo, baseado em movimentos de desintegração-reintegração, à medida que os vários arquétipos elementos do si-mesmo primário se unem ao ambiente. Quando, por exemplo, a expectativa arquetípica de uma predisposição para se relacionar com o seio se reintegra do si-mesmo primário, espera-se que ela encontre um seio ou mamilo real. Após esse encontro ocorrer de maneira confiável ao longo de um período de tempo suficiente, o si-mesmo será capaz de reintegrar algo bastante diferente do que foi desintegrado originalmente. O bebê agora tem a base para um objeto interno verdadeiro. As primeiras relações são puramente com partes do objeto e todo o processo rítmico pode ser comparado à respiração. À medida que o tempo passa e o desenvolvimento prossegue, mais e mais objetos serão internalizados. Sempre haverá potenciais arquetípicos que não são realizados, assim como imagens arquetípicas que afetam o comportamento, mas que não tenham, ou que não tenham ainda, sido totalmente compreendidos, embora, tenham encontrado uma correspondência ambiental satisfatória. O bebê, é claro, não sabe que está se desintegrando, mas tem consciência de estar experimentando algo, geralmente em conexão com uma zona corporal e acompanhado de excitação. Por outro lado, a reintegração envolve o sono ou estados sonolentos de tranquilidade. É um momento em que o bebê precisa se sentir separado enquanto assimila e digere o processo desintegrativo emocionante. Ele reagirá negativamente a invasões de sua privacidade. No que diz respeito ao impacto do pai, F. sugere que o elemento-chave é a transição do funcionamento entre duas pessoas para o funcionamento entre três. A triangulação é novo elemento e não algum estilo radicalmente diferente de consciência.

Neumann
(3) Os processos maturacionais

A concepção de N. é bastante diferente da de F. Após a fase urobórica, ele sugere que a criança passa por uma fase matriarcal e, depois, por um estágio patriarcal de desenvolvimento. Os fundamentos da fase matriarcal abraçam "o abrigo na continuidade da existência" (Neumann, 1973, p. 39). Há um desenvolvimento gradual de uma relação entre duas pessoas que serve como base para todos os relacionamentos subsequentes. A fase urobórica mascarou a dualidade da mãe e do bebê; na fase matriarcal, isso se torna primordial e inclui a capacidade de integrar experiências negativas. Isso leva à formação de um ego integral que possui algumas capacidades defensivas; em particular, os sentimentos negativos são ab-reatados ou descarregados. No entanto, esse ego integral não existe antes do início do segundo ano. N. utiliza a ideia de **animus** de Jung (cf. o capítulo 7 desta obra) para explicar a presença do pai. Inicialmente, ele é encontrado no aspecto fálico da mãe, o que significa que ainda é subordinado à Grande Mãe. Gradualmente, a figura do pai emerge, muitas vezes como um ideal (cf. si-mesmo-objeto idealizado de Kohut) e guardião dos valores espirituais dentro da família. N. sugere que o desmame, entendido como algo além de um evento literal, representa a transição entre essas duas etapas bastante diferentes. Se o cronograma interno de desenvolvimento da criança for seguido, o desmame não será traumático, especialmente se a mãe compensar a redução de contato corporal com beijos e carícias na criança. A visão de N. é que as imagens do pai e da mãe estão imediatamente em tensão. Ele faz uma distinção entre atributos "masculinos" (consciência, atividade, movimento, agressão, destruição, penetração) e os atributos "femininos" (inconsciência, proteção, abrigo, absorção), mas deixa espaço para que esses atributos se misturem nas figuras parentais reais.

Fordham
(4) Psicopatologia

O enfoque de F. é em até que ponto o bebê pode tolerar o inevitável choque entre a expectativa arquetípica e o mundo real externo. Um certo grau de atrito é necessário e estimula o aumento da consciência. No entanto, se houver uma sensação tão intensa de raiva e decepção com a situação menos que perfeita que o bebê não possa suportar, ele se sentirá fragmentado e incapaz de lidar tanto com seus impulsos internos quanto com as demandas externas. Do ponto de vista psicopatológico, existem duas possibilidades: o indivíduo cresce com um ego fraco ou o indivíduo superorganiza seus sentimentos e se arma contra o mundo com onipotência, com suposições superiores sobre como o mundo deveria ser, e com defesas narcisistas (cf. defesas do si-mesmo, p. 249).

Neumann
(4) Psicopatologia

N. se assemelha a F. com sua concepção de um "ego de angústia". Isso ocorre quando a atmosfera protetora do uroboros e da fase matriarcal é quebrada

Jung e os pós-junguianos 319

prematuramente, e o ego do bebê é despertado muito cedo, "levado à independência pela situação de ansiedade, fome e angústia" (Neumann, 1973, p. 77). Isso é a origem do narcisismo, visto por N. como envolvendo uma incapacidade de tolerar experiências negativas. O ego de angústia permanece permanentemente dependente e clamará estridentemente pela satisfação de suas demandas, que tendem a ser vistas pelo sujeito como maiores do que realmente são. Uma segunda consequência de uma falha na relação primordial, uma falha que leva à ativação do ego de angústia, é uma tendência aumentada à agressão e um sentimento concomitante de culpa. Essa agressão é bastante diferente da assertividade saudável do ego. N. relacionou, assim, um ego fraco ao narcisismo, a exigências excessivas e à agressão. Elas surgem de uma interrupção da relação primária entre mãe e bebê.

Ideias compartilhadas

A área comum mais óbvia é a questão da "responsabilidade para com Jung". Vimos como Fordham alinhou seu conceito de si-mesmo primário às ideias de Jung (cf. p. 231). A dívida de Neumann para com Jung é igualmente óbvia. Eu selecionaria uma característica em particular. O aspecto duplo do uroboros como uma forma de morte pessoal e psicológica e, inversamente, significando regeneração espiritual, está de acordo com a tese de Jung de que a regressão à mãe é horrível e atraente ao mesmo tempo.

Os autores também compartilham a determinação de não idealizar a maternidade (embora Fordham acuse Neumann de idealizar a infância). Neumann afirma que a mãe pode ser substituída em certas circunstâncias (Neumann, 1973, p. 21), e seu destaque na natureza automática dos processos de desenvolvimento enfatiza o quanto do que a criança vê na mãe decorre das necessidades psicológicas atuais da criança.

Fordham (1981), em sua crítica a Neumann, faz um resumo das ideias do autor em linguagem psicodinâmica, com o intuito de ver se há algo de valor nelas. O resumo de Fordham:

320 Coleção Reflexões Junguianas

no início, existem estágios passivos, principalmente perceptivos, mas possivelmente reflexivos e ativos, principalmente motores, do ego; em seguida, são desenvolvidas fantasias nas quais sujeito e objeto não estão bem definidos e afetos mágicos seguem; esse estado pode levar a tentativas maníacas (belicosas) de triunfar sobre adversários [...] mais tarde, o ego se desenvolve e a atividade que é relativamente livre de conflitos, [...] (Fordham, 1981, p. 117).

A pergunta que me interessa é se tal resumo destrói a essência da teoria de Neumann. Pode-se ver claramente que as diferenças entre a linguagem científica e metafórica não ajudam a compreensão mútua. A imagem é complicada pela insistência de Fordham de que ele também está interessado em empatia e pela afirmação de Neumann de que ele também é empiricamente objetivo. É possível dizer que cada teoria é metade de um todo. Vistos juntos, os modelos de Fordham e Neumann nos permitem falar de uma abordagem junguiana ao desenvolvimento inicial com importantes diferenças de opinião expressando-se nas Escolas.

Se a abordagem junguiana for comparada à psicanálise contemporânea, a teoria de Fordham enfatiza a atividade do bebê e, portanto, dá impulso às ideias de "sincronia interacional" e as insere dentro de uma metapsicologia (o si-mesmo primário e seus desintegrados); isso ainda não foi feito na psicanálise.

Neumann, por outro lado, pode se considerar um dos pioneiros na formação de ideias sobre o espelhamento na infância. Sua proposição, em 1959, de que a mãe carrega o si-mesmo do bebê, ou seja, um senso de completude e aceitação do bebê que é então transmitido de volta a ele, pode ser comparada a várias fórmulas psicanalíticas. Estou pensando na descrição de

Winnicott (1967) do rosto da mãe como o primeiro "espelho" do bebê, na imagem de Kohut (1977) da mãe como um "espelho alegre" do bebê e no estágio do espelho de Lacan (1949) no qual, afirma-se, "o reconhecimento do si-mesmo no espelho ocorre em algum lugar entre os seis e oito meses de idade" (Lemaire, 1977, p. 79). Essas visões psicanalíticas foram resumidas por Dare e Holder (1981):

> A mãe pode ser compreendida como [...] refletindo as primeiras qualidades do si-mesmo do bebê no próprio bebê [...] especulamos que a primeira experiência desarticulada do que posteriormente se tornará o si-mesmo é essencialmente afetiva, derivada das sensações corporais e interações com a mãe (Dare & Holder, 1981, p. 327).

Não estou esquecendo, ao fazer essa afirmação em nome de Neumann, que o si-mesmo da psicologia analítica e o da psicanálise apresentam diferenças. Mas no capítulo 4, observamos que, mesmo em sua forma mais "elevada", o si-mesmo se baseia no que aconteceu no desenvolvimento inicial. É adequado concluir essa comparação entre Fordham e Neumann com essas sugestões sobre suas realizações.

Psicologia analítica e relações objetais

A Escola Desenvolvimentista tem ido de encontro tanto a Escola Kleiniana da psicanálise, também baseada em Londres, quanto a vários teóricos britânicos das relações objetais, influenciados por Klein, mas que não membros de seu grupo. Não proponho fazer nada além do que mostrar como tal aproximação e influência podem ter ocorrido. Isso ocorre porque deve ser um mistério para muitos junguianos clássicos como tais eventos aconteceram, e consequentemente, o movimento tem sido visto como um afastamento em vez de um desenvolvimento (cf. a atitude de Adler em relação aos "neo-junguianos", p. 56).

Em resumo, a concepção de Freud sobre as forças energéticas hipotéticas, decorrentes da estimulação do sistema nervoso por meio das zonas erógenas, foi considerada inadequada por alguns psicanalistas. Em vez disso, o desenvolvimento foi concebido cada vez mais em torno das experiências e relacionamentos com objetos, ou seja, partes de pessoas, pessoas ou símbolos de ambos. Isso aproxima a psicanálise da vida como é vivida e também permite mudanças na técnica para se adequar à teoria.

Em um artigo penetrante intitulado *British object relations theorists*, o psicanalista Sutherland (1980) abordou o trabalho de Klein e examinou com detalhes o de Balint, Winnicott, Fairbairn e Guntrip. Ele viu Klein como uma teórica inspirada que não sistematizou suficientemente seu trabalho; além disso, o papel do objeto externo (a mãe real) é drasticamente subestimado. Sutherland nos diz que Balint e Winnicott "se recusaram a se tornar hereges psicanalíticos ao tentar formular [...] uma teoria estrutural revisada" (Sutherland, 1980, p. 833); isso significa que eles nos deixam com descrições metafóricas em vez de uma teoria explicativa.

Fairbairn e seu associado Guntrip realmente tentam desenvolver uma nova metapsicologia. Por exemplo, em vez do desenvolvimento zonal (oral, anal, genital), Fairbairn escreveu em termos da mudança na qualidade da dependência e dos relacionamentos precoces, gradualmente abandonando a teoria da libido baseada em zonas erógenas. Assim como os outros teóricos mencionados também o fizeram, embora de forma menos específica do que Fairbairn, podemos ver como um terreno comum foi facilmente estabelecido com os junguianos.

Embora Fairbairn originalmente se referisse a um ego unitário no início da vida, logo passou a se referir a isso como um si-mesmo que "busca relacionamentos como sua necessidade primária" (Sutherland, 1980, p. 847). Uma distinção entre o si-mesmo de Fairbairn e o da psicologia analítica (seja de Jung, Neumann ou Fordham) é que, para Fairbairn, o si-mesmo é essencialmente uma "matriz reativa" em vez de uma agência iniciadora.

A ideia do si-mesmo como fonte de potencial arquetípico acrescenta algo às teorias psicanalíticas do desenvolvimento das relações objetais? Vimos que Sutherland sente que Klein não conseguiu abraçar simultaneamente o mundo da fantasia interna inconsciente e o mundo da mãe real e do bebê, enfatizando demais o mundo interno. Neste ponto, observamos que os outros teóricos das relações objetais preenchem "seus" si-mesmos com material derivado da reação do bebê aos objetos externos. Portanto, há uma posição intermediária que é aberta e atrativa para a psicologia analítica do desenvolvimento.

Sutherland sentiu que a tarefa de compreender "o que é ser uma pessoa agente" (Sutherland, 1980, p. 854) é difícil. Acrescenta que não somos ajudados pela insistência de Fairbairn de que o mundo interior é criado para suprir as deficiências do mundo exterior (Sutherland, 1980, p. 854).

Sutherland continua dizendo que "imaginar um princípio organizador em ação não necessariamente nos leva a formas inatas" (Sutherland, 1980, p. 855). Eu responderia: "e daí se levasse?" Se falamos de estruturas inatas na psique, não estamos impedidos de falar, ao mesmo tempo, da personalização por meio da experiência dessas estruturas, ou da necessidade de contribuição pessoal da mãe e do bebê para realizar ou evocar tais estruturas.

Sutherland concluiu que podemos considerar o si-mesmo como uma estrutura supraordenada de grande flexibilidade e talvez com natureza de uma "força de campo". Sua função primária é conter e organizar os motivos de todos os subsistemas que se diferenciaram dele (Sutherland, 1980, p. 857).

Não vejo muita discordância disso do ponto de vista da psicologia analítica, nem com o veredicto de Sutherland de que

> O valor do si-mesmo conceituado como a matriz estrutural dinâmica global é que [...] podemos permitir que o si-mesmo seja dominado em diferentes momentos e em diferentes situações por qualquer um de seus subsistemas, como o superego (Sutherland, 1980, p. 857).

Esse é um ponto notavelmente semelhante ao feito e observado no capítulo 4 por Fordham, Hillman e Plaut, sobre a forma como uma parte do si-mesmo (parte do si-mesmo, imagem, luminosidade, objeto constante) pode funcionar, de maneira bastante saudável, com a capacidade total do si-mesmo de criar propósito e significado.

A seguir, serão apresentadas uma série de seções sobre aspectos específicos do desenvolvimento da personalidade: o pai, a família, o incesto e a psicologia da totalidade da vida.

Uma observação sobre o pai

A psicologia analítica do desenvolvimento contemporânea tem sido tão negligente em relação ao papel do pai no início do desenvolvimento quanto a psicanálise (cf. observações de Burlingham (1973) sobre a falta de literatura sobre o pai e a criança pré-edipiana). Apesar do interesse de Freud pelo pai como uma figura ameaçadora e proibitiva, os estudos pós-freudianos têm se concentrado cada vez mais na mãe. Embora Jung tenha escrito um artigo sobre *The significance of the father in the destiny of the individual* (OC 4), trata-se de um artigo psicanalítico inicial de 1909, com adições posteriores enfatizando o arquétipo do pai. Portanto, temos que examinar mais amplamente a obra de Jung para extrair as seguintes ideias sobre o pai:

- pai como oposto da mãe, incorporando valores e atributos diferentes.
- pai como um "espírito informador" (OC 5, § 70), representante do princípio espiritual e como contraparte pessoal de Deus-Pai.
- pai como um modelo de persona para seu filho.
- pai como aquilo do que o filho deve se diferenciar.
- pai como o primeiro amante e imagem do *animus* para sua filha.
- pai como ele se apresenta na transferência na análise.

Vou discutir gênero e sexo no capítulo 7, assim como a questão de existir atributos "masculinos" e "femininos".

Von der Heydt (1973) comenta que, na psicologia como um todo, a mãe pessoal tem sido superenfatizada a ponto de todas as dificuldades psicológicas subsequentes serem atribuídas a ela. (E, portanto, a imagem da mulher como ser erótico, ou como existente por si própria e separada do homem, tem sido subutilizada). A autora relaciona a exclusão do pai da psicologia a desenvolvimentos sociais e culturais. O pai já não é mais o chefe incontestável da família, já não é mais o único provedor, pois o estado de bem-estar social e a esposa trabalhadora compartilham esse fardo. E, eu acrescentaria, as características masculinas estereotipadas tradicionais não são mais tão valorizadas, em grande parte por causa do Movimento Feminista. Von der Heydt conclui que, mesmo na religião, Deus-Pai já não é uma figura central. Esses fenômenos constituem o pano de fundo para o nosso mundo moderno, com sua anarquia moral e ética relativista.

Seligman (1982) dá um nome psicológico para esse quadro geral: "o pai ausente". Ela se refere a um pai que é percebido como indisponível tanto pela mãe quanto pela criança. Questiona se o pai é excluído ou se ele mesmo se exclui. A mulher dominada por uma fantasia andrógina pode excluir o pai, querendo negar o papel de um "outro" masculino na produção da criança (cf. Samuels, 1976); ou, como sugere Seligman, mãe e criança podem trabalhar juntas para prolongar sua intimidade e adiar as vicissitudes do triângulo edipiano, excluindo, assim, o pai.

Quando o pai se exclui, tal fato decorre de sua própria formação e temperamento. Isso justifica a referência à falta de "empatia paternal" no lar. Seligman (1982, p. 19) acrescenta que um pai ausente provavelmente também será um marido ausente; ela vê esse casamento como "deteriorado", que requer que as crianças desempenhem comportamentos paternos substitutos em relação à mãe.

Os aspectos psicológicos das mudanças culturais mencionadas por Von der Heydt foram examinados mais detalhadamente por Dieckmann (1977), que se concentrou na questão da autoridade. Dieckmann distinguia três níveis de autoridade: baseada na violência e poder, reputação e prestígio, e no conhecimento e sabedoria. Na vida familiar, o pai utiliza todos esses elementos para promover a inibição instintual na criança.

Nas palavras de Dieckmann, "o pai faz a mediação entre o ser natural primitivo da criança, seu ambiente social e sua herança altamente diferenciada" (Dieckmann, 1977, p. 234). O autor examinou um número substancial de sonhos iniciais (ou seja, o primeiro sonho contado ao analista) trazidos por pacientes durante os primeiros dez anos de sua própria prática, quando se poderia supor que se apresentava como menos "autoridade". As imagens de autoridade nesses sonhos eram predominantemente de autoridade negativa ou destrutiva.

Dieckmann se preocupa com nossa civilização, porque a imagem de autoridade sadomasoquista é "parte do sistema psíquico interno não apenas dos membros da classe dominante, mas também das pessoas que se rebelam contra a repressão" (Dieckmann, 1977, p. 240). Ele reconhece que a análise só pode afetar os indivíduos, mas argumenta que a busca por uma fonte de autoridade menos contaminada pela violência e poder é vital.

Blomeyer (1982, p. 54ff.) também expressa uma preocupação cultural. Como desafiar a autoridade ou o pai sem sofrer o destino de Édipo – dormir com a própria mãe? Blomeyer não tem uma resposta, exceto pelo aumento da consciência que permitirá que o indivíduo se conscientize da conexão entre a revolta e a regressão. Por exemplo, a ligação entre o antiautoritarismo e o consumo de drogas; as drogas induzem estados passivos e regressivos (na cama com a mãe). Blomeyer nos informa que em 1919, o psicanalista Federn já falava da "sociedade sem pai", em referência ao cenário político contemporâneo após a Primeira Guerra Mundial. Lyons (comunicação pessoal, 1983) sugeriu que o atual interesse pelo pai e pelo pai ausente pode refletir consequências culturais e sociais das duas grandes guerras, com muitos países sob disciplina militar e muitos pais de fato, em alguns casos permanentemente, ausentes.

Kay (1981) concentrou-se, em contraste, em pais que, por motivos de sua psicopatologia pessoal, insistem em fornecer aos seus filhos a primeira experiência materna. Se um homem

> tem sérias dúvidas e confusão sobre sua identidade sexual e potência, a chegada de um bebê, especialmente um filho homem bonito e primogênito, pode ter um efeito muito poderoso e crucial (Kay, 1981, p. 215).

Kay cita um exemplo em que um pai idealizou seu filho, vendo-o como uma "criança divina heroica" e como uma "cura para suas próprias feridas". A criança foi obrigada a satisfazer as necessidades do pai e não lhe foi permitido se diferenciar. Essa criança se tornou paciente de Kay; no entanto, por coincidência, o pai em questão também havia passado por análise e a reconstrução da personalidade do pai feita por Kay pôde ser confirmada pelo analista do pai!

Carvalho (1982) enumerou as maneiras pelas quais o pai facilita o desenvolvimento psicológico do bebê. O pai é o primeiro representante da masculinidade e o primeiro outro significativo além da mãe. Ele, portanto, promove o funcionamento social. Além disso, ele é vital para a formação da identidade geracional e de gênero. Se o pai está emocionalmente ausente, a responsabilidade pela diferenciação recai sobre a criança. Isso pode ser fantasiado como destrutivo, porque não há chance de reconciliação ou reparação. A fantasia seria de uma vitória edipiana para um menino e de rejeição edipiana para uma menina. Um ponto adicional é que, se no desenvolvimento normal o pai simboliza a "capacidade de agência e de manipulação do ambiente" (Carvalho, 1982, p. 344), então sua ausência prejudicará a percepção dessa possibilidade de realização na criança.

Minha própria contribuição (Samuels, 1982) enfatizou a capacidade do bebê de discernir mãe e pai como entidades separadas para que, posteriormente, possa vê-los unidos em uma cena primordial. Eu estava preocupado com a maneira como a imagem mãe-bebê invadia a imagem da cena primordial, além de um ponto apropriado para a idade. Ou seja, é inevitável que inicialmente haja alguma projeção das frustrações e gratificações do próprio bebê em sua imagem do casamento de seus pais. Se isso persistir, então os relacionamentos futuros estarão em risco. Gradualmente, deve haver um reconhecimento por parte do bebê de que os dois relacionamentos, mãe-bebê, por um lado, e mãe-pai (marido-esposa), por outro, são distintos.

Finalmente, está sendo dada uma atenção especial à influência do pai na psicologia da filha. Shorter (1983) destaca que, no que diz respeito à sua iniciação na vida adulta como mulher, para a filha,

> a figura do próprio pai será decisiva, aquele cuja participação consciente, assim como a de Zeus [em relação a Perséfone], cumpre ou nega a responsabilidade incestuosa com consequentes efeitos na maturação psicológica da criança, independentemente de como o relacionamento deles seja ritualmente contido, representado e interpretado (Shorter, 1983, p. 8).

Além disso, conforme acrescenta Shorter, se o pai falha nesse aspecto, a mulher pode se esforçar para se tornar uma autoridade ou transformar um homem em uma autoridade paternal para si mesma, passando a servi-lo. Ela pode fugir de sua sexualidade ou maltratar seu corpo, como na anorexia nervosa. Ou pode falhar em se separar do pai e viver com ele (ou um substituto) como esposa substituta, enfermeira, secretária ou musa.

O leitor deve ter observado que vários dos estudos que discuti foram escritos desde 1980. Podemos especular que uma nova fase na exploração do desenvolvimento inicial pela psicologia analítica está em andamento. Nas palavras de Shorter, um "chamado de trombeta ao pai" foi feito.

Psicologia analítica, terapia familiar, dinâmica familiar

A descrição de Jung da criança influenciada pela psicologia e psicopatologia dos pais (a "vida não vivida" dos pais) sugere que ele tinha uma concepção esboçada de uma visão da neurose sendo causada pela dinâmica familiar. Não apenas os pais influenciam a criança, mas, segundo Jung, o nascimento, desenvolvimento e personalidade da criança também influenciam os pais (OC 4, §§ 91-92). Devido a esses elementos, Jung tem sido visto como precursor da terapia familiar baseada no exame da dinâmica da família. Skynner, um dos principais terapeutas familiares, observou:

> Desde o início [Jung] considerou os problemas psicológicos das crianças como geralmente expressivos de dificuldades no sistema familiar total, em que o alívio dos sintomas em um indivíduo pode levar ao desenvolvimento de sintomas em outro (Skynner, 1976, p. 373).

Skynner também observou a disposição de Jung em ver um aspecto educativo ou reeducativo na terapia e sua ideia do paciente "trabalhar" entre as sessões, ocasionalmente realizando

Jung e os pós-junguianos

tarefas definidas pelo analista. Ambas essas características estão presentes na terapia familiar.

Há dois elementos na interpretação de Skynner sobre Jung que são particularmente interessantes. Esses elementos são "sistema" e "sintoma". De acordo com Andolfi, "todo organismo é um sistema, uma ordenação dinâmica de partes e processos que interagem reciprocamente" (Andolfi, 1979, p. 6). Podemos observar esse uso da palavra "recíproco", que, vindo de um livro sobre a abordagem interacional da terapia familiar, nos remete à visão ambivalente de Jung: criança como indivíduo, criança como produto ou vítima da psicologia dos pais. O segundo elemento da apreciação de Skynner sobre Jung que podemos examinar diz respeito ao que é implicado pelos sintomas. Hoffman, também terapeuta familiar, definiu o sintoma, entre outras coisas, como "o precursor da mudança" (Hoffman, 1981, p. 347). Ela explora essa definição em detalhes; aqui podemos nos contentar em observar a semelhança com a concepção de Jung do sintoma como simbólico, apontando em duas direções – de volta à causa e adiante para a solução.

A teoria e a terapia dos sistemas familiares fazem uso, assim como Jung, do conceito de homeostase. Mas, na terapia familiar, isso é visto como algo que, muitas vezes, requer uma mudança para que ocorra o alívio. A família repetirá seus padrões desesperançosos a menos que algo seja feito a respeito.

Levou muito tempo para a terapia familiar se desvincular da psicanálise e desenvolver uma "epistemologia circular", que enfatiza a reciprocidade, o *feedback* e a interação, em contraste à epistemologia de causa e efeito de Freud (Draper, comunicação pessoal, 1982). Apenas podemos especular sobre o que poderia ter acontecido se a ortodoxia psicodinâmica predominante nos anos de 1950, quando a terapia familiar começou, fosse junguiana.

Perspectivas sobre o incesto e Édipo

Anteriormente, citei os comentários de Roazen de que a psicanálise contemporânea teria muito em comum com muitas das posições adotadas por Jung em 1913. É especialmente interessante examinar isso em relação ao complexo de Édipo e ao incesto.

As ideias de Jung sobre incesto frequentemente são intrigantes e tendem a ser omitidas nos resumos de seu trabalho. O autor utilizou as ideias de Layard (1942) para reformular a noção de incesto de Freud em termos de um retorno ao estado original não diferenciado, encontrado no corpo da mãe. Vimos que um desenvolvimento saudável requer tanto a separação quanto a regressão à mãe. Assim, embora Jung reconhecesse o complexo de Édipo como uma fase de desenvolvimento determinada arquetipicamente, resistiu à ideia de que era o coito real que era desejado.

A concepção de Jung sobre incesto (OC 5) é a de um símbolo, revelando tanto a necessidade de avançar além da mãe, do pai e do círculo familiar (o tabu do incesto) quanto, ao mesmo tempo, a necessidade oposta, a de regressão (o impulso incestuoso). A regressão simbólica à mãe é para regeneração ou renascimento, talvez antes de avançar no desenvolvimento (recarregamento?, como na teoria de Mahler).

O tabu do incesto proíbe a relação sexual e, portanto, a libido que impulsiona os impulsos incestuosos tende a se espiritualizar imperceptivelmente, de modo que o impulso incestuoso "malévolo" leva a uma vida criativa e espiritual.

Bloqueada no reino do instinto pelo tabu, a energia se move para o oposto do instintual, a espiritualidade. É uma enantiodromia impressionante ou um balanço para o oposto.

O trabalho de Shorter sobre a importância do pai para a mulher, mencionado anteriormente, é importante neste ponto. Isso ocorre porque equilibra a abordagem de Jung, que parece falar mais ocasionalmente da psicologia e do dilema masculino. Shorter mostra que podemos falar do envolvimento incestuoso com o pai como regenerativo para uma garota. Isso seria diferente do envolvimento da filha com a mãe, mais erótico, entre outras coisas. Portanto, fantasias incestuosas em torno da imagem do pai desempenham uma função similar de espiritualização para a garota, assim como as fantasias em torno de sua mãe desempenham para o menino.

Jung sugeriu que a tendência endogâmica de regeneração psicológica (a tentativa simbólica de se casar dentro da família) deve ser considerada como um instinto genuíno e não como uma perversão. Isso implica que o incesto simbólico deve encontrar expressão na fantasia, assim como o incesto real deve ser proibido. Seria patológico reprimir tanto o impulso quanto a proibição. Por exemplo, em conflito edipiano, podemos enfatizar o pai proibidor ou, inversamente, a capacidade do filho de lidar com seus sentimentos e fantasias negativas sobre a realidade psicológica da possessão de sua mãe por parte de seu pai. Se o filho puder alcançar tal aceitação, terá à disposição uma quantidade substancial de energia frustrada. Isso pode ser usado para fins espirituais ou criativos. Há uma semelhança neste ponto com a ideia psicanalítica de sublimação.

Por fim, o tabu do incesto cria na humanidade a necessidade de uma aliança de trabalho entre pai e filho ou mãe e filha, sem a qual não haveria cultura. Em termos freudianos, isso é a resolução do complexo de Édipo por meio da identificação com o genitor do mesmo sexo. Embora, por exemplo, pai e filho possam ser inimigos, eles também são aliados e, de qualquer forma, um dia o filho se tornará pai, casado com uma mulher de fora da família imediata (exogamia). Kohut (1982) expressou desta forma em seu último artigo antes de morrer: "a essência da experiência humana não está no inevitável conflito biológico entre gerações, mas na continuidade intergeracional" (Kohut, 1982, p. 406).

Para resumir: o impulso em direção ao incesto simbólico precisa ser equilibrado com o tabu. O incesto pode ser considerado simbólico, porque une os seguintes pares de opostos: regressão/progressão, endogamia/exogamia, instintualidade/espiritualidade, hostilidade pai-filho/aliança pai-filho (ou hostilidade mãe-filha/aliança).

Há outra maneira completamente diferente de ver a resolução edipiana, proposta pela primeira vez por Searles (1959). Essa ideia envolve enfatizar o papel do genitor amado do sexo oposto de ajudar a criança a adquirir força suficiente para aceitar a irrealizabilidade de seus anseios edipianos. O que é necessário é que a criança reconheça que o genitor amado retribui esse amor e, acima de tudo, a vê como um potencial parceiro amoroso, mas comunica que, infelizmente, não pode ser assim. A renúncia é, portanto, um processo mútuo, bastante diferente do estresse convencional na aceitação da frustração pela criança. O ego da criança pode ser prejudicado se o genitor amado reprimir ou suprimir seu amor edipiano pela criança. Clinicamente, muitas vezes encontramos pacientes com sentimentos edipianos feridos. Esses podem ser mulheres cujos pais foram incompetentes em gerenciar e compartilhar a renúncia mútua aqui descrita; os homens geralmente se preocupam mais com seus sentimentos sexuais e amorosos em relação às filhas do que as mulheres em relação aos filhos (Uma discussão completa das diferenças nas experiências de crianças do sexo masculino e feminino pode ser encontrada no cap. 7.)

Incesto e amor humano

Esse é o título de um livro notável de R. Stein (1974) que, seguindo Layard e Jung, enfatizou que o tabu do incesto é tão natural quanto o impulso incestuoso, de modo que não faz sentido tentar tornar um dependente do outro.

A ênfase principal de Stein estava no tabu do incesto como promotor de amor verdadeiramente humano e relacionamentos interpessoais, pois faz com que o indivíduo pare e considere se tem permissão para prosseguir com seu impulso, enquanto, por sua vez, isso o obriga a pensar na pessoa que deseja. O tabu também tem o efeito de santificar os pais e estimular a identidade geracional: o tabu cria uma distância psicológica que é essencial para o desenvolvimento da consciência.

Uma aura de mistério começa a cercar os pais, estimulando a imaginação da criança a focar nas qualidades especiais da mãe e do pai. Por que a criança tem permissão para ter tanta intimidade com eles, exceto com seus órgãos sexuais? E por que um pai tem um pênis e uma mãe uma vagina? Talvez eles se encaixem. Se sim, por que eles têm tanta intimidade e ele não? Não é perigoso para eles, e se não é, por quê?

> Como é que a mãe e o pai, tão diferentes em todos os sentidos, parecem pertencer um ao outro? [...] o tabu estimula perguntas e imagens da conexão masculino-feminino [...] e libera o arquétipo do amor humano e do sexo como uma união sagrada (Stein, 1974, p. 36-37).

O tabu do incesto também está intimamente ligado à consciência de ser incompleto. Como vimos, proibir a relação sexual do menino com a mãe ou a irmã força-o, por meio da frustração, a focalizá-las como pessoas (e o mesmo se aplica à menina em relação ao pai ou ao irmão). Isso tem duas implicações: primeiro, o inatingível torna-se o protótipo humano de todos os mistérios e objetivos inatingíveis da vida e; segundo, o tabu força homens e mulheres, dentro de seus limites pessoais e das regras da cultura, a escolher quem amar e como amar. A restrição sexual leva à "ideia de união sexual como [...] união de duas pessoas" (Stein, 1974, p. 37).

Stein oferece algumas ideias sobre a história de Édipo que podem ser comparadas a leituras psicanalíticas modernas do mito. Ele aponta que o conto começa com a rejeição parental causada pelo medo do incesto e parricídio. Édipo não percebe que teve pais substitutos, confundindo assim pais reais e arquetípicos. Portanto, o que deveria ser simbólico se torna real. O assassinato do pai de Édipo não pode levar a nenhuma regeneração; da mesma forma, sua conexão regressiva com Jocasta leva ao sexo e não ao renascimento. O foco está, portanto, em sua falta de consciência, em vez de em uma sexualidade incestuosa que requer domínio. O problema de Édipo é a falta de um sentido de renovação e renascimento após a morte do velho pai e o retorno à mãe. Como a renovação e o renascimento são possíveis, Édipo é um retrato de um neurótico, em vez de um arquétipo universal.

As sugestões de Stein derivam de Neumann (1954), assim como das formulações de Jung. Podemos ver um paralelo na visão psicanalítica de Bion sobre a tragédia de Édipo, conforme apresentado por Hamilton (1982). Édipo é uma história de um comprometimento excessivo e unilateral com o conhecimento. Isso é simbolizado ao questionar o Oráculo duas vezes e então conseguir compreender o enigma da Esfinge. Mas a abordagem de Édipo em relação ao conhecimento é do tipo "tudo ou nada impregnada de possessividade [...] e ganância [...] Uma atitude gradual de apreensão não tem lugar" (Hamilton, 1982, p. 245). Isso prejudica as chances de qualquer senso de renovação. E o conhecimento que Édipo possui não é "um fato transcendental, mas os detalhes precisos de suas próprias origens" (Hamilton, 1982, p. 245). Ele não sabe nada de sua própria necessidade de regeneração.

A regeneração envolveria o que Hamilton, usando as palavras de Einstein, chama de "curiosidade sagrada", uma capacidade de viver na incerteza e buscar possibilidades construtivas em vez de fatos. A autora não vê razão para associar a curiosidade ao que é proibido: "na minha opinião, a sexualidade é um aspecto da atividade exploratória, em vez de sua causa" (Hamilton, 1982, p. 264). Nessa afirmação, ouvimos ecos do "instinto de individuação" de Jung e de sua visão prospectiva da psique.

Neste ponto, deixemos o mundo infantil e caminhemos a outro extremo, para uma consideração da psicologia de toda a vida.

A Psicologia da vida completa

De diversas fontes, Jung tem sido aclamado precursor do campo moderno da psicologia da vida completa ou do desenvolvimento adulto (Levinson et al., 1978; Maduro & Wheelwright, 1977; Staude, 1981). Do ponto de vista histórico, isso provavelmente é verdade, embora haja consideráveis diferenças metodológicas entre Jung e os psicólogos da vida completa mais formais. Minha argumentação será de que o modelo inovador de Jung sobre "As etapas da vida humana" (OC 8/2) é, de várias maneiras, um tanto problemático, de modo que é preciso ter cuidado ao adotar seus *insights* na íntegra.

No seu artigo, escrito em 1931, Jung deu grande ênfase às várias transições psicológicas que via ocorrerem na meia-idade. Isso é frequentemente descrito como um período de "crise" ou traumático e é ilustrado por material de casos que demonstram problemas na adaptação às demandas da segunda metade da vida. Existem duas dificuldades com essa questão. A primeira pode ser colocada como uma pergunta: podemos falar de "estágios psicológicos da vida" como um todo? Não discordo apenas com base no relativismo cultural e na mudança social (embora isso seja importante). Minha preocupação está mais relacionada ao que poderíamos perder se implicássemos um processo linear ou progressão por estágios separados.

O segundo problema principal diz respeito à questão de a transição ser realmente difícil ou traumática. Jung criticou o psicanalista Rank por desenvolver a ideia de um "trauma de nascimento", porque o uso da palavra trauma é inadequado para descrever um evento normal. A reiteração de Jung de que existem problemas envolvidos na transição da primeira para a segunda metade da vida é uma característica peculiar em uma psicologia que, em geral, não se baseia em psicopatologia. Cheguei à conclusão de que, nessa área de seu pensamento, Jung generalizou demais a partir de sua própria experiência pessoal de quase colapso após a separação de Freud, quando ele tinha trinta e oito anos. Eu não iria tão longe a ponto de dizer que as ênfases diferentes estão totalmente incorretas, mas toda a divisão da primeira metade/segunda metade é intrigante.

Jung dividiu ainda mais a vida em quatro períodos: infância até a puberdade, juventude (da puberdade aos 35-40 anos), meia-idade e velhice. Na tentativa de definir as características psicológicas de cada período, Jung às vezes adota posições extremas. Por exemplo, afirma que não se está consciente dos próprios problemas na infância e na velhice – a pessoa é simplesmente um problema para os outros. Nos outros dois estágios, há uma maior consciência dos próprios problemas (OC 8/2, § 795).

As conquistas psicológicas da juventude envolvem a separação da mãe, alcançar um ego forte, abrir mão do *status* infantil, adquirir uma identidade adulta e, finalmente, alcançar uma posição social sólida, casamento e uma carreira. Essas são necessidades para que a riqueza da segunda metade da vida possa ser desfrutada. Nela, o foco muda um pouco da dimensão interpessoal para um relacionamento consciente com o intrapsíquico, com processos internos de profundidade. O investimento no ego terá que ser substituído pelas diretrizes mais profundas do si-mesmo, e a dedicação ao sucesso externo será alterada para incluir uma preocupação com o significado e os valores espirituais. A ênfase de Jung para a segunda metade da vida é a aquisição e vivência desses valores: Poderia por acaso a cultura ser o significado e o propósito da segunda metade da vida? (OC 8/2, § 787).

Mas isso coloca uma questão adicional. Por que essa transformação adicional da libido não acontece simplesmente? Por que não estamos preparados para essa mudança? (OC 8/2, § 785). A resposta de Jung era que os objetivos sociais da primeira metade da vida, que enumerei, são alcançados apenas ao custo de uma "diminuição da personalidade" (OC 8, § 787). Mas como o que Jung diz ser natural (ou seja, o foco na conquista externa na primeira metade da vida) pode levar a efeitos prejudiciais na personalidade?

Também podemos nos perguntar se a conquista social é sempre um produto de um desenvolvimento unilateral. Eu sugeriria que o crucial é a atitude da pessoa em relação à sua carreira, casamento, e assim por diante. E aqui, o fator mais vital será o desenvolvimento precoce. Se o sucesso profissional é baseado em fantasias esquizoides retaliatórias ou rivalidade edipiana, então a personalidade é diminuída. Mas é uma visão muito sombria dizer que isso é verdade para todos. A conquista sempre terá sua sombra nos tipos de patologia que acabei de mencionar, mas Jung foi, afinal de contas, o primeiro a ensinar que tudo que é substancial projeta uma sombra.

A concepção de Jung sobre os estágios da vida foi fortemente contestada por Glover (1950). O autor observou que encontramos o número mágico quatro por diversas vezes nos trabalhos de Jung. Glover sente-se maravilhado com a definição de "juventude" por Jung se estendendo até os quarenta anos. Durante esse tempo, observou Glover, "a maioria das pessoas já completou a fase reprodutiva da vida familiar" (Glover 1950, p. 126). Glover também questionou a afirmação de Jung de que há problemas característicos ou a falta deles durante os vários estágios da vida e percebeu que a teoria do autor é enfraquecida por sua idealização da infância e da velhice.

Mencionei anteriormente que há, de fato, diferenças claras nas tarefas e desafios entre as duas metades da vida. Um desses, como Jung observou, é que na segunda metade da vida, a morte se torna mais uma realidade a ser aceita ou negada. E o reconhecimento das forças e fraquezas que foram reveladas nos anos anteriores também é um processo que pode alcançar a maturidade na velhice, levando à autoaceitação. Isso incluiria a conscientização tanto da função inferior quanto do *animus* ou *anima*, uma complementação da personalidade no processo de individuação. Podemos falar de uma plenitude ou florescimento natural e de um sentido de uma vida vivida de maneira satisfatória.

O destaque de Jung para crises e transições é ecoado no trabalho de Erikson (1951) e de Levinson (1978). Erikson falou em termos de oito estágios da vida; esses são bem conhecidos e não precisam ser resumidos como tal. É interessante observar o comentário de Ellenberger (1970) de que, enquanto Freud trabalhou nos primeiros cinco estágios de Erikson, apenas Jung trabalhou nos últimos três. Estes são: "intimidade *versus* isolamento, generatividade *versus* estagnação e integridade do ego *versus* desespero" (Erikson, 1951).

Os estágios de Levinson são: adultez jovem, dos 20 aos 40 anos, adultez média, dos 40 aos 60 anos e adultez tardia, após os 60 anos. Mas o principal foco na abordagem de Levinson está nos períodos de transição dos 18 aos 22 anos, dos 38 aos 42 anos e dos 58 aos 62 anos.

Portanto, há um campo crescente de pesquisa envolvendo psicologia cognitiva, social e dinâmica. E aqui, a contribuição pioneira de Jung é reconhecida. Apesar dessas várias qualificações, podemos concordar com grande parte da avaliação positiva de Staude (1981) sobre as forças de Jung como psicólogo da vida completa. Jung introduziu a perspectiva de vida completa, um modelo que pode incluir os mundos interno e externo; estava interessado no contexto cultural, tinha uma visão religiosa e também uma capacidade de incorporar o aspecto filogenético. Por fim, ele tentou ver o ser humano como um todo.

Há uma maneira inesperada em que a dicotomia de Jung entre primeira metade e segunda metade pode ser de enorme ajuda para analisar a cultura em que vivemos agora, que, apesar de sinais esporádicos em contrário, tem um caráter de primeira metade da vida, como Jung descreveu. Valorizamos a independência e o sucesso; parece que não conseguimos controlar nossa destrutividade. E temos apenas vislumbres do significado e do propósito da vida. As qualidades da segunda metade da vida representam o que nossa cultura desesperadamente precisa para crescer. Em particular, estou pensando na sugestão de Jung de que a rígida diferenciação entre masculino e feminino se dissolve na segunda metade da vida. Deixando de lado, até o capítulo 7, a questão de haver ou não algo como uma feminilidade inata, temos a necessidade dessas qualidades que parecem mais acessíveis às mulheres, se não quisermos nos destruir. Uma psicologia da vida completa chama atenção tanto para o feminino quanto para o masculino; nesse sentido, a divisão cronológica de Jung da vida parece cada vez mais uma descrição de uma divisão da vida humana.

6 O processo analítico

Neste capítulo, voltemos nossa atenção para a aplicação clínica de algumas das ideias que temos discutido. Em nenhum outro capítulo do livro estive tão consciente das possíveis disparidades entre a experiência e o conhecimento dos meus leitores. Para evitar confusão, quero afirmar desde o início que estou pressupondo um conhecimento geral do que acontece na psicoterapia e na análise, assim como dos princípios mais conhecidos da análise freudiana. Quando examinamos os paralelos psicanalíticos, podemos fazê-lo apenas em linhas gerais; no entanto, como em todo o livro, detalhes serão introduzidos ao discutirmos a contribuição individual de Jung. Os debates pós-junguianos podem ser vistos dentro do ambiente geral da psicoterapia; muito poucos analistas junguianos foram afetados pelos desenvolvimentos na psicanálise.

O uso dos termos "paciente" e "analista" está em conformidade com meu uso habitual. Porém, o fato de isso não ser tão simples quanto poderia ser pode ser deduzido pela presença de uma seção no capítulo intitulada *O que é a análise junguiana?* A palavra "paciente" ofende alguns que prefeririam o termo "cliente", o qual soa mais autônomo, ou o termo mais específico do processo "analisando". Vale a pena notar que alguns,

344 Coleção Reflexões Junguianas

como certos analistas existenciais, podem insistir que trabalham com "pessoas".

Uma arte individual

Jung enfatizou que a análise é uma arte e não um procedimento científico ou técnico: "A medicina prática é e sempre foi uma arte, e a mesma afirmação vale para a análise prática" (Jung, 1928, p. 361). Isso o levou a afirmar que cada tratamento era um assunto individual e que não deve haver nenhum programa ou lista de coisas a serem feitas (OC 16/1, § 237).

Na verdade, Jung ofereceu muitos conselhos aos analistas, enfatizando principalmente a necessidade de se adaptar ao paciente individual. Seria presunção o analista saber de antemão o que acontecerá. Analistas observam o fenômeno no qual o paciente assume que sabem tudo sobre o que vai acontecer e fica descontente, com raiva ou se sente traído quando isso não ocorre. Na prática, deparamo-nos com a estranha situação, tão diferente do estereótipo, em que é o analista que está aberto a todas as possibilidades, enquanto o paciente, com base em sua experiência anterior de doença, espera ser diagnosticado e curado. É fácil ser seduzido pelo inflacionamento por parte de um paciente assim.

No entanto, Jung moderou sua ideia de que em cada caso o analista deve abandonar todo o seu conhecimento existente da teoria, escrevendo: "Isso não quer dizer que tenhamos que desprezá-las, mas sim, usá-las como hipóteses para um possível esclarecimento do caso" (OC 16/1, § 163).

Jung certamente estava sendo restritivo quando afirmou que as abordagens terapêuticas de Freud e Alfred Adler "consistem por uma parte de certas formas profissionais e, por outra, de ideias preferidas segundo o temperamento do autor" (OC 17, § 203). No entanto, sua insistência no fato de que os distúrbios psicológicos não são "entidades" clínicas distintas, mas afetam o homem como um todo, difere da abordagem anterior de Freud:

> Não nos deixemos abater pelo laborioso trabalho executado discreta, mas conscienciosamente, com cada pessoa em particular, embora nos pareçam que a meta que buscamos está longe demais para ser atingida. No entanto, a meta do desenvolvimento e da maturação da personalidade individual está ao nosso alcance [...] a meu ver, a tarefa mais nobre da psicoterapia no presente momento é continuar firmemente a serviço do desenvolvimento do indivíduo [...] o sentido da vida sós e cumpre no indivíduo, não no pássaro empoleirado dentro de uma gaiola dourada (OC 16/1, § 229).

Jung percebeu alguns pontos ainda fixos no mundo em constante mudança do tratamento do neurótico; esses dizem respeito à "mercadoria" da neurose:

> Toda a neurose é, pois, caracterizada por dissociação e conflito, contém complexos e apresenta fenômenos de repressão ou de queda do nível mental. De acordo com a experiência prática, não é possível inverter essas teses (OC 17, § 204).

Mas devemos ter cuidado com nossas generalizações. Por exemplo, para cada neurose causada pela repressão, há uma causada pelo "afastamento" de um conteúdo, sua "subtração ou abdução [...] sua perda de alma" (OC 17, § 204). Da mesma forma, a abordagem flexível de Jung ao tratamento também foi demonstrada em seu ditado segundo o qual, para algumas pessoas, é uma questão de se tornar mais um indivíduo, enquanto, para outras, é uma questão de adaptação ao coletivo.

Jung afirmava continuamente que a análise é um "processo dialético". Com isso, ele queria dizer que (a) há duas pessoas envolvidas, (b) há uma interação de mão dupla entre elas e (c) elas devem ser concebidas como iguais (OC 16/2, § 289). Cada uma dessas proposições parece relativamente comum para a perspectiva psicoterapêutica moderna, mas era ousada para a época (1951 e os períodos anteriores).

Afirmar que duas pessoas estão envolvidas obviamente significa mais do que apenas ter dois corpos na sala; a implicação é que o inconsciente de cada um está envolvido, juntamente com projeção, introjeção e defesas do ego, tanto do analista quanto do paciente (OC 16/1, § 239). Segue-se que o analista pode ter uma transferência para o paciente e projetar sobre ele seus próprios conteúdos inconscientes. A segunda proposição de que há uma interação de mão dupla, significa que, como Fordham colocou, Jung descreve a análise como um sistema aberto em vez de fechado. Isso permite que a interação se torne o centro de interesse, juntamente com quaisquer consequências que possam resultar dela. Um sistema fechado, com "técnicas de diagnóstico, prognóstico e tratamento [consideraria] o paciente como essencialmente separado do médico" (Fordham, 1978a, p. 69). A terceira proposição de Jung, de que os participantes são "iguais", é um pouco mais problemática.

Quando dizemos que o analista e o paciente são "iguais", o que queremos dizer? Claramente, não pode significar igual no sentido de serem idênticos; ambos indivíduos terão psicologias e históricos diferentes, podem ser de diferentes sexos e assim por diante. Não podemos dizer que ambos desempenham funções semelhantes no sentido de que um tenha vindo ao outro com uma expectativa, seja lá qual for. Por fim, um participante paga ao outro, mantém consultas em horários e locais específicos, é um entre vários em uma relação semelhante ao outro. Não, a igualdade entre paciente e analista implica algo mais que é mais bem definido em relação ao seu oposto: uma imagem da análise na qual o paciente faz o que lhe é dito, "toma os remédios" e é respeitoso com alguém que vê como superior.

Em certas ocasiões, como é a própria vida do paciente que está no centro das atenções na análise, apenas ele pode saber como se sente ou definir e sugerir os ritmos do trabalho:

> [o psicoterapeuta] deve dizer em cada caso especial que está pronto, em seu íntimo, a prestar a sua orientação e ajuda a uma pessoa que se lança numa tentativa e numa busca ousada e incerta [...] não deverá mais saber nem presumir que sabe o que é verdadeiro e o que não o é [...] e aquilo que me parece um erro é, afinal de contas, mais eficaz e mais poderoso do que uma pretensa verdade, importa em primeiro lugar seguir este erro aparente, pois é nele que residem a força e a vida que eu deixaria escapar se perseverasse naquilo que reputo como verdadeiro (OC 11/6, § 530).

Em outras ocasiões, devido à sua visão ou porque não é afetado pelas defesas e resistências do paciente da mesma forma que este é afetado, o analista pode ser aquele que assume a autoridade de orientar o processo analítico. Mas, como Jung alertou, "Se o médico quer conduzir a alma de alguém, ou mesmo somente acompanhá-la, é preciso, pelo menos, que esteja em contato com ela" (OC 11/6, § 519).

A igualdade tem um significado adicional, no sentido de ser igual "aos olhos de Deus", igual espiritual e moralmente.

O analista não é necessariamente uma pessoa melhor por ter se formado ou trabalhado analiticamente consigo mesmo. Portanto, o contato com o paciente pode enriquecer a vida do analista. Às vezes, encontramos analistas que obtêm tanto *insights* pessoais quanto cura por meio do trabalho com seus pacientes. Esse trabalho serve ao seu próprio processo de individuação. Há o risco de explorar a dependência do paciente para os próprios fins do analista, talvez em uma gratificação do desejo do analista por poder (cf. p. 370-371 abaixo).

A palavra "igualdade" de Jung apresenta dificuldades. Uma palavra melhor, que encontra ampla aceitação, é "mutualidade". A possibilidade desse termo se tornar idealizado, com uma conotação de aconchego ou até mesmo de exclusividade, é contraposta ao se referir à mutualidade assimétrica, sugerindo os papéis diferentes do paciente e do analista. Outros relacionamentos assimétricos, mas mútuos, seriam o da mãe com a criança e o do professor com o aluno.

Essas considerações devem ser lembradas quando contemplamos a afirmação de Jung de que a psicoterapia ou de que o analista é um "participante companheiro" na análise (OC 16/1, §§ 7-8):

> No fundo, a psicoterapia é uma relação dialética entre o médico e o paciente. É uma discussão entre duas totalidades psíquicas, uma disputa na qual o conhecimento é apenas um utensílio. O objetivo é a transformação não algo predeterminado, mas uma mudança de caráter indefinível, cujo único critério é o desaparecimento do senso da egoidade. Nenhum esforço da parte do médico é capaz de forçar esta experiência (OC 11/5, § 904).

Se o objetivo da análise é a transformação, e se a análise é concebida como um procedimento mútuo e dialético, podemos concluir que o objetivo da análise é a transformação mútua. O que acontece no tratamento pode mudar o analista, iluminar sua vida, confrontá-lo com problemas e oportunidades das quais não tinha conhecimento. Jung levou isso ainda mais longe ao afirmar que, a menos que o analista sentisse um impacto pessoal decorrente da análise, nada resultaria disso. O analista deve ser afetado pelo que está acontecendo: Gostaria mesmo de dizer que a aquisição e o manejo da técnica psicanalítica pressupõem do médico não apenas um dom psicológico, mas principalmente um esforço sério de moldar o próprio caráter (OC 4, § 450).

Jung frequentemente afirmava que o analista só pode trabalhar com seu paciente até onde ele mesmo tenha avançado psicologicamente. Ficar preso no trabalho analítico frequentemente indica um bloqueio na psique do analista (OC 16, § 400). Daí a necessidade de uma análise de treinamento do analista em potencial. Podemos resumir o que isso implica na prática. O desenvolvimento do paciente está intimamente ligado ao do analista e, *ipso facto*, o analista deve estar emocionalmente envolvido no que está acontecendo.

Em algum momento, precisamos nos referir especificamente à "verdadeira relação" que existe entre o paciente e o analista, a fim de vê-la ao lado da relação interna ou fantasia de transferência-contra-transferência. Na psicanálise, isso é chamado de aliança de tratamento ou aliança de trabalho (Greenson, 1967, e cf. p. 369 abaixo). Jung desenvolveu esse tema específico em 1938, em termos das personalidades envolvidas na análise: No tocante a isso, tudo depende do homem e pouco ou nada do método (OC 13, § 4). Fordham observou que Jung insistiu para o lado humano da análise ser destacado, apesar do fato de que, em muitos aspectos, a análise não é uma relação humana comum: "Ele estava ansioso para manter essa distinção em meio à transferência" (Fordham, 1978a, p. 67). Fordham sugeriu ainda que Jung havia antecipado a ideia da aliança de tratamento.

Neurose

Jung nunca se comprometeu com uma definição de neurose, referindo-se geralmente ao "desenvolvimento unilateral". Isso não quer dizer que ele se absteve de descrever os neuróticos, mas parecia querer evitar a armadilha de ter apenas uma resposta para qualquer problema. Jung descreve a neurose como uma "cisão interna" que surge da sensação de que dentro do paciente existem duas pessoas em guerra uma com a outra (OC 11/6, § 522). Ao mesmo tempo, a neurose deve ser compreendida como "um sofrimento de uma alma que não encontrou o seu sentido" (OC 11/6, § 497). E Jung enfatizou continuamente o aspecto potencialmente positivo da neurose, escrevendo em 1934:

> A neurose absolutamente não é apenas algo negativo; é também algo positivo. Somente um racionalismo sem alma, apoiado na estreiteza de uma cosmovisão puramente materialista, pôde desconhecer este fato. Na verdade, a neurose contém a psique da pessoa ou, ao menos, parte muito importante dela (OC 10/3, § 355).

Jung não deixou nem classificação de neurose nem uma declaração sobre a fronteira entre neurose e psicose. Ele também não vincula sintomas apresentados e etiologia. Pós-junguianos, particularmente, mas não exclusivamente, da Escola Desenvolvimentista, tiveram que depender fortemente da expertise psicanalítica na classificação das neuroses e em sua habilidade de delinear as síndromes decorrentes da experiência da primeira infância. (Para uma discussão das abordagens da psicopatologia na psicologia analítica desde Jung, cf. p. 403 abaixo.) Alguns considerariam uma virtude essa falta na psicologia analítica, usando a ausência de critérios como uma oportunidade para explorar cada manifestação neurótica individualmente e de forma inédita. Minha posição é que a preocupação com a etiologia não precisa atrapalhar a tentativa de conceber a neurose de forma positiva.

As quatro etapas da análise

Jung desenvolveu um modelo, publicado em 1929, com a pretensão de fornecer ser um quadro geral das etapas da análise (em *A prática da psicoterapia*, OC 16/1). As etapas se sobrepõem, mas sua importância está em esboçar o que Jung vê como características do processo analítico, e não em estabelecer um cronograma de progresso.

A primeira etapa é a confissão ou catarse, que envolve o relato do paciente sobre o que considera relevante em sua história e sobre como percebe seu problema. Para muitas pessoas, isso é um tremendo alívio, pois algo oculto age como um "veneno psíquico" (OC 16/1, § 124). É possível haver uma diminuição da culpa e o paciente pode avaliar a resposta do analista a ele e à sua história de vida. Isso por si só proporciona uma ampliação de perspectiva.

A segunda etapa, a qual Jung se referia como elucidativa, foi equiparada pelo autor ao "método interpretativo" de Freud, tendo mencionado, em particular, o trabalho da relação de transferência, que envolve explicação redutiva. No entanto, Jung viu um limite para o que pode ser alcançado por meio da elucidação, que por si só não produz uma mudança profunda. Essa mudança é realizada na terceira etapa, a da educação. Segundo Jung, essa ideia se baseia no trabalho de Alfred Adler e envolve a ampliação das compreensões obtidas na elucidação para o âmbito social e comportamental. Mas, mesmo após a etapa da elucidação, o paciente ainda precisa ser "guiado" para outros caminhos.

A quarta etapa é a da transformação. É nessa etapa que o destaque de Jung para o envolvimento do analista se torna mais pertinente. As segunda e terceira etapas lidam, respectivamente, com a normalidade e com a adaptação social. Para algumas pessoas, isso não será suficiente; pode ser limitante ou até prejudicial. As mudanças que podem ocorrer durante a etapa de transformação são em direção à pessoa se tornar ela mesma, em vez de ser "normal" ou "adaptada"; portanto, é a etapa da análise mais preocupada com a individuação.

Lambert fez uma série de observações que facilitam nosso uso contemporâneo da formulação inicial de Jung das etapas da análise. (Gostaria de observar que Jung estava escrevendo em 1929, antes do impacto da teoria das relações objetais na técnica psicanalítica.) Portanto, há pouca descrição no artigo de Jung sobre os processos projetivos ou introjetivos na análise, nem muita explicação de como o material do paciente é absorvido pelo analista, tornando-se compreensível. Também existe a questão do impacto da própria análise do analista, assunto que Jung não aborda nesse texto. Por fim, Lambert observa que Jung pode ter errado ao fazer uma distinção entre o que chama de normalidade e a etapa de transformação "de forma tão acentuada a ponto de sugerir que a normalidade equivale a uma falsa conformidade" (Lambert, 1981a, p. 33).

Regressão na análise

A atitude tolerante e positiva de Jung em relação à regressão contrastava fortemente com a descrição de Freud, que a considerava um fenômeno destrutivo relacionado à fixação (cf. Laplanche & Pontalis, 1980, p. 388). Vimos, no último capítulo, que Jung escreveu sobre a regressão como uma atividade psicológica potencialmente positiva e criativa. Podemos ver nuances disso quando focamos na regressão na análise: "Mas a terapia precisa apoiar a regressão até que esta alcance o estado "pré--natal" (OC 5, § 508).

Essa visão se baseia na convicção de Jung de que a regressão deve ser vista como uma "adaptação às condições do mundo interior" (OC 8/1, § 75). Portanto, como a análise está voltada para o mundo interior, ela deve ser capaz de incluir a regressão por parte do paciente e, eventualmente, facilitar a liberação de energia para o desenvolvimento psicológico.

No que diz respeito ao procedimento analítico, sugiro que não importa se a regressão é concebida como um estado infantil ou como uma adaptação ao mundo interior, pois os sinais externos dessas regressões serão os mesmos. Por exemplo, necessidades infantis e a ansiedade do adulto de encontrar o inconsciente inevitavelmente produzirão um estado de dependência em relação ao analista. E o mecanismo da projeção atrairá o analista em qualquer forma simbólica (como mãe ou, alternativamente, psicopompo ou guia da alma).

Essas ideias de Jung parecem muito modernas. Maduro e Wheelwright (1977, p. 108) resumem o autor como alguém que advogava por "regressão criativa dentro da situação transferencial". Avaliaremos isso em relação aos desenvolvimentos na psicanálise em uma seção posterior (cf. p. 362-367 abaixo).

A metáfora alquímica para a transferência

A investigação de Jung levou à descoberta de que a alquimia foi precursora de seu próprio estudo do inconsciente. Os alquimistas descreveram muitos dos problemas da psicologia moderna em sua própria linguagem, e Jung sentiu que anteciparam intuitivamente e projetaram de forma imaginativa o que foi verificado nos tempos modernos. A vívida imagética da alquimia difere muito das expressões estilizadas e assexuadas do cristianismo medieval. Jung fez um paralelo com a forma como a psicanálise e a psicologia analítica contrastavam com as visões complacentes e racionais vitorianas do homem.

Quando os não junguianos estudam Jung com o objetivo de entender seus escritos sobre a transferência, muitas vezes ficam impressionados pelo fato de que o trabalho dele que mais faz alusão ao assunto (escrito em 1946) vale-se amplamente do simbolismo alquímico encontrado no texto *Rosarium Philosophorum*, datado de 1550 (*A psicologia da transferência*, OC 16). Não pretendo considerar o *Rosarium* em muitos detalhes, embora sugira que a alquimia seja relevante para uma consideração do processo analítico e queira explorar por que isso é assim. Minha experiência tem sido que muitos estudantes, estagiários e leitores de Jung não compreendem a natureza da metáfora que Jung usa.

É importante observar que, na própria descrição de Jung sobre o que estava tentando fazer, ele tentava interpretar uma "imagem grandiosa projetada de processos de pensamento inconscientes" (Jung apud Jaffé, 1979, p. 97). Levando isso em consideração, podemos examinar alguns dos termos alquímicos mais centrais que têm uma relação simbólica com a análise.

Vas. Esse é o recipiente alquímico no qual os elementos básicos (*prima materia, massa confusa*) são misturados e adicionados, levando à esperada transmutação em ouro e à revelação do *lapis*. O *lapis*, ou pedra filosofal, tornou-se para Jung uma metáfora para a realização do si-mesmo, o resultado do processo de individuação. O *vas* corresponde à contenção do paciente e do analista na estrutura da análise e à tradução do seu sofrimento em mudanças duradouras em sua personalidade. Além disso, do ponto de vista do paciente, a compreensão, interpretação e sustentação da situação pelo analista criam um *vas*.

A coniunctio. Refere-se ao acasalamento, no *vas*, de elementos díspares (o que hoje chamaríamos de combinação química). Na alquimia, os elementos básicos a serem combinados são concebidos como opostos, e a combinação leva o alquimista à produção de ouro. Esses elementos são frequentemente representados antropomorficamente por masculino e feminino. O fato de os seres humanos serem usados para representar elementos químicos mostrou a Jung que, longe de ser uma investigação estritamente química, a alquimia estava preocupada com a fantasia criativa e, portanto, com projeções inconscientes. Na análise, a *coniunctio*, a união dos opostos, simboliza: (a) a interação do analista e a do seu "oposto" analítico, o paciente;

(b) a diferenciação e integração em seu ego dos elementos em conflito e em guerra na psique do paciente; (c) a interpenetração e integração das partes conscientes e inconscientes da psique do paciente.

O hierosgamos. Traduzido literalmente como "casamento sagrado". Muitas formas desse tema, que significa a conjunção de opostos, podem ser encontradas. Por exemplo, no cristianismo agostiniano, o casamento sagrado ocorre entre Cristo e sua Igreja e é consumado na cama matrimonial da cruz. Na alquimia, o casamento sagrado muitas vezes é chamado de "casamento químico", no qual elementos opostos, designados como masculino ou feminino, se unem para produzir uma terceira substância imaculada. Como tal substância parece não existir no mundo físico, a alquimia perdeu importância à medida que a ciência natural reivindicava primazia e atenção no Renascimento. No entanto, o significado psicológico do *hierosgamos* serve para ilustrar a transformação do caos e da confusão em padrão e integração. Na análise, espera-se que essa transformação ocorra em relação a conflitos e divisões neuróticas.

A transmutabilidade dos elementos. Essa ideia é central para a alquimia, porque afirma que a transformação pode ocorrer. Da mesma forma, sem uma imagem das possibilidades no movimento psicológico, a análise teria pouco sentido. Isso continua sendo verdade mesmo quando o objetivo da análise é dito ser o aprofundamento da experiência ou a ampliação da consciência, em vez da mudança de atitude e comportamento. O próprio aprofundamento representa uma mudança ou tradução.

Adepta-soror. O adepto alquímico parece sempre ter realizado seu trabalho no contexto de um relacionamento com um parceiro do sexo oposto, geralmente uma figura interna, mas às vezes com uma pessoa real, chamada de *soror mística* ou irmã mística (OC 14/1, § 175). Essa figura pode ser considerada, do ponto de vista psicológico, como a *anima* do alquimista ou o inconsciente do analista. Mas a análise também ocorre em um ambiente externo, onde o analista (adepto) é complementado por um paciente do mundo externo (*soror*).

Nigredo, fermentatio, mortificatio, putrefactio, impregnatio. Do ponto de vista do alquimista, esses termos se referem às etapas do processo alquímico. *Nigredo* implica um escurecimento da *prima materia* e um sinal de que algo significativo está prestes a acontecer. *Fermentatio* sugere uma fermentação, uma mistura de elementos que produzirá uma nova substância, diferente em natureza dos componentes originais. *Mortificatio* é a etapa em que os elementos originais deixaram de existir em sua forma inicial. *Putrefactio* vê uma decomposição dos elementos originais mortos ou moribundos e a liberação de um vapor que é o precursor da transformação. *Impregnatio* marca o ponto em que a alma, representada na gravura por uma pequena figura humana ou homúnculo, ascende ao céu.

Do ponto de vista do analista, esses termos simbolizam o que acontece na análise. *Nigredo* pode se manifestar na forma de um sonho importante que sinaliza mudança, ou o início da depressão que, muitas vezes, precede a mudança. Às vezes, *nigredo* se refere ao fim do período de lua de mel de uma análise. *Fermentatio* é um termo adequado para a mistura de personalidades que ocorre na transferência-contra-transferência, no relacionamento analítico em geral e dentro do inconsciente tanto do analista quanto do paciente. *Mortificatio* e *putrefactio* descrevem as maneiras pelas quais os sintomas se alteram, o relacionamento analítico se desenvolve e as mudanças ocorrem. Por fim, a alma, conforme representada em *impregnatio*, refere-se ao movimento dentro do paciente, ao surgimento do "novo homem".

Os elementos utilizados na alquimia são, por si só, metáforas para a personalidade, de acordo com a compreensão de Hillman sobre Jung:

> os quatro elementos básicos da alquimia (chumbo, sal, enxofre, mercúrio) [...] são componentes arquetípicos da psique [...] A personalidade é uma combinação específica de chumbo denso e depressivo com enxofre inflamável e agressivo, sal amargamente sábio e mercúrio volátil e evasivo (Hillman, 1975a, p. 186).

Esses conceitos alquímicos e as propostas de Jung sobre seus significados psicológicos precisam ser levados em consideração quando o autor fala do processo analítico envolvendo a alteração de ambos os participantes (cf. p. 349). Essa alteração ocorre porque as personalidades do analista e do paciente são combinadas como elementos químicos, e o resultado é o mesmo encontrado tanto na química quanto na alquimia: uma nova terceira substância é produzida. O "terceiro" é o fator transformado tanto para o analista quanto para o paciente.

O analista, ao se combinar com o paciente, está destinado a ser influenciado porque "ele "assume", por assim dizer, o mal do paciente, compartilhando-o com (OC 16/2, § 358). Uma vez que uma análise está em andamento, conteúdos inconscientes serão projetados, levando a uma "atmosfera de ilusão" com constantes mal-entendidos. Mas é nessa atmosfera que ocorrem tanto a transferência quanto a transformação.

As gravuras que ilustram o *Rosarium* formam uma série que ilustra a transformação de potenciais representados por duas figuras imaginárias – o rei e a rainha. Esses, por sua vez, simbolizam opostos psicológicos. Quando Jung está escrevendo sobre transferência, vê, em um nível, o rei e a rainha como símbolos do analista e do paciente. Dentro da análise, os opostos que definem o campo são paciente e analista, mesmo que as duas pessoas envolvidas não sejam necessariamente "opostas" em termos humanos. Mas, em outro nível e ao mesmo tempo, o processo ilustrado na gravura poderia muito bem ser um crescimento intrapsíquico e as mudanças que podem ocorrer dentro de um indivíduo. O rei masculino e a rainha feminina podem ser vistos como símbolos de conflitos dentro da psique entre impulsos opostos, ou formas de ver, ou entre impulso e superego, para sugerir algumas possibilidades.

A sobreposição interpretativa entre interpessoal e intrapsíquico é bastante deliberada. Colocando de forma direta, sem um relacionamento de duas pessoas, o paciente não experimentará e explorará o movimento dos vários elementos dentro de sua própria psique. O analista, o outro, constela o que é "outro" para a consciência – ou seja, o inconsciente. A interação, que chamamos de transferência-contra-transferência, e a dinâmica dentro da psique do paciente são reflexos próximos um do outro. O interno e o externo estão relacionados: "o mistério vivo da vida está sempre escondido entre Dois, e é o verdadeiro mistério que não pode ser traído por palavras e esgotado por argumentos" (Jung apud Jaffé, 1979, p. 125). Ou, invertendo a afirmação, "a alma aparece, portanto, como uma essência de relação" (OC 16/2, § 504).

Por exemplo, a sexta gravura, chamada de retorno da alma, mostra a alma, um bebê ou criança, mergulhando do céu para dar vida ao corpo morto. Jung observa que a reanimação do corpo é um processo transcendental, que não pode acontecer na realidade e não pode ser desejado pelo ego. Podemos acrescentar que a nova vida depende das etapas anteriores da análise terem sido vividas e trabalhadas intensamente; é uma consequência do que ocorreu antes. O efeito consciente e pessoal é radical. A alma é a pessoa única (personalidade integrada) nascida de dois (paciente e analista).

A décima e última gravura é a do novo nascimento. O rei e a rainha de duas cabeças estão vivos, em pé sobre um pedestal que representa a lua. Há uma árvore de crânios ao fundo. Essa é uma imagem difícil de entender, porque o produto final do processo é representado como um hermafrodita, o que acentua, em vez de diminuir, o simbolismo sexual. Jung supôs que a combinação de opostos seria um híbrido. Quando Freud se deparou com o simbolismo dos opostos nas imagens sexuais da fantasia da cena primitiva (masoquismo/sadismo, passivo/ativo, mulher/homem), as interpretou literalmente como sexuais. Isso significa que Freud, assim como o restante de nós, foi infectado pelo tema simbólico que tanto cativou os alquimistas. Desse modo, juntamente a Freud, continuamos confrontados por um problema semelhante: como entender a divisão profunda no homem e no mundo, como devemos responder a ela e, se possível, eliminá-la? Essa é a questão quando despojada de seu simbolismo sexual natural, no qual ficou presa apenas porque o problema não conseguia ultrapassar o limiar do inconsciente (OC 16/2, § 534).

O alquimista, como o homem moderno, em geral, e o analista, em particular, estão tentando resolver o conflito interno e externo. Isso se aplica à tentativa de Freud de libertar a sexualidade das amarras da repressão desnecessária e também à busca de Jung pela totalidade.

Transferência pessoal e arquetípica

Não se deve assumir que Jung concebeu a transferência apenas como uma imagem. Ao longo de seu trabalho aparecem referências de um tipo mais convencional de transferência e, especialmente, à diferença entre transferência arquetípica e pessoal. Essa é uma daquelas distinções teóricas que é mais uma ponderação e, portanto, raramente encontrada conforme descrito quando alguém está no trabalho. Jung está se referindo à extensão na qual a transferência consiste na projeção de imagens derivadas de padrões e estruturas inatas, ou, por outro lado, resulta das experiências reais do indivíduo. Qualquer variedade de transferência é natural, segundo Jung, mas é acentuada na análise pela situação e pela atenção do analista a tais fenômenos.

A experiência da transferência pelo analista é um assunto sobre o qual Jung expressou sentimentos mistos. Nas palestras de Tavistock, de 1935 (OC 18), a transferência é concebida principalmente como erótica e como um "obstáculo". Ela "nunca é uma vantagem", de modo que "o indivíduo se cura apesar da transferência e não por causa dela". Por outro lado, Jung lembrou que, quando conheceu Freud pela primeira vez, em 1907, foi questionado sobre o que pensava da transferência. Ele respondeu "com a mais profunda convicção" que era o "alfa e ômega do método analítico". Então Freud disse "Pois então o senhor entendeu o essencial" (OC 16/2, § 358).

A psicologia analítica teve que lidar com a tensão gerada por essas declarações divergentes de Jung na medida em que se confrontava com a implicação e explicação das imagens parentais pessoais e arquetípicas latentes no inconsciente de um indivíduo. Às vezes, ficou a impressão de que Jung havia negligenciado dar atenção suficiente à transferência, mas, como Fordham (1974b) apontou, as observações de Jung nas palestras de Tavistock precisam ser consideradas no contexto.

Em trabalhos anteriores de Jung, como *Ab-reação, análise dos sonhos e transferência* (OC 16/2), escrita em 1921), há evidências de uma atitude bastante diferente. Por exemplo:

> O fenômeno da transferência é inevitável e característica de toda análise que se aprofunda; pois é absolutamente necessário que o médico entre numa relação tão íntima quanto possível com o desenvolvimento psíquico do paciente [...] A transferência consiste, pois, em diversas projeções – que funcionam como substitutos de uma relação psicológica real. As projeções criam uma relação ilusória; mas acontece que, num determinado momento, esta relação é da maior importância para o paciente, isto é, no momento em que o seu desajustamento habitual se encontra agravado pelas próprias exigências da análise, pois esta o faz *ocupar-se intensamente com as situações do passado* (OC 16/2, §§ 283-284, ênfase adicionada).

Em tais obras anteriores, Jung enfatizava a análise da transferência como terapêutica. Em certo sentido, isso é uma contribuição especial porque, na visão de Fordham, a psicanálise ainda valorizava, naquela época, em 1921, tornar consciente o que era inconsciente acima da análise da transferência.

Em 1935, buscando explicações para a minimização da análise da transferência por Jung em favor da análise dos sonhos, Fordham sugere que, ao tentar apresentar suas ideias sobre o inconsciente coletivo, Jung pode ter temido que a ênfase no material arquetípico fosse perdida se trouxesse a questão da transferência pessoal.

Além disso, em 1935, Jung estava interessado na análise enquanto o que Fordham caracteriza como uma "dialética interna entre o ego e o arquétipo" (Fordham, 1974b, p. 10). Isso destaca o trabalho com material dos sonhos e imaginação ativa. Eu esquematizaria tal abordagem na forma de um triângulo. O material previamente inconsciente do paciente está no vértice, e o analista e o paciente, como observadores, em cada um dos cantos. O fluxo de energia seria principalmente para e do material e não entre paciente e analista.

Em 1934, o psicanalista Strachey introduziu o conceito de interpretação imitativa. Geralmente referindo-se à situação imediata, tal interpretação era considerada o elemento efetivo e transformador na análise. As interpretações mutativas relacionam-se à situação aqui e agora entre analista e paciente; elas são interpretações "quentes". Assim, a interação viva entre paciente e analista é o material da transferência e de sua interpretação. O leitor verá como a visão de Strachey é compatível com as formulações de Jung, e o conceito de interpretação imitativa encontrou terreno fértil na Escola Desenvolvimentista pós-junguiana.

Paralelos psicanalíticos

Embora, mais uma vez, tenha havido pouca ou nenhuma comunicação direta, muitos dos temas abordados por Jung também receberam atenção na psicanálise.

Balint (1968) enfatizou que, ao longo da vida, uma pessoa pode ser visualizada em termos do padrão de seus relacionamentos com os outros. Balint acudia a pacientes que sofriam de privação emocional precoce, especialmente quando parecia ter havido uma luta por parte do paciente para estabelecer relações objetais, abandonando a interpretação verbal e proporcionando ao paciente a oportunidade de corrigir uma falha em seu desenvolvimento inicial. O analista tinha, portanto, que ser tanto um "objeto" quanto um "ambiente" que o paciente pudesse usar como desejasse. Em alguns momentos, isso exigia valorizar a regressão, reconhecendo-a como precursora de movimento ou de um "novo começo", para usar a frase de Balint (1952).

Balint é um dos muitos psicanalistas que adotaram uma visão menos negativa da regressão na análise do que Freud em si. Podemos observar os seguintes jargões psicanalíticos conhecidos, que indicam algo do mesmo ponto de vista:

- "regressão do ego a serviço do ego" (Kris)
- "o valioso lugar de descanso da ilusão" (Winnicott)
- "a necessidade de transcender o ego do senso comum" (Milner)

(para um comentário junguiano sobre essas proposições, cf. Plaut, 1966). A terminologia psicanalítica que mais paralelamente se assemelha à psicologia analítica é o conceito de "R" de Little, a "resposta total do analista ao paciente", sua definição de contratransferência (Little, 1957).

Parece-me que há duas vertentes no pensamento psicanalítico sobre esse assunto. Uma, centrada na Inglaterra, vê a resposta emocional do analista ao paciente em termos de uma relação mãe-bebê, ou pelo menos uma repetição simbólica dessa relação. Em outras palavras, fatores como consistência, confiabilidade, entusiasmo e aceitação são enfatizados. Uma resposta baseada em emoções não é descartada. O fator-chave é que a relação mãe-bebê, nos primeiros dias do paciente, é concebida como tendo sido danificada.

Os psicanalistas que representam esse ponto de vista (por exemplo, Balint, Winnicott, Little, Milner) relatam o uso ocasional de "cuidados simbólicos", nos quais pequenos objetos aos quais o paciente se apegou podem ser levados para casa para preencher a lacuna entre as sessões, especialmente nos fins de semana e em períodos de férias. Ou pode ser oferecida uma alimentação simples: um copo de leite ou água, ou um biscoito. Almofadas e cobertores estarão prontamente disponíveis e, em algumas ocasiões, o contato físico será permitido. A essência é que tal comportamento por parte do analista, tão estranho à técnica psicanalítica "ortodoxa", é útil para alguém momentaneamente regredido ou ferido demais para fazer uso do cuidado quando oferecido de forma menos concreta. Isso não deve ser pensado como um procedimento técnico – a preocupação é com a qualidade do relacionamento que antecede a capacidade do paciente de simbolizar. A esperança é que, eventualmente, o paciente estabeleça uma relação com seu próprio mundo interior. Nesse sentido, a fantasia, mesmo a fantasia regressiva, é vista como criativa.

No entanto, o trabalho de Langs e Searles nos Estados Unidos é diferente. Langs usa o conceito de "campo bipessoal", que se refere ao "espaço físico-temporal no qual ocorre a interação analítica" (Langs, 1979, p. 72). O tom e a linguagem são mais reminiscentes da teoria de sistemas ou de comunicação do que da relação mãe-bebê. Segundo Langs, há diferentes formas do campo interacional: para comunicação simbólica, para descarga de afeto perturbador ou para tentativas de destruir o significado e a comunicação. O autor, assim como Jung, enfatiza que a relação do paciente com seu analista contém elementos de transferência e não transferência. Segue-se que a relação do analista com o paciente também conterá elementos além da contratransferência. (Para uma tentativa de alinhar Langs e Jung, cf. Goodheart, 1980.)

Langs considera que, mesmo atualmente, muitos analistas freudianos não veem o paciente de forma positiva. O "paciente como inimigo e como resistente domina as imagens inconscientes do analista, enquanto o paciente como aliado e como curativo é muito menos apreciado" (Langs, 1979, p. 100). Da mesma forma, tem sido muito difícil validar a contratransferência como uma ferramenta terapêutica essencial.

Searles (1959), em seu artigo *Oedipal love in the countertransference*, desenvolve extensivamente uma imagem do analista como "dentro" da análise. Ele introduz a ideia de que: "no curso de uma psicanálise bem-sucedida, o analista passa por uma fase de reagir ao paciente e, eventualmente, abandoná-lo como sendo seu objeto de amor edipiano" (Searles, 1959, p. 284).

Em seguida, coloca em palavras o que muitos dos psicanalistas que discutimos parecem ter observado: o analista pode aprender sobre o paciente ao observar seus próprios sentimentos na relação analítica. Isso, observa Searles, tem sido libertador para os psicanalistas, pois, anteriormente, todas as reações afetivas fortes em relação ao paciente, como sentimentos sexuais ou raiva, por exemplo, eram vistas como neuróticas por parte do analista.

Eu acrescentaria que essa percepção (de que os sentimentos do analista em relação ao paciente são comunicações e fontes de informação) é o maior avanço no pensamento analítico nos últimos anos. Para consolidar isso, os psicanalistas tiveram que ir além da atitude negativa de Freud em relação à contratransferência (cf. Laplanche & Pontalis, 1980, p. 92; Rycroft, 1972, p. 25).

Searles defende permitir que o paciente mais gravemente danificado ou regresso veja como o analista é afetado por ele. Isso envolve reconhecer quando os sentimentos estão presentes e quais são eles. Embora Searles esteja escrevendo em termos de seus próprios sentimentos infantis, ele não ignora as emoções adultas. Ele foi o primeiro a enfatizar o sentido adulto ou parental de perda no complexo de Édipo (cf. p. 332). Searles está mais preocupado em não replicar "uma negação inconsciente da importância da criança para o pai" (Searles, 1959, p. 302). Assim como Langs afirma que o trabalho principal do analista é analisar a transferência, mas reconhece que há um "pano de fundo emocional" no analista ao se comprometer com isso.

O trabalho de Racker (1968) na classificação dos diferentes tipos de transferência e contratransferência está em um ponto intermediário entre a orientação mãe-bebê, do primeiro grupo de psicanalistas, e os estudos de comunicação mais focados no presente, de Langs e Searles. Vou me concentrar no que Racker tem a dizer sobre a contratransferência em particular, porque isso mostra as semelhanças com a psicologia analítica mais de perto.

Racker faz uma distinção entre a contratransferência neurótica e a contratransferência propriamente dita. A primeira reflete aspectos do si-mesmo infantil do analista, sem que ele perceba que essa parte infantil, a qual inevitavelmente existe em algum grau, está operando. Em particular, os sentimentos infantis do analista são direcionados para o paciente, que pode funcionar como um pai ou como um rival. A contratransferência neurótica pode assumir a forma de identificação ou idealização do paciente. Ou o analista pode ver o paciente como uma figura parental e tentar impressioná-lo. O analista pode ser incapaz de separar seus próprios problemas dos problemas do paciente ou pode sabotar sua própria intenção terapêutica por meio de uma interpretação excessiva. Por fim, o analista pode abandonar sua atitude analítica e responder aos ataques raivosos do paciente com retaliação ou, por outro lado, à comunicação erótica do paciente com atividade sexual.

Passando para a contratransferência não neurótica, Racker faz uma distinção entre o que chama de contratransferência concordante e, em seguida, contratransferência complementar.

A contratransferência concordante envolve o fato de o analista sentir o que o paciente está sentindo, mas sem saber que o sente. Isso pode acontecer porque a própria psique do analista está em concordância empática com o estado emocional do paciente. Por exemplo, se depois de ver um determinado paciente o analista se sente deprimido, isso pode ser a depressão do paciente, da qual este ainda não está consciente.

A contratransferência complementar ocorre quando o analista se vê agindo de uma maneira estranha a si mesmo (ou seja, está de alguma forma conectada ao paciente). O analista, na formulação de Racker, se envolveu e incorporou o mundo interno do paciente e está sentindo, ou agindo, como a figura desse mundo (mãe ou pai, talvez), a qual o paciente sente que tivera. No exemplo mencionado no parágrafo anterior, o sentimento de depressão do analista seria sua expressão do pai depressivo que o paciente sente que tivera – uma encarnação de uma figura do mundo interno.

O destaque de Racker na contratransferência e na transferência é contrabalançado na psicanálise pela ênfase dada por Greenson e outros na aliança terapêutica ou no relacionamento não transferencial. Nós observamos brevemente o paralelo com Jung anteriormente; neste ponto, podemos acrescentar que a aliança terapêutica leva facilmente à ideia de um "contrato terapêutico" (Menninger, 1958), o qual é aplicável em muitas situações de ajuda. A aliança terapêutica foi definida como: "a relação não neurótica, racional e razoável, a qual o paciente tem com seu analista e o permite trabalhar intencionalmente na situação analítica" (Greenson & Wexler, 1969, apud Sandler et al., 1973, p. 27).

Sandler prosseguiu apontando que a aliança terapêutica não deve ser idealizada. Ela não significa apenas o desejo consciente do paciente de melhorar e certamente não implica apenas um relacionamento positivo e harmonioso entre analista e paciente. Na verdade, a essência da aliança terapêutica pode muito bem ser que o paciente continue trabalhando mesmo quando odeia o analista e deseja conscientemente abandonar a análise.

Por fim, na revisão das semelhanças psicanalíticas com o pensamento de Jung, devemos observar o uso da imagem de Bion (1963) do recipiente (analista) e do conteúdo (paciente). Isso significa algo além da contenção física na infância. A ideia é que as emoções e ansiedades são projetadas pelo bebê na mãe e retornadas a ele de forma mais branda e tolerável. A modificação da emoção incontível é o que se entende por contenção.

O curador ferido

Voltando à psicologia analítica pós-junguiana, existem basicamente duas abordagens para entender o que acontece na análise. A primeira utiliza material do inconsciente coletivo em uma abordagem arquetípica para entender a interação de uma sessão analítica. A segunda emula a tradição psicanalítica que estávamos discutindo. Vamos analisar cada uma delas.

Meier (1949) estabeleceu paralelos entre as antigas práticas de cura dos templos de Asclépio e a análise moderna. Dois pontos são relevantes neste momento. As práticas de cura e rituais ocorriam em um ambiente fechado, o *temenos* ou recinto do templo, e promoviam o sono na esperança de que o "paciente" tivesse sonhos curativos. O professor das artes de cura, o centauro Quíron, é retratado como sofredor de uma ferida incurável. A analogia com a análise é clara. O analista se torna o curador ferido, o ambiente analítico, que permite a regressão e o abandono do excesso de consciência, funciona como o *temenos*.

Embora Meier mostre como o material dos pacientes contemporâneos se assemelha a padrões positivos e negativos conhecidos pelos sacerdotes curandeiros, seu objetivo era demonstrar a continuidade histórica dentro do inconsciente coletivo. O que realmente acontece na análise não é descrito e há pouco em seu livro sobre o que atualmente chamaríamos de contratransferência.

Guggenbühl-Craig (1971) continuou a explorar a imagem do curador ferido, mas aplicada à prática da análise e de forma mais ampla nas profissões de ajuda. Sua teoria pode ser resumida da seguinte forma: a imagem do curador ferido, com sua contradição inerente, é uma imagem arquetípica e, portanto, a polaridade do arquétipo é constelada. No entanto, tendemos a dividir essa imagem, de modo que a figura do analista na relação terapêutica se torne todo-poderosa; forte, saudável e capaz. O paciente continua sendo apenas um paciente; passivo, dependente e propenso a sofrer de dependência excessiva (cf. *The asylum*, de Goffman (1961), especialmente sobre a hospitalização).

Figura 5

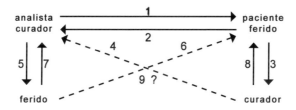

Além da divisão na imagem do curador ferido em curador analista e paciente ferido, também devemos considerar, na visão de Guggenbühl-Craig, a divisão que isso envolve tanto no analista quanto no paciente. Se todos os analistas têm uma ferida interior, apresentar-se como "saudável" é cortar parte de seu mundo interno. Da mesma forma, se o paciente é apenas visto como "doente", também é cortado de seu próprio curador interno ou capacidade de se curar. Que os analistas estão de alguma forma feridos dificilmente pode ser questionado, e parece haver um número crescente de opiniões de que fatores psicológicos desempenham um papel na escolha de uma profissão de ajuda, de modo que médicos, por exemplo, sofrem muito com síndromes relacionadas ao estresse (cf. Ford, 1983, para um resumo das evidências).

Guggenbühl-Craig continua afirmando que, quando uma pessoa fica doente, o arquétipo do curador-paciente entra em ação. O homem exterior está doente, mas também há um curador interno. Quando o paciente encontra um médico, sabe conscientemente que se trata de um médico por causa do contexto social (jaleco branco, instrumentos etc.). Mas, a menos que haja também uma projeção do curador interno do paciente no médico, haverá menos chance de cura. No entanto, embora a projeção possa ser necessária para iniciar o tratamento, deve ser retirada em algum momento para que as capacidades de autocura do paciente possam florescer.

Da mesma forma, o analista "sabe" que tem um paciente por sinais externos. Mas ele também terá que projetar sua própria parte interna ferida no paciente para conhecê-lo em um sentido emocional. Há neste ponto um paralelo com a definição de empatia de Kohut como "introspecção vicária". O analista sabe como é ser o paciente porque, de certa forma, está tratando de uma combinação do paciente e de si mesmo.

É fácil dizer que, quando as projeções definidoras de quem é o analista e de quem é o paciente fizeram seu trabalho, elas devem ser retiradas. No entanto, até o artigo de Groesbeck (1975) sobre *The archetypal image of the wounded healer*, isso não havia sido desenvolvido na prática. Groesbeck continua a detalhar o tema mítico insinuado por Meier e aplicado ao contexto analítico contemporâneo por Guggenbühl-Craig.

Groesbeck postula a possível reconstituição da imagem arquetípica dividida do curador ferido na psique tanto do paciente quanto do analista. Sou grato a Groesbeck por permitir que eu adapte uma série de diagramas, os quais elaborou, para ilustrar a criação e retirada de projeções durante a análise. O comentário é meu próprio. Na minha opinião, os diagramas ilustram de forma mais clara o que acontece nas fases iniciais de uma análise e demonstram um padrão que se repete ao longo curso analítico.

Na Figura 5, no primeiro diagrama, podemos ver que há uma interação de duas vias entre o analista e o paciente (1 e 2). Além disso, o analista e o paciente possuem, em seus inconscientes, uma capacidade ferida e uma curadora, respectivamente, e há uma interação entre o papel consciente e o componente inconsciente (5, 7, 8, 3). O analista projeta suas feridas no paciente e este projeta seu curador no médico (4 e 6). No entanto, ainda não há uma ligação entre o curador interno e inconsciente do paciente e a ferida interna e inconsciente do médico (9).

Figura 6

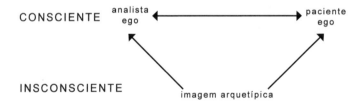

Figura 7

Figura 8

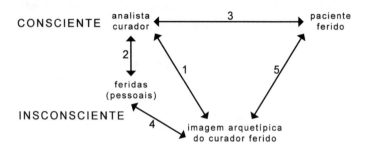

Na Figura 6, também são representadas as fases iniciais de uma análise. O analista e o paciente estão em interação. O ego do analista junto ao ego do paciente está observando o material do paciente que contém, entre outras coisas, imagens e temas, os quais, por serem arquetípicos, ativam e afetam o analista, puxando-o para o tratamento.

Avançando para a Figura 7, a imagem arquetípica do curador ferido está presente. O analista começou e continua a avaliar as fraquezas e forças do paciente. Essas últimas dizem respeito ao curador interno do paciente. E o paciente terá explorado as habilidades do analista, o que ele tem a oferecer e, dada a inevitabilidade de alguma transferência negativa, quais parecem ser suas fraquezas. Portanto, ambos os participantes estão se relacionando com a imagem do curador ferido.

Na Figura 8, vemos o analista lutando para equilibrar o que Racker chamou de contratransferência neurótica e contratransferência adequada. Suas feridas facilitam a empatia com o paciente (2, 4, 5), mas o perigo é a identificação (2, 3). No entanto, o diagrama retrata como é ser um analista. A personalidade do paciente está sendo apreciada, explorada, filtrada empaticamente através da psicopatologia do analista (1, 2, 4, 5); a esperança é que haja o mínimo de distorção possível.

Figura 9

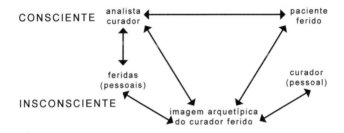

A Figura 9 se baseia na Figura 8. Se o analista foi movido por seu paciente, então este está mais consciente daquele enquanto uma presença curadora. Além disso, o analista está refletindo para o paciente que ele é aceitável, espelhando a transferência. Isso liberta o paciente para ter comunicação com seu curador interno, identificado como seu potencial. Segue-se que o curador interno pode ser primeiro encontrado na imagem de uma criança ou alguma outra forma de novo começo. Ambas as Figuras 8 e 9, vale ressaltar, envolvem a imagem bipolar arquetípica do curador ferido, em vez de imagens separadas de doença e saúde.

Quando se chega à etapa da Figura 10, tanto o analista quanto o paciente progrediram além da tendência paranoide-esquizoide de dividir a imagem do outro em "totalmente ferido" e "totalmente curador". Nenhum dos participantes está se dividindo; portanto, há uma base de objeto inteira para a análise. Isso não exclui regressões às fases retratadas em diagramas anteriores, e não se deve presumir que a Figura 10 seja alcançada em todas as análises.

Pode-se afirmar que a ideia de um curador interno é apenas um devaneio junguiano. Precisamos considerar o que os psicanalistas têm a dizer que alude a esse mesmo fator. Já observamos a designação de Langs do paciente como um "aliado" e como "curativo", e o conceito de Greenson da aliança terapêutica.

Money-Kyrle, em um artigo intitulado *The aim of psychoanalysis*, afirmou que considerava como um dos objetivos da análise "ajudar o paciente a compreender e superar os impedimentos emocionais que o impedem de descobrir *o que ele já sabe inatamente*" (Money-Kyrle, 1971, p. 104, ênfase adicionada).

Rycroft nos diz:

> O ego humano não é uma entidade passiva [...] mas um agente ativo, capaz de iniciar comportamentos, incluindo aquelas formas de comportamento ultimamente autodestrutivas, conhecidas como neuroses (Rycroft, 1972, p. xxiv).

Por fim, Sterba (1934) considerava fundamental para o processo analítico que o paciente dividisse seu ego, identificando uma parte com o analista, observando e refletindo sobre o material que ele produz como paciente – a outra parte de seu ego. Podemos adaptar isso para a linguagem da psicologia analítica, descrevendo esse processo como a ativação do curador interno do paciente, que desempenha uma função curativa.

O uso da contratransferência na psicologia analítica

Mencionei uma segunda abordagem para entender o que acontece na análise na psicologia analítica, em que os analistas, assim como seus colegas psicanalistas, examinam os detalhes da interação transferência-contratransferência durante a análise. Na verdade, embora Jung nunca tenha enfatizado esse ponto, ele foi um dos primeiros a reconhecer o aspecto clinicamente positivo da contratransferência do analista, referindo-se a ela como um "órgão de informação altamente importante", em 1929, e afirmando explicitamente:

> Como se espera de todo tratamento psíquico efetivo, o médico exerce uma influência sobre o paciente. Influir é sinônimo de ser afetado. De nada adianta ao médico esquivar-se à influência do paciente e envolver-se num halo de profissionalismo e autoridade paternais. Assim ele apenas se priva de usar um dos órgãos cognitivos mais essenciais de que dispõe. De todo jeito, o paciente vai exercer sua influência, inconscientemente, sobre o médico, e provocar mudanças em seu inconsciente. As perturbações, ou até os danos psíquicos típicos da profissão, que muitos psicoterapeutas conhecem, são provas inegáveis da influência, por assim dizer química, do paciente. Um dos fenômenos mais conhecidos desse tipo é a *contratransferência provocada pela transferência* (OC 16/1, §163, ênfase adicionada).

Figura 10

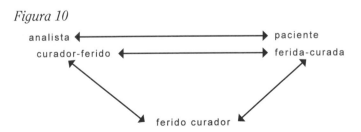

378   Coleção Reflexões Junguianas

Jung também contrastou sua abordagem com as tentativas de Freud de evitar os efeitos da contratransferência (OC 16, § 358). Para ilustrar os efeitos da contratransferência neurótica, Jung usou a imagem de "infecção psíquica", concentrando-se em particular nas situações clínicas nas quais, devido a uma similaridade na natureza de suas feridas pessoais, o analista se identifica com o paciente (OC 16, § 358, 365). Em geral, o autor simplesmente aceita que formas benéficas e malignas de contratransferência são, respectivamente, benefícios e riscos profissionais (OC 16, § 358, 365).

O uso da contratransferência pelos membros da Escola Desenvolvimentista dos pós-junguianos é particularmente interessante. Ao mesmo tempo em que Racker estava desenvolvendo seu trabalho sobre contratransferência, Fordham (1957), sem conhecimento disso, introduziu e elaborou seus conceitos de contratransferência ilusória e sintônica.

Resumidamente, a contratransferência ilusória é semelhante ao que Racker se refere como contratransferência neurótica e pode ser observada nas várias formas que listei (cf. p. 367-368). Fordham observou que as ilusões são verdadeiramente sintomas do analista, mas referir-se a elas como tal corre o risco de patologizar toda a contratransferência (Fordham, 1960, p. 244). Além disso, as ilusões da contratransferência podem ser corrigidas.

A contratransferência sintônica corresponde à contratransferência "complementar" de Racker. O termo "sintônico" é usado em comunicações de rádio para descrever a sintonia precisa de um receptor, de modo que as transmissões de um transmissor específico possam ser recebidas. No uso de Fordham, o inconsciente do analista está sintonizado com o que emana do transmissor do paciente. Seu próprio inconsciente, segundo Fordham, torna-se um "órgão de informação" para o analista (Fordham, 1960, p. 247).

Da mesma forma que Kohut teve que distinguir empatia de intuição (afirmando que a empatia é racionalmente compreensível), Fordham distinguiu a contratransferência sintônica da intuição ao chamar a atenção para a maneira como a emoção e os processos projetivos/introjetivos desempenham um papel; isso não é algo que pode ser afirmado com certeza em relação à intuição.

Na contratransferência sintônica, os sentimentos e comportamentos do analista se encaixam ou estão em sintonia com o mundo interno do paciente.

Por meio da introjeção, um analista percebe os processos inconscientes de um paciente em si mesmo e, assim, os vivencia frequentemente muito antes do paciente se tornar consciente deles (Fordham, 1969b, p. 275).

Fordham revelou que um passo vital em sua evolução do conceito foi a percepção de que era necessário incorporar o conteúdo da contratransferência sintônica à compreensão do analista sobre o material do paciente e sobre a transferência. Dessa forma, é possível evitar o excesso de foco nos aspectos subjetivos da experiência da contratransferência. A contratransferência sintônica torna-se, então, parte de um ciclo incessante de projeção e introjeção, a parte inconsciente de todo o processo de comunicação.

Levando isso adiante, se o analista sente que está projetando algo no paciente, talvez tendo uma fantasia sobre o paciente, ele não precisa se apressar em retirar sua projeção, temendo prejudicar o paciente com ela. A vantagem de um conceito como a contratransferência sintônica é que ele permite a consideração do analista sobre a possibilidade de que esse sentimento em relação ao paciente seja algo que o próprio paciente possa ter despertado nele e que possa ter sentido no passado em relação a figuras do mundo interno ou externo. Assim, a projeção do analista assume uma nova perspectiva.

Para chegar a essa posição, Fordham teve que ir além da ortodoxia psicodinâmica predominante de sua época, na qual a projeção do analista em seu paciente era um pecado capital e, se o paciente despertasse um sentimento no analista, isso revelava um ponto cego ao qual o analista deveria prestar atenção.

A contratransferência sintônica consiste, então, em processos afetivos extremamente rápidos. Eles ocorrem de qualquer maneira. A questão é se eles são reconhecidos pelo que são: comunicações. No entanto, a contratransferência sintônica não pode ser ensinada como uma técnica, embora possa ser transmitida aos estagiários como uma ética ou atitude.

Devemos observar que Fordham baseou essa ideia no funcionamento do si-mesmo e não no funcionamento do ego. O si-mesmo, em sua forma transpessoal, fornece o contexto e a condição essenciais para a contratransferência sintônica. O conceito do si-mesmo na psicologia analítica pode ter fortalecido os esforços para examinar o que quer que seja que ligue o analista ao paciente. Fordham enfatizou que, embora a contratransferência não seja a única fonte de informações sobre o funcionamento inconsciente do paciente, o analista pode usar essas informações específicas "como parte da técnica" (Fordham, 1969b, p. 286).

Antes de prosseguir para considerar a revisão mais recente das visões de Fordham, quero enfatizar uma consideração feita por ele em relação às qualidades pessoais do analista, tão enfatizadas por Jung. Na visão de Fordham, dentro de certos limites, é menos importante identificar essas qualidades pessoais do que observar como elas são gerenciadas. Foi essa percepção que o ajudou a usar os afetos do analista como resposta ao paciente, em vez de apenas como fonte de autoconhecimento; todo o viés tornou-se menos subjetivo e introspectivo (Fordham, 1969b p. 267).

Mais recentemente (1979b), o autor propôs a seguinte questão como um desenvolvimento lógico de seu pensamento: se a interação é a base da análise, se o afeto e o comportamento do analista fazem parte dessa interação, então por que ainda nos referimos ao lado do analista como "contratransferência"? Talvez o que Fordham tenha em mente é que, como palavra, "contratransferência" tem conotações de ilusão, delírio e fantasia, quando, na verdade, é simplesmente uma parte normal da análise. Fordham propõe que o termo "contratransferência" seja restrito ao que atualmente geralmente é chamado de contratransferência ilusória ou neurótica.

Acredito que a teoria da contratransferência cumpriu sua principal função. Ela teve o efeito desejável de tirar os analistas de suas torres de marfim, permitindo-lhes comparar notas sobre o que realmente fazem durante a psicoterapia analítica. "As reações patológicas do analista [...] podem ser chamadas de contratransferência. Eu chamaria o restante de parte da *dialética interacional*" (Fordham, 1979a, p. 208, ênfase adicionada).

No caso ilustrado no capítulo 10, podem ser encontrados exemplos dos diversos tipos de contratransferência. Essas ideias sobre contratransferência, embora formuladas em grande parte pela Escola Desenvolvimentista, são influentes em toda a psicologia analítica contemporânea. Como McCurdy (um analista treinado na Alemanha e em Zurique, mas que trabalhava nos Estados Unidos) comentou sobre o trabalho de Fordham:

> Essas observações levaram a uma maior precisão sobre os detalhes do procedimento técnico da análise e a uma grande apreciação e valoração dos fenômenos de transferência/contratransferência, não apenas como ferramentas terapêuticas e diagnósticas, mas também como a estrutura situacional imediata na qual o comportamento e a ideação neuróticos podem ser observados, experimentados e trabalhados (McCurdy, 1982, p. 55).

De outras Escolas, já mencionamos o trabalho de Dieckmann, na Alemanha, sobre o compartilhamento de imagens na transferência-contratransferência. E, embora sua metodologia seja bastante diferente, um analista da Escola Clássica, como Fierz, pôde escrever sobre "o efeito hipnótico do analista na projeção da transferência". O analista então precisa descobrir o que está acontecendo e o que ou se algo deu errado:

> Durante o tratamento de casos difíceis, o analista pode ficar visivelmente cansado, até exausto, e extremamente de mau humor. Isso é um indicativo de que fatores importantes não estão suficientemente conscientes e que o complexo correspondente está atraindo energia para si e para o inconsciente (Fierz, 1977, p. 8).

Fierz foca de maneira interessante nos diversos usos negativos aos quais a teoria do analista pode ser submetida. Isso seria um caso especial de contratransferência neurótica. O analista pode entrar em conluio com um paciente quando este tenta lidar com sua desorientação e solidão ao descobrir algo sobre a escola de análise à qual o analista adere, tentando também se tornar um defensor dela. A ideia de Fierz é que esse apoio é uma tentativa falsa de lidar com um problema humano doloroso, uma vez que a sensação de pertencer a um grupo ou escola diminui o senso de isolamento. Acredito que isso tenha uma relevância especial para pacientes psicologicamente "sofisticados" e, em particular, para candidatos em formação. É esse apoio às ideias da figura parental (conforme percebidas pelo paciente ou ex-paciente), em vez do desenvolvimento de um ponto de vista independente, que torna as discussões analíticas tão estéreis ou rígidas.

O que é a análise junguiana? (1) Introdução

Mencionei no início do capítulo que o uso das palavras "analista" e "paciente", em relação à análise junguiana, era emotivo. Isso ocorre porque, nos últimos anos e especialmente desde a morte de Jung, a comunidade junguiana questionou o que é a análise junguiana, como ela deve ser conduzida, se as técnicas são identificáveis e úteis, e assim por diante. A acusação de que tal procedimento não é analítico tem sido contraposta pela afirmação de que a prática do outro não é junguiana.

No que diz respeito ao método de condução da análise, a psicologia analítica pós-junguiana se divide em dois campos. A Escola Desenvolvimentista constitui um campo e, neste capítulo, vimos seu foco na interação entre paciente e analista e no uso clínico da contratransferência. Usando a frase de Fordham, podemos nos referir a um método de dialética interacional (DI). Os membros das Escolas Clássica e Arquetípica formam o outro campo. Três escolas se enquadram em dois campos no que diz respeito ao método analítico, pois, como Hillman diz, a psicologia arquetípica se afastou da análise junguiana clássica "menos em termos de terapia do que em seu foco" (Hillman, 1983, p. 44). Neste capítulo, o tema do curador ferido é uma contribuição desse segundo campo. Preocupado muito menos com a interação, como é o caso, podemos seguir McCurdy (1982, p. 50) ao nos referirmos ao método desses praticantes como clássico-simbólico-sintético (CSS).

Houve certa quantidade de cruzamento de ideias, como mencionei anteriormente ao discutir a avaliação do trabalho de Fordham por McCurdy. (E cf. minha apologia ao introduzir a noção de escolas, p. 49, 54.) No entanto, uma comparação das abordagens DI e CSS é esclarecedora.

O que é a análise junguiana? (2) Estrutura e procedimento analítico

Embora não haja discordância de que a análise seja, ou deva ser, uma experiência em contraste com a aprendizagem, há uma considerável divergência de opiniões quanto à forma como essa experiência deve ser estruturada.

Fierz (1977) apontou a contradição na análise em que a estrutura formalizada serve como pano de fundo para a liberação de conteúdos psíquicos fugidios e fluidos. A estrutura da análise facilita uma mudança em que o processo se torna menos periférico e mais central para a vida do paciente. Isso inclui a regularidade das consultas, um ambiente adequado e um acordo de pagamento – fatores sobre os quais não há discordância entre um profissional da CSS, como Fierz, e o grupo do ID.

Um aspecto-chave e controverso da estrutura analítica pode ser expresso na pergunta: divã ou cadeira? Jung se opunha à sugestão de Freud de fornecer um divã para o paciente, atrás do qual o analista se sentaria, devido à sua ênfase na igualdade e na reciprocidade. A insistência na disposição do analista e do analisando sentados frente a frente é fundamental para a CSS, e o envolvimento ativo do analista é enfatizado.

Por exemplo, Adler (1966, p. 27) se opunha a colocar o paciente no divã por vários motivos (a menos que o paciente esteja "muito tenso e estressado" e precise relaxar). Ele sentia que o divã enfatiza a passividade do paciente; é como se uma operação estivesse sendo realizada nele. O divã permite que o paciente fale sobre si mesmo de maneira "artificial". E, na visão de Adler, ele impede o paciente de superar a lacuna que o separa do analista. Crucialmente, o divã permite que o paciente veja suas experiências na análise como separadas da vida cotidiana. Sentar-se frente a frente produz uma situação mais humana e "torna mais difícil para o paciente usar o analista como uma figura inerte na qual projeta suas projeções sem testar o grau de realidade que elas possuem" (Adler, 1966, p. 27-28).

Fordham (1978a), argumentando a favor do divã, apresentou uma série de pontos que adotam uma linha diametralmente oposta. A observação inicial de Fordham foi que Jung interpretou de maneira muito literal a importância da comunicação frente a frente. Fordham aponta que, embora o divã tenha sido usado pelos médicos no passado, isso não significa que ele seja usado da mesma forma na análise atual. O divã enfatiza que o paciente é um paciente em busca de tratamento e, de maneira útil, que a análise não é uma ocasião social que lida apenas com o interpessoal. Do ponto de vista do analista, ele não precisa fingir uma igualdade absoluta com seu paciente e sua atitude profissional é mantida.

Na visão de Fordham, é verdade que o divã não é um fator "natural"; mas, da mesma forma, o próprio processo de análise também não é. Comportamentos de natureza sexual ou agressiva são proibidos e isso por si só altera a sensação de "naturalidade". Portanto, se preocupar com o divã prejudicando o que é "natural e humano" é fazer muito alarde sobre uma questão já resolvida. Na opinião de Fordham, pode não ser sempre desejável para o paciente ver o analista. Do ponto de vista do paciente, ele pode precisar se sentir sozinho ou explorar algo sem intrusões. Ou, de forma bastante razoável, o paciente pode querer dissimular. Claro, o paciente no divã pode se virar para olhar o analista e, de qualquer forma, ele o vê ao chegar e ao sair.

Em minha própria prática, eu uso um divã e coloco minha cadeira ao lado da cabeceira do divã, não atrás dele. Assim, o paciente pode olhar para mim ou desviar o olhar; eu também posso olhar diretamente à frente ou fazer contato visual com o paciente, ou, se eu desejar, simplesmente observar. O uso do divã não é obrigatório e com alguns pacientes que vêm com pouca frequência, eu não o recomendo. Concordo com Fordham que o estereótipo do analista silencioso e frio, sentado atrás do divã, provavelmente é uma curiosidade histórica, mesmo na psicanálise.

Acima de tudo, Fordham argumentou que não há motivo para o analista ficar desconectado de um paciente no divã. Na opinião do autor, o monitoramento de suas reações, que faz parte operante de sua contratransferência e que conecta o analista ao paciente, é facilitado pelo uso do divã pelo paciente.

Podemos observar a partir dessa controvérsia algo além de um debate sobre móveis. O central é a atitude em relação às transferências de origem infantil e à regressão. Aqueles que

Jung e os pós-junguianos

usam o divã trabalham extensivamente com essas questões; aqueles que usam a cadeira podem buscar dissolvê-las.

Na psicanálise, houve menos debate sobre esse assunto. No entanto, Fairbairn falou contra o uso do divã em 1958, dizendo que havia parado de usá-lo em sua prática. O autor sentia que o uso do divã na análise era um anacronismo dos dias de Freud como hipnotista e também derivava de sua aversão a ser observado. Nas palavras de Fairbairn:

> A técnica do divã tem o efeito de impor, de forma totalmente arbitrária ao paciente, uma situação positivamente traumática, calculada para reproduzir inevitavelmente situações traumáticas da infância, como aquela imposta ao bebê que é deixado chorando sozinho em seu carrinho, ou aquela imposta à criança que se encontra isolada em seu berço durante a cena primária (Fairbairn apud Jackson, 1961, p. 37).

Em outras palavras, o uso do divã não é "neutro" e Fairbairn suspeita que seu uso tenha muito a ver com a defensividade do analista e seu desejo de se proteger das demandas do paciente. Pelo que sei, o abandono do divã por Fairbairn não foi amplamente adotado na psicanálise; embora, para tratamentos de menor intensidade ou duração, seu uso seja regido pela cautela para evitar uma regressão incontrolável.

Continuando a comparar a CSS e o ID, um segundo ponto de desacordo procedimental tem sido a frequência das sessões. A questão é a seguinte: se a análise é definida de tal forma que implica ou requer um tratamento de determinada intensidade e duração, então segue-se que o tratamento que não está de acordo com esses requisitos não pode ser considerado análise. Pelo menos é isso que foi dito pelos defensores do ID; é a definição de análise que está em disputa e o argumento se tornou tautológico (ou seja, se a análise é definida como 4-5 sessões semanais, então apenas o tratamento com essa frequência constitui análise).

Jung parece ter sido flexível em relação à frequência das sessões. A análise requer que:

> Os métodos de influência, que também incluem os analíticos, exigem que se veja o paciente com a maior frequência possível. Quanto a mim, contento-me, no máximo, com três ou quatro sessões semanais. Ao iniciar-se o tratamento sintético, convém espaçar mais as consultas. Reduzo-as, em geral, a uma ou duas por semana, pois o paciente tem que aprender a caminhar sozinho (OC 16/1, § 26).

Isso sugere que as três primeiras etapas da análise de Jung requerem a presença frequente do paciente, mas quando a etapa de transformação (síntese) é alcançada, essa frequência pode diminuir. Jung frequentemente é citado como defensor de "férias" da análise.

Mas a que tipo de pacientes Jung atendia? Ele mesmo admitiu que tinha uma prática incomum (uma "composição peculiar"):

> Há uma decidida minoria de casos novos. A maioria deles já se submeteu anteriormente a alguma forma de tratamento psicoterapêutico, com resultados parciais ou negativos. Aproximadamente um terço dos meus clientes nem chega a sofrer de neuroses clinicamente definidas. Estão doentes devido à falta de sentido e conteúdo de suas vidas. Não me oponho a que se chame essa doença de neurose contemporânea generalizada. No mínimo, dois terços dos meus pacientes estão na segunda metade da vida (OC 16/1, § 83).

Acredito que os pacientes que sofrem dessa "neurose geral" sejam ainda mais comuns agora do que quando Jung estava escrevendo em 1929. No entanto, uma prática com predominância de pacientes na segunda metade da vida, que já passaram por tratamentos anteriores, é definitivamente incomum.

Considerações como essas levaram os defensores do ID a insistir que uma alta frequência de sessões é um pré-requisito para que o tratamento possa ser chamado de análise. Tratamentos menos intensivos são referidos como uma forma de psicoterapia. Assim como na psicanálise, alguma forma de compromisso foi proposta e então nos referimos à "psicoterapia analítica" para descrever um tratamento com intensidade inferior à análise, mas com metodologia e objetivos analíticos (cf. Paolino, 1981, p. 22-48, para uma comparação psicanalítica).

Mas as definições de análise não precisam se referir à frequência das sessões, embora a frequência possa ser implícita. Se aceitássemos uma definição de análise como "a separação e decomposição de estruturas e imagens complexas em seus componentes, ou seja, formas arquetípicas e padrões de interações do ego-arquétipo' (documento de discussão da *Society of Analytical Psychology*, 1966), ainda assim teríamos que considerar se isso poderia ser alcançado com uma frequência de sessões semanais, por exemplo. A definição acima também pode ser usada de outra maneira. Em vez de definir todo o processo, a definição poderia ser usada para destacar aquelas partes da psicoterapia em geral que são particularmente analíticas. Assim, falaríamos de realizar uma análise em um ponto da sessão ou por um período de tratamento prolongado. Consequentemente, na maioria dos casos, mas não em todos, quanto mais sessões disponíveis, mais espaço para uma análise adequada.

É importante mencionar que a análise, conforme definida anteriormente, pode ocorrer em uma única entrevista, e o tratamento prolongado e intensivo pode ser mais de suporte do que analítico.

Essas questões vão além de um jogo de números. Elas devem ser consideradas juntamente com afirmações como a de Mattoon, em sua visão geral da psicologia analítica, de que "a frequência das sessões junguianas geralmente é de uma ou duas vezes por semana" (Mattoon, 1981, p. 228). Assim como na questão do divã *versus* cadeira, a questão da frequência pode ser vista como uma simbolização de diferenças ideológicas profundas.

O que é a análise junguiana? (3) A contribuição do analista

As lembranças daqueles que trabalharam com Jung frequentemente o retratam como uma espécie de trapaceiro analítico: mestre dos *insights*, sabedoria, intuição e alguém que não hesitava em admoestar, instruir ou sugerir. Ele é descrito nessas descrições (por exemplo, Henderson, 1975a) como o paradigma do terapeuta ativo e intervencionista. Sem dúvida, parte disso se deve à "peculiar composição" de sua carga de casos. Para aqueles que podem ser considerados como já tendo passado por uma análise "reducionista", como Jung sugere, tal contribuição vinda do analista parece mais apropriada.

A contribuição analítica de Jung centrava-se em sua elucidação psicológica das imagens do paciente usando "a história da religião em seu sentido mais amplo (incluindo mitologia, folclore e psicologia primitiva)". Esse "depósito do tesouro de formas arquetípicas" permite ao analista colher "paralelos au-

xiliares e material comparativo eloquente destinado a tranqui-
lizar e esclarecer a consciência gravemente perturbada em sua
orientação" (OC 12, § 38).

Jung prosseguiu:

> É indispensável, no entanto, dar às fantasias emergentes,
> estranhas à consciência e aparentemente ameaçadoras em
> relação a ela, um contexto que as aproxime da compre-
> ensão. Como a experiência mostra, isto ocorre favoravel-
> mente através do material mitológico comparativo (OC
> 12, § 38).

É com base nisso que repousa o método CSS. Por exemplo,
Adler observa que, às vezes, o analista é "obrigado a ampliar as
associações do paciente por meio de seu próprio conhecimento"
(Adler, 1966, p. 51). Tal fato é legítimo, continua Adler, se "o
sonhador concorda completamente com isso". O autor acredita
que é o consentimento do paciente à interpretação que evita o
uso impróprio da autoridade do analista. No entanto, na realidade, pode ser o contrário; o consentimento imediato às especulações do analista pode indicar uma sugestionabilidade excessiva
do paciente. Adler, no entanto, tem o cuidado de indicar que
"a intervenção devido ao nosso conhecimento de simbolismo
coletivo" só entra em jogo quando as associações se esgotaram
(Adler, 1966, p. 95), o que seria o momento no qual um praticante do estilo ID esperaria interpretar a resistência.

Em uma ilustração de seu método de interpretação de sonhos, Adler sugeriu ao paciente que fizesse um desenho que
fosse uma extensão do sonho. Isso teve efeitos terapêuticos
marcantes e indubitáveis. O que é importante para nós inves-
tigarmos é se a cautela mostrada por Adler ao fazer a sugestão
apenas na ausência de associações é seguida por outros prati-

cantes de CSS. No exemplo de Adler, a área de simbolismo coletivo que entrou em jogo após a sugestão foi a mitologia; o autor pôde usar seu conhecimento sobre o tema para iluminar o que o paciente havia produzido em resposta à sua sugestão inicial.

Em princípio, não há motivo para que o uso da amplificação necessariamente tome a forma de uma alimentação forçada do paciente por meio de imagens. O analista pode amplificar silenciosamente para si mesmo (desamplificação, para adaptar o termo "desinterpretação" de Masud Khan). Ou o analista pode permitir que seu conhecimento amplificador o guie em sua intervenção, por exemplo, em relação ao que focar. Também é possível que o conhecimento de um mitologema permita ao analista ver para onde as coisas podem estar se encaminhando. Às vezes, um paciente dirá que isso o lembra, por exemplo, de João e Maria, ou apresentará uma versão moderna de uma figura mitológica antiga, como o Superman. Tais observações dos pacientes convidam à amplificação. E, é claro, existem pacientes que têm seu próprio conhecimento de simbolismo coletivo. Da mesma forma, trabalhar com o material infantil de um paciente adulto e fazer uso de modelos de desenvolvimento psicológico na infância também pode ser visto como uma forma de amplificação.

Desenvolvi essas questões porque, assim como a interpretação redutiva, a amplificação tem muito a ver com a maneira como o analista funciona como pessoa. Isso, e a atmosfera que ele cria, são tão importantes quanto a aplicação de um procedimento técnico.

Podemos nos perguntar o que aconteceu com a imagem do psicanalista reticente e reservado, que esperava pelo material do paciente ao qual poderia reagir e iniciar algo muito pouco

Jung e os pós-junguianos

pertinente à tradução do que era inconsciente para a consciência. Na psicologia analítica, a abordagem do ID incorpora muito mais esse *ethos* analítico do que a abordagem CSS.

No entanto, mesmo na psicanálise, o analista reservado, passivo a ponto de ficar em silêncio, tem sido criticado. Anna Freud escreveu:

> Com todo o respeito pelo necessário tratamento e interpretação mais rigorosos da transferência, ainda sinto que devemos reservar algum espaço para a compreensão de que o analista e o paciente também são duas pessoas reais, em um relacionamento real entre si. Eu me pergunto se a nossa, por vezes, completa negligência desse aspecto não é responsável por algumas das reações hostis que recebemos de nossos pacientes e que tendemos a atribuir apenas à "verdadeira transferência" (Ana Freud citada em Malcolm, 1982, p. 40).

Anna Freud estava comentando sobre um artigo de Stone, escrito em 1961, no qual o autor questionava que tipo possível de dano poderia ser causado à transferência pelo paciente ao saber onde o analista planeja passar suas férias ou ao ter conhecimento sobre o analista saber mais a respeito de velejar do que sobre golfe. Kohut foi ainda mais direto: "Permanecer em silêncio quando se é feita uma pergunta não é neutro, mas rude" (apud Malcolm, 1982, p. 40).

Se os psicólogos analíticos procurarem apenas por material impressionante, arquetípico e numinoso, serão tentados a serem superativos e sugestivos demais. Se considerarmos, por exemplo, um paciente que não tira o casaco ou alguém que fica sentado em uma sessão ouvindo seu aparelho de som pessoal com fones de ouvido, podemos concluir que ele não está produzindo material semelhante a mitos. Ou será que está? Não proponho sugerir mitologemas relevantes para esse comportamento altamente carregado, apenas estimular o pensamento em torno da proposição de que o inconsciente é imprevisível e sua imagética muda ao longo do tempo. Podemos estar receptivos a ela com um acervo de amplificação, ou mesmo um "acervo de interpretações" (Fordham, 1978b, p. 127), mas não podemos prever o que acontecerá. Consequentemente, possuir uma teoria de desenvolvimento é tão propenso a superorganizar o material do paciente, se mal utilizada, quanto aderir, de maneira não seletiva, a uma abordagem baseada em mitos.

O que é a análise junguiana? (4) A transferência na psicologia analítica

Continuando esse levantamento e discussão das diferenças ideológicas, chegamos à questão da transferência. O título desta seção foi retirado de um artigo de Plaut (1956). Nele, ele discutiu os inícios históricos da dicotomia clínica (em nossos termos, entre abordagens CSS e ID). Isso diz respeito, em particular, à "maneira de lidar com os fenômenos de transferência" (Plaut, 1956, p. 155).

Plaut reconheceu que ambas as escolas de pensamento concordam que a transferência ocorre e é importante. No entanto, o método CSS "lida com ela por meio de um procedimento principalmente educativo centrado na elucidação e diferenciação de conteúdos arquetípicos" (Plaut, 1956, p. 156).

Os adeptos da ID, por outro lado (dos quais Plaut faz parte),

> aceitam a projeção de forma sincera, sem fazer nenhuma tentativa direta de ajudar o paciente a separar o que pertence a ele, o que pertence ao analista e o que pertence a

nenhum dos dois. Pelo contrário, eles permitem a si mesmos se tornarem essa imagem corporalmente, "encarnando-a" para o paciente (Plaut, 1956, p. 156-157).

Plaut observou que não se trata apenas de uma questão de momento adequado para a interpretação dos fenômenos de transferência, mas sim de uma "atitude *totalmente* diferente em relação à imagem transferida" (Plaut, 1956, p. 157, ênfase adicionada). O analista que encarna a imagem o faz em resposta à transferência. O analista não deve afirmar que está encarnando a imagem dessa maneira, mas quando percebe isso, a implicação é que ele deve "ser capaz de reconhecer os limites de seu próprio ego" (Plaut, 1956, p. 157).

A habilidade necessária de um analista para permitir que o paciente o transforme naquilo que o inconsciente deste último insiste que ele seja não necessariamente se correlaciona com uma intenção de amplificar. Então, o material está, como sugeri anteriormente, mais propenso a ser considerado "sobre a mesa" para análise e paciente. Consequentemente, os praticantes de ID que trabalham como Plaut não pensam em termos de uma introdução precoce da "realidade" à situação analítica; isso pode ser contrastado com as observações de CSS de Adler (cf. p. 385 acima). A fantasia de transferência é o campo de trabalho buscado pelo praticante de ID.

O que é a análise junguiana? (5) Interpretação e técnica

Fiquei surpreso pelo fato de que nos índices de três publicações de Adler (1961, 1966, 1979) não há menção à "interpretação". Da mesma forma, a obra *Jungian Psychology in Perspective*, de Mattoon, mostra um viés da CSS com apenas uma entrada e, mesmo assim, como sinônimo de "elucidação". Hillman é contra a interpretação como um todo, especialmente quando isso significa "tradução" ou "dissecção". Ambas distorcem a imagem e prejudicam a psique. Ele prefere falar, por exemplo, em "fazer amizade" com um sonho ou uma imagem (Hillman, 1967, p. 57).

Por outro lado, na visão da ID, a interpretação é a pedra fundamental da técnica analítica (Fordham, 1969b, p. 270). No entanto, a ideia de que poderia haver uma "técnica de análise" é, para alguns junguianos, completamente estranha à concepção de Jung sobre a análise como uma arte, como algo que desafia formulações e que ignora as advertências de Jung contra o uso excessivo de teoria (cf. Henderson, 1975b).

Mas não é razoável postular que a psicologia analítica clássica e o método da CSS estejam desprovidos de teoria ou técnica. Portanto, não há motivo para os psicólogos analíticos se afastarem das tentativas da ID de definir técnica e delinear técnicas. Por outro lado, Hillman se opõe à colocação da técnica do analista no centro do processo analítico. Em uma comunicação pessoal, em 1976, ele questionou por que a Escola Desenvolvimentista teve que escolher títulos provocativos para seus dois volumes de artigos (Fordham et al., 1973, 1974). Os títulos eram "Psicologia Analítica: *Analytical psychology: A modern science* e *Technique in jungian analysis*. As palavras provocativas eram "ciência" e "técnica".

Portanto, houve uma reação visceral entre alguns pós-junguianos ao que veem como o extremismo da abordagem da ID praticada pela Escola Desenvolvimentista e, em particular, ao que Fordham chamou de "estudo microscópico da interação analista-paciente" (Fordham, 1969b, p. 260).

Praticantes médios

Às vezes, experimenta-se a tentação de descartar as diferenças que temos revisado como nada mais do que temperamento, linguagem, pomposidade teórica ou construção de império. E é uma distinção errônea separar abordagens aparentemente "técnicas" de uma atitude mútua ou dialética em relação à análise. A vantagem de possuir uma técnica analítica é que essa relação mútua entre paciente e analista pode se tornar mais profunda. No entanto, os contrastes entre a CSS e a ID são marcantes o suficiente para impedir qualquer conclusão fácil de que todos os pós-junguianos estão tentando fazer praticamente a mesma coisa na análise. Podemos testar isso examinando a possibilidade de uma posição média, uma que combine a ideologia clássica-simbólica-sintética com a da dialética interacional.

O que proponho fazer é examinar as visões de dois psicólogos analíticos potencialmente de meio-termo. Primeiro, a tentativa de Davidson, em 1966, de combinar as ideias de Jung sobre imaginação ativa com a análise da transferência de sua abordagem ID como um todo. Segundo, a abordagem de Schwartz-Salant para o tratamento do transtorno de personalidade narcisista, na qual modifica a tradição da CSS em que foi treinado para incorporar a análise da interação transferência-contra-transferência (1982).

A ideia de Davidson era que a transferência pode ser vista como um diálogo imaginário entre o paciente e uma figura, aparentemente o analista externo, mas em grande parte derivada do mundo interior do paciente. Nesse aspecto, há uma semelhança imediata com o diálogo na imaginação ativa entre o ego do paciente e seus conteúdos inconscientes. Na análise, de acordo com Davidson, o analista pode funcionar para o paciente como o ego do paciente funcionaria em uma imaginação ativa, permitindo que o material inconsciente do paciente "venha à tona". A transferência-contra-transferência é, então, em certo sentido, uma imaginação ativa.

Para muitos junguianos clássicos e praticantes da CSS, essas ideias são anátema, porque parecem ofender o plano usual para a imaginação ativa. Por exemplo, von Franz (comunicação pessoal, 1977) me informou que nunca se deve praticar a imaginação ativa envolvendo uma pessoa viva, e certamente não o próprio analista ou paciente. No entanto, se examinarmos de perto o resumo autoritário de Weaver (1964) sobre o que está envolvido na imaginação ativa, podemos ver que a tese de Davidson é justificada.

Weaver sentiu que o primeiro passo na imaginação ativa é que o ego preste atenção aos fragmentos psíquicos e imagens. O ego pode iniciar a fantasia e também ser o registrador consciente dela. A fantasia pode ser ampliada pela participação e intervenção do ego. Quanto maior o envolvimento no drama, mais o ego participa. Mas existem áreas em que o ego pode participar, mas não compreender. Por fim, e mais importante, é o fato de o ego passar por uma "participação significativa" em vez da "forma em que essa participação é expressa" que é crucial (Weaver, 1964, p. 17-18).

Voltando a Davidson, podemos ver que é o analista que representa o ego observador, como no esquema original de Jung para a imaginação ativa. O analista, quando encarna as imagens na transferência do paciente, entra no drama interior deste último, mas mantém seus próprios limites, assim como o ego faz ao participar do tipo mais comum de imaginação ativa.

Schwartz-Salant, o segundo analista potencialmente meio-termo, está escrevendo sobre pacientes que estão desligados, que têm pouco amor-próprio real, têm pouca empatia e funcionam emocionalmente de maneira excessivamente concreta, embora possam fazer uma adaptação social aparentemente bem-sucedida. Tais pacientes com distúrbios narcisistas requerem longos e dolorosos períodos antes que aquilo que geralmente é considerado trabalho analítico possa começar. O analista está tentando criar um ambiente caloroso e empático no qual a confiança possa se desenvolver. Schwartz-Salant escreve sobre tentar transformar a realidade arquetípica, na qual o paciente narcisista, afastado do contato humano, está envolvido, em uma "vida histórica pessoal, de maneira que mantenha algum grau de enraizamento arquetípico" (Schwartz-Salant, 1982, p. 25). Para alcançar esses objetivos, ele renuncia à sua técnica normal.

Para o nosso propósito, devemos nos concentrar em alguns detalhes sobre o que Schwartz-Salant tem a dizer sobre a técnica CSS em relação ao tratamento do distúrbio narcisista. Ele afirma:

> A imagem clínica, especialmente nas primeiras etapas da transformação, é dominada pela natureza específica do processo de transferência-contra-transferência. Consequentemente, a incapacidade de se relacionar com o personagem narcisista por meio de uma compreensão desse processo e, especialmente, da natureza objetiva da contra-transferência, frequentemente resulta em uma falha em constelar um processo de cura (Schwartz-Salant, 1982, p. 25).

Isso significa evitar trabalhar com amplificação e, acima de tudo, não utilizar o modelo de mutualidade e igualdade proposto por Jung, porque:

> O encontro entre duas pessoas que expressam o inconsciente é frequentemente apropriado quando as pessoas envolvidas são capazes de participação um tanto igual. Mas nos transtornos de caráter narcisista, isso não é o caso, uma situação muitas vezes obscurecida pela aparente autoridade do paciente (Schwartz-Salant, 1982, p. 25).

Os dois pontos importantes do que Schwartz-Salant disse são: concentração na transferência-contratransferência, não amplificação, e suspensão do modelo de mutualidade/igualdade. Isso significa que Schwartz-Salant se tornou um praticante do ID?

Schwartz-Salant retrata o narcisismo como um transtorno do si-mesmo e como uma tentativa de funcionar de uma maneira nova. Por exemplo, as várias características de uma figura arquetípica como Mercúrio (ou Hermes) sugerem tanto os aspectos negativos quanto positivos do narcisismo e sua conexão com a criatividade (Schwartz-Salant, 1982, p. 36-37). Mercúrio, segundo Jung, engloba uma série completa de papéis psíquicos, que vão desde o trapaceiro, ladrão, enganador e estuprador até o mensageiro dos deuses, e, portanto, guia das almas. Hermes sugere tanto uma base arquetípica para o transtorno narcisista quanto uma conotação positiva para ele. Schwartz-Salant enfatiza a afirmação de Jung de que o si-mesmo deseja viver sua "experiência na vida" e, se isso não acontecer, o si-mesmo se manifestará de forma negativa; isso é o que acontece no narcisismo.

Mas, em contraste com os escritores da ID sobre narcisismo, como Ledermann (1979, 1981, 1982), Schwartz-Salant oferece uma perspectiva histórica e cultural sobre o tema, a qual "amplia a visão facilmente míope que as abordagens clínicas podem proporcionar" (Schwartz-Salant, 1982, p. 105). Isso leva Schwartz-Salant a afirmar que é inevitável haver uma ênfase positiva e espiritual tanto na etiologia do transtorno narcisista quanto em seu tratamento.

Essas afirmações significam que o autor ainda é, de fato, um praticante da CSS? Ou, considerando seu trabalho como um todo, ele é um praticante meio-termo? Se compararmos seu trabalho ao de Ledermann, vemos que ambos consideram a empatia vital no tratamento e que ela estava ausente na real infância do paciente. Uma diferença é que, embora ambos os praticantes postulem uma fase de "pré-análise", há uma mudança menos radical na metodologia de tratamento de Ledermann quando a primeira fase da análise é concluída, deixando um ego viável com o qual trabalhar no paciente (Ledermann, 1982, p. 311). Embora Ledermann afirme que o trabalho analítico normal de interpretação possa então começar, essa é uma demarcação menos nítida do que aquela que Schwartz-Salant faz entre sua primeira fase de análise e a segunda fase. Então, a fenomenologia do si-mesmo com sua função criativa autorreguladora é apreendida por meio das abordagens usuais da CSS, utilizando o simbolismo da mitologia.

Tenho certeza de que Schwartz-Salant não consideraria a análise como um processo em que a "bagagem" infantil é tratada primeiro pela "transferência", antes que a essência dos arquétipos seja alcançada. Mas há uma impressão de uma continuidade de estilo mais reconhecível no trabalho de um analista declaradamente da ID, da Escola Desenvolvimentista, como Ledermann. Talvez os pós-junguianos, como Schwartz--Salant (e Davidson), tenham a tendência de parecer menos coesos do que os praticantes mais extremos. E talvez essa seja sua força – a capacidade de serem mais flexíveis e lidar com uma gama mais ampla de pacientes do que o normal.

Mencionei que Schwartz-Salant retoma o uso da amplificação utilizando material mitológico quando o paciente está pronto para isso. A questão da relevância do mito para nossa compreensão da infância é interessante – o complexo de Édipo, o problema de Narciso; o que queremos dizer ao evocar tais mitos?

Não acredito que os psicólogos analíticos ainda afirmem que o mito revele como a mente de uma criança funciona (ou seja, as crianças não têm mentes repletas de material mitológico). A ênfase contemporânea está no mito como uma expressão metafórica de algo relacionado a padrões típicos de comportamento emocional ao longo da vida. Sabemos que estudar padrões "típicos" é difícil, porque o observador também está imerso no que está sendo estudado; o mito oferece um alívio da subjetividade, uma oportunidade de se distanciar da experiência e fomentar ideias. E ao mesmo tempo, o mito pode ser um canal para a experiência emocional. É por isso que constantemente equiparei o estudo dos mitos e a observação empírica do comportamento de bebês e mães. Ambos podem ser considerados empreendimentos "objetivos" que englobam a atividade emocional.

Pode-se dizer que o mito, quando levado em consideração, nos livra de uma abordagem muito literal (o que Schwartz--Salant chama de "miopia clínica") e nos conecta ao imaginário. O perigo é que, como Giegerich diz sobre o trabalho de Neumann, os mitos também podem ser interpretados de forma excessivamente literal e concreta, "literalizando o imaginário" (Giegerich, 1975, p. 128).

Se aplicarmos essas reflexões à nossa discussão sobre a ideia de meio-termo, acredito que devemos concluir que ela

Jung e os pós-junguianos

realmente existe e que, para alguns psicólogos analíticos, o que irradia de seu trabalho é o desejo de superar a divisão que se estabeleceu entre a abordagem clássico-simbólico-sintética e a abordagem da dialética interacional.

Discussão adicional sobre psicopatologia

Gostaria de destacar mais duas síndromes clínicas, além do transtorno narcisista. Essas são a *psicose* e o *puer aeternus*.

Jung antecipou o trabalho de Laing e sua escola, que identificaram tanto a causa quanto o significado das palavras e comportamentos de pacientes psicóticos. Laing observou a declaração de Jung de que o esquizofrênico deixa de ser esquizofrênico quando encontra alguém que o compreende (Laing, 1967, p. 165). Jung também comentou que, para alguns psicóticos, a crise pode ser uma oportunidade de avanço psicológico. Isso também encontra eco no trabalho de Laing. Jung via a psicose como um movimento em direção ao inconsciente coletivo, do qual uma pessoa "normal" está separada e protegida pela consciência do ego. Ele concordaria, portanto, com Laing que a psicose é uma forma frustrada de um processo potencialmente natural, podendo ser uma "iniciação", "cerimônia ou "jornada" (Laing, 1967, p. 136). Seria interessante saber o que Jung teria achado do conceito moderno de uma "família esquizofrenogênica". Sua ideia de que um membro da família pode "carregar" conflitos psicológicos para outros membros da família aponta nessa direção.

O trabalho pós-junguiano concentrou-se nos aspectos do desenvolvimento da psicose (por exemplo, Redfearn, 1978) ou na tentativa de codificar e organizar material psicótico típico (por exemplo, Perry, 1962).

O outro exemplo específico de psicopatologia que quero mencionar foi nomeado por Jung como o *puer aeternus*, o jovem eterno que não quer ou não consegue crescer. Essa ideia foi desenvolvida por von Franz (1970) para se referir a uma imaturidade geral, caracterizada por uma falta de enraizamento e uma incapacidade de fazer compromissos pessoais ou outros; o *puer* vive o que tem sido chamado de "vida provisória". Ele (e também existem *puellas*) pode expressar sua falta de enraizamento tanto na espiritualidade excessiva e uma atitude de "cabeça nas nuvens", como, inversamente, em comportamentos ousados e arriscados em esportes perigosos ou na guerra. Sua falta de senso de realidade o cega para o perigo. O problema do *puer aeternus*, na visão de von Franz, decorre de um apego à mãe e da incapacidade de se separar dela e, portanto, fazer qualquer outro compromisso. Como observa Mattoon (1981, p. 99), uma pessoa assim pode levar esse estilo de vida até a meia-idade, quando uma intensa sensação de vazio e solidão pode ser experimentada. A síndrome do *puer aeternus* se assemelha a certas descrições psicanalíticas da personalidade esquizoide (por exemplo, Guntrip, 1961).

Jung afirmou que o remédio para o *puer* é o trabalho; von Franz acrescenta a isso a necessidade de fortalecer a consciência do ego. Às vezes, a rotina da análise, vista como entediante ou insuficientemente elevada, torna-se um aspecto importante na reconciliação do *puer* ou da *puella* com a vida no presente (cf. Samuels, 1980a, p. 40-41).

Nem Jung nem von Franz negaram que o *puer aeternus* tenha características positivas. Essas pessoas estão em busca de uma experiência autêntica de natureza espiritual, mas seu problema é se satisfazer facilmente com uma versão falsa e superficial, levando a um estilo de vida monótono e desanimado – ou à hiperatividade maníaca mencionada anteriormente. A avaliação positiva de Hillman em relação ao *puer* também é capturada em declarações como: "o *puer* não foi feito para caminhar, mas para voar [...] o *puer* captura a psique [...] É ao *puer* que a psique se rende" (Hillman, 1979a, p. 25-26).

É o *puer* que leva muitos a escolherem a análise junguiana, apenas para descobrir

> que ela é analiticamente rigorosa e, em grande parte, desprovida de qualidades cultas ou místicas, que nem sempre apoia aspirações espirituais elevadas e que geralmente está mais voltada para conflitos psicológicos mundanos do que para jornadas internas puramente simbólicas (M. Stein, 1982, p. xii).

Como outros analistas junguianos observaram (por exemplo, Clark, 1978), não há motivo para as questões mundanas prejudicarem o espírito, embora sempre haja esse risco.

Diferentes modalidades

Aplicações da psicologia analítica têm sido feitas na terapia de grupo, análise infantil e terapia conjugal; esta última será examinada no próximo capítulo.

A teoria de Jung do si-mesmo como contendo e regulando todas as partes díspares da personalidade é aplicável à psicologia de grupo, e a base arquetípica do processo e temas de grupo tem sido elaborada (por exemplo, Hobson, 1959; Whitmont, 1964; Fiumara, 1976).

A análise infantil junguiana é uma área separada e próspera, e o espectro de abordagens utilizadas pode ser apreciado na crescente literatura (Wickes, 1966; Fordham, 1969a; Kalff, 1980). De forma ampla, o debate entre abordagem clássico--simbólico-sintético *versus* dialética interacional também pode ser encontrado nas discussões sobre análise infantil. Um desenvolvimento recente tem sido o encontro de psicólogos analíticos infantis das diferentes escolas de psicologia analítica. Um fator complicador nas discussões entre os psicólogos analíticos que trabalham com crianças é a atitude ambivalente de Jung em relação à psicologia infantil, que foi mencionada no último capítulo.

Tratamento e cura

Parece apropriado concluir este capítulo com algumas palavras sobre o que faz a análise funcionar e quais são os objetivos dela. Gordon propõe uma distinção entre tratamento e cura, ambos ocorrendo na análise. O primeiro está relacionado ao desenvolvimento do ego e à integração dos impulsos e arquétipos. A cura, por outro lado, é um "processo a serviço de toda a personalidade em direção a uma totalidade cada vez maior e mais complexa" (Gordon, 1979, p. 216).

Essa ênfase na individuação nos leva a um paradoxo observado por Fordham (1978a) ao discutir os critérios para encerrar uma análise. (Por encerramento, entende-se uma decisão mútua do paciente e do analista, em oposição a um "encerramento" unilateral.) Fordham busca evidências de que o paciente possa passar por períodos em que não está no controle do que está acontecendo. Assim, qualquer fantasia de que a análise permite ao paciente controlar completamente o que está acontecendo consigo é dissipada e a relatividade do estado de conclusão da análise é enfatizada.

No entanto, isso deixa em aberto o papel desempenhado na análise por decisões relacionadas à seleção de pacientes, avaliação e diagnóstico, por exemplo. O problema é que, ao enfatizar a "química" e a empatia entre o analista e o paciente, a psicologia analítica restringiu sua contribuição. A psicologia analítica tende a trabalhar com um modelo de crescimento em vez de um modelo de cura. Assim, no que diz respeito à seleção de pacientes, muitos, que poderiam ser rejeitados pela psicanálise clássica (por motivos de idade ou por serem considerados muito doentes), foram aceitos. Ultimamente, critérios como força do ego, profundidade do dano, motivação e impacto favorável ou desfavorável do ambiente atual do paciente têm sido mais levados em consideração.

Os psicanalistas também questionam de onde vem a cura. Paolino dá uma definição totalmente convencional de como o tratamento e a cura são alcançados na psicanálise: "uma mobilização construtiva dos impulsos [...] uma função do ego mais adaptativa [...] uma redução de conflitos intrapsíquicos" (Paolino, 1981, p. 87). Ele então cita com aprovação algo dito por outro psicanalista, Gitelson:

> Um dos problemas ainda não resolvidos da psicanálise está relacionado à natureza essencial da cura psicanalítica. Não é a compreensão; não é a recordação de memórias infantis; não é a catarse ou a ab-reação; não é a relação com o analista. Ainda assim, é tudo isso em alguma síntese que ainda não foi possível formular explicitamente. De alguma forma, em uma análise bem-sucedida, o paciente amadurece como uma personalidade total (apud Paolino, 1981, p. 87).

Não é de admirar que Jung tenha sugerido que as palavras *deo concedente* pairam sobre uma análise, ou que os alquimistas costumavam ter um oratório no qual contemplavam e rezavam pelo sucesso de seu trabalho no *laboratorium* (OC 13, § 482).

7 Gênero, sexo, casamento

No meu trabalho de ensino com aprendizes junguianos, não junguianos e ecleticamente orientados, descobri que são as visões de Jung sobre gênero e sexo que despertam os sentimentos mais apaixonados. Em parte, isso reflete um interesse cultural geral, mas me convenci de que algo mais específico está em jogo. Existe a impressão de que nas copiosas escritas de Jung sobre masculinidade e feminilidade podem estar pistas para uma compreensão do nosso dilema atual. No entanto, ao mesmo tempo, também detectei uma imensa insatisfação – com os conceitos de Jung e não apenas com algumas de suas atitudes expressas. A tensão entre antecipação e frustração tem sido tão marcante que quase intitulei este capítulo como "Jung: feminista ou chauvinista?"

A divergência de opinião se estende a comentaristas sofisticados das ideias de Jung. Maduro e Wheelwright (1977) sentiram que essas ideias estavam muito à frente de seu tempo no que diz respeito à sua avaliação positiva da feminilidade, e que Jung havia antecipado interesses contemporâneos. Goldenberg, por outro lado, pede uma "crítica feminista para examinar a desigualdade do modelo básico dele [Jung]" (Goldenberg, 1976, p. 445).

Em poucas palavras, meu argumento será que as formulações de Jung sobre Logos e Eros, e *animus* e *anima*, podem ser desvinculadas não apenas do sexo, mas também do gênero. Feito isso, ficamos com ferramentas excelentes para uma abordagem à psique. E, além disso, tal empreendimento encontra suas próprias conexões com a psicanálise atual.

Termos

Antes de iniciar qualquer discussão séria, definições serão úteis. Como Jung nunca fez especificamente essa distinção, frequentemente não percebia que, às vezes, estava falando sobre sexo e diferenças sexuais (homem e mulher), enquanto outras vezes tratava de diferenças de gênero (masculino e feminino). Mais recentemente, Stoller (1968), em sua obra seminal de psicanálise *Sex and Gender* sugeriu que restrinjamos o termo sexo à biologia: cromossomos, genitais, hormônios e características sexuais secundárias. O autor observa que

> o sexo de alguém é determinado por uma soma algébrica de todas essas qualidades e a maioria das pessoas se encaixa em uma das duas curvas de sino separadas, uma das quais é chamada de "masculino", e a outra de "feminino" (Stoller, 1968, p. 9).

Gênero, por outro lado, é um termo cultural ou psicológico, referindo-se à quantidade de masculinidade ou feminilidade encontrada em uma pessoa e, acrescenta Stoller, "enquanto muitos humanos têm misturas de ambos, o homem normal tem uma predominância de masculinidade e a mulher normal tem uma predominância de feminilidade" (Stoller, 1968, p. 9-10).

O autor então introduz mais dois termos: identidade de gênero e papel de gênero. O primeiro se refere à consciência do sexo ao qual alguém pertence e, mais importante, aos aspectos pessoais e culturais dessa consciência. Assim, alguém pode se sentir como um "homem masculino" ou um "homem afeminado", ou contestar com algum sentimento o que a sociedade espera das mulheres. Isso nos leva ao segundo termo – papel de gênero. Esse se refere ao comportamento manifesto na sociedade, especialmente em relação aos outros e, crucialmente, inclui a avaliação individual do seu próprio gênero.

O problema com essa divisão clara entre sexo e gênero é que o comportamento de gênero (concebido por Stoller como principalmente aprendido desde o nascimento) desempenha um papel vital no comportamento sexual, o qual, é claro, é marcadamente biológico. Além disso, é possível observar até que ponto o comportamento de gênero pode ser influenciado por mudanças na composição sexual; por exemplo, após a castração. Pode até haver diferenças comportamentais distintas no nascimento entre meninos e meninas; por exemplo, diz-se que os meninos são mais inquietos antes de se alimentarem, mas se acalmam mais facilmente, enquanto as meninas exibem o comportamento oposto. Porém, para apresentar o contra-argumento, Stoller sugere que parte disso pode se dever à aprendizagem que começa imediatamente após o nascimento. A interação entre mãe e bebê pode ser afetada pela atitude emocional da mãe em relação ao sexo do bebê, o que leva a diferenças tanto no manejo quanto nas expectativas.

A síntese de Stoller tem duas conclusões. Primeiro, que existe um substrato biológico para o comportamento de gênero, embora seja difícil defini-lo precisamente. Segundo, porque as relações sexuais incluem "a mais intensa das comunicações humanas", precisamos observar o que acontece entre as pessoas e, ainda mais, o que acontece dentro de uma pessoa – quais "neuroses, fantasias e desejos são despertados no indivíduo" (Stoller, 1968, p. 16). E isso, de acordo com o autor, inevitavelmente nos leva a uma virada para a psicologia como "*metodologia* essencial em nossa compreensão da sexualidade" (Stoller, 1968, p. 16, ênfase adicionada).

A esta altura, fica aparente que o debate sobre sexo e gênero gira em torno de noções do que é inato e do que é cultural. Quando discutimos sexo e gênero, nos encontramos nos passos de Freud, que, como resumiu Gallop, desenvolveu um conceito de sexualidade que não está "inscrito nos limites das relações interpessoais reais" (Gallop, 1982, p. 2). Em outras palavras, embora o casamento e as relações pessoais possam ser discutidos, o campo é primeiro de identidade e equilíbrio interno e somente secundariamente sobre o homem e a mulher em relação.

Uma consideração adicional é sobre até que ponto as experiências iniciais do indivíduo desempenham um papel em sua identidade de gênero subsequente. Nesse contexto, podemos nos perguntar se existem observações gerais a serem feitas sobre possíveis diferenças no desenvolvimento entre homens e mulheres. Por exemplo, um menino não precisa trocar seu objeto de amor ao passar da relação de duas pessoas para a relação de três pessoas; a mãe que alimenta e a mãe edipiana são a mesma pessoa. Na cultura ocidental, uma menina precisará fazer essa troca. Diferentes problemas são apresentados a um menino no desenvolvimento de sua identidade de gênero em comparação com os apresentados a uma menina. A relação de um menino com sua mãe torna uma identificação feminina uma possibilidade distinta, e uma a ser superada; uma menina não precisa superar sua relação com a mãe da mesma maneira para alcançar a feminilidade. No entanto, a noção mais estabelecida de que o menino tem essa dificuldade em sua relação com a mãe deve ser considerada ao lado de uma afirmação da psicanálise feminista de que, precisamente porque são do mesmo sexo, uma menina e sua mãe também têm problemas especiais.

Em seu livro sobre psicologia feminina, as fundadoras do Centro de terapia feminina de Londres argumentam que o desenvolvimento do ego de uma mulher é moldado dentro da relação mãe-filha. Isso é afetado pelo fato de as mulheres serem "cidadãs de segunda classe dentro de uma cultura patriarcal" e ao lado do fato de que todas as mães aprenderam com suas mães sobre o seu lugar no mundo. Na experiência de cada mulher está a memória – enterrada ou ativa – das lutas que teve com sua mãe no processo de se tornar mulher, de aprender a controlar suas atividades e direcionar seus interesses de maneiras específicas (Eichenbaum & Orbach, 1982, p. 31).

Também podemos adicionar a isso a possibilidade de que a semelhança possa alimentar a inveja entre mãe e filha de uma maneira que dê à primeira um motivo inconsciente para limitar o alcance da última, que, por sua vez, pode ser impulsionada a ir além de sua mãe.

Levando essa visão psicanalítica feminista adiante, Chodorow afirma que

> o maior comprimento e a natureza diferente de sua experiência pré-edipiana, além de sua contínua preocupação com as questões desse período, fazem com que o senso do si-mesmo das mulheres seja contínuo com os outros e que elas mantenham capacidades de identificação primária, as quais lhes permitem experimentar a empatia e a falta de

414 Coleção Reflexões Junguianas

> senso de realidade necessárias a um bebê cuidado. Nos homens, essas qualidades foram restringidas, tanto porque são tratados precocemente como opostos por suas mães quanto porque seu posterior apego a elas deve ser reprimido (Chodorow, 1978, p. 26).

A perspectiva de Jung sobre a relação mãe-filha enfatizava que lutar com o pai pode muito bem não ser destrutivo para a menina, mas que a filha que luta com a mãe pode "lesar o mundo instintivo", porque "ao negar a mãe ela também repudia tudo o que é obscuro, instintivo, ambíguo, inconsciente de seu próprio ser" (OC 9/1, § 186).

O fato de podermos pensar em possíveis diferenças entre o desenvolvimento do menino e da menina destaca o papel desempenhado pela heterossexualidade. As dinâmicas especiais mencionadas acima baseiam-se na prevalência da alteridade ou semelhança nas relações sexuais. No entanto, também precisamos questionar se a heterossexualidade em si deve ser considerada como inata e, portanto, como algo fundamental e além de debate, ou se ela também tem uma dimensão cultural. Estou pensando na percepção de Freud de uma bissexualidade inata seguida posteriormente pela heterossexualidade. A visão de Jung era que o homem e a mulher são, cada um, incompletos sem o outro: a heterossexualidade é, portanto, um dado. Nesse sentido, ele difere da ênfase de Freud na bissexualidade como o estado natural da humanidade (cf., contudo, p. 442 abaixo). Na abordagem de Freud, a identidade sexual surge das demandas gêmeas impostas pela reprodução e pela sociedade. No entanto, a crença de Jung de que o que chamamos de "masculino" e "feminino" coexistem em uma relação complementar na psique é a extensão e aplicação psicológica da bissexualidade.

Jung e os pós-junguianos 415

A instituição cultural que reflete a heterossexualidade com mais clareza é o casamento. Nas sociedades ocidentais, ele está associado à família nuclear. Se esse padrão é universal ou local é uma questão em debate. O material de Mead sobre variação cultural deve ser ponderado juntamente com novas evidências de que a família nuclear tem uma história muito mais longa e é mais difundida do que se pensava anteriormente (Mead, 1949; Macfarlane, 1978; Mount, 1982).

Levando todos esses fatores em consideração, parece que homens e mulheres têm experiências iniciais que podem diferir talvez de maneira acentuada. No entanto, é um grande passo alegar que eles realmente funcionam de maneira bastante diferente psicologicamente. A evidência científica sobre isso é confusa e difícil de avaliar (p. 434ss. abaixo). Por exemplo, observações de que meninos constroem torres e meninas constroem cercados quando recebem blocos podem indicar uma semelhança no funcionamento, em vez de uma diferença (que é o que geralmente é alegado). Ambos os sexos têm interesse em seus corpos e, possivelmente, nas diferenças entre anatomias masculina e feminina. Ambos os sexos expressam esse interesse de maneira semelhante – de forma simbólica, em brincadeiras com blocos. Ou, em outras palavras, ambos os sexos abordam as diferenças entre os sexos de maneira semelhante. As diferenças no papel de gênero e na identidade de gênero podem então ser vistas como tendo surgido da mesma maneira. Os processos psicológicos pelos quais um homem se torna um empresário agressivo e a mulher uma dona de casa carinhosa são os mesmos, e não se deve ser enganado pela dissimilaridade no produto final. Um resumo recente das evidências experimentais disponíveis apoia fortemente o argumento da "similaridade", destacando a enorme influência do fator cultural (Nicholson, 1984).

Psicologia masculina e feminina

Jung se refere à existência de dois princípios de funcionamento psicológico bastante diferentes e determinados arquetipicamente. O princípio masculino ele denomina de Logos ("a palavra", daí racionalidade, lógica, intelecto, conquista), e o princípio feminino de Eros (originalmente amante de Psiquê, daí relacionamento). Seu objetivo pode ter sido destacar a necessidade de ambos esses princípios existirem em harmonia dentro de um indivíduo. Mas as linhas de sua teoria tendem a ser obscurecidas pela terminologia de gênero. É importante perceber que Jung estava falando em termos simbólicos de fatores psicológicos independentes do sexo anatômico. Logos e Eros existem dentro de uma pessoa de qualquer sexo. O equilíbrio e a relação entre os dois princípios separados regulam o senso do indivíduo de si mesmo como ser sexuado e como ser de gênero, seu senso de completude e totalidade: "é a função de Eros unir o que Logos separou" (OC 10/3, § 275).

Eros e Logos são "conceitos intuitivos" (OC 9/2, § 29) que delimitam um campo de experiência difícil de definir (OC 14, § 224). Jung fala de um homem possivelmente tendo "uma diferenciação do eros" (OC 9/1, § 164) ou um "Eros pouco desenvolvido" (OC 9/2, § 37) ou um "eros passivo" (OC 9/2, § 20). Uma mulher pode ter "uma exacerbação do eros" (OC 9/1, § 168) ou precisar de "Logos" (OC 9/2, § 33). Até mesmo Yahweh pode ser descrito como não tendo "Eros" (OC 11, § 621).

No entanto, às vezes, a afirmação de Jung parece ser que Eros e Logos não são apenas mensuráveis e quantificáveis, mas também habitam, por assim dizer, homens e mulheres reais:

> O conceito do Eros, em linguagem moderna, poderia ser expresso como relação psíquica, e o do Logos como interesse objetivo [...] Um homem em geral se contenta com a "lógica" pura e simples. Tudo que é "psíquico", "inconsciente" etc. lhe repugna, parecendo-lhe vago, impreciso ou doentio [...] A mulher prefere saber o que o homem sente a respeito de uma coisa, ao invés de conhecer a coisa em si (OC 10/3, §§ 255, 258).

O que devemos entender dessa discrepância? Embora, como Mattoon sugere, Jung esteja tentando descrever "valores em vez de comportamentos" (Mattoon, 1981, p. 101), ele, às vezes, consegue transmitir uma impressão bem diferente. A percepção básica de Jung era que existe uma dicotomia fundamental na humanidade, na cultura humana e na psicologia – e "Logos" e "Eros" expressam isso. Ambos são igualmente valiosos – não há sugestão contrária nos escritos de Jung. Mas quando tenta associar gênero a esses dois princípios, provoca confusão e preconceito.

Considere: Logos implica interesse ativo, assertivo, intelectual, penetrante, objetivo; Eros implica interesse passivo, submisso, emocional, receptivo, relacionamento psíquico. No entanto, existem muitas outras maneiras de denotar essa dicotomia básica, e nenhuma delas envolve questões de gênero: Apolíneo-Dionisíaco, Clássico-Romântico, processo secundário e primário, pensamento digital e analógico. Yang e Yin podem ser a exceção que confirma a regra (eles já são associados ao gênero) e, de qualquer forma, foram uma das bases para Jung apresentar qualquer noção de gênero como inato em primeiro lugar.

418 Coleção Reflexões Junguianas

Rossi (1977) sugeriu que essa dicotomia geral reflete e deriva das diferenças entre o funcionamento dos hemisférios cerebrais direito e esquerdo; no entanto, como ambos os sexos têm ambos os hemisférios, a pergunta ainda permanece: por que introduzir o gênero? Se estamos falando de reprodução, então a divisão é expressa de maneira apropriada em termos de homens e mulheres – caso contrário, tudo o que podemos concluir é que existe algum tipo de divisão ou diferença básica dentro de nós.

Pode-se objetar que, como a divisão cultural tradicional entre masculino e feminino segue o padrão de Logos-Eros, é razoável atribuir gênero a cada membro dos pares que mencionei. No entanto, usos costumeiros têm uma maneira de se tornarem definições e, mesmo com as dúvidas de Jung sobre as mulheres que se adequam, há, é claro, inúmeras mulheres que mantêm a emoção e o intelecto em equilíbrio.

Mas e se escolhermos enfatizar a visão de Jung sobre Eros e Logos como complementares, disponíveis para ambos os sexos e construtivos apenas em parceria? Nessa interpretação, Jung, em seus escritos de 1927, parece quase ser um feminista moderno, pois sua posição é que todas as qualidades e habilidades estão disponíveis, e que a mistura é crucial. Para chegar a essa conclusão, é necessário compreender que Jung, em comum com muitos outros, escolheu (talvez inconscientemente) representar a dicotomia básica no funcionamento psicológico humano em uma forma simbólica – homem e mulher.

Animus e anima

Tradicionalmente, a teoria de *animus* e *anima* de Jung tem sido explicada para não junguianos em termos do "fato biológico de que [...] o menor número de genes do sexo oposto parece produzir um caráter do sexo oposto correspondente, que geralmente permanece inconsciente" (Jaffé em Jung, 1963, p. 410). De forma excessivamente simplificada, isso pode tentar algumas pessoas a agir como se homens e mulheres realmente estivessem dentro delas. Mas o uso de Jung de *animus* e *anima* pode ser melhor compreendido ao considerá-los como estruturas ou capacidades arquetípicas. Nesse sentido, *anima* e *animus* promovem imagens que representam um aspecto inato de homens e mulheres – aquele aspecto que é de alguma forma diferente de como eles funcionam conscientemente; algo estranho, talvez misterioso, mas certamente cheio de possibilidades e potenciais. Mas por que a ênfase "do sexo oposto"? Isso ocorre porque um homem, naturalmente, imaginará o que é "outro" para ele na forma simbólica de uma mulher – um ser com uma anatomia diferente. Uma mulher simbolizará o que é estrangeiro ou misterioso para ela em termos do tipo de corpo que ela mesma não possui. A contrassexualidade é verdadeiramente algo "contrapsicológico"; a sexualidade é uma metáfora para isso.

As afirmações do parágrafo anterior explicam por que *animus* e *anima* se personificam facilmente, formando uma figura imaginária. Quando essa figura é encontrada em sonho ou fantasia, pode ser interpretada como representativa de modos alternativos de percepção e comportamento, bem como sistemas de valores diferentes. Por exemplo, o *animus* tem sido associado à consciência focada e ao respeito pelos fatos, enquanto a *anima* à imaginação, fantasia e ao jogo. A questão crucial é que essas são imagens de princípios gerais que se aplicam a todos os seres humanos e, se não estiverem disponíveis para alguém no momento, isso se deve a razões individuais, não sexuais. Talvez a penumbra de associações de gênero a *animus* e *anima* seja inevitável neste momento, e, como isso também é indesejável, seria melhor falar simplesmente em termos de "consciência focada" ou "fantasia", ou quaisquer qualidades que desejemos examinar.

Para realizar essa função de retratar alternativas, as figuras da *anima* e do *animus* muitas vezes atuam como guias ou fontes de sabedoria e informação. Elas ajudam uma pessoa em sua jornada (um tema comum em sonhos). Quando Jung encontrou esse fenômeno em um momento de estresse máximo em sua vida pessoal após o rompimento com Freud, chamou tal figura de "guia da alma" ou "psicopompo", destinado a desempenhar um papel vital na análise ao conectar a pessoa como ela é (ego) com o que ele ou ela pode se tornar (si mesmo). Ele descreveu seus diálogos com as figuras femininas encontradas em sua própria psique em sua autobiografia, publicada em 1963. Mais tarde, sentiu que reconheceu o mesmo padrão em mulheres, mas como as figuras eram masculinas, ele as chamou de *animus* (do latim para "mente" ou "intelecto"); isso em contraste com a *anima* do homem (do latim para "alma" ou "respiração", como em "sopro de vida").

Animus e *anima* frequentemente aparecem projetados em um homem ou mulher real; aqui eles podem despertar atração entre os sexos, pois carregam a semente de um entendimento ou comunicação com o sexo oposto. Através da projeção, homem e mulher reconhecem e são atraídos um pelo outro. Como estruturas arquetípicas, *animus* e *anima* precedem e condicionam a experiência. Isso leva a um problema interessante: até que ponto as estruturas arquetípicas do *animus* e da *anima* influenciam nossas primeiras percepções de pai e mãe por meio da projeção de certas qualidades (hipoteticamente inatas) nos pais reais. Ou o inverso – até que ponto pai e mãe dão forma e tom ao *animus* ou *anima* nascente do indivíduo. Jung foi cuidadoso em distinguir *"anima"* de "mãe" (por exemplo, OC 9/1, § 26), mas veremos em nossa discussão posterior sobre problemas matrimoniais que isso é mais fácil de fazer em teoria do que na prática (cf. p. 443ss. abaixo).

A projeção é de extrema importância para a vida do *animus* e da *anima*. Jung antecipou isso como normal e saudável até certo ponto, e certamente é patológico se nenhuma projeção de um dos dois ocorrer. Em 1921, Jung considerava isso como uma explicação para o narcisismo – na ausência de projeção, toda energia psíquica fica retida no sujeito (OC 6, § 810).

No entanto, a projeção do *animus* e da *anima* envolve mais do que facilitar a heterossexualidade. A projeção do que é contrassexual é uma projeção do inconsciente potencial: "imagem da alma". Assim, a mulher pode primeiro ver ou experimentar no homem partes de si mesma das quais ela ainda não está consciente, porém necessita. O homem atrai sua alma (voluntariamente) para fora dela. E o oposto se aplica a um homem. O uso da palavra "alma" por Jung é em contraposição à persona, que é concebida como menos profunda ou enriquecedora da personalidade. Ele fala da alma como uma "personalidade interior", o verdadeiro centro do indivíduo.

Os dois últimos parágrafos enfatizam o lado positivo da projeção. No entanto, a projeção excessiva é problemática, e o receptor pode não ser capaz de concretizar a projeção idealizada, resultando em desapontamento e surgimento de sentimentos negativos quando o amor à primeira vista se desfaz ao perceber que o outro parceiro tem pés de barro. Jung comenta que se deve tentar encontrar uma posição intermediária entre projeção insensata e nenhuma projeção (cf. a seção sobre casamento, abaixo).

O fato de o *animus* e a *anima* atuarem como um canal ou via de comunicação entre o ego e o inconsciente pode levar a pessoa a projetar sua sombra por meio de seu *animus* ou *anima*, e assim experimentar em um parceiro o que ele mais teme e despreza em si mesmo. Uma possibilidade psicopatológica adicional é que o ego possa ser dominado pelo *animus* ou *anima*, levando a um estado de possessão. A identificação com a *anima* ou *animus* frequentemente se manifesta no comportamento como uma representação estereotipada das supostas deficiências do sexo oposto. Um homem se tornará mal-humorado, irracional, preguiçoso, efeminado; uma mulher se tornará excessivamente assertiva, contenciosa, obcecada por fatos, literalidade e insistência no que é correto. Uma mulher possuída pelo *animus* pode ser descrita como uma "edição pobre de um homem" e vice-versa.

Curiosamente, o uivo estudantil que afirma que todos têm um *animus* e uma *anima* pode revelar-se extremamente útil. Se voltarmos ao exemplo anterior, cada pessoa pode possuir conscientização focada ou capacidade de fantasia suficiente para equilibrar qualquer desequilíbrio que possa existir em sua personalidade. Nesse tipo de abordagem, ainda estaríamos utilizando o conceito junguiano de *syzygy*, no qual *animus* e *anima* estão interligados para fornecer uma aproximação de totalidade. Falar de um sem o outro é infrutífero, mas afirmar que uma combinação de conscientização focada com fantasia pode ser alcançada por todos ainda deixa em aberto questões sobre tensão, reconciliação, desenvolvimento dessas polari-

Jung e os pós-junguianos

dades – mas de maneira pragmática, livre da confusão gerada pelo gênero.

Ao revisar esses diferentes usos do *animus* e da *anima*, sou particularmente impressionado pela maneira como a relação sexual real entre homens e mulheres é vista psicologicamente, como enriquecimento de processos psicológicos dentro do indivíduo. (E essa pode ser uma razão pela qual os seres humanos precisam de algo mais do que apenas relações funcionais.) O oposto também é verdadeiro: processos internos promovem relações sexuais. Mas pode-se argumentar que Jung produziu um modelo psicológico no qual ocorreu uma retificação necessária da concentração na dimensão interpessoal.

Podemos também observar que uma interpretação moderna de *animus* e *anima* amenizou um pouco a ênfase na oposição. Esses conceitos são formas de comunicar a alteridade, a diferença, aquilo que está momentaneamente indisponível devido à inconsciência. *Animus* e *anima* falam, então, do inesperado, daquilo que está "fora de ordem", que ofende a ordem predominante. Retornaremos a esse tema em um trecho de encerramento.

Goldenberg está particularmente preocupado em contestar a simetria da teoria de Jung. A teoria do *animus* é muito mais uma construção artificial, desenvolvida por Jung mais tarde e com muito menos elaboração. O paralelo é com a introdução de Freud do complexo de Electra para equilibrar com o de Édipo (Goldenberg, 1976, p. 446). Goldenberg sugere que pode muito bem ser que, enquanto um homem (Jung ele mesmo?) precise urgentemente integrar seu lado feminino, inconsciente e da alma, as mulheres possam viver de maneira mais equilibrada com a divisão dentro delas, ou curá-lo sem muito diálogo com uma figura interna masculina. Nesse caso, a simetria seria quebrada; a luta de um homem com sua *anima* não necessariamente nos levaria a concluir que todas as mulheres devem lutar da mesma forma com o *animus*.

Embora a posição de Goldenberg seja lógica, a experiência das mulheres de que elas realmente têm que lidar com algo interno – que poderíamos chamar de *animus* – é tão semelhante à dos homens que podemos supor, para fins de argumentação, que, se houver um componente contrassexual inconsciente, ele opera da mesma maneira em ambos os sexos.

No entanto, não há dúvida de que Jung via a *anima* como uma figura mais agradável do que o *animus*. Em seus livros, a *anima* parece suavizar e tornar o homem mais cheio de alma, enquanto o *animus*, por outro lado, era retratado mais frequentemente como algo que leva a mulher a pronunciamentos agressivos (ex. cátedra), à mania por fatos, à literalidade e assim por diante. Esse preconceito é de fato problemático e teve que ser corrigido por escritores pós-junguianos, como Binswanger (1963).

Há uma dificuldade em conciliar as ideias de Jung sobre Eros e Logos com sua teoria de *anima* e *animus*. Tendo estabelecido que Eros e Logos estão disponíveis para todos, ele enfatiza então que *anima* e *animus* são secundários e inconscientes ("inferiores", OC 10/3, § 261):

> Mas, como o ser humano reúne em si elementos masculinos e femininos, pode acontecer que um homem viva a parte feminina, e uma mulher a parte masculina. No homem, o elemento feminino fica *relegado ao plano de fundo*, acontecendo o mesmo com o elemento masculino na mulher. Quando se vive o que é próprio do sexo oposto, vive-se, em suma, no plano de fundo, com prejuízo do

primeiro plano que é o essencial. O homem deveria viver como homem e a mulher como mulher (OC 10/3, § 243, ênfase adicionada).

Há um perigo de negligenciar o que sabemos da experiência clínica: imagens de masculinidade, uma vez inconscientes, são abundantes no material dos homens. Da mesma forma, para uma mulher, sua feminilidade não é, como Jung afirma, uma preocupação puramente consciente. Jung se enredou na armadilha do antagonismo, nesse caso entre a consciência e o inconsciente. Mulheres e homens também expressam uma feminilidade e masculinidade inconscientes, respectivamente.

Gênero e sexo: Jung no contexto

Inevitavelmente, a abordagem de Jung em relação ao gênero e ao sexo foi influenciada tanto pela sua situação pessoal e pelo contexto em que viveu, quanto pelo seu conjunto geral de pensamento e seu viés conceitual. Primeiramente vamos examinar esse viés conceitual e depois analisaremos o viés cultural.

Observamos que Jung concebeu a constituição psicológica do homem em termos de opostos complementares e que, para ele, os opostos tendem a se polarizar e formar um espectro. Ele viu o masculino e o feminino como complementares do ponto de vista psicológico. Ele estendeu ainda mais o princípio de oposição na maneira como coloca o gênero em um mapa da estrutura psíquica. Especificamente, essa extensão ou aplicação do princípio de oposição envolve visualizar o *animus* ou *anima* ocupando o lugar oposto em relação ao ego, em comparação com o lugar ocupado pela persona. *Animus* e *anima* mediam entre o ego e o mundo interior, enquanto a persona medeia entre o ego e o mundo exterior (OC 6, § 804). Além disso, o potencial de gênero inconsciente é visto por Jung como oposto ao gênero limitado ao sexo e diferente daquele estabelecido pela cultura. O efeito disso é o de supercompartimentar a relação entre o que é interno (inconsciente) e o que é externo (consciente).

Ao mencionar o viés cultural de Jung, incluo a influência consciente ou inconsciente sobre sua teoria exercida por suas atitudes pessoais em relação a homens e mulheres, sexo e gênero. Ele mesmo pergunta:

> Além disso, o que pode um homem dizer sobre a mulher, seu próprio contrário? Será que posso pensar em algo realmente autêntico, sem qualquer interferência da programática sexual, sem ressentimento, sem ilusão, que não seja pura teoria? Não sei quem poderia julgar-se capaz de tal superioridade, pois a mulher sempre se acha justamente na sombra do homem, e ele pode facilmente confundi-la com essa sombra (OC 10/3, § 236).

Mas Jung não parece ter sido tão consciente de quanto ele também refletia a consciência cultural, incluindo os preconceitos gerais de sua época, suas opiniões, muitas vezes não sendo diferentes das de qualquer outro cidadão suíço. Ele parecia surpreso e preocupado com o fato de as mulheres pensarem em vez de sentirem, trabalharem em vez de serem mães – e até mesmo, segundo rumores, vestirem calças em vez de saias. E em seu casamento, Jung parece ter aplicado o padrão duplo convencional em relação à licenciosidade sexual. Para entender o ponto de vista de Jung, é essencial manter o contexto em mente.

Às vezes, o viés cultural de Jung afeta suas formulações conceituais. Por exemplo, em sua descrição geral dos vários tipos psicológicos, Jung afirma que o sentimento introvertido é encontrado principalmente entre as mulheres. Ele afirma que a frase de efeito aqui deveria ser "águas calmas correm profundas" (OC, 6, §§ 640-641). Somos apresentados a um estereótipo, até mesmo uma caricatura, da mulher que realmente possui muitas qualidades boas, mas não ousa revelá-las.

Mesmo em escritores posteriores – e houve muitos livros sobre psicologia feminina escritos por analistas mulheres, incluindo a esposa de Jung (E. Jung, 1957) – encontramos um conservadorismo considerável. Por exemplo, Harding, ao discutir a questão das mulheres e do trabalho, sugere que apenas ao se tornar mais masculina uma mulher pode trabalhar, e mesmo isso não deve interferir muito na "vida de esposa e mãe, que atenderia suas necessidades femininas e biológicas" (Harding, 1933, p. 70-71, mas republicado em vida da autora em 1970). A única exceção que Harding faz é quando o trabalho da mulher é pagar pelo treinamento de seu marido! Para ser justo com Harding, ela escreve sobre a tensão que muitas mulheres sentem atualmente entre o lar e o trabalho – mas sua aderência ao entendimento de princípios junguianos soa pouco simpática aos ouvidos contemporâneos.

Outro exemplo do viés cultural de Jung pode ser encontrado em sua insistência de que homens e mulheres veem os relacionamentos, e especialmente o casamento, de maneira bastante diferente. De acordo com Jung, "homem acha que possui a mulher porque a possui sexualmente", mas para uma mulher, a qualidade da relação é completamente diferente. Para ela, "o casamento não é simplesmente uma instituição, mas uma relação humana erótica" (OC 10, § 255). Não há necessidade de enfatizar ainda mais o ponto de que generalizações como essas refletem um contexto pessoal e histórico específico e, embora possam ser verdadeiras para alguns, não devem ser tomadas como declarações absolutas.

Não estou sozinho em ter sido surpreendido pelas discrepâncias entre essas atitudes de Jung (e de seus seguidores próximos) por um lado, e, por outro, a vida em Zurique entre as guerras. Na subcultura da psicologia analítica, pelo menos, a cidade foi lar de várias analistas mulheres de alto desempenho. Essas mulheres, frequentemente sem filhos ou maridos, não parecem ter sentido qualquer ansiedade ou conflito entre sua orientação profissional e o que tinham a dizer sobre ser feminina.

Exceto talvez quando problemas conjugais estão sendo discutidos em termos de interação entre homem e mulher, as afirmações de Jung não devem ser interpretadas como literais ou aplicáveis ao comportamento, mas sim como uma das várias perspectivas psicológicas intrapsíquicas. No entanto, essa é uma distinção que Jung mesmo deixa de fazer, de modo que estamos diante de uma confusão teórica entre o mundo externo de homens e mulheres e o mundo interno de imagens psicológicas. Embora haja uma ligação entre esses dois, a mudança repetida de pontos de vista por parte de Jung não é intencional, o que a torna confusa.

Em minha opinião, o que é necessário é restringir o uso da teoria de oposição e esclarecer a terminologia de gênero. Essa última deve ser utilizada apenas quando absolutamente necessária e justificada pelo assunto em discussão. Por exemplo, se expectativas diferentes de comportamento ativo e passivo no ato sexual estão sendo discutidas ou fantasiadas, então tanto a terminologia de sexo quanto de gênero são relevantes. Mas muito comportamento ativo e passivo não tem nada a ver com sexo ou gênero. Ativo e passivo definem um espectro de possibilidades psicológicas em torno da atividade e passividade – nada mais.

Esses argumentos não eliminam a necessidade de distinguir homens de mulheres e, para um bebê, discriminar o pai da mãe. Lidar com o fato de uma divisão em dois sexos é importante, não apenas para testes de realidade externa, mas também como uma primeira abordagem para reconciliar a diversidade e o conflito psicológico internos.

Em resumo, as questões relacionadas ao *animus/anima*, Logos/Eros, podem ser expressas da seguinte forma:

(1) se pode haver definições absolutas de masculino e feminino, ou se os termos de gênero podem ser tão amplamente aplicados quanto na perspectiva de Jung;

(2) mesmo que houvesse algo absolutamente masculino ou absolutamente feminino, não é necessariamente o caso de que os homens tenham mais do primeiro e as mulheres do segundo;

(3) nem tudo o que parece masculino está presente na consciência de um homem; nem tudo o que parece feminino está disponível na consciência de uma mulher. Precisamos falar em termos de potenciais multifacetados que ainda não estão disponíveis.

A busca pelo feminino

Nas passagens anteriores, estive discutindo a relação entre gênero e psique. A ideia de Jung de que o gênero tem seu componente arquetípico (Eros e Logos) foi examinada detalhadamente por vários escritores pós-junguianos, a maioria deles mulheres. De uma perspectiva histórica, parecem existir três grupos amplos.

O primeiro grupo continua a explorar a afirmação de Jung de que Eros implica "relacionamento psíquico". Além de Emma Jung e Harding, que já foram mencionadas, esse grupo inclui Wolff e Claremont de Castillejo (1973). Wolff (1951) escreveu um artigo curto intitulado *Structural forms of the feminine psyche*, que teve destaque entre os psicólogos analíticos clássicos. Nesse artigo, ela identificou quatro formas, denominando-as: mãe, hetaira (ou companheira), amazona e mulher média. Todas expressam relacionamento com homens, ou pelo menos com outros – a mãe, com seu filho ou marido, a hetaira, com seu parceiro, a amazona, com o mundo do trabalho e objetivos externos e objetivos. A amazona não está psicologicamente envolvida ou dependente de um homem, embora possa se assemelhar a um, pelo menos conforme é expresso na cultura da época de Wolff. A mulher média age como uma ponte entre as forças pessoais e coletivas, modulando a dinâmica entre a consciência e o inconsciente. Ela sente o que está "acontecendo" a qualquer momento e o comunica. Como tal, ela é uma personificação da *anima* (de um homem).

O artigo de Wolff é principalmente uma análise das relações interpessoais, da relação para fora e para com os outros – para marido, filhos e objetivos. Isso é verdade até mesmo para as mulheres médias, cuja modulação da dinâmica entre a consciência e o inconsciente é para o benefício e proteção da primeira. Além disso, como Mattoon (1981, p. 90) apontou, Wolff está realmente escrevendo sobre a psique feminina (ou seja, a

Jung e os pós-junguianos

psique de uma mulher), porque os homens simplesmente não estão sob consideração. Embora Whitmont (1969) tenha tentado uma classificação paralela para homens, a confusão entre sexo e gênero permanece.

Wolff não afirma que suas categorias são mutuamente exclusivas, mas como na tipologia, afirma que se pode falar de uma forma superior ou auxiliar (e presumivelmente de uma forma inferior, a mais problemática por ser mais inconsciente). Assim, seu modelo contém a possibilidade de movimento e mudança.

O segundo grupo de pós-junguianos que escreveram sobre a psicologia feminina afastou-se de uma posição em que a mulher é vista como alguém que "se relaciona" e eles a analisam, como ela é, em seu próprio direito (Woodman, 1980; Perera, 1981; Ulanov, 1981). Esses escritores exploram o que significa e o que significou historicamente ser uma mulher. Eles sentem que isso foi negligenciado em uma psicologia "patriarcal".

Aqui devo questionar se a tese básica do trabalho não está equivocada; se não há uma ênfase excessiva no inerentemente feminino, com a consequência de "o feminino" ser idealizado. Por exemplo, embora um conceito como um "padrão energético primal feminino" seja certamente uma hipótese interna (e, portanto, diz respeito a homens e mulheres), Perera (1981, p. 94) sugere que consideremos as "implicações para as *mulheres* modernas" (ênfase adicionada). No entanto, não há dúvida de que algo que pode ser chamado de "feminino" foi reprimido e desvalorizado na cultura ocidental e que algo está acontecendo para reequilibrar essa situação (cf. p. 450-452 abaixo).

Às vezes, essas mulheres junguianas modernas, que escrevem sobre o feminino, fazem questão de se diferenciar do feminismo político. Por exemplo, Woodman afirma que:

Os poderosos Movimentos Feministas no Ocidente estão exigindo reconhecimento, mas muitas vezes sua abordagem é uma mera paródia da masculinidade. Muitas milhares de mulheres estão pegando em armas contra a dominação patriarcal; muitas outras se alegram com os novos direitos das mulheres que os governos estão sendo forçados a reconhecer. Muitas outras se sentem perdidas. Elas estão horrorizadas com a agressão das líderes feministas militantes, mas reconhecem um vazio profundo em si mesmas. Elas tentam ser boas esposas, boas mães e boas mulheres na carreira. Mas algo está faltando. Elas não sabem como serem verdadeiras para sua própria feminilidade (Woodman, 1980, p. 103).

Chamar um terceiro grupo de "feminista" simplifica demais sua posição. No entanto, esses pós-junguianos estão expressando pontos de vista compatíveis com o feminismo contemporâneo. Vimos que Jung permitia Eros e Logos em homens e mulheres, mas perdeu de vista isso em certas declarações. Essa faceta de sua teoria foi abordada por esses escritores. Propõe-se uma bissexualidade psicológica fundamental – não apenas como ponto de partida, mas também como objetivo. Por exemplo, em seu livro *Androgyn*, Singer (1977) escreve sobre um "reconhecimento consciente" do potencial masculino e feminino em cada indivíduo. Ela afirma que esse reconhecimento ocorre por meio de uma luta para harmonizar os elementos masculinos e femininos. Ela prefere a palavra androginia à bissexualidade porque enfatiza uma unidade inata e primária e deixa em aberto a questão da posterior divisão, enquanto a bissexualidade, como palavra, sugere um agregado de dois elementos. A visão de Singer é que o andrógino é o portador de uma nova atitude em relação ao gênero e ao sexo.

Embora Singer possa parecer ter negligenciado a questão das diferenças de gênero, enfatizou que as polaridades merecem atenção; elas não podem ser desconsideradas. Mas tais diferenças devem ser vistas como emanando de uma única fonte, neutra em relação ao gênero. Portanto, embora Goldenberg discorde da noção de androginia de Singer, ela também pede um consenso geral de que estamos discutindo uma força psíquica que é, em si, neutra e a mesma em ambos os sexos masculino e feminino:

> É menos importante, na minha opinião, se o impulso humano básico é rotulado de "masculino" ou "feminino"; o que importa é que o mesmo ímpeto primário na libido humana existe tanto para homens quanto para mulheres. Em trabalhos futuros, esse modelo pode ser desenvolvido de maneira mais lucrativa do que a pequena divisão *anima-animus* da psique (Goldberg, 1976, p. 447).

De maneira semelhante, embora ligeiramente menos extrema, vários escritores (por exemplo, Mattoon, 1981; Moore, 1983) sugeriram que o *animus* e a *anima* não devem ser considerados como dois arquétipos separados, de modo que possamos falar em uma relação com o *animus-anima*; e, assim, sermos capaz de verbalizar mais livremente a possibilidade de experimentar ou integrar uma ampla variedade de opções.

A consciência é masculina?

Em nossa discussão sobre a consciência do ego no capítulo 3, notamos a conexão feita por Neumann (1954) entre a consciência e a masculinidade. Embora Jung nunca designe a consciência como masculina em si, ele faz uma distinção nítida e um tanto tênue entre a consciência masculina e feminina. Para a consciência feminina, Jung concede que "o mais importante e interessante para a mulher é o âmbito das relações pessoais, passando para o segundo plano os fatos objetivos e suas inter-relações". Mas para o homem, ele concede os "o vasto campo do comércio, da política, da tecnologia, da ciência, enfim todo o reino do espírito utilitário aplicado" (OC 7/2, § 330).

Existe uma maneira de entender por que a consciência tem sido tradicionalmente expressa em termos masculinos. Isso tem a ver com a separação precoce da mãe. Ambos os sexos precisam ser assertivos e aventureiros, aprender a dizer "não", e assim por diante. A mãe é feminina e pode vir a representar tudo o que é feminino por causa da equação cultural fêmea = feminino. Segue-se que a separação dela, e consequentemente o desenvolvimento do ego, precisa ser concebida pela criança em termos do que é oposto à mãe. Isso será visto como masculino e, através da operação da mesma equação cultural, ultimamente masculino.

Por outro lado, a prevalência de imagens com viés masculino, que supostamente representam a consciência (herói, deus-sol etc.), pode não significar nada mais do que uma equação entre o que nossa cultura valoriza (consciência) e um grupo superior dentro dela (homens); a imagética, então, simboliza o *status quo*.

O debate científico

É com alguma hesitação que sugiro examinarmos as evidências científicas disponíveis para abordar a questão de se existem diferenças de gênero inatas assim como existem diferenças

Jung e os pós-junguianos

de sexo inatas. A hesitação se deve ao fato de sermos obrigados a tentar a enorme tarefa de avaliar a ciência ao mesmo tempo: estudo objetivo ou influenciado pelas relações sociais e valores predominantes? Como não cientista, tudo o que posso oferecer aos meus leitores é minha compreensão das vertentes no debate. Estou me baseando principalmente em dois livros. O primeiro é de um psiquiatra orientado pela abordagem junguiana, Anthony Stevens (1982), com o livro intitulado *Archetype: A natural history of the Self*. O outro livro é chamado *Biological politics*, de Janet Sayers (1982), uma psicóloga acadêmica.

Para dar uma ideia das diferenças de opinião, Stevens claramente pensa que:

> a dominação masculina é uma manifestação da "realidade psicofisiológica" de nossa espécie. Além disso, existem evidências genéticas e neurofisiológicas relacionadas à biologia da diferenciação sexual [...]
>
> O patriarcado, ao que parece, é a condição natural da humanidade [...] A sociedade, por meio de seus representantes, os pais, pode modificar, reprimir ou exagerar padrões de comportamento sexual e consciência, mas o que essas influências modificam, reprimem ou exageram são predisposições de gênero que já estão presentes (Stevens, 1982, p. 188-192).

Por outro lado, Sayers identificou as formas pelas quais aqueles contrários às mudanças no papel social das mulheres têm apropriado a biologia para sua causa. Além de apresentar, em alguns momentos, um ataque devastador aos dados derivados de experimentos, Sayers sugere que:

> Quando se examinam essas supostas explicações puramente biológicas para os papéis sexuais, percebe-se que elas estão enraizadas em apelos a considerações sociais,

não biológicas. Isso é verdade não apenas nas análises biológicas recentes das divisões sexuais na sociedade, mas também nas explicações biológicas análogas dessas divisões avançadas no século XIX. A semelhança entre versões anteriores e atuais da tese de que "a biologia é o destino das mulheres" é marcante (Sayers, 1982, p. 3).

Stevens se baseia no trabalho de Hutt, que observou diferenças comportamentais de acordo com o sexo desde uma idade muito precoce, e na sociobiologia de Wilson e Goldberg, que tentam mostrar como nossa organização cultural e social é geneticamente determinada em sua hierarquia. Um experimento típico de Hutt (apud Stevens, p. 181) é dar um brinquedo para meninos e para meninas. Ela observou que os meninos o utilizavam de maneira mais original e inventiva. Os professores também relataram que essa engenhosidade estava relacionada à falta de disciplina na sala de aula. Stevens concorda com a conclusão de Hutt de que "criatividade, assertividade e pensamento divergente estão ligados a características masculinas".

Essas e outras observações das diferenças de gênero levam Stevens a concluir que há uma complementaridade biologicamente determinada entre as diferenças de gênero e os papéis de gênero. Ele se refere a gênero em vez de sexo, pois sua ideia é trazer a biologia para fundamentar a ideia de qualidades de gênero inatas de Jung. Portanto, por exemplo, a predominância de homens em posições de poder político é vista como uma "expressão direta da natureza biológica do homem [...] Em contraste, as mulheres demonstram uma marcada falta de entusiasmo por assuntos públicos" (Stevens, 1982, p. 187).

Isso é certamente um exemplo de uma conclusão incorreta a partir de dados (e uma que Sayers certamente apontaria). Stevens prossegue para acrescentar que "há muitos anos é possível [para as mulheres] ingressar na política, bem como em organizações profissionais e empresariais, mas raramente alcançam os pináculos do poder" (Stevens, 1982, p. 187). Stevens parece assumir que isso se deve à falta de interesse ou a alguma deficiência inata.

Levando a abordagem biológica adiante, uma área-chave de disputa é fornecida pelas descobertas que se seguiram à administração de altas doses de hormônios sexuais masculinos a fetos femininos no útero. Se isso acontecer, diz-se que ocorre um grau de "masculinização". Isso envolve aumento da agressividade e outros fatores (que serão discutidos). O argumento é aparente: esse comportamento está ligado ao hormônio sexual e, portanto, geneticamente determinado.

No entanto, a posição de Sayers é que esses dados provam muito pouco. Por exemplo, mesmo o sociobiólogo Wilson sugere que essas mudanças de comportamento poderiam ter sido devido à cortisona que as meninas estavam recebendo após o nascimento, em vez do que aconteceu no útero. Além disso, a evidência é baseada em relatos das mães das meninas, que sabiam da situação médica de suas filhas e podem ter reagido à presença de genitália semelhante à masculina presente no nascimento. No entanto, as meninas "androgenizadas", segundo Goldberg, demonstravam maior interesse por uma carreira e menor interesse pelo casamento, mostravam preferência por brinquedos "masculinos" como armas e pouco interesse por brinquedos "femininos" como bonecas (Goldberg apud Sayers, 1982, p. 75).

Sayers tem um certo desprezo por essa conclusão. Ela escreve:

O interesse por carreira na infância, no entanto, não leva necessariamente a alcançar posições superiores em hierarquias na idade adulta. Mas Goldberg tem que assumir que sim, se ele quiser usar esses dados sobre meninas androgenizadas no útero, como tenta, em apoio à sua tese de que o patriarcado é determinado pela "hormonização masculina" (Sayers, 1982, p. 75-76).

Outro exemplo de como o argumento sociobiológico pode ser refutado é mostrado no tratamento de Sayers aos dados de Wilson sobre habilidades diferentes nos sexos. Wilson citou estudos que mostravam que os meninos eram consistentemente mais habilidosos do que as meninas em matemática, mas que as meninas têm um grau maior de habilidade verbal. E, na visão de Wilson, os meninos são mais agressivos em brincadeiras sociais. Com base nessas premissas, Wilson concluiu que "mesmo com a mesma educação e igual acesso a todas as profissões, é provável que os homens continuem a desempenhar um papel desproporcional na vida política, nos negócios e na ciência" (Wilson apud Sayers, 1982, p. 77). Sayers comenta com ironia que é difícil ver como a menor habilidade verbal dos homens leva a eles estarem melhor "ajustados" para a vida política e ao seu papel dominante nela. Certamente deveria ser o contrário, se a biologia realmente determinasse o papel social. Também é difícil, acrescenta Sayers, ver como a habilidade matemática está relacionada ao domínio político.

Uma crítica ainda mais fundamental à sociobiologia diz respeito ao uso do termo "masculino" em relação à agressão. A ideia básica é que, como a agressão decorre do hormônio sexual masculino testosterona, e como a agressão leva à dominância social masculina, portanto a testosterona leva à dominância social. Grande parte dos dados sobre agressão provém de pesquisas com macacos. Se fêmeas de macaco forem injetadas com hormônios masculinos, elas exibem mais "brincadeiras brutas e agressivas" e "domínio". Mas há uma conexão necessária entre essas coisas e a vida política ou ocupacional? Isso não significa que a política ou a vida ocupacional de hoje sejam completamente diferentes da brincadeira dos macacos injetados, apenas que a conexão é situacional e não científica.

Para sustentar o ponto de vista sociobiológico, a agressão feminina (evidenciada pela leoa que caça e pela mãe que protege sua prole) precisa ser ignorada ou minimizada. Além disso, há uma confusão conceitual na sociobiologia entre os termos "agressão" e "domínio". Nem todos os padrões de dominância humana (ou primata) dependem da agressão. De acordo com Sayers:

> a alegação do determinismo biológico de que a dominação masculina é essencialmente o efeito da agressão masculina [...] desmorona. As evidências sugerem, ao invés disso, que, como nas sociedades de babuínos, também nas sociedades humanas, a dominação masculina é um fenômeno aprendido, uma resposta às condições materiais da vida; condições que variam tanto historicamente quanto entre diferentes culturas (Sayers, 1982, p. 82).

Talvez Sayers tenha em mente os fenômenos de comportamento altruístico ou autossacrificante, de consciência, dos freios impostos ao poder de um líder, ou mesmo a concessão voluntária de poder a um líder em momentos de crise. Um líder pode adquirir *status*, que não é o mesmo que dominância. Por fim, há um potencial nos seres humanos para a tomada de decisões coletivas.

O leitor terá sua própria visão sobre esse assunto. Meu objetivo neste breve resumo é mostrar que o tema ainda não está esclarecido. Devemos reconhecer que grande parte da chamada evidência científica está contaminada pela inadequação da metodologia e pelos valores pré-existentes por parte dos pesquisadores.

Discussão

O que discutimos neste capítulo não é uma relação com uma masculinidade inata, uma feminilidade inata ou com ambos. Estamos falando, antes, de uma relação com o fenômeno da diferença. Em seguida, consideramos as estruturas sociais ou culturais construídas com base nessa diferença. Cada um de nós vive sua vida em relação a essa diferença. Isso pode levar a questões de papel de gênero (como uma mulher pode se afirmar melhor em nossa cultura, por exemplo), mas essas questões não serão formuladas em termos de feminilidade ou masculinidade inatas, nem em termos de um espectro masculino-feminino. Em vez disso, elas serão expressas em termos de diferença (no exemplo, entre assertividade e conformidade).

O problema com essa abordagem aparentemente mais flexível é que, se alguém está tentando descrever todo o espectro masculino-feminino, é preciso ter certeza do motivo pelo qual termos com associações sexuais ou de gênero são usados de todo. Caso contrário, acabamos com conclusões insípidas e enganosas (como a afirmação "masculina" está disponível para as mulheres através de sua relação com o *animus*). Novamente, vamos falar apenas de assertividade.

A "androgenia" de Singer, o "impulso primário na libido humana" de Goldenberg, minha "relação com a diferença", todos levam a psicologia analítica para perto da psicanálise contemporânea e seu desenvolvimento da visão sombria, mas brilhante de Freud de que a sexualidade infantil é polimorficamente perversa. Na verdade, embora Jung tenha contestado o termo "perverso" (algo universal não pode ser considerado perverso), sua expressão preferida "disposição germinal polivalente" expressa o mesmo ponto.

Podemos comparar os três termos recém-introduzidos com o ponto de vista da psicanálise lacaniana. Como Mitchell e Rose (em uma introdução ao trabalho de Lacan) colocam:

> [Estamos falando] da rejeição firme de qualquer teoria da diferença entre os sexos em termos de entidades masculinas ou femininas pré-estabelecidas que se completam e satisfazem. A diferença sexual só pode ser a consequência de uma divisão; sem essa divisão, ela deixaria de existir (Mitchell & Rose 1982, p. 6).

Agora é a hora de reintroduzir essas ideias na psicologia analítica. A partir da teoria geral de opostos de Jung, podemos extrair os temas de diferença, alteridade e divisão. Talvez esse seja o princípio sobre o qual o debate sobre sexo e gênero deveria se basear: não "opostos", mas definição por meio da diferença. Vejo isso como de suma importância e algo que pode ser extraído das generalizações de Jung sobre gênero. Se adicionarmos a uma percepção de diferença parte de uma citação anterior de Jung ("elementos masculinos e femininos estão unidos em nossa natureza humana"), teremos uma base viável para prosseguir (OC 10, § 243).

Para Lacan (1958), a questão da divisão e da diferença é primordial e, em sua expressão, isso gira em torno do falo como o "significante absoluto de diferença". O paralelo com a psicologia analítica pós-junguiana é expresso vividamente nesta citação do trabalho de Mitchell e Rose sobre Lacan:

> Todos os seres falantes devem se alinhar de um lado dessa divisão, mas qualquer um pode atravessar e se inscrever do lado oposto daquele para o qual estão anatomicamente destinados. É, poderíamos dizer, uma situação de tudo ou nada (Mitchell & Rose, 1982, p. 49).

Cada pessoa permanece um "homem" ou uma "mulher", mas o que isso significa se torna relativo. A imagem é de fluidez dentro de uma estrutura de alteridade.

Isso desloca o conceito de bissexualidade de ser algo indiferenciado (polimorfo ou polivalente) para uma visão de que está disponível para todos, uma variedade de posições em relação a diferenças e divisões de sexo e gênero (Mitchell & Rose, 1982, p. 49). Acrescentaria que essas posições podem permanecer divididas ou unidas – e o tempo todo a questão de "masculino" e "feminino" está em suspensão. Qualquer posição adotada pode chamar à existência outra posição; as duas podem dividir o espectro ou permanecer apenas duas posições nele. Ou uma posição pode eliminar a outra. Uma até mesmo pode se combinar com outra para produzir uma terceira, nova, posição! Essa pluralidade de possibilidades é o que Hillman (1971, 1981) tinha em mente quando introduziu a ideia de uma psicologia "politeísta" derivada da *anima* e levando a ela.

Casamento como uma relação psicológica

Embora frequentemente se refira ao assunto *Marriage as a psychological relationship* é o principal artigo que Jung escreveu sobre o casamento, em 1925 (OC 17). Aqui encontramos uma aplicação de suas ideias sobre *animus* e *anima* a uma relação viva e contínua, além de um esboço da teoria.

Jung começou reconhecendo que os jovens em idade de casar estão sujeitos a influências motivacionais inconscientes derivadas de laços inconscientes não resolvidos com seus pais. Aqui, ele reafirma sua ideia de que as crianças sofrem com a vida psicológica não vivida de seus pais. Ele também observou que o vínculo matrimonial estimula propensões regressivas inconscientes em busca de harmonia. No nível pessoal, então, ele reconhece que há um elemento infantil regressivo em todos os casamentos.

Devido à ligação com a reprodução, o casamento também pode ser visto como uma relação coletiva; já notamos como *animus* e *anima* desempenham seu papel nisso. Jung então continua a desvendar um padrão geral no qual vê homens e mulheres capazes de desempenhar papéis psicológicos intercambiáveis. Isso precisa ser esclarecido, pois a versão em inglês parece implicar que Jung está atribuindo um papel específico às mulheres e outro aos homens. (O tradutor observa que isso é "inteiramente devido às exigências da gramática inglesa e não é implícito no texto alemão" – OC 17, § 333n).

Segundo a percepção de Jung, o casamento frequentemente envolve a parceria entre uma personalidade mais simples e uma mais complexa. No casamento, a personalidade mais simples é cercada e encapsulada pela mais complexa.

Assim, é estabelecida uma relação entre o que Jung se refere como o "envolvente" (o mais complexo) e o "envolvido" (o mais simples):

Aquele que é o envolvido sente-se vivendo inteiramente dentro dos limites de seu casamento; sua atitude em relação ao parceiro conjugal é indivisa; fora do casamento não existem obrigações essenciais nem interesses vinculativos (OC 17, § 332).

Por outro lado, o envolvente, a personalidade mais complexa, se esforça para unificar ou harmonizar sua tremenda dissonância psicológica e sua natureza multifacetada. Ele ou ela não pode fazer isso em relação ao envolvido, porque este é muito simples para acomodar a diversidade e complexidade do primeiro. O parceiro mais simples e contido, por sua vez, busca por respostas simples – e é absolutamente impossível para o envolvente fornecê-las. Embora o envolvido possa parecer satisfeito pelo casamento, o problema é a dependência em relação ao envolvente, com uma insegurança resultante. Mas pelo menos o envolvido possui sua unidade.

O envolvente precisa de uma pessoa mais complicada para auxiliar na busca pela integração e tende a fugir da simplicidade. Isso levará a sentimentos de estar fora do casamento e, em última análise, à infidelidade; como Jung coloca, a uma tendência a "espiar para fora da janela" (OC 17, § 333).

A observação crucial que Jung fez é que o envolvente sofre de uma necessidade não atendida de ser contido. É em busca exatamente desse envolvido que o envolvente se move para fora do casamento e "sempre desempenha o papel problemático" (OC 17, § 333).

Quanto mais o parceiro envolvido exige contenção, menos ela pode ser fornecida para o chamado envolvente – e, portanto, maior é a necessidade deste último de buscar unidade e harmonia em outro lugar.

Esse padrão problemático se resolve quando o envolvido percebe que deve buscar soluções em si mesmo, que não pode esperar que o envolvente faça tudo, e que o casamento não é o fim de tudo. O envolvente pode precisar passar por um certo envolvido grau de colapso antes de também perceber que a integração buscada está dentro de si mesmo.

Quando encontrei pela primeira vez esse modelo de Jung, senti que a descrição não poderia ser universalmente válida. Minha sensação atual é que essa dinâmica se aplica a muitos casamentos, mas que o esquema um tanto abstrato de Jung precisa ser analisado em termos de inúmeras interações cotidianas em pequena escala. Então, a ideia de que aquele que aparentemente está fazendo a contenção está secretamente em busca de contenção ganha vida. Embora Jung esteja escrevendo sobre casamento, seu modelo é notavelmente útil para examinar outras relações, como a entre mãe e bebê e, especialmente, a relação do indivíduo com o grupo. A tese de Jung pode novamente ser comparada com o uso dos mesmos termos por Bion: o autor também conectou a relação de envolvente e envolvido à questão da transformação, vendo o primeiro como transformador da experiência para o último. O que Jung quer dizer com envolvente parece envolver estabelecer o tom emocional e o ritmo, dominância e assim por diante. Portanto, essa parte de sua teoria é útil ao tentar ir além da opressão cultural das mulheres, entendendo que um marido controlador (envolvente) tem suas próprias necessidades urgentes de ser contido.

Williams (1971), tomando a orientação de um terapeuta conjugal, argumentou que o modelo de envolvente-envolvido de Jung é semelhante ao conceito moderno terapêutico conjugal de conluio inconsciente, em que as ilusões, que podem ter sustentado a escolha original do parceiro, são protegidas pelo casamento. Williams, usando a teoria das relações objetais, leva as observações de Jung um pouco mais longe para abranger a ideia de que um casal casado tende a ser dominado por uma única imagem compartilhada. Essa imagem dominante pode emanar do inconsciente de um dos parceiros (muitas vezes do envolvente) ou ser uma imagem produzida em conjunto. A imagem, à qual ambos os parceiros se relacionam, pode, de certa forma, conter o casamento.

Williams enfatiza que a ligação com a infância é central na desarmonia conjugal. Tanto as relações mãe-bebê quanto as relações marido-esposa envolvem intimidade física, e a conexão entre a boca e o mamilo é paralela à conexão entre a abertura vaginal e o pênis.

A principal tese de Jung sobre a escolha do parceiro é que as pessoas tendem a escolher alguém que irá ativar fatores não realizados dentro delas mesmas. Patologicamente, isso pode levar a um casamento com um parceiro que desempenha o papel do pai ou da mãe do sexo oposto (OC 17, § 328). No entanto, de acordo com Jung, o impulso inconsciente de completar a personalidade leva o indivíduo a ser atraído por uma exibição de características diferentes das suas próprias. Dois interessantes conjuntos de evidências são relevantes aqui e mostram que isso pode nem sempre ser o caso. Uma análise dos dados fornecidos pelos candidatos a uma grande empresa de encontros online mostra que o perfil de personalidade autodescrito do candidato e o de seu parceiro "ideal" são notavelmente semelhantes (Wilson & Nias, 1977, p. 53-56). O outro estudo foi sobre a tipologia dos cônjuges de analistas junguianos (Bradway & Wheelwright, 1978). Os autores comentam:

> Os dados não sustentam a alegação que tínhamos anteriormente de que se tende a casar com o oposto psicológico. Aparentemente, isso não é verdade para a maioria dos analistas, pelo menos não como eles percebem seus cônjuges (Bradway & Wheelwright, 1978, p. 189).

Pode-se argumentar que os dois grupos de candidatos a encontros online e analistas junguianos não são exatamente típicos (cf. Samuels, 1980a).

Outras evidências ainda sugerem que as pessoas se casam com opostos e semelhantes em números aproximadamente iguais. O sucesso matrimonial parece se basear em ser suficientemente semelhante, mas não muito similar (Mattoon, 1981, p. 217-218).

Casamento e individuação

Em meu comentário sobre o artigo de Jung, observei que ele sentia que era necessário para ambos os parceiros perceberem que as soluções para os problemas estão dentro deles e não na relação com o outro. Até relativamente recentemente, esse era o consenso na psicologia analítica. Isso levou alguns pós-junguianos a reclamar de uma divisão na teoria da individuação entre fatores interpessoais e crescimento intrapsíquico. Um dos dissidentes proeminentes é Guggenbühl-Craig (1977), em seu livro *Marriage – dead or alive*.

Guggenbühl-Craig admite que as probabilidades estão contra o sucesso dos casamentos e sente que realmente parece absurdo, à primeira vista, esperar que os jovens se comprome-

448   Coleção Reflexões Junguianas

tam por toda a vida, o que, com a expectativa de vida moderna, pode facilmente superar 50 anos. Um *Zeitgeist* anticasamento, portanto, seria esperado. No entanto, o casamento, apesar das críticas, é tão prevalente hoje como sempre foi, e sabemos que pessoas divorciadas tendem a se casar novamente. A partir de estudos comparativos com outras culturas, podemos ver que a instituição é capaz de uma variedade quase infinita de expressão ou forma.

Guggenbühl-Craig destaca uma distinção crucial em nossas várias ideologias de casamento – entre "bem-estar" e "salvação". O primeiro se aproxima da segurança material, saúde física e do que poderia ser vagamente denominado felicidade. A salvação, por outro lado, "envolve a questão do significado da vida" (Guggenbühl-Craig, 1977, p. 22) e pode até contradizer o bem-estar, pois aquela pode envolver o sofrimento que não pode ser incluído no conceito deste.

Tendo o sofrimento e a salvação em mente, Guggenbühl--Craig evoca a questão da individuação. Como normalmente desenvolvida, há algo faltando na individuação:

> A individuação e a busca soteriológica (ou seja, relacionada à salvação) parecem ser algo autístico e egocêntrico. Parece acontecer com indivíduos enquanto trabalham em suas próprias almas no silêncio de seus quartos privados (Guggenbühl-Craig, 1977, p. 34).

A sugestão de Guggenbühl-Craig é que a "dialética" (significando diálogo ou comunicação) no casamento também pode ser um caminho para a individuação, um "caminho especial para descobrir a alma" (Guggenbühl-Craig, 1977, p. 41). Parceiros em um relacionamento interpessoal funcionam um para o outro como os opostos intrapsíquicos a serem reconciliados

Jung e os pós-junguianos

na individuação. Isso nos lembra tanto de Buber quanto do uso de Buber por Zinkin, no qual notamos como "o diálogo precede a autoconsciência" (cf. p. 173). Isso também se conecta com nossa explicação sobre alquimia e a transferência, onde o interpessoal e o intrapsíquico se comunicam entre si (cf. p. 358). Guggenbühl-Craig pegou uma concepção intrapsíquica e estendeu seu uso para a área interpessoal. Oferecem-nos um paradoxo: individuação através da adaptação ao outro. Isso é uma individuação protestante (ou até mesmo talmúdica), na qual um ajuste social satisfatório, se alcançável, é o maior bem. Isso envolve ambos os parceiros em uma grande tolerância às características e comportamentos do outro, incluindo o que normalmente poderia ser visto como perversões sexuais. Guggenbühl-Craig vê a sexualidade em si como uma forma especial de individuação: "gostaria de enfatizar [...] que a vida sexual, especialmente como se manifesta na fantasia, é um intenso processo de individuação em símbolos" (Guggenbühl-Craig, 1977, p. 83-84).

O autor está preocupado em separar o sexo da reprodução para que o primeiro possa se tornar um modo de autoexpressão, mas, e daí o paradoxo, uma autoexpressão que envolve outra pessoa. Guggenbühl-Craig é levado a falar de uma "individuação instintual" que pode ocorrer se ambos os parceiros no casamento se confrontarem plenamente; somente então eles realmente "entram" no casamento e experimentam o aprimoramento da alma que pode estar lá em potencial.

É difícil avaliar o livro apaixonado de Guggenbühl-Craig. De certa forma, ele está apenas descrevendo o que já acontece em muitos casamentos. No momento atual, há uma tolerância muito maior dentro do casamento do que costumava ser, e muitos, possivelmente após alguma luta, chegaram a um acordo com a separação do sexo da reprodução. O valor do livro está em ser mais uma demonstração de que a distinção convencional entre relacionamento interpessoal e individuação intrapsíquica requer exame (cf. capítulo 11).

Uma observação sobre comportamento sexual

De maneira semelhante a como Jung usou livremente as ideias de Freud, os psicólogos analíticos pós-junguianos também se basearam amplamente na compreensão psicanalítica do comportamento sexual desviante. Na Escola Desenvolvimentista houve uma preferência pelas teorias que veem tais desvios como resultantes de perturbações na relação mãe-bebê primária, em oposição às teorias que enfatizam o papel desempenhado pelo complexo de Édipo na psicopatologia sexual. (Por exemplo, *The forbidden love*, editado por Kraemer, 1976, uma série de artigos sobre pedofilia.)

Storr (1957) aplicou a teoria junguiana ao fetichismo e ao travestismo. Em particular, ele ilustrou o valor positivo e compensatório dos sintomas. Eu veria um exemplo simples disso no homem poderoso, muito dependente de seu *status*, que deseja ser humilhado por uma prostituta. A peça de Genet, *The balcony*, envolve a mesma ideia: o líder terrorista e o chefe de polícia vivem a vida um do outro em fantasia no bordel.

A homossexualidade recebeu pouca atenção na psicologia analítica. Até onde sei, nunca houve uma sugestão de que a homossexualidade seja uma doença mental ou biologicamente determinada. Jung via a homossexualidade no homem como resultado de um envolvimento excessivo com a mãe. Além

Jung e os pós-junguianos

disso, o lado masculino do homem homossexual, que é sub-desenvolvido na realidade, é experimentado na idealização e fascinação pelo pênis. Jung tem muito pouco a dizer sobre a homossexualidade feminina, exceto que também há um envolvimento excessivo com a mãe. Em geral, então, sua descrição é um tanto esboçada.

Minha própria abordagem é que existem dois tipos bem diferentes de homossexualidade. O primeiro resulta de uma ferida narcisista intensa decorrente de um pai opressivamente não empático e leva à busca por um parceiro que preencherá a lacuna em relação ao si-mesmo. Assim, o parceiro não é experimentado como uma pessoa separada – o que é facilitado pela similaridade anatômica. Poderíamos chamar isso de homossexualidade narcisista.

A homossexualidade narcisista pode ser comparada com uma homossexualidade de caráter mais edipiano e alcançada pelas mesmas dinâmicas que moldam a identidade sexual heterossexual, exceto, nas palavras de Anna Freud (1966, p. 161), pela "influência do amor excessivo e da dependência pela mãe ou pelo pai, ou uma hostilidade extrema por qualquer um deles". O ponto é que uma abordagem edipiana da identidade sexual heterossexual também enfatizaria o que é sentido e fantasiado sobre os pais.

Em geral, a psicologia analítica reconhece que é extremamente difícil afirmar algo definitivo sobre o comportamento sexual. Uma quantidade considerável de trabalho analítico gira em torno da aceitação do paciente de que sentimentos profundos por uma pessoa do mesmo sexo não são "homossexuais" no sentido de uma orientação sexual fixa. Eles são saudáveis e enriquecedores, originando-se da bissexualidade psicológica. Finalmente, quando falamos sobre o comportamento sexual de um indivíduo, também precisamos considerar isso do ponto de vista da força do ego e, em particular, observar a frequência e a intensidade da ansiedade causada para um indivíduo por seus impulsos sexuais.

Animação

As mudanças culturais em nossos tempos estão centradas em gênero, sexo e casamento. Existe o que parece ser uma nova atmosfera, e, talvez, as lutas sociais e políticas das mulheres façam parte disso. Acredito que possamos adaptar a ideia de que o *animus* e a *anima* existem igualmente tanto para homens quanto para mulheres e dizer que, cada vez mais, vivemos em um mundo *anima*, um mundo animado pela *anima*. Se desvincularmos a *anima* da *syzygy* (onde ela sempre estará ligada ao *animus*), da persona (onde sempre será um fator "inferior" e inconsciente), do ego (onde sempre será "empregada"), do si-mesmo (onde sempre será ofuscada pela comparação), então podemos ter uma ferramenta, até mesmo uma metodologia, para entender nossas vicissitudes culturais.

Jung estava atento a essa nova atmosfera. Ele sentiu que a proclamação pelo Papa, em 1950, do dogma da Assunção da Virgem Maria, implicando uma incorporação do feminino ao divino, tinha imensa importância. Esse desenvolvimento vinha sendo gestado há mais de mil anos, foi resultado de pressões coletivas, mas o caminho havia sido preparado pelos alquimistas: suas representações simbólicas de divisão e unidade psicológica ao usar figuras masculinas e femininas (OC 14, §§ 662-668).

Nossa cultura ainda é patriarcal, embora Jung e sua psicologia analítica façam parte desse patriarcado. Aqui, não estou me referindo a Jung pessoalmente, mas sim às formas pelas quais a psicologia analítica é colorida, estruturada e controlada por uma perspectiva patriarcal. A essência do patriarcado é ter e precisar ter as coisas em seus lugares. É caracterizado pela ordem, talvez pela hierarquia, certamente pela disciplina. Até mesmo nosso uso da linguagem reforça isso, pois dificilmente concebemos um elemento sem algo em contraposição. O patriarcado não gosta de "consciência difusa" (Claremont de Castillejo, 1973, p. 15); não procura "sabedoria na mudança" (Perera, 1981, p. 85); menospreza um sentido de "ser elementar" (E. Jung, 1957, p. 87); a "reflexão como a lua" não é aprovada (Hillman, 1972, p. 111). Isso é *anima*.

Sonhos

8

Trabalhar com o paciente e seus sonhos desempenha um papel importante na análise junguiana. Jung nunca organizou suas ideias sobre os sonhos em uma teoria geral, mas deu indicações muito claras sobre sua percepção em relação aos sonhos e ao ato de sonhar. Inevitavelmente, algumas das concepções do autor são apresentadas em desacordo com Freud. Isso reflete tanto um reconhecimento da dívida para com Freud quanto as limitações que encontrou ao usar a abordagem de freudiana.

Princípios básicos

De forma concisa, a principal discordância de Jung em relação a Freud estava na questão do conteúdo manifesto e latente dos sonhos. Jung não considerava o sonho como uma mensagem potencialmente enganosa que exigia uma decodificação cuidadosa. Ele escreveu:

> Em outras palavras: eu tomo o sonho tal como é. O sonho constitui matéria tão difícil e complicada, que de modo algum me atrevo a conjeturar sobre uma possível tendência a enganar, que lhe seja inerente. O sonho é um fenômeno natural e não há nenhuma razão evidente para considerá--lo um engenhoso estratagema destinado a enganar-nos (OC 11/1, § 41).

Jung analisava os sonhos e o seu conteúdo como fatos psíquicos (OC 13, § 54). No entanto, apesar de sua afirmação de que os sonhos podem ser tomados como são, devemos levar em conta o trabalho significativo feito por ele em relação à estrutura, à linguagem e ao significado dos sonhos. Seria um equívoco pensar que Jung "fez" menos com o sonho de um paciente do que Freud, como Mattoon (1981, p. 248) apontou. Certamente, Jung interpretava os sonhos, mas não em termos do que Mattoon define como "representações um-a-um", relativamente fixas em seu significado e reveladoras de conflito sexual (Mattoon, 1981, p. 248). Para Jung, Freud não trabalhava com símbolos, mas com sinais que não apontam, como os símbolos fazem, para o futuro ou expressam uma situação complicada de maneira única, mas se referem a algo já conhecido (pênis, pai, mãe). Portanto, um sinal é sempre "menos do que o conceito o qual representa, enquanto um símbolo sempre significa mais do que seu significado óbvio e imediato" (Jung, 1964, p. 41).

Não tenho certeza se o método mais evoluído de Freud para interpretar os sonhos era tão rígido. Portanto, até que ponto a diferenciação de Jung em relação a Freud deve ser vista como servidora ao próprio desenvolvimento de Jung? Por exemplo, parece haver evidências substanciais de que a agressão teve tanta importância na interpretação de Freud quanto a sexualidade (cf. Jung, 1963, p. 182-183, onde o autor relata que Freud interpretou um de seus sonhos em termos de um desejo de morte). Por outro lado, o trabalho psicanalítico pós-freudiano sobre os sonhos parece ter se afastado do ponto de partida de Freud para uma posição mais próxima a de Jung (por exemplo, Rycroft, 1979; Gill, 1982). Isso só teria acontecido se, de fato, uma atitude rígida tivesse existido. Considerando-se isso, a abordagem de Jung parece ser bastante diferente da de Freud.

Também devemos ter em mente que a psicologia analítica teve seus próprios problemas com a interpretação fixa baseada em um léxico simbólico preexistente. Ainda é comum, se o sonho de um homem contém uma mulher, ouvir falar de uma "figura *anima*" antes que qualquer entrada real no sonho tenha sido alcançada. Ainda assim, em termos gerais, a psicologia analítica aceitou a afirmação de Jung de que:

> O sonho é a porta pequena e oculta no interior e no mais íntimo da psique que se abriu na noite primordial que era psique quando não havia ainda a consciência do eu e que vai permanecer psique para muito além daquilo que uma consciência do eu jamais poderá alcançar (OC 10/3, § 304).

Há uma tensão entre essa abertura e a técnica de Jung de "associação dirigida" (chamar a atenção do sonhador para elementos importantes do sonho, em contraste com a associação livre da abordagem de Freud).

Em oposição ao conceito de realização de desejos de Freud, Jung apresentou sua própria teoria de compensação para explicar a função dos sonhos. Há dois aspectos nisso. Primeiro, Jung afirma que: "sonho é uma *autorrepresentação, em forma espontânea e simbólica, da situação atual do inconsciente*" (OC 8/2, § 505).

Segundo:

> "O sonho retifica a situação e acrescenta o material que ainda lhe está faltando, e, deste modo, melhora a atitude do paciente. Eis aí a razão pela qual temos necessidade da análise do sonho em nossa terapia. (OC 8/2, § 482).
>
> Todos os processos excessivos desencadeiam imediata e obrigatoriamente suas compensações. Sem estas, não ha-

> veria nem metabolismos, nem psiques normais. Podemos afirmar que a teoria das compensações é a regra básica, neste sentido, do comportamento psíquico em geral [...] Sempre é útil perguntar, quando se interpreta clinicamente um sonho: que atitude consciente é compensada pelo sonho? (OC 16/2, § 330).

O leitor notará a lógica disso: se o sonho tanto expressa a situação do inconsciente quanto é uma compensação (ou seja, em algum sentido oposto) à consciência, então Jung está dizendo que a atitude consciente, por um lado, e o inconsciente expresso nos sonhos, por outro, estão sempre em uma relação complementar. Veremos em breve como essa conclusão, embora derivada logicamente das premissas de Jung, foi considerada inaceitável por alguns pós-junguianos (por exemplo, Dieckmann, Hillman, abaixo).

Um requisito decorrente da polaridade consciente-inconsciente de Jung é que se torna de extrema importância ter um conhecimento profundo da situação consciente naquele momento. O sonho está repleto de "material constelado no inconsciente em correlação com o estado momentâneo da consciência". Sem conhecimento da situação pessoal, "é impossível interpretar um sonho de maneira correta e satisfatória – a não ser, naturalmente, por um feliz golpe do acaso" (OC 8/2, § 477). Realmente precisamos ter em mente essa preocupação de Jung com a situação consciente ao considerar a amplificação dos sonhos e, mais adiante neste capítulo, ao analisar as modificações das abordagens do autor feitas por psicólogos analíticos pós-junguianos.

Além de sua insistência na natureza compensatória dos sonhos e do ato de sonhar, Jung também considerava sua abordagem sintética ao material psicológico, como os sonhos, mais apropriada que a abordagem reducionista de Freud. Vimos anteriormente como a linha entre orientações sintéticas e redutivas é um tanto tênue (cf. p. 276ss.). Por enquanto, podemos notar que Jung concorda que as causas do sonho podem ser consideradas as mesmas tanto por um sintetista quanto por um reducionista, mas os critérios pelos quais são compreendidos diferem. Jung quer saber:

> Para que serve este sonho? Que significado tem e o que deve operar? Estas questões não são arbitrárias, porquanto podem ser aplicadas a qualquer atividade psíquica. Em qualquer circunstância, é possível perguntar-se "porquê?" e "para quê?", pois toda estrutura orgânica é constituída de um complexo sistema de funções com finalidade bem definida e cada uma delas pode decompor-se numa série de fatos individuais, orientados para uma finalidade precisa (OC 8/2, § 462).

A última questão de desacordo com Freud diz respeito ao fato de os sonhos serem vistos de um ponto de vista "subjetivo" ou "objetivo". No primeiro caso, inicialmente, todos os elementos do sonho são considerados como referentes ao sonhador ou a partes da própria psique do sonhador (embora não necessariamente quando a imagem é de uma pessoa real bem conhecida pelo sonhador). A partir da perspectiva objetiva, as figuras no sonho são interpretadas, por exemplo, como representantes de pessoas reais, ou aspectos delas, na vida do sonhador ou em uma situação de vida a qual está confrontado. Jung não adotou uma visão subjetiva em preferência a uma objetiva, mas utilizou ambas, argumentando que Freud estava limitado apenas à metodologia objetiva.

A interpretação dos sonhos

Jung considerava que os sonhos têm uma estrutura típica, de modo que, ao prestar atenção na forma como um determinado sonho se encaixa nessa estrutura ou desvia dela, o analista se tornaria mais seguro de não perder um elemento importante desse sonho. Essa estrutura é dividida em quatro partes: exposição, desenvolvimento, culminação e solução (OC 8/2, §§ 560-566).

A exposição inclui uma indicação do lugar, dos principais protagonistas e da situação inicial, sugerindo as questões que o sonho levantará. O desenvolvimento envolve uma complicação da trama e "se estabelece uma certa tensão, porque não se sabe o que vai acontecer" (OC 8/2, § 562). Na culminação, algo bastante definido acontece ou a situação muda. Nem todos os sonhos têm uma solução, mas essa será uma situação final (final em termos narrativos, porque nada pode realmente ser resolvido).

Podemos aplicar essa estrutura a um sonho trazido por uma paciente anoréxica, M. Seus pais se separaram quando tinha quinze meses e seu pai posteriormente a rejeitou. Seu padrasto morreu quando ela era adolescente. No momento do sonho, M. não tinha namorado (e não tivera relacionamentos duradouros e experiência sexual mínima). Ela tinha 28 anos e, por razões aparentemente boas, trabalhava para a mesma organização e na mesma função que sua mãe. Ela me ouviu sendo entrevistado na rádio sobre sonhos e localizou-me, o que, como veremos, pode ter sido importante.

Dividi o sonho de acordo com o esquema de Jung:
Exposição: estou em um hospital para uma operação no quadril. Uma enfermeira entra e me diz que um erro foi cometido.

Desenvolvimento: agora, eu tenho câncer por causa desse erro. Culminação: estou muito chateada e com raiva, mas decido não dizer ou fazer nada. Solução: porque não quero magoar os sentimentos da enfermeira.

A preocupação adicional de Jung é trabalhar com o sonho tanto através de associações pessoais quanto por amplificação com paralelos arquetípicos. É crucial para nossas discussões subsequentes lembrar que Jung está preocupado com a amplificação de ambos os níveis:

> Sempre pergunte ao paciente como ele se sente em relação às imagens do seu sonho. Pois os sonhos são sempre sobre um problema específico do indivíduo sobre o qual ele tem um julgamento consciente errôneo (OC 18/1, § 123).

E:

> Juntos, o paciente e eu nos dirigimos ao homem de dois milhões de anos que existe em todos nós. Em última análise, a maioria das nossas dificuldades surge da perda de contato com nossos instintos, com a sábia sabedoria ancestral que está guardada em nós. E onde fazemos contato com esse velho homem em nós? Em nossos sonhos (Jung, 1978, p. 100).

Não acredito que Jung esteja dizendo que o arquetípico não seja pessoalmente relevante, mas que esse material não surja da situação pessoal do sonhador. De fato, a tarefa da análise é tornar a "sábia sabedoria ancestral que está guardada em nós" útil em nossa situação pessoal.

No sonho de M. que acabei de descrever, a figura da enfermeira foi identificada pela paciente como sendo sua mãe, e o câncer era o resultado de sua relação com ela. Em um nível mais geral, suas associações posteriores incluíram: erros cometidos em hospitais, a unilateralidade da medicina moderna e possíveis ligações entre a psique e o soma. Ela não mencionou minha conexão com o sonho naquela época.

Um junguiano clássico poderia ter continuado a trabalhar com metáforas derivadas da herança do inconsciente coletivo, como a do curador ferido, sendo a ferida sua falibilidade. De fato, devido ao meu conhecimento da história da paciente e, acima de tudo, de alguma reconstrução de sua percepção inicial da vulnerabilidade de sua mãe à crítica ou ao protesto, interpretei o sonho de forma objetiva. Assim, a enfermeira que não deve ser ofendida, apesar de seu *status* profissional, simbolizava "mãe" em vez do mais subjetivo "curador interno defeituoso".

A paciente me contou na próxima sessão que, quando chegou em casa naquela noite, sentiu uma explosão de raiva e bateu na cama em uma intensa expressão de fúria. Isso era um comportamento bastante atípico. Eu disse a ela que conseguiu (apenas) manter esse sentimento forte fora da nossa sessão. Talvez ela também desconfiasse de mim? Ou sentisse que eu tinha cometido erros ao longo do caminho? Não foi um erro, ela respondeu, mas duvidava que eu pudesse ajudá-la e estava preocupada em dizer isso e magoar meus sentimentos. Então, pudemos discutir esse aspecto de transferência do sonho.

Curiosamente, a interpretação do sonho que pensei, mas não fiz (que a enfermeira representava um curador interno defeituoso), tornou-se mais e mais relevante. Vi-me querendo que ela se ajudasse e exploramos juntos por que ela não podia ser ativa em relação aos seus problemas e qual ganho oculto havia na impotência. Assim, ao longo do tempo, aquela enfermeira "era" sua mãe, o analista, um curador interno defeituoso e até mesmo uma própria enfermeira (cf. abaixo, p. 471).

Jung enfatizou que tanto o sonho quanto as ampliações devem ser abordados sem preconceitos:

> A arte de interpretar sonhos não pode ser aprendida em livros. Métodos e regras são úteis apenas quando podemos dispensá-los. Somente aquele que pode fazer isso de qualquer maneira tem habilidade real, somente aquele que realmente compreende possui entendimento (OC 10, § 153).

Mas ao mesmo tempo "é necessário um amplo conhecimento, como um especialista deve possuir" (OC 10, § 153). Esse conhecimento deve ser "vivo" e "infundido com a experiência da pessoa que o utiliza" (OC 10, § 153). Se combinarmos isso com a atitude geral de Jung em relação à interação terapêutica, podemos ver que a interpretação dos sonhos requer o envolvimento emocional completo do analista.

Muitas vezes, é importante verificar se o sonho faz parte de uma série e, nesse caso, como o material temático se desenvolveu ou não. Além disso, Jung atribuiu considerável importância aos sonhos iniciais apresentados na análise. Eles muitas vezes resumem a situação, fornecendo, por assim dizer, um diagnóstico e prognóstico. Nem todos os sonhos são compensatórios; alguns são oraculares ou proféticos e, segundo Jung, antecipam eventos futuros.

Jung demonstrou flexibilidade em relação à ideia de uma interpretação "correta" do sonho. Embora ele utilize a palavra, parece ter considerado sua interpretação como uma hipótese que precisava ser testada em relação à vida inteira do sonhador e, se necessário, modificada. A interpretação dos sonhos para

Jung parece ter sido uma resposta a um fenômeno criativo, apesar de seus avisos contra a abordagem estética ao material psicológico (Jung, 1963, p. 210).

Para aqueles interessados em aprender mais sobre abordagens clássicas junguianas sobre os sonhos, agora existem relatos abrangentes disponíveis (Hall, 1977; Mattoon, 1978), mas esses não se desviam de forma marcante da posição de Jung. Vamos analisar três importantes modificações às teses de Jung que foram propostas. São elas: (a) maior ênfase na importância do ego do sonho; (b) garantir que se analise o paciente e não apenas o sonho; e (c) fazer uma distinção bastante diferente da de Jung entre o mundo noturno dos sonhos e o mundo diurno da consciência.

A importância do ego do sonho

Dieckmann (1980) questiona se a psicologia analítica não superestimou as diferenças entre os sonhos e as experiências do estado de vigília. Ele está reagindo, eu imagino, às visões de Jung, tais como:

> Não contesto de modo algum a possibilidade de sonhos "paralelos", isto é, de sonhos cujo sentido coincida com a atitude da consciência ou venha em apoio desta última. Mas na minha experiência, pelo menos, estes últimos são relativamente raros (OC 12, § 48).

Dieckmann destaca que o comportamento do sonhador no decorrer do senho (ego do sonho) muitas vezes é semelhante ao que ocorre quando está acordado. O ego do sonho tende a usar as mesmas defesas e ter os mesmos sentimentos que o ego desperto e, assim como o ego desperto, busca se manter e sobreviver. Dieckmann reconhece, é claro, que os sonhos transmitem experiências reprimidas ou experiências que são novas para o ego. Mas acredita que identificou uma terceira maneira de entender os sonhos, diferente da realização de desejos e da compensação. Em outras palavras, Dieckmann sugere que os sonhos expressam o que está acontecendo na vida desperta do sonhador, mas que, por enquanto, não está disponível (talvez porque seja desagradável) para o ego desperto do sonhador.

A continuidade que Dieckmann percebe entre o sonho e o estado de vigília oferece vantagens clínicas. O paciente pode falar sobre sua experiência no sonho e descobrir qualidades reconhecíveis que eram incompreensíveis para ele. Com base nisso, a primeira ponte de relacionamento e compreensão pode ser construída em relação aos sonhos. O sentimento de ego que claramente ocupa o ego do sonho facilita esse processo (Dieckmann, 1980, p. 50).

Nessa metodologia, o paciente pode adentrar no mundo interno ao se ver e experimentar dentro do contexto estranho do sonho. Isso, por si só, traz *insights*. Dieckmann admite que sua abordagem é objetiva se colocada em um espectro objetivo-subjetivo. No entanto, o "objeto" é o próprio sonhador, o "sujeito".

Vamos analisar o sonho que foi relatado anteriormente e examiná-lo do ponto de vista de Dieckmann. Na vida desperta, M. tinha enormes dificuldades em sentir raiva ou até mesmo ser assertiva, e um grande acúmulo de sentimentos de culpa em relação à sua mãe havia se formado. Ela não estava conscientemente ciente disso, apenas reconhecia que estava evitando contato com sua mãe. Ela não conseguia se livrar desses sentimentos porque, inconscientemente, via sua mãe como vulnerável e exposta. De acordo com nossas reconstruções de sua infância, ela sempre pareceu fazer isso. Na verdade, sem que eu soubesse na época, usamos a abordagem de Dieckmann com esse sonho porque havia uma consistência entre o comportamento diário dela e o comportamento do sonho.

A compensação não parecia especialmente relevante para o sonho nesse caso (embora ele próprio tenha levado a uma experiência compensatória – a explosão de raiva). Eu pude dizer a ela: "Veja: como você estava no sonho, quando tinha motivos reais para reclamar e sentia raiva, mas não podia expressá-la, é assim que você é na vida real. E você sente que precisa se defender contra a má maternagem de sua mãe (que lhe dá câncer) ao não se alimentar dela, em vez de reconhecer sua raiva".

Analisando o paciente, não o sonho

A segunda modificação na abordagem básica de Jung que quero discutir é a crítica de Lambert à abordagem junguiana clássica sobre os sonhos. Ele está preocupado com os problemas no "manejo prático dos sonhos dos pacientes pelos analistas na situação clínica diária" (Lambert, 1981a, p. 173). O autor identifica quatro problemas com a abordagem clássica.

Primeiro, se os sonhos são obtidos do paciente por meio de perguntas, então o fluxo espontâneo de material é interrompido e o analista ouvirá o que ele quer em vez do que o inconsciente do paciente está tentando expressar.

Segundo, como consequência disso, o analista pode se tornar apenas um intérprete de sonhos e perder de vista a pessoa inteira com quem está trabalhando. O sonho, frequentemente transcrito em duplicata, pode ser, na abordagem clássica, colocado sobre uma mesa metafórica entre o paciente e o analista para uma análise bastante distanciada do sonho, o que evita a experiência de emoções profundas.

Terceiro, o praticante clássico pode deixar de perceber a introdução dos sonhos (e também seu conteúdo, em certa medida) como um produto da interação transferência-contra-transferência. O sonho pode ser introduzido por conformidade. Sabendo que os analistas gostam de sonhos, o paciente pode sentir que deve produzir alguns. Os sonhos também podem surgir em tal profusão que o analista será inundado e sobrecarregado. Por outro lado, o paciente pode obter gratificação negando sonhos ao analista. Às vezes, o paciente pode provocar o analista trazendo fragmentos de sonhos ou sonhos antigos, ou pode buscar lutar com o analista e expressar sentimentos negativos na forma de uma discordância aparentemente segura com a interpretação do analista.

Quarto, a abordagem clássica presta pouca atenção à maneira como mecanismos psicológicos comuns (como projeção e introjeção) operam dentro dos sonhos, de modo que, por exemplo, figuras ameaçadoras podem ser manifestações de raiva projetada por parte do sonhador.

Lambert sugere que os analistas não devem pedir pelos sonhos e devem lembrar que esses são apenas um aspecto de uma ampla gama de comunicações por parte do paciente, a partir das quais pontos centrais ou nodais de significado podem ser isolados e interpretados. Em outras palavras, o paciente está sendo analisado, não o sonho (Lambert, 1981, p. 186).

O ponto de Lambert é crucial, mas a maioria dos psicólogos analíticos, atualmente, está ciente das implicações da transferência e contratransferência na introdução dos sonhos. Por exemplo, Berry (1974, p. 59-70) menciona como um "analista orientado para o processo" prestará atenção à forma como o sonho é contado, se é apresentado de forma "adequada" ou não, o quão ativo ou passivo o paciente foi em relação à interpretação e assim por diante

Blum (1980) questionou se Lambert pode ter reagido exageradamente à ênfase clássica na primazia do sonho e feito uma distinção falsa entre o processo analítico e o processo do sonho. Blum é contra a ideia de ver um único sonho isolado dos outros sonhos do paciente, e isso me faz lembrar do que Jung disse em relação a uma possível acusação de que ignorava o contexto do sonho. Ele sentia que uma série de sonhos constituía seu próprio contexto e que, nessas circunstâncias, os dados pessoais às vezes eram de menor importância (OC 12, §§ 49-50).

A dúvida continua: os sonhos são especiais de alguma forma? Lambert não descarta um papel especial para os sonhos, referindo-se à forma "notável" como resumem a situação psicológica do sonhador. No entanto, o autor dá a impressão de querer destituir o sonho em relação à prática analítica e, por causa disso, pode ter reagido exageradamente, como sugere Blum. Mas ao notar uma idealização não saudável dos sonhos e a forma como eles podem impedir que a análise aconteça, Lambert apresenta algumas questões difíceis para a prática da psicologia analítica.

Se aplicarmos os pontos de Lambert ao sonho de M., podemos ver que, sem meu conhecimento e reconstrução de sua história, eu não teria tanta confiança em interpretar "enfermeira" como "mãe", em vez de "curadora interna defeituosa". M. certamente sabia do meu interesse por sonhos, e foi isso que a levou a considerar trabalhar comigo. No entanto, também havia amplo material não relacionado a sonhos.

Mundo diurno e mundo noturno

A terceira modificação é a de Hillman. Ele também procura um caminho diferente da "repressão ou compensação" (Hillman, 1979a, p. 1). Usa a metáfora do mundo subterrâneo para sugerir que os sonhos são fenômenos que emergem de uma localização arquetípica precisa. Ao enfatizar o mundo noturno dos sonhos como algo bastante diferente do mundo diurno, Hillman demonstra que não está buscando um aumento da consciência em si. Acredita que esse é o objetivo de alguns intérpretes, tanto freudianos quanto junguianos. Hillman não está preocupado em interpretar o sonho ou traduzi-lo, porque o vê como possuidor de propósitos próprios.

Além disso, o autor não está tentando preencher a lacuna entre a consciência e o inconsciente:

> Devemos reverter nosso procedimento habitual de traduzir o sonho para a linguagem do ego e, em vez disso, traduzir o ego para a linguagem do sonho. Isso significa realizar um trabalho de sonho no ego, fazendo uma metáfora dele, enxergando através de sua "realidade" (Hillman, 1979a, p. 95).

Hillman quer evitar qualquer interpretação causal do sonho, não tirar qualquer moral dele, não o relacionar à vida pessoal, não colocar o sonho em um modo temporal (olhando para trás ou para frente), não o ver como um guia para ação e, acima de tudo, não o interpretar literalmente. Assim:

> Quanto mais sonho com minha mãe e pai, irmão e irmã, filho e filha, menos essas pessoas reais são como eu as per-

cebo em meu naturalismo ingênuo e literal, e mais elas se tornam habitantes psíquicos do mundo subterrâneo (Hillman, 1979a, p. 96).

Isso implica que a "interpretação correta" não é alcançável; em vez disso, devemos ter uma abordagem plural e múltipla. Mas parece haver uma contradição aqui. Plural e múltiplo em quê? No final das contas, embora de forma única, Hillman realmente faz uso da interpretação. No entanto, sua visão de "interpretação" é mais um aprofundamento do que uma tradução para a "realidade superficial". O autor está tentando, por meio do sonho, alcançar as camadas arquetípicas da psique. Assim, podemos refletir, contemplar e brincar com as imagens e metáforas do sonho e ver para onde elas nos levam.

Para Hillman, essas imagens e metáforas nos conduzem ao mundo noturno, ao mundo subterrâneo. E nesse mundo subterrâneo, não há harmonia ou equilíbrio (compensação) entre o consciente e o inconsciente, não há "autorregulação":

> O que é essa "harmonia original", esse equilíbrio ideal que deve ser restaurado? [...] O resultado disso na sala de consulta do analista é que exige que o intérprete "faça algo" e apela ao sonhador para "corrigir algo". A teoria da compensação apela à perspectiva do mundo diurno do ego e resulta de sua filosofia, não do sonho (Hillman, 1979a, p. 78-79).

Para Hillman, cada sonho é completo em si mesmo; não há motivo para falar em compensação de algo. Portanto, em escritos anteriores, ele se refere a "fazer amizade com o sonho" (cf. p. 396).

Se observarmos o que Hillman faz com os sonhos na prática, veremos que ele está usando, na verdade, o que equivale à metodologia clássica freudiana de associação livre. No mundo subterrâneo, as regras são bastante diferentes (processo primário de Freud), as leis da natureza são alteradas (substituição, condensação e deslocamento de Freud). Hillman demonstra um amor por parapraxias, reversões semânticas, experimentação e brincadeiras que constantemente nos faz lembrar de *The psychopathology of everyday Life*, de Freud (1901). Naturalmente, Hillman não tem o programa sexual de Freud nem a repressão em mente, e suas conclusões são totalmente diferentes. Mas em sua certeza de que a linguagem do inconsciente é diferente da linguagem consciente e em sua observação da completa quebra das leis da natureza nos sonhos, Hillman está, de certa forma, mais próximo de Freud do que das ideias junguianas de compensação.

Hillman é ele próprio uma fonte para essas sugestões, referindo-se à "experiência do mundo subterrâneo" de Freud com seus próprios sonhos e afirmando que Freud, em grande medida, "construiu um mundo com base no sonho" (Hillman, 1979a, p. 8). Além disso, Hillman declara que a concepção do trabalho dos sonhos de Freud, esvaziada de alguns dos preconceitos do ego, é o conceito com o qual mais se identifica (Hillman, 1979a, p. 94).

Mas, na avaliação do autor, Freud "arruinou" suas próprias ideias ao interpretar a conexão indiscutível entre os resíduos dos eventos do dia e o sonho de forma literal e, portanto, ao ver o sonho em termos do mundo diurno. Para Hillman, os eventos do dia são apenas matéria-prima utilizada pelo sonho; eles não são o próprio sonho. A leitura detalhada do autor sobre Freud é que, em alguns momentos, essa também é a posição de Freud. Por que interpretar os sonhos de tal maneira a torná-los relevantes para o mundo diurno, "recuperando-os", para usar a

Jung e os pós-junguianos

palavra de Freud, quando, na verdade, o sonho é, essencialmente, completamente estranho à vida desperta?

O método de Hillman envolve um rápido movimento dos elementos do sonho que tem o efeito de atordoar temporariamente a consciência, como a técnica cabalística de mover rapidamente letras ao redor. Isso abre a dimensão metafórica do sonho. Voltando ao sonho de M., a imagem do quadril se destacou para chamar a atenção. O quadril, ela disse, é onde uma mulher apoia seu bebê; portanto, está relacionado ao ser feminino. Ser *hip*, também significa ser legal ou descontraído e não expressar emoções fortes, como raiva. A perspectiva de Hillman foi, portanto, útil para chegar ao tipo de formulação ou interpretação que evitava. A psique de M. havia associado a falta de emoção à feminilidade e, poderíamos acrescentar, estava preocupada com a imagem da amamentação, não da maternidade. No próximo capítulo, que explora a psicologia arquetípica, o modo de Hillman de vincular imagem e sentimento ficará mais claro.

Discussão

Há um dilema aqui: como se mover no mundo subterrâneo e ao mesmo tempo manter uma conexão com a vida pessoal do paciente no mundo diurno. Não quero perder os benefícios de nenhuma das perspectivas, mas, como apresentado por Hillman e Lambert, as duas são incompatíveis.

Minha tentativa de resolver esse dilema envolve uma extensão do que normalmente consideramos como sendo o sonho. Hillman adota o que eu chamaria de uma abordagem literária para o sonho. O que é considerado como o sonho é limitado ao que poderia ser escrito (o texto do sonho), nem mais nem menos. Nisso, Hillman mostra sua formação em psicologia analítica clássica. Minha sugestão é que o sonho seja considerado tanto o "sonho oficial" quanto tudo o que esse sonho consegue atrair para sua órbita. Isso incluiria partes relevantes da história do paciente, eventos subsequentes em sua vida relacionados ao sonho e, acima de tudo, as partes da interação terapêutica conectadas e informadas pelo sonho.

Em nosso exemplo, o sonho incluiria a evasão do paciente em relação à sua mãe em sua vida desperta, sua forte reação de raiva ao sonho e também suas dúvidas sobre minha eficácia. Incluir esse material extra e considerá-lo como parte do sonho abre caminho para uma exploração interior, consistente com uma perspectiva do mundo subterrâneo, mas também reconhecendo a pessoa inteira do paciente junto à sua dor e incorporando a transferência e contratransferência relevantes.

O sonho pode ser considerado incorporador de tudo o que toca emocionalmente e de tudo o que toca nele. Em seguida, o foco hillmaniano na imagem pode acompanhar a atenção lambertiana ao processo. Ambos podem ser vistos como conectados à preocupação de Dieckmann de que o paciente aprenda observando a si mesmo no sonho. A contradição que notamos anteriormente na perspectiva de Dieckmann serve para promover uma combinação dessas várias abordagens. No entanto, mais uma vez, não devemos minimizar as diferenças.

O sonho na psicanálise contemporânea

Rycroft (1979), em seu livro *The innocence of dreams*, concorda com Jung com o fato de um sonho não ser uma decepção. Ele afirma que a simbolização é uma capacidade natural e geral da mente e não um método de disfarçar desejos inaceitáveis. De acordo com Rycroft, o processo primário e o processo secundário coexistem ao longo da vida, de modo que o ato de sonhar está completamente despatologizado (e cf. as ideias de Plaut sobre o processo primário e secundário coexistindo ao longo da vida, p. 164). Quando Rycroft se refere aos sonhos como "inocentes", ele quer dizer que os sonhos "carecem de sabedoria, exibem indiferença às categorias estabelecidas e têm um núcleo que só pode ser sincero e não está contaminado pela vontade autocrítica" (Rycroft, 1979, p. 7).

A abordagem de Rycroft é essencialmente subjetiva, em contraste com a objetividade de Freud. (Na verdade, a maioria das abordagens modernas aos sonhos usa a abordagem subjetiva pioneirizada por Jung; por exemplo, a psicologia Gestalt, a qual vê os elementos do sonho como parte do sonhador). Sonhar, de acordo com Rycroft, é uma forma de comunicar ou se relacionar consigo mesmo e é análogo a atividades acordadas, como falar consigo mesmo, lembrar-se de algo, assustar-se, entreter-se ou se excitar com a própria imaginação, e talvez também a atividades meditativas e imaginativas acordadas, como evocar memórias do passado ou vislumbrar perspectivas do futuro (Rycroft, 1979, p. 45).

A linguagem dos sonhos é metafórica. O autor afirma de forma inequívoca que sonhar é uma atividade imaginativa (Rycroft, 1979, p. 71) e que a imagem dos sonhos deve ser compreendida de forma metafórica. No entanto, ele pretende relacionar o conteúdo imagético dos sonhos a um "sujeito ou tema" fora do próprio sonho, o que torna sua abordagem mais próxima a de Jung do que, por exemplo, a de Hillman.

Para encontrar um paralelo à atitude aparentemente extrema de Hillman, podemos refletir sobre o comentário do psicanalista francês Pontalis de que "quando o sonho sonhado em imagens é convertido em sonho colocado em palavras, algo se perde" (apud Gill, 1982, p. 476). No mesmo artigo psicanalítico, Gill também cita o aforismo de Khan de que "há uma experiência onírica para a qual o texto do sonho não oferece pistas". Por fim, Gill interpreta Lacan como afirmador de que a linguagem distorce os sonhos ao tentar organizá-los e controlá-los (Gill, 1982, p. 475-476).

Em geral, parece haver uma tendência na psicanálise de afastar-se da visão do sonho como um disfarce ou desejo proibido. A psique emerge como mais criativa do que enganadora. Continuar suspeitando dos sonhos de engano pode ser, como Gill sugere, um inglês em Paris que não conhece o francês e assume que os parisienses estão falando besteira apenas para zombar dele.

9 Psicologia arquetípica

Ao longo deste livro, houve referências à Escola Arquetípica da psicologia analítica, que foi principalmente desenvolvida por James Hillman (e também por Avens, 1980; Berry, 1982; Giegerich, 1975; Lopez-Pedraza, 1977; M. Stein, 1973; R. Stein, 1974). Neste capítulo nos concentraremos em descrever essa controversa ideologia psicológica. A tese deste livro, que enfatizou um futuro ideológico comum para a psicologia analítica, é desenvolvida ainda mais no capítulo 11.

O termo "psicologia arquetípica" foi usado pela primeira vez por Hillman, em 1970 (Hillman, 1975a, p. 138ff.). Em sua visão, a teoria arquetípica é a área mais fundamental do trabalho de Jung, mas isso pode não ter sido aparente na época em que o termo foi cunhado. O arquétipo fundamenta a vida psíquica, é, ao mesmo tempo, preciso e indefinível e é central para a concepção de terapia de Jung. Hillman aponta que os arquétipos não devem nada ao esforço analítico, por assim dizer, e que a substituição do termo mais fundamental pelo termo mais limitado abre a área de exame psicológico para o que está além da sala de consulta. Em resumo, "afinal, a análise também é uma encenação de uma fantasia arquetípica" (Hillman, 1975a, p. 142).

Teremos que discutir a implicação dessa afirmação; é uma afirmação que Hillman repete em um resumo posterior e didático da abordagem da Escola. Nesse resumo, ele diz que a psicologia arquetípica é uma tentativa de "conectar-se à cultura mais ampla da imaginação ocidental para além da sala de consulta" (Hillman, 1983, p. 1).

Embora Jung seja uma influência importante, talvez a principal influência, outros escritores que não são psicólogos analíticos também são seminais. Por exemplo, Corbin (1972), que usou pela primeira vez o termo *mundus imaginalis* e viu os arquétipos como estruturas básicas da imaginação, é, na verdade, um estudioso do Islã. Da filosofia, Casey fez uma importante contribuição, talvez porque não estivesse limitado pela dimensão humanística que a maioria dos analistas considera como certa. O autor fala do "extrapessoal" (Casey, 1974, p. 21) e enfatiza que "aquilo que experimentamos na imaginação arquetípica está enraizado fora da consciência humana, seja essa consciência se apresentando na forma do ego ou no formato mais expansivo do si-mesmo" (Casey, 1974, p. 21).

Casey desenvolveu uma topografia segundo a qual a imaginação se situa no meio-termo entre os sentidos, por um lado, e a cognição, por outro. Essa disposição claramente atribui um lugar mediano à imaginação – mas o corpo e o intelecto são reconhecidos, criando possíveis pontes para uma psicologia que enfatiza o instinto ou para outra que se concentra no desenvolvimento cognitivo.

A ênfase no imaginal leva ao foco na própria imagem. Avens (1980, p. 32) afirma que Jung, e depois Hillman, ressuscitaram as imagens e voltaram nossa atenção para a capacidade espontânea de criação de imagens da psique. Na psicologia arquetípica, as imagens não são representações, sinais, símbolos, alegorias ou comunicações. Elas são simplesmente imagens e fazem parte do reino da realidade psíquica. A direção dessa abordagem implica que as imagens devem ser experienciadas, acariciadas, brincadas, revertidas, respondidas – em suma, relacionadas (sentidas) em vez de apenas interpretadas ou explicadas (pensadas). Se não fossem as inibições e proibições de longa data a uma abordagem estética, as imagens poderiam ser respondidas como se fossem obras de arte, com a ressalva de que esse esteticismo seja emocional, corajoso, apaixonado, não histórico e, talvez, simples. Foi o próprio Jung quem argumentou contra uma abordagem estética. Como os produtos da psique, que são naturais, podem ser julgados como se tivessem sido criados pelo homem artístico? (Jung, 1963, p. 210).

A maneira como as imagens vivem, se envolvem entre si e encenam histórias leva a psicologia arquetípica a se afastar da imagem *an sich*. Ela penetra profundamente em outra província onde estão presentes histórias oriundas de experiências psicológicas humanas profundas: a mitologia. Para Hillman (1983, p. 2), "a linguagem primária e irredutível dos padrões arquetípicos é o discurso metafórico dos mitos".

A palavra "metafórico" é crucial. Isso é bem resumido por Miller:

> Os deuses e deusas são os nomes de poderes ou forças que têm autonomia e não são condicionados ou afetados por eventos sociais e históricos, pela vontade ou raciocínio humano, ou por fatores pessoais e individuais [...] eles são sentidos como poderes informantes que dão forma ao comportamento social, intelectual e pessoal (Miller, 1981, p. 28-29).

De forma semelhante, Hillman observa que olha para os mitos para abrir coisas e não para fundamentar a questão. A sugestão é que tal fundamentação é o que acontece na Escola Clássica. A acusação de reducionismo mitológico é refutada por Hillman. Para ele, o mito leva a uma circunvolução cada vez mais produtiva e à experiência da imagem. A mitologia grega, em particular, derivada de um panteão politeísta e ofuscada pela visão e história monoteístas judaico-cristãs em nossa época, carrega para a psicologia arquetípica um tesouro guardado do que Freud chamou de "as antiguidades do desenvolvimento humano". Vale a pena refletir sobre a demonstração da tese de Miller. Por exemplo, o impacto da tecnologia em nossa cultura

> está se desenrolando de acordo com as histórias de Prometeu, Hefesto e Asclépio [...] O complexo militar-industrial é Hera-Herácles-Hefesto [...] O ativismo – seja na forma de altruísmo ou movimentos revolucionários – é o trabalho de Héracles [...] A urbanização carrega a marca de Atena [...] A presença constante de surtos do irracional é obra de Pã [...] Alguém pode duvidar que a doutrina de Deus é obra de Zeus? (Miller, 1981, p. 83-88).

A concentração de atenção em uma cultura politeísta não é acidental e está diretamente relacionada à questão da ressuscitação da imagem *qua* imagem. Vimos como uma visão restritiva da psique, derivada em parte do temperamento "teológico" de Jung, colocava o si-mesmo em uma posição preeminente em comparação, por exemplo, com o *animus/anima*, o que estimulou Hillman a contestar a primazia do si-mesmo, da quaternidade, dos mandalas etc. (cf. p. 220-224). Hillman enfatiza uma igualdade psicológica do si-mesmo e de outros chamados arquétipos da psique.

Miller e Hillman interpretam o surgimento do monoteísmo e de uma visão de mundo monoteísta como metáforas para a limitação da imaginação e da variedade na cultura ocidental contemporânea. Em termos sociais, isso se expressa como totalitarismo. Na visão de Miller, embora algumas sociedades busquem o pluralismo, ele é mais desejado do que alcançado. Assim é para a psique contemporânea – sem deuses, dividida, unilateral e neurótica. Em um nível, esses fenômenos são rastreados para a adoração de um Ser, em vez de confiar em um princípio do ser. A divindade, como uma camada de existência, não pode mais ser verdadeiramente expressa em um único Deus – como Nietzsche profetizou pela primeira vez. O monoteísmo chegou aonde está, na leitura de Miller da situação, ao minar e destruir os deuses gregos que eram muito mais variados e particularizados, além de estarem de alguma forma mais próximos tanto do homem quanto da natureza. Gradualmente, a noção de um único Deus cresceu a partir de sua origem judaica e também das especulações filosóficas gregas sobre o divino como uma esfera única com um centro onipresente e sem circunferência. Essa é uma imagem que atraiu Jung (como vimos em sua definição do si-mesmo, p. 190-192) e é um fator em sua conexão da *imago dei* ao si-mesmo.

Miller traça os vínculos entre um Deus único e esférico, racionalismo ocidental em excesso e dependência da tecnologia, além de uma certa simplificação teológica que leva a uma moral de "ou isso ou aquilo". Ele afirma que a ausência de uma figura única do diabo no panteão grego aparentemente não danificou seriamente sua capacidade para a filosofia moral.

Assim, nós encenamos os padrões dos deuses e eles expressam nossas naturezas por nós. O politeísmo envolve criar, ver e viver padrões plurais de comportamento, mas não transformar a moralidade em mito (como na tradição junguiana clássica e até mesmo nas ideias freudianas sobre trabalho e genitalidade). Afirma-se que o politeísmo permite experiências fora do ego, desafiando nossa noção convencional da necessidade de um ego experienciador. O politeísmo é uma abordagem para o mundo imaginário que leva ao surgimento da formação de símbolos individuais, os quais Jung sempre afirmou que poderiam surgir de forma saudável após o declínio do cristianismo. Existem muitos modos de percepção e experiência na psique, e cada pessoa deve decidir por si mesma se o conteúdo representa o "bem" ou o "mal".

Miller define sua própria atitude como a de um henotheísta: alguém que adora um único Deus de cada vez em meio a um grande panteão. O lema parece ser "um Deus de cada vez, mas, em seu tempo, muitos deuses" (Miller, 1981, p. 87). A perspectiva politeísta leva diretamente à personificação imaginária. Podemos até dizer que a tendência de Jung de personificar conteúdos psíquicos o torna um politeísta dissimulado. Portanto, a personificação pluralista do panteão politeísta não é necessariamente estranha à psicologia analítica clássica. E não devemos esquecer que há um lugar reservado para o monoteísmo temporário.

Até o momento, em nossa análise dos principais fundamentos da psicologia arquetípica, examinamos seu conceito básico (arquétipo), sua área de interesse (imagem), seu veículo (mitologia) e sua visão de mundo (pluralismo e politeísmo). Agora, voltemos nossa atenção para a questão de onde tudo isso está acontecendo, em que nível de experiência. Esclarecer isso sugerirá o valor e o propósito de ter uma psicologia arquetípica como um todo.

Para dar a resposta de antemão: o ideograma "alma" nos diz onde e em que nível estamos operando. O uso da "alma' tornou-se um tanto controverso: para alguns, é um clichê, usado simplesmente para responder a todos os problemas (Laughlin, 1982, p. 35-37). E certamente é difícil resumir o que Hillman e os psicólogos arquetípicos estão tentando transmitir.

Hillman afirmou que, quando usava a palavra "alma", se referia a uma perspectiva ou ponto de vista que é essencialmente reflexivo entre nós e os eventos ou ações. A alma não pode ser encontrada em nenhum fenômeno em particular, mas também não pode ser compreendida isoladamente dos fenômenos. Talvez, por causa desse paradoxo, a alma é frequentemente "identificada com o princípio da vida e até mesmo da divindade" (Hillman, 1975b, p. x).

O autor também se refere ao que concede significado, permite o amor e motiva o instinto religioso. Em particular, ele enfatiza o "aprofundamento dos eventos em experiências" ("criação da alma") e a conexão da alma com a morte. Por fim, imagina a alma englobando "a possibilidade imaginativa em nossas naturezas, a experiência por meio de especulação reflexiva, imagem de sonho e fantasia – aquele modo que reconhece todas as realidades como primariamente simbólicas ou metafóricas" (Hillman, 1975b, p. x).

Hillman enxerga as imagens fantasiosas como a base de tudo que conhecemos e sentimos e de todas as afirmações que fazemos, e, como as imagens fantasiosas estão na alma, segue-se que é a alma que pode ser de fato o princípio da vida. A imagem-chave nessa psicologia da imagem é a "profundidade" e o termo "psicologia das profundezas", que, embora amplamente abandonado pela psicanálise, é adequado (o termo ainda é usado, cf.

Yorke, 1982). A alma trata da profundidade, não das alturas alcançáveis pelo espírito. Podemos acrescentar que a profundidade é certamente tanto uma condição quanto uma expressão de nossa filogenia. Este é um ponto importante a se ter em mente: a imaginação, mesmo a imaginação poética, é tão antiga quanto o homem e não é um produto da versão civilizada ou supercivilizada do *homo sapiens*. Em outras palavras, as imagens não são apenas filogenéticas, mas são a própria filogenia.

A conexão entre a alma e a morte lembra a fusão saudável que Freud percebeu entre *eros* e *thanatos,* os instintos de vida e de morte. A alma, então, se aproxima daquele aspecto do instinto de morte que envolve o desejo de fusão, regressão e um estado "oceânico". Essas características estão em constante conflito com os atributos do ego, como analisar, desenvolver e separar.

Continuando com o uso de "alma" por Hillman, podemos observar que, além da profundidade, ele acrescenta a intensidade (Hillman, 1975b, p. xii), que envolve uma agência de experiência, no mínimo, e a adição de uma agência de significado. Isso justifica a retenção da linguagem do ego e do si-mesmo, embora a psicologia arquetípica discuta que há apenas um tipo de ego (como vimos no capítulo 3). Será que o ego é a única forma de experimentar algo? O ego pode ser necessário para integrar uma experiência, mas muitas experiências não estão pedindo integração, apenas para serem vividas. Há um problema epistemológico aqui. Se eu me refiro a experimentar algo, quem é o "Eu" do qual estou falando? Poderia-se argumentar que isso precisa ser o ego e que a força do ego, e não a alma, é o fator-chave na experiência. Separar os dois (ego e alma) gera um bom debate, mas aqui, mais uma vez, precisamos conceber uma interação.

Para resumir: alma inclui vida, morte, divindade, amor, significado, profundidade e intensidade. Mas a alma é, no final das contas, tanto uma forma de ser e perceber como um dado. Nesse sentido, a alma é tão dependente do ser humano para se encarnar quanto o ser humano é dependente da alma para a profundidade. Segue-se que o objetivo da análise não é curar a alma, mas sim facilitar essa criação da alma mencionada há pouco – não "lidar" com problemas profundos, mas permitir que os problemas se tornem mais profundos.

Podemos obter uma compreensão mais profunda do uso da "alma" pela psicologia arquetípica ao considerarmos seu oposto, ou seja, o "espírito". Se a alma está lá embaixo, nas profundezas, o espírito está lá em cima, nas alturas, idealista, exclusivo e elevado. A psicologia arquetípica detecta (e é cautelosa com) o espírito tanto na ciência quanto na teologia, no racionalismo e no senso comum aparente, assim como na metafísica. O espírito não é negado em sua existência, mas é contestado como objeto da psicologia. Hillman destaca que o "espírito" está perseguindo os últimos e isso exclui muitas coisas – especialmente a fantasia. A análise não é um negócio espiritual: "Há uma diferença entre Yoga, meditação transcendental, contemplação religiosa e retiro, e até mesmo o Zen, por um lado, e a psicologização da psicoterapia, por outro" (Hillman, 1975b, p. 67). Em poucas palavras, a alma trata de sonhos, o espírito trata de milagres ou desejos. É a diferença entre o interior e o exterior; enquanto a ciência observa o que está do lado de fora (ou, se está do lado de dentro, como se estivesse do lado de fora), é um negócio espiritual. O problema é, como observa Hillman, que o espírito (ciência) quer disciplinar e controlar a alma (imagens de fantasia). Assim, a interpretação de imagens pode ser vista como a imposição do espírito sobre a alma e, além disso, se falamos de interpretação "correta", é a imposição do monoteísmo sobre o politeísmo. Hillman também relaciona o "espírito" com o si-mesmo, heroísmo e a "retórica da unidade, supremacia e identidade" (Hillman, 1983, p. 28).

Isso nos leva a considerar a relatividade da fantasia e da realidade. O autor sugere que as noções convencionais de realidade e fantasia podem trocar de lugar ou, pelo menos, não serem consideradas como opostas (Hillman, 1983, p. 23). Segundo ele, a fantasia nunca é apenas subjetiva mentalmente, mas está sempre sendo atuada e incorporada. E por trás do que é concreto e atual, há uma imagem, uma imagem fantasiosa. Quando retomarmos nossa discussão sobre as semelhanças entre as Escolas Arquetípicas e Desenvolvimentistas, voltaremos a esse ponto, pois aqui podemos ver uma possível ponte entre as duas escolas.

As buscas não clínicas da psicologia arquetípica levam a uma reavaliação do que é normalmente aceito em nossa tradição cultural; isso se manifesta em um interesse por pensadores do Mediterrâneo – do Sul, e portanto, diferentes da tradição humanista do Norte. Hillman diz:

> A abordagem do Norte, explicitamente chamada de "psicologia"; é sistemática e escrita em voz objetiva [...] A psicologização do Sul não é chamada assim; é episódica e escrita de forma subjetiva (Hillman, 1975b, p. 260).

Hillman considera Plotino, Ficino e Vico como precursores da psicologia arquetípica (Hillman, 1975a, p. 146ss.).

Plotino, embora "oficialmente" um filósofo do século III d.C., "lida com questões psicológicas como raiva, felicidade, suicídio" e, além disso, Hillman encontra várias temáticas no trabalho de Plotino que se assemelham à psicologia arquetípica e analítica. Por exemplo, o homem pode agir de forma inconsciente, pode ser parcialmente consciente e parcialmente inconsciente ao mesmo tempo. Para Plotino, assim como para Jung, há uma psique universal. Então, a consciência é móvel e múltipla e não é idêntica à consciência do ego, mas depende da imaginação. Por fim, a retórica de Plotino, sua tentativa de convencer alguém de seu argumento, e a de Jung são semelhantes. A retórica é um fio importante porque é muito diferente da maneira sóbria e "racional" de comunicar exemplificada por Erasmo, Bacon e Freud.

Um segundo exemplo da tradição do Sul é Ficino, um florentino do Renascimento que desenvolveu um esquema no qual a psique é dividida em três partes. Primeiro, há a mente ou o intelecto racional. Em segundo lugar, vem a imaginação ou fantasia, que nos conecta ao destino. Em terceiro lugar, encontramos o corpo, que nos conecta à natureza. Hillman comenta:

> A relação entre a fantasia e o corpo corresponde de forma notável à ideia de Jung sobre a relação da imagem arquetípica com o instinto. Em ambos, a fantasia mostra a capacidade da psique de dominar e dirigir o curso compulsivo da natureza – "corpo", na linguagem de Ficino, "instinto" na de Jung (Hillman, 1975a, p. 156).

Uma terceira figura que Hillman deseja reconhecer é do século XVIII, de Nápoles: Vico. Vico é importante porque seu trabalho, que tem recebido considerável atenção dos filósofos recentemente, enfatiza a metáfora ou o pensamento fantástico. Vico fala de *"universali fantastici"*, ou imagens universais, como aquelas encontradas em mitos. Ele apresentou os doze Deuses do Olimpo como estruturas fundamentais, "cada um com sua significância histórica, sociológica, teológica e, eu acrescentaria, psicológica" (Hillman, 1975a, p. 158-159). Vico faz parte, portanto, da tradição da imaginação politeísta que nunca foi completamente suprimida pelo monoteísmo ou pela ciência, e na qual Hillman se vê e vê a psicologia arquetípica.

Essa é, sem dúvida, uma síntese inadequada de uma preocupação central da psicologia arquetípica. Talvez o ponto possa ser ainda mais claro ao chamar a atenção para a conhecida incapacidade de Jung de visitar Roma. Ele desmaiou ao comprar os bilhetes e, mais de uma vez, sabotou seu desejo consciente expresso (Jung, 1963, p. 318ss.). A tradição do Sul pode ser vista como preenchedora das lacunas no pensamento junguiano, funcionando como uma compensação inconsciente ao protestantismo de Jung e sua inclinação teológica (Hillman, 1975a, p. 160).

Mas os psicólogos arquetípicos têm consultórios e pacientes, além de pertencerem a sociedades profissionais de analistas. Portanto, é apropriado concluir esse panorama com algumas palavras sobre a psicopatologia, a psicopatologia arquetípica e a prática da análise.

Hillman enfatizou a "enfermidade essencial do arquétipo". Isso significa que cada arquétipo contém um elemento ou potencial patológico, e isso também pode ser elaborado em mito: "a patologia é mitologizada e a mitologia é patologizada" (Hillman, 1983, p. 23). A psicologia arquetípica afirma, portanto, funcionar próximo à sombra e continuar enfatizando a realidade do mal, seguindo a ênfase de Jung nesse aspecto. Essa abordagem é um tanto diferente de uma psicopatologia psicodinâmica, na qual o que o indivíduo vivencia em sua vida precoce e a forma como ele utiliza essa experiência são fatores

Jung e os pós-junguianos

determinantes. Ao mesmo tempo, porém, a psicodinâmica e a abordagem arquetípica compartilham uma visão da patologia na qual o que é saudável em um determinado momento, em um contexto e para uma pessoa, pode ser insalubre quando os parâmetros mudam. Ser muito consciente pode ser patológico para um recém-nascido; mais tarde, a consciência da dependência e dos limites é vital. A psicopatologia é um assunto circular, não importa qual escola o sujeito considere. Atualmente, a psicopatologia psicodinâmica não utiliza um modelo rigidamente linear de crescimento, mas, assim como a psicologia arquetípica, vê os elementos da vida psíquica como neutros até serem vivificados pela idade, contexto e individualidade. Uma demonstração da abordagem arquetípica à psicopatologia pode ser encontrada no estudo de Lopez-Pedraza (1977) intitulado *Hermes and his children*. O autor vai além de simplesmente apontar as conexões entre Hermes como o trapaceiro, sua mentira, criminalidade e perversão – e seu papel como "espírito Mercúrio", agente da transformação alquímica, mensageiro dos deuses e guia das almas para o Hades. A própria conexão é celebrada e tornada central. Em outro momento (1982), tentei caminhar de forma fluida dentro das linguagens psicodinâmica e arquetípica, de modo que a criminalidade de Hermes, por exemplo, pudesse ser vista como um padrão da psique em que um bebê tem fantasias grandiosas e onipotentes antes que a moralidade e o princípio da realidade se manifestem. Hermes é uma figura amoral e também é um bebê; ambos possuem o poder de transformar e ser transformados.

No que diz respeito à prática da terapia e análise, Hillman permanece dentro da tradição clássica-simbólico-sintética (CSS) discutida no capítulo 6 (Hillman, 1983, p. 48). O que é diferente, em sua visão, é que o foco mudou para as imagens do paciente. O credo de Hillman é que as imagens não devem ser "reduzidas aos sentimentos" do paciente. Os sentimentos não são "meramente pessoais, mas pertencem à realidade imaginal" (Hillman, 1983, p. 48). Em outras palavras, as imagens não são comunicações codificadas sobre algo mais que poderia ser conscientizado, mas são válidas em si mesmas. Hillman vai além disso: ele deseja ver através dos sentimentos, convencionalmente considerados preciosidades para o analista, para perceber e experimentar as imagens subjacentes.

Em particular, deve-se prestar atenção à forma como partes da personalidade e também abstrações clínicas (como sombra e *anima*, ou impulso e conflito) se expressam na forma de personificações. Isso não é tanto uma teoria, mas uma declaração sobre o que normalmente acontece conosco. Baseado em Jung, Hillman aconselhou que devemos nos diferenciar dos conteúdos inconscientes personificando-os, e acrescentou que, como esses conteúdos são, de qualquer maneira, relativamente autônomos, isso não é difícil de fazer. A elaboração de Hillman é que são nossas relações com essas pessoas interiores, ou melhor, com as imagens delas, que constituem o que queremos dizer com sentimentos:

> Essas pessoas mantêm nossas pessoas em ordem, dando significado aos padrões de comportamento que chamamos de emoções, memórias, atitudes e motivações (Hillman, 1975b, p. 128).

Essas personificações derivam de estruturas arquetípicas, daí seu poder, sua universalidade e nossa tendência a experimentá-las como deuses e chamá-las como tal. Assim, a tendência da psicologia arquetípica de trabalhar com personificações

Jung e os pós-junguianos

pode criar uma conexão entre nosso material cotidiano no consultório e nossa teoria, sem reificar esta última ou interpretá-la de forma muito literal.

10 Teoria em prática: uma ilustração

Estou ciente de que muitos leitores podem não ser analistas ou psicoterapeutas praticantes, então proponho discutir aspectos do trabalho analítico com um paciente que ilustram alguns dos temas teóricos introduzidos. Não estou tentando relatar uma análise completa, mas selecionar pequenos episódios para destacar as conexões entre a prática e a teoria, orientando aqueles leitores que não têm experiência clínica própria. Necessariamente, todos os analistas trabalham de maneira diferente com casos diferentes; este capítulo trata da minha própria forma de trabalhar, desenvolvida a partir do meu treinamento na Sociedade de Psicologia Analítica. O texto narrativo aparece em itálico, enquanto os comentários (alguns deles *ex post facto*) estão em tipo romano.

D. tinha 28 anos, era mulher e solteira quando veio me procurar. Ela disse que seu principal problema era um medo desmedido do que aconteceria se ela vomitasse; isso seria desintegrador ou desastroso para sua personalidade. Ela tinha esse medo desde os nove anos, embora nunca tivesse realmente ficado doente. Após os quatro anos de análise relatados aqui, esse sintoma praticamente desapareceu. Naquela entrevista inicial, a paciente também reclamou que não havia direção em sua vida. Ela sentia uma incapacidade de levar adiante

Jung e os pós-junguianos   491

qualquer projeto, descrevia-se como uma "hippie de meia-idade", com um quarto cheio de símbolos abandonados, como um baralho de tarô, um violão, um tear etc. e admitia que se via como infantil e patética, propensa a "choramingar" em vez de agir para resolver seus problemas.

Esse medo irracional e obsessivo sugere um complexo. Mas por que ela não consegue ficar doente? Seria uma busca infantil por atenção ou há algo no ato de ficar doente que perturbaria a homeostase psíquica? Seria isso um exemplo de uma tentativa desesperada de autorregulação psicológica, relacionada à sobrevivência em vez de harmonia, medo sem desintegração real? Suas diversas atividades (todas atualmente abandonadas) indicam uma falta de enraizamento ou uma fraqueza na consciência do ego. Havia também uma preocupação excessiva com a persona, com a maneira como ela parecia aos outros. Mas também há um impulso interno que a impelia a realizar atividades autossatisfatórias. De fato, ela se tornou uma ceramista e agora tem sua própria cerâmica. Em outras palavras, ela adicionou solidez e consistência (ego) ao "instinto" de autodesenvolvimento (si mesmo) e, em retrospecto, isso pode ser visto como evidência de individuação. De fato, caso contrário, ela não teria se submetido à análise.

"Choramingando" era a maneira como ela descrevia o exercício de influência sobre os outros. A impressão que ela deve causar é de uma dependência e vulnerabilidade patéticas e chorosas; o efeito é extraordinariamente poderoso, já que os outros tendem a se conformar com seus desejos. Assim, "choramingar" é, mais precisamente, uma expressão de sua onipotência.

Em sua aparência, ela é franzina, extremamente magra, com uma figura andrógina e traços fortes. Quando a conheci pela primeira vez, movia-se com grande precisão, como uma boneca mecânica, e no divã ela costumava se deitar rígida. Sua roupa era incomum; talvez sua vestimenta "típica" fosse um macacão masculino rasgado, coberto por um vestido antigo, estilo dos anos 60, combinado com um lenço de seda preto e botas de borracha. Ela não usava maquiagem nem joias, enrolava seus próprios cigarros, comia alimentos macrobióticos e vegetarianos, lia Jung e odiava Londres. Minha reação pessoal imediata foi que ela parecia uma refugiada de Portobello Road.

Ela se identificava com essa persona? O modo como ela se vestia de forma andrógina leva a pensar em sua relação com seu *animus*, com sua identidade de gênero, especialmente com sua feminilidade e, portanto, com sua imagem do homem.

D. é a mais nova de quatro irmãos, e sua mãe tinha mais de quarenta anos quando ela nasceu. A mãe de D. faleceu de câncer de mama quando ela tinha treze anos, e seu pai se casou novamente vários anos depois. Durante sua infância (e até a vida adulta), ela via o pai como uma figura dominante, tirânica e controladora, que sabia o que era melhor para seus filhos. D. sempre sentiu que a atitude dele em relação à vida era expressa em proibições, o que levava a numerosos desentendimentos, especialmente após a morte de sua mãe. As discordâncias giravam em torno das matérias que ela deveria cursar na escola, das roupas que deveria usar, de suas escolhas de companhia e assim por diante.

A imagem do pai era tão estereotipada que parecia ser uma representação do pai arquetípico de forma negativa. A morte da mãe estabeleceu a primitiva equação simbólica: ser mulher = morrer. A adolescência reitera as lutas edipianas, e a morte de sua mãe naquela época pode ser vista como uma fantasia edipiana realizada. Ela foi privada de ter sua mãe como modelo de conduta, confidente ou guia para a sexualidade feminina adulta.

Falando analiticamente, a aliança intergeracional simplesmente nunca aconteceu. Da mesma forma, a imagem do pai era tão negativa que qualquer movimento de reaproximação, regressivo ou "incestuoso", em direção a ele estava fora de questão. No entanto, quando sua análise estava bem encaminhada e ela precisava de dinheiro para pagar os estudos, pediu a ele e seu pedido foi atendido. A partir desse momento, energia adicional ficou disponível para ela para se dedicar à cerâmica e à vida em geral.

Ela sentia que seu pai a empurrava para um ideal de trabalho árduo, especialmente em um campo técnico ou prático, já que ele era engenheiro. Ela foi forçada a desistir da dança e de outras atividades. Não surpreendentemente, ela insistiu em tentar se tornar atriz e estudou artes na universidade.

A alegação dela era que o pai tinha interferido no uso e desenvolvimento de seus talentos individuais. Sua escolha de curso pode ser vista como uma resposta sobredeterminada à imagem do pai autoritário.

Entre a morte de sua mãe e sua partida para a faculdade aos dezoito anos, ela estava praticamente sozinha em casa com seu pai.

O mecanismo de defesa do ego via negação tem atuado nesse ponto. O pai é retratado como alguém não amável, o que impede o surgimento de sentimentos mais positivos em relação a ele. No entanto, ela não está ciente dessa negação, pois há uma fuga inconsciente do envolvimento incestuoso.

Ela via a mãe como competente, mas pouco atraente. Ela a chamava de "mãe rural".

Eu acredito que ela estava comunicando a falta de uma relação pessoal com a mãe, antes de sua morte. Sua mãe real, quando estava viva, não transmitia a imagem de uma poderosa e abundante "Deusa" agrícola. Uma mãe rural é muito superior aos animais (bebês) que alimenta e cuida. E ela não é muito sedutora. Uma imagem dominadora, pouco generosa e não erótica da mãe se estabelece (cf. Figuras 11, 12, 13 mais adiante).

Desde o início, D. estava insatisfeita com a estrutura da análise, sentindo as sessões diárias como uma expressão do meu poder ilimitado. Ela lutou comigo em relação ao tempo das sessões, às taxas e ao propósito da análise.

Em sua fantasia de transferência, eu sou tanto "a mãe rural" quanto o pai tirano, enquanto ela é forçada a assumir o papel de uma menina pequena. Embora ela estivesse regredida, deprimida e agorafóbica antes de começar a análise, no momento ela me vê como a causa de seus problemas.

Ela disse que escolheu a abordagem junguiana por causa de sua perspectiva cósmica, que busca ascender e se expandir, e porque o analista seria menos distante, podendo até se tornar um amigo com o tempo.

Acredito que ela quis dizer que não queria enfatizar a abordagem freudiana centrada no sexual. Uma vez, ao discutir problemas orgásticos, ela disse: "um orgasmo por dia mantém o analista afastado". Não há dúvida de que muitas pessoas ainda escolhem a análise junguiana na esperança de evitar lidar com questões instintuais. D. sentia a necessidade de enfatizar a "igualdade" em sua concepção de análise junguiana, pois ela se sentia desigual em relação a quase qualquer pessoa. Ela era dilacerada por sentimentos de superioridade e inferioridade, mas nenhum deles havia sido integrado.

Então ela teve um sonho (seu sonho inicial):

> Estou em pé em uma casa em ruínas no País de Gales, planejando reconstruí-la. Percebo que não vai ser tão fácil quanto pensava, pois não sei como instalar os fundamentos, como encanamento e eletricidade. Olho para cima e vejo uma usina em um morro distante. Sinto que, embora esse prédio seja feio, de alguma forma ajudará a resolver o problema. A usina tem duas chaminés enormes.

A interpretação foi principalmente subjetiva: o encanamento estava conectado aos seus medos de vômito; a casa em ruínas representava sua autoimagem; a percepção de que não seria fácil é autoexplicativa e se relaciona com a análise; a conexão entre o seu desprezo consciente por todas as coisas industriais e o fato de o sonho ser sobre uma usina mostra um exemplo do inconsciente produzindo um símbolo compensatório – ela terá que usar o que conscientemente não gosta. Depois disso, ela se tornou mais cooperativa comigo por um tempo. Mas ela não aceitou a interpretação objetiva de que as duas chaminés representavam meus seios e essa interpretação específica provavelmente foi mal-interpretada.

Depois de mais nove meses de trabalho, a luta dela com a fantasia do meu controle se manifestou em ausências repetidas, culminando em uma "férias" não oficial de três semanas em uma casa no País de Gales (veja seu sonho inicial), juntamente com um namorado recente. O período foi exatamente igual às minhas últimas férias recentes; eu me senti muito desconfortável e abandonado.

Ela estava retaliando contra o que parecia ser minha crueldade, mas também me mostrando como havia se sentido e ainda se sentia. Minha reação de contratransferência, que mantive para mim mesmo, embora a tenha visto como uma comunicação dela, ajudou-me a simpatizar com seu estado emocional.

Três semanas se passaram sem qualquer palavra. Eventualmente, telefonei para o apartamento dela em Londres, consegui o endereço de Gales e escrevi pedindo uma explicação. Em seguida, recebi um cartão-postal com uma imagem de uma ovelha na frente e uma mensagem de uma linha indicando que ela não sabia quando voltaria. Escrevi de volta imediatamente, tentando estabelecer alguns limites. Eu disse que poderia ter que encerrar a análise se ela não retornasse, e logo depois ela voltou.

Eu me tornei o pai pesado do mundo interior que não podia deixá-la em paz ou, possivelmente, que não podia viver sem ela. Isso foi uma pista valiosa sobre a sua percepção do estado mental de seu pai quando estavam juntos após a morte da mãe. Essa contratransferência sintônica mostrava que ela parecia precisar dessa imagem paterna em mim, daí sua provocação disso.

A ovelha resumia tudo. Ao retornar, ela me contou que a ovelha simbolizava como ela se sentira a vida toda, pacientemente esperando, de forma dócil, que as pessoas dissessem o que fazer, como viver. Em outras palavras, ela foi para o País de Gales para quebrar, crescer, sair dessa imagem de si mesma – além de se vingar de mim por tê-la abandonado quando saí de férias. A retaliação foi a sombra do aspecto transformador de seu comportamento.

A luta de D. comigo mudou de uma tentativa de adquirir "igualdade" para uma tentativa dela de mudar e melhorar minha vida. A ideia era que eu me mudasse para ficar mais perto dela geograficamente e, então, começaríamos a nos encontrar socialmente, ir a parques e ao campo juntos. Ela se referia a essa fantasia como "me abalar".

Ela se apresentava como uma figura *anima* revolucionária para mim, mas ainda não como uma potencial amante.

Ela sonhou: "Visitei um médico que está doente na cama. Ele implorou para eu ficar".

Em seguida, ela lembrou-se de como seu pai estava solitário e quebrado após a morte de sua esposa e fantasiou sobre minha doença, minha fraqueza, minha ferida pessoal.

Nesse ponto, eu apareço sob a forma do curador ferido, mas isso também é uma manifestação da transferência pessoal, dadas suas memórias de infância. Isso indicaria que estávamos nos aproximando do material edipiano reprimido – ela pode "lidar" com isso em um sonho. Neste ponto, não interpretei nenhum aspecto incestuoso.

Para D., abrir mão de qualquer controle interno era difícil por causa de sua dificuldade em enfrentar o sentimento de vazio interior que estava por trás de sua luta comigo. Seu diário sugeria o problema. Esse é um diário volumoso com muitos anos de registros. O diário estava sendo informado de coisas que eu não estava – e ela se certificava de que eu soubesse disso. O problema para mim era como apontar isso sem, efetivamente, proibi-la de escrever. Ela ofereceu-me a oportunidade de ler o que ela havia escrito desde o início da análise, dois anos e meio antes. Eu aceitei a oferta.

Entendi isso como a primeira manifestação de sua produtividade e generosidade no relacionamento. Também representou uma definição de limite individual (pessoal). Ao mesmo tempo, e de forma defensiva, isso me atormentou ao demonstrar o quanto de sua vida estava fora do nosso relacionamento.

No diário, ela parecia estar apaixonada, emocionalmente empobrecida e ontologicamente inexistente. A entrega do diário sinalizou o rompimento do padrão de luta e retenção.

Entregar o diário para mim pode ser visto como o símbolo de um aumento de confiança dentro da transferência. Isso pode ser uma simplificação excessiva, mas se aproxima do que estava acontecendo. O papel desempenhado por objetos, como esse diário, produzido voluntariamente na análise, permite várias interpretações e varia em cada caso. Quando o diário foi entregue a mim, tive que ter cuidado para não o analisar em vez dela.

*Suas relações com homens (a maioria do diário era sobre isso) sempre foram caracterizadas por idealização. Na adolescência, ela inventou um homem completamente fictício com quem se relacionar. Ele era um poeta, tuberculoso, mas aclamado como um gênio e assim por diante. Ela conversava com ele sobre "todos os mistérios"...*mas não dormia com ele. Isso foi uma projeção da imagem idealizada (espiritualizada) do *animus.* Mas também foi a primeira sugestão da capacidade de seu ego de trabalhar com a personificação. Eu não amplifiquei o paralelo mitológico de Apolo e Ártemis.

Quase imediatamente depois disso, ela viu o filme Savage Messiah, de Ken Russell. O filme trata do jovem escultor romântico Henri Gaudier, que se apaixonou profundamente por uma mulher mais velha, Sophie Brzeska. Como sinal de sua intimidade (e era um relacionamento não sexual), eles concordaram em adicionar o nome um do outro aos seus próprios; assim, o artista é conhecido como Gaudier-Brzeska. Depois de me contar sobre esse filme, D. disse que havia feito uma lista das qualidades de seu relacionamento, que, segundo ela, se aplicavam à sua própria vida. A lista continha: "idealizado, platônico, espiritual, incestuoso, condenado".

De fato, não é fácil na vida real confinar a atividade heterossexual a algo idealizado, platônico, espiritualizado e incestuoso, sem estar fadado ao fracasso. Há uma divisão entre o aspecto espiritual do arquetípico (imagem) e o impulso libidinal (instinto).

Trabalhando com D., senti o que só pode ser descrito como pressão incestuosa. Em três ocasiões, achei necessário trazer isso à tona. Em cada uma dessas situações, eu me envolvi intensamente e fui profundamente afetado pelo que aconteceu. Essas três instâncias exemplificam o processo dialético da análise e ilustram como as psiques do analista e do paciente se combinam para produzir algo diferente.

D. frequentemente falava de um grupo de amigos dos meios artísticos e hippies que, segundo ela, gostavam dela e a entendiam de uma maneira que eu não fazia. Com eles, ela não se sentia desvalorizada como achava que acontecia comigo. Mas acontece que eu conhecia várias pessoas desse grupo que, as quais, ela supunha, não gostavam de mim.

Com o tempo, a frequência com que essas pessoas eram mencionadas me convenceu de que ela sabia dessa coincidência e estava usando esse conhecimento de forma onipotente e sádica. Perguntei-lhe se ela sabia que eu conhecia essas pessoas e ela disse que não.

Isso provavelmente continha elementos de contratransferência neurótica, ou até mesmo psicótica, mas gradualmente minhas reações se tornaram mais administráveis e, portanto, clinicamente eficazes.

A segunda instância ocorreu depois que ela me viu no teatro. A peça era Salomé, de Oscar Wilde, interpretada em um estilo experimental com elenco totalmente masculino. Durante a apresentação, tive a forte fantasia de que o ator que interpretava Salomé me lembrava D. Então, depois que ela me contou sobre seus sentimentos em relação ao incidente quando me viu, eu contei a ela sobre essa fantasia. Ela respondeu que Salomé sempre fora uma figura importante para ela e que havia feito de tudo para conseguir o papel quando a peça foi encenada na universidade, e que ela o desempenhara com sucesso. Ela se sentia particularmente atraída pela aliança entre Salomé e Herodias (a mãe de Salomé e esposa do predecessor de Herodes no trono). Outro tema importante para ela era a rejeição de Salomé pelo belo e espiritual João Batista. Mas o cerne de seu envolvimento veio quando Salomé se recusou a dançar para Herodes, a menos que ele atendesse a todos os seus pedidos (eventualmente pedindo a cabeça de João).

Na vida de D., nunca houve uma Herodias para ajudá-la em sua luta para derrubar Herodes, seu pai/rei. Na verdade, sua mãe prestava atenção amorosa ao pai. Nesse ponto, lembrei-me de meu supervisor dizendo que nem D. nem eu parecíamos perceber que a mulher em minha vida era mais importante para D. do que eu. Adaptando apropriadamente essa ideia, coloquei isso para D., o que a liberou para explorar fantasias sobre essa mulher (que ela havia visto no teatro) e meu relacionamento com ela (cf. abaixo).

A terceira interação ocorreu quando D. estava criticando o materialismo e a preocupação com a "imagem" de alguns psicoterapeutas que ela conheceu em uma festa. Por acaso, eu conhecia as pessoas que ela mencionou. Eu fiquei muito bravo. Sugeri, com bastante emoção, que a aparência e o estilo de vida eram certamente questões de extrema preocupação para a própria D. De fato, ela via a si mesma e aos outros principalmente em termos de aparência, empregos e conquistas. Por exemplo, ela me disse que costumava se apresentar como "Eu sou D., sou uma ceramista".

Olhando para trás, foi necessário que eu estabelecesse certos limites ao enfrentar a onipotência incestuosa implícita em todos esses eventos. Até aquele momento, eu estava com medo de ofender as sensibilidades de D., quando, na realidade, ela estava buscando um "amor firme". No início da análise, D. disse que sentia que o nosso relacionamento era unilateral. Superficialmente, ela queria dizer que fornecia todo o material bruto e lidava com todas as emoções e sofrimento. Em um nível mais profundo, ela estava achando impossível experimentar um senso de dualidade ou mutualidade comigo. A análise pode ser vista como uma progressão de sua onipotência da unidade em direção a um senso de limite e dualidade. Minhas revelações sobre minha fantasia com Salomé e sobre minha impressão de que ela sabia que eu conhecia seus amigos, levando ao confronto com ela, constelaram essa dualidade. Não estávamos mais fundidos. Ela disse que esses acontecimentos marcaram o ponto em que ela começou a ter confiança e esperança na análise.

Gradualmente, nos seis meses seguintes, ela consolidou sua carreira e entrou em um relacionamento estável com um homem. Esse relacionamento foi difícil para ela, mas o progresso que ela fez é resumido em um relato em que, após uma discussão amarga, quando ele saiu da sala bruscamente, ela sentiu uma sensação repentina e completamente nova de perda, de perdê-lo como pessoa. Ela disse "não é perder o controle e ficar chateada, mas cheia de amor desapontado". A mudança é sentir o homem como outra pessoa e não ter ansiedade sobre uma possível perda de controle. Falando sobre reclamações, um dia, ela comentou sobre como realmente havia pressionado esse homem. Eu comparei isso com uma mãe mandona e seu filho travesso, ao que ela respondeu: "Se eu sou uma mãe, sou uma mãe de pedra". Isso marcou o início do trabalho sobre a imagem em desenvolvimento que ela chamou de Mãe de Pedra.

O importante para mim é o uso consciente da personificação. Ela nomeou a imagem; eu não o fiz.

A primeira fase do trabalho com essa imagem envolveu ela estar em um estado de identidade com a Mãe de Pedra. Como ela mesma descreveu, ela é a Mãe de Pedra. Em um desenho que ela trouxe, ela tenta impedir seu namorado de se afastar com um grupo de amigos, seguindo uma placa que diz "si mesmo" (Figura 11). O homem está preso a ela por uma corrente que passa por uma criança chorando (sua parte poderosa e reclamona).

Depois, passamos a considerar a Mãe de Pedra como uma imagem da mãe que ela sentia que teve. Em uma segunda figura (figura 12), uma mulher sinistra e de rosto duro se projeta sobre uma pequena figura de D., nua e vulnerável, encolhida em posição fetal. Mas a mãe não dá atenção à criança; as duas não têm relação. Esse desenho trouxe memórias afetivas em D. sobre a preocupação e abandono de sua mãe. As lembranças se concentraram em sua mãe carregando balde após balde de água quente para o pai no banheiro quando ele tinha problemas digestivos. "A casa girava em torno do estômago dele", disse D. com raiva. Ela desejava que o foco tivesse sido nela e que ela tivesse atraído atenção semelhante.

A Figura 13 mostra D. usando um martelo em uma figura feminina esculpida que já começou a se desintegrar. O corpo da jovem na figura irradia vida e energia. Um homem a espera.

Os desenhos foram produzidos espontaneamente fora da sessão e foram feitos em um curto período de tempo. Ela trouxe todos eles ao mesmo tempo.

Ainda assim, D. não gostava do fato de eu ter relacionamentos fora da análise. Por exemplo, ela se referia à mulher que morava comigo em meu apartamento como "ele-ela", evitando sentir muito ciúme. Gradualmente, ela passou a aceitar que havia uma mulher, e essa pessoa se tornou, inconscientemente, muito importante para D. de uma maneira nova. Primeiro, ela fantasiou que sua agência (D. estava trabalhando em empregos temporários na época) a enviou para limpar nosso apartamento. Ela gostava de brincar com a ideia de ajudar minha parceira, assim como uma menininha ajuda a mamãe. Ela não achou a ideia de limpar degradante; muito pelo contrário.

Ela teve um sonho:

> Estou limpando o apartamento de Andrew quando sou visitada pelo meu namorado. Começamos a fazer amor no quarto quando a parceira de Andrew entra. De maneira

firme, mas gentil, ela me repreende; ela aponta que um quarto foi providenciado para que eu faça amor. Ela me pede para usá-lo.

O elemento proposital aqui é o surgimento de uma figura materna com uma atitude positiva em relação à sua sexualidade, compensando, assim, a carência anterior. Minha parceira fornece o material bruto para concretizar um potencial arquetípico. Um lugar para a atividade sexual de D. é fornecido, mas com um firme senso de limite. Claramente, o sexo será algo para ela e não uma complicação incestuosa. Minha parceira simboliza uma mãe com quem D. pode ter toda a gama de relacionamentos mãe-filha, desde identificação até rivalidade em relação ao pai/amante.

Figura 11

Podemos observar o progresso de (a) mãe morta para (b) mãe rural para (c) mãe de pedra (vitoriosa) para (d) mãe de pedra (derrotada) para (e) mãe sexualmente aceitadora. O relacionamento analítico e minhas intervenções permitiram que ela retirasse a projeção de seu próprio controle onipotente, primeiro de mim e depois da Mãe de Pedra. Isso liberou o potencial arquetípico de uma mãe que facilita o desenvolvimento psicossexual. Após isso, a transferência tornou-se marcadamente erótica.

Um sonho final:

> Estou em uma exposição na faculdade de arte. Há um armário no canto e, na parede interna do armário, há um grande diagrama biológico do clitóris – isso foi escondido de nós estudantes. É muito detalhado e posso ver as terminações nervosas e as seções transversais da carne. Parece um inseto. Através de uma janela, em outra parede do armário, vejo um crânio que foi rachado e remendado com prata. O crânio é de uma antiguidade pré-histórica. Lembro de ter visto o crânio antes em algum momento. Uma mulher de meia-idade entra e remove a divisória entre o diagrama e o crânio. Ela parece entender o que está acontecendo. Em seguida, a cena muda para um lago. Três homens me chamam para subir em uma jangada, mas decido escolher outra jangada para mim. Estou com medo. Lembro de vários sonhos de infância. Eles parecem ser algum tipo de preparação ou ensaio para isso. Eu sei que minha jangada vai girar e girar até parar contra a margem do lago. Eu considero tentar guiar a jangada.

Figura 12

Interpretamos esse sonho da seguinte forma: por anos ela tem estado desconectada da experiência direta do clitóris, símbolo do prazer sexual orgástico para uma mulher. O desenho é bastante técnico, mas também é muito claro, e nada está obscuro ou guardado em segredo. O desenho recebe outra dimensão pelo motivo do inseto, pois um inseto é um repositório vigoroso da vida instintual e, na associação de D., praticamente indestrutível.

Figura 13

Existe a necessidade de vincular o desenho do clitóris-inseto com o crânio antigo, reparado em prata. Sentimos que isso representava um símbolo do si-mesmo; seu núcleo, despojado da cobertura externa – coberturas que foram danificadas de alguma forma (? na infância) e foram reparadas (? pela análise).

A mulher de meia-idade que remove a parede divisória é significativa à luz do que foi dito sobre sua mãe. Isso leva ao lago, funcionando aqui como uma matriz para a ação e não apenas como um agrupamento social. Ela decide viajar separada dos homens, dizendo "não" a eles. Conscientemente, ela estava ansiosa com a audácia de recusar esses homens e, portanto, foi tranquilizada pelo sentimento de que sonhos anteriores da infância a prepararam para o que está por vir.

Ela embarca em uma jornada vertiginosa e espiralada. No início da análise, a imagem da espiral foi mencionada como justificativa para percorrer o mesmo terreno nas sessões repetidamente, mas cada vez um pouco mais adiante ou mais alto na espiral. Portanto, é um símbolo de crescimento árduo e conquista consciente. Em algum momento, ela chegará a um terreno firme, mas, enquanto isso, ela começa a pensar que pode contribuir para o processo ao conduzir sua jangada.

Comparação e avaliação

11

As duas abordagens e o centro

O leitor se lembrará de que uma premissa fundamental do primeiro capítulo é que as diferenças entre as Escolas de psicologia analítica podem nos permitir enxergar a disciplina como um todo. Uma tradição comum não é suficiente para manter um grupo unido. Necessita também de espaços de diálogo para evitar as ilusões gêmeas de consenso e cisma e assegurar o movimento contínuo para o futuro. Por esse motivo, proponho resumir algumas das áreas em que observo que as aparentemente opostas Escolas Desenvolvimentista e Arquetípica reagem de maneira semelhante, de forma iconoclasta e revisora, aos princípios expressos da psicologia analítica clássica. As duas abordagens parecem estar atacando o centro. Não estou afirmando que os psicólogos analíticos com orientação no desenvolvimento e no arquetípico concordem com suas diferenças; certamente não concordam. Mas eles compartilham um processo comum.

Por exemplo, no capítulo 4, vimos como ambas as abordagens consideram o conceito clássico do si-mesmo como sobrecarregado pela ênfase no potencial e por uma visão de conflito condicionada pelas possibilidades de resolução. E a noção de individuação tem sido "aterrada", vista como um processo ao longo da vida, iniciando-se na infância e descoberta nos momentos de fragilidade. Essa é outra visão compartilhada pelas Escolas Desenvolvimentista e Arquetípica, ambas das quais evitam lutar pela "totalidade" como objetivo psicológico. Em vez disso, enfatiza-se a diferenciação dos conteúdos psíquicos, ilustrada tanto pelo "politeísmo" de Hillman quanto pelas "partes do si-mesmo" de Fordham. Se uma pessoa presta atenção honesta e completa a suas partes do si-mesmo ou explora energeticamente as dimensões de um mito específico, a unidade cuida de si mesma. Isso é semelhante à conclusão de Plaut de que investir em coisas que são menos do que perfeitas, completas ou inteiras pode constituir uma forma viável de funcionamento psicológico e também à rejeição de um "culto da perfeição" de Guggenbühl-Craig.

Para levar adiante as paralelas que emergiram, ao discutir os arquétipos no capítulo 2, afirmamos que aquilo que a psicologia analítica contemporânea requer de uma imagem antes de lhe conferir a designação arquetípica passou por uma mudança radical. Em ambas as Escolas que estamos examinando, as imagens arquetípicas não precisam mais se conformar a critérios preexistentes. Sugeri, então, que o arquetípico é encontrado nos olhos do observador e não em uma imagem específica em si. Com essa suposição, torna-se possível deixar de lado esquemas preconcebidos ou hierarquias de arquétipos. A experiência arquetípica é mais um estado de espírito.

Pode-se objetar que a linguagem das duas Escolas é tão diferente que observações de pontos em comum, como essas, são forçadas. Certamente existem diferenças enormes entre a retórica poética e os conteúdos culturais utilizados por Hillman, Berry e Lopez-Pedraza, e o tom sóbrio, empírico e científico de expressão usado por alguns membros da Escola Desenvolvimentista. Mas, eu me pergunto se a distinção convencional entre linguagem metafórica e científica não se desfaz completamente quando se trata de psicologia. Já vimos como até mesmo a linguagem da psicanálise kleiniana se presta a falar sobre "deuses" internos (p. 233) e, de fato, a abordagem kleiniana é essencialmente mitológica.

Como um colega da Escola Desenvolvimentista disse, Klein abandonou a visão de mundo "científica" propagada por Freud e simplesmente começou a contar histórias sobre a vida interior das crianças. Embora ela tenha trabalhado retroativamente a partir do comportamento, inclusive do comportamento adulto, em busca da história, sua conclusão foi que as histórias internas (mitos, fantasias inconscientes) são as forças dominantes, ou deuses, no desenvolvimento pessoal. O momento em que essa perspectiva é adotada é, na minha opinião, o momento em que a dicotomia metafórico-científica se torna menos significativa. Experimentar o outro de dentro desse outro nos leva ao imaginário e ao metafórico. Seria uma espécie de híbrido entre Klein e Hillman?

Uma recente evolução na psicanálise pode ajudar a esclarecer as diferenças linguísticas. Bettelheim (1983) argumentou que a perspectiva e o estilo aparentemente científicos de Freud são mais produtos da tradução para o inglês feita por Strachey do que um reflexo fiel do alemão original de Freud, e, portanto, seu objetivo e propósito foram distorcidos. O mundo de língua inglesa não conheceu o verdadeiro Freud. Bettelheim afirma que a concepção de Freud sobre a psicanálise era, como uma disciplina liberal e humana, preocupada mais com as pessoas e a cultura e menos com a abstração científica.

Por exemplo, Bettelheim sugere que *ego* não é uma tradução precisa para *ich* (eu), *id* para *es* (isso), *instinto* para *Trieb* (impulso ou pulsão). Em sua análise do livro de Bettelheim, o filósofo Hampshire argumenta que, se tivéssemos que considerar um impulso de morte ou a existência de impulsos gêmeos, não concluiríamos que isso seria uma improbabilidade biológica, mas sim um fato psicológico: "a morte é a noite fresca, que nos resgata do dia abafado" (Hampshire, 1983).

De acordo com Bettelheim, a distorção fica mais clara na tradução equivocada de Strachey de *Seele* como *mente*, em vez de *alma*. Com isso, uma sobreposição mecanicista foi criada, o que desfigura o interesse de Freud no ser interior do homem. Bettelheim reconhece que, para um ateu como Freud, a palavra alma teria uma conotação religiosa e, em muitos aspectos, poderia ser traduzida de maneira mais satisfatória como psique. Deve-se dizer que Freud pode ter sido mais apaixonado pela ciência objetiva do que Bettelheim admite.

Entretanto, a tese de Bettelheim é importante tanto para a relação entre a psicologia analítica e a psicanálise quanto para a relação entre as Escolas Desenvolvimentista e Arquetípica na psicologia analítica. Termos como "formação da alma" podem ser vistos como compatíveis com a linguagem da teoria das pulsões ou com o impacto dos arquétipos no desenvolvimento inicial.

Mas e a ausência de um modelo de desenvolvimento individual na psicologia arquetípica? Certamente, argumentarão que isso arruína qualquer tentativa de encontrar paralelos. A resposta é que a criança em consideração é, em grande parte, uma criança interior, uma criança da realidade psíquica, uma metáfora de criança, uma imagem de criança, uma criança simbólica. E, é claro, uma criança "real"! Os eventos na infância têm consequências, mas essas consequências não podem ser expressas na linguagem de causalidade, certeza e determinismo. Cada vez mais, tanto na Escola Desenvolvimentista quanto na psicologia arquetípica, a criança em questão é vista como uma criança psicológica, situada dentro de um adulto, que tem que lidar com duas direções: a direção a origens arquetípicas e aquela a resultados experienciais. Podemos começar a falar de um mito de desenvolvimento. Isso se encaixa bem com a escolha de Jung da frase "mito pessoal".

Às vezes, os psicólogos arquetípicos descartam o caráter inteira ou parcialmente pessoal ou condenam a "psicodinâmica", e é importante especular por que isso pode acontecer. Acredito que o problema é aquela fantasia sobre o reducionismo freudiano que, como observamos anteriormente (p. 102), infectou Jung. De fato, na Escola Desenvolvimentista, exceto quando um processo deliberado de reconstrução está em andamento, o material infantil pode ser considerado presente na transferência no aqui e agora, e não um objeto de análise histórica. A criança psicológica é uma criança da imaginação, uma versão da criança histórica, uma personificação simbólica dos afetos primitivos. E, para completar a imagem, a criança histórica, como Jung apontou, é uma versão da criança arquetípica.

Jung tinha o hábito de citar o axioma de Goethe, de modo que aquilo que está dentro também está fora, o que justificaria prestar atenção à criança histórica. Francamente, porém, duvido que muitos freudianos sejam hoje em dia tão grosseiramente redutores como a psicologia arquetípica os fantasia que. Em resumo, há um sabor de artifício nos ataques de Hillman à abordagem desenvolvimentista (por exemplo, em seu artigo *Abandoning the child*, 1975a, p. 5ss.).

Podemos explorar ainda mais o paralelismo entre as Escolas ao considerarmos a relação entre imagem e sentimento. Hillman argumenta que, nas abordagens convencionais, as imagens são usadas como formas de alcançar sentimentos que não podem ser expressos de forma mais direta. Em sua visão, os sentimentos resultado da ação e interação das imagens. Mas, na Escola Desenvolvimentista também foi feito muito trabalho para resolver a questão de como a imagem inconsciente leva à emoção e ao afeto, e como esses, por sua vez, interferem ou facilitam os relacionamentos (por exemplo, Newton, 1965). Portanto, também neste texto, a imagem não é vista simplesmente como um sentimento codificado, mas como uma agência ativa da psique.

Contratransferência e o *mundus imaginalis*

Existem também equívocos mútuos sobre as palavras realmente usadas durante a troca de análise. Embora um analista da Escola Desenvolvimentista possa usar a linguagem "científica" de impulsos, instintos e processos, quando está com um paciente, a personificação é o modo básico de trabalho. Partes da personalidade, tendências e traços emocionais podem todos receber um nome. A percepção de Jung de que a "personalidade" é uma ilusão e que a psique fala por meio de suas figuras é, portanto, utilizada em ambas as escolas.

Podemos concluir essa discussão perguntando como e se o núcleo de transferência-contratransferência da dialética interacional (DI) pode ser visto como compatível com a perspectiva imagética da psicologia arquetípica. Hillman, ao discutir a questão da unidade psicológica, fala de uma "perspectiva que vê

Jung e os pós-junguianos

todos os *eventos* como realidades psíquicas" (Hillman, 1975a, p. 138, ênfase adicionada). Isso é precisamente o que informa a abordagem "microscópica" da interação paciente-analista desenvolvida na Escola Desenvolvimentista. Portanto, como um sonho é apresentado pelo paciente pode ser tão importante quanto o próprio sonho – ou, mais precisamente, pode ser considerado como integrado de forma contínua com o sonho, como sugerido anteriormente (p. 469-471).

Podemos situar a interação entre paciente e analista firmemente dentro do reino do imaginário, sem esquecer que há duas pessoas presentes. Ilusão, fantasia e imaginação são a matéria da transferência, e o analista raramente é o que o paciente afirma ou sente que ele é. Fico pensando se, no ambiente analítico, podemos falar de um *mundus imaginalis* compartilhado de duas pessoas.

O fator que torna possível a ideia de um *mundus imaginalis* de duas pessoas é a contratransferência. Vimos como um analista pode pensar, sentir ou comportar-se como se fosse o paciente e também como pode se tornar parte do mundo interior do paciente. Por exemplo, M., minha paciente anoréxica mencionada anteriormente, estimulou em mim imagens mentais de corrupção e decadência corporal. Ela tinha uma pele pálida e estava extremamente magra e debilitada. A frase "morto-vivo" veio à minha mente. Mais tarde, ela me contou que pensava muito em larvas, mas se sentira inibida de me contar. Conversamos sobre o motivo pelo qual a comida a repelia, o que significava ser consumida de dentro para fora, que ovos (no sentido de larvas ou reprodução) eram repugnantes e questões relacionadas. Não precisei compartilhar minhas imagens sobre ela porque, nesse caso, o seu material já abordou os temas. No entanto, o que aconteceu (e todo analista já teve experiências disso) foi que o *mundus imaginalis* tornou-se uma dimensão compartilhada de experiência.

Estou sugerindo que as visões atuais da contratransferência nos forçam a considerar nossa atitude em relação à divisão entre o interno e o externo na análise. Não há necessidade de temer o abandono da dimensão interpessoal ou de perder a ideia de que as consequências psicológicas do desenvolvimento precoce precisam de análise. Na verdade, eu sugeriria que, da mesma forma que nossa noção de mundo interno pode ser ampliada para incluir dinâmicas interpessoais, nossa noção do que é interpessoal também pode ser redefinida e expandida na medida em que a imagética interna seja vista como uma ligação entre paciente e analista (duas pessoas) na análise.

Segue-se que separar o trabalho aparentemente imaginal e o trabalho aparentemente interpessoal é um erro conceitual e limitante na prática. Não se trata apenas de opor a comunicação interpessoal e o exame disso a uma abordagem imaginal. Se a ideia de um *mundus imaginalis* de duas pessoas for levada a sério, então devemos considerar o interpessoal como a psique se expressando, e o imaginal em termos de uma via de comunicação entre duas pessoas. Pessoas podem ser expressões de dinâmicas internas, e imagens internas podem se originar, em certa medida, em pessoas. Do ponto de vista pragmático, confundir essa distinção na avaliação do material dos pacientes pode ser o que os analistas de todas as escolas já fazem ao usar o conceito de complexo (núcleo arquetípico mais experiência pessoal, parte da realidade psíquica). Em certos momentos, é muito importante enfatizar a distinção, mas isso seria uma resposta a uma situação específica.

No entanto, na psicologia analítica em geral, existe uma tensão entre trabalhar com a pessoa e com a imagem. Essa tensão fora às vezes expressa em termos de uma divisão entre abordagens "clínicas" e "simbólicas". Tenho argumentado que, mesmo que haja diferenças metodológicas e expositivas imensas, essa divisão pode ser superada. Caso contrário, a psicologia analítica deixaria de existir como disciplina.

Precisamos visualizar nosso campo de referência como ininterrupto e contínuo, de modo que as "imagens" ostensivas e "comunicações interpessoais" ostensivas não se separem, nem uma ganhe ascendência sobre a outra com base em uma hierarquia preconcebida de importância

O campo de referência: em direção a um *ethos* pós-junguiano

Mas mesmo, ou melhor, especialmente com um campo de referência contínuo, precisamos refletir sobre nossas razões para prestar atenção em certos fatores e não em outros. Anteriormente, dei o exemplo de como *prolixo* teve impacto arquetípico, enquanto "bombardeio" não teve, embora aparentemente fosse um problema mais profundo (p. 119-120). Poderíamos perguntar o que causou essa poderosa flutuação de atenção que ocorre, uma flutuação que constelou o arquetípico. Nesse caso, a atenção foi gerada pela profundidade do sentimento e, acima de tudo, por uma mudança de sentimento.

A mudança de sentimento foi percebida como uma alteração na condição sensorial do grupo e dos indivíduos nele. Por sua vez, essa alteração surgiu de uma incongruência, de um uso de metáfora (o grupo é prolixo/ verborrágico). Na análise, o analista trabalha com essas coisas, encontrando sua implicação psicológica, adotando uma abordagem minimalista. O discurso do analista ao paciente também está repleto de flutuação, incongruência e metáfora. Uma interpretação ou intervenção, mesmo baseada em reconstrução, é uma metáfora projetada para mudar o sentimento do paciente.

Quando falamos de mudanças de sentimento, duas influências são discerníveis. Primeiro, o que Poincaré chamou de "fato selecionado". Em termos psicológicos, isso é uma imagem ou uma ideia que provoca um momento de entendimento em meio à incoerência, atuando como um ponto nodal especial de atenção.

A segunda influência é o que Bion chama de "vértice" do sujeito. Isso implica ponto de vista, ângulo ou perspectiva e inclui suposições, julgamentos de valor, preconceitos e lições aprendidas com a experiência. É a partir do vértice de alguém que as tentativas de compreender fenômenos irradiam. Isso não deve ser pensado apenas como intelectual. Bion escreve sobre "usar o olho interior", "visualizar" e "ver em imaginação", em conexão com o vértice (Bion, 1965).

Muitos desacordos sobre teoria e prática refletem os diferentes vértices dos analistas. No entanto, como Bion aponta e como este capítulo pretende demonstrar, "dois analistas pertencentes a diferentes escolas psicanalíticas podem se comunicar e se entender se compartilharem um vértice, mesmo que suas teorias e esquemas conceituais possam diferir" (apud Grinberg et al., 1977, p. 108). Portanto, agora podemos voltar às seis categorias na grade, introduzidas no capítulo 1 desta obra, que definiram a disciplina da psicologia analítica e proporcionaram um vértice pós-junguiano. As teorias e esquemas conceituais dos psicólogos analíticos realmente diferem, mas, ao se relacionarem com os debates implícitos em dar maior ou menor ênfase às seis diretrizes, os pós-junguianos compartilham um vértice e um futuro ideológico comum. Importante ressaltar que isso indica que são capazes de se comunicar e se entenderem entre si.

Um vértice implica um ponto de vista ou perspectiva, mas uma perspectiva sobre o quê? Presumivelmente sobre a psique. Abordagens esquemáticas, hierárquicas e classificatórias da psique foram substituídas por um *ethos* funcional e neutro, que envolve temas, padrões, comportamentos, imagens, emoções e instintos. As palavras-chave agora são interação (desses elementos), relatividade (arquétipos nos olhos de quem os vê) e sistêmica. Uma visão sistêmica (não sistemática) implica que mudanças em qualquer um dos elementos em consideração acarretam mudanças em todos os outros elementos aos quais ele possa estar conectado. Portanto, estudar qualquer um desses elementos se torna uma tarefa difícil, até mesmo infrutífera.

Eventualmente, o interno e o externo, o inato e o pessoal, a imagem e o instinto, o interpessoal e o intrapsíquico podem ser vistos como um campo contínuo de referências, sem foco ou local de atenção predefinido ou prescrito. É a esse campo que o vértice é aplicado.

Também há uma conexão a ser estabelecida entre essa visão da psicologia analítica e o que aconteceu na física, linguística e antropologia durante o século XX. Nessas áreas, também houve uma mudança de pensamento em termos de massa, substância ou entidade para pensar e imaginar em termos de relações pluralísticas, hipóteses e outras tentativas de capturar momentaneamente a fluidez do universo.

Em geral, Jung sugere isso, embora a interpretação equivocada de sua psicologia como literal, concreta e estática seja uma leitura pela qual ele também deve ser considerado responsável.

Nossa orientação é quase fenomenológica. Com isso, quero dizer que a busca fenomenológica também se volta para o mundo interior, para imagens e fantasias, expandindo-se para incluir uma preocupação com o significado, mas somente quando essa preocupação é verdadeiramente eleita pelo indivíduo ou pelo contexto. O significado não é algo dado, uma obrigação ou um requisito imposto pelo mundo exterior.

A psicologia analítica parece não mais marchar em quatro tempos (funções, estágios de análise, fases da vida, formas da psique feminina) ou em padrões de opostos confiavelmente computáveis. Nesse sentido, a psicologia analítica pós-junguiana tem algo em comum com a psicanálise, cujas elegantes e pioneiras estruturas metapsicológicas são agora vistas como reificações (Schafer, 1976), como defesas pessoais de Freud (Atwood & Stolorow, 1979) ou, para falantes de inglês, como resultados infelizes de má tradução (Bettelheim, 1983).

A privacidade da teoria

Falar de fatos selecionados, vértices, mudanças de sentimento e atenção coloca em foco tanto a personalidade do analista quanto sua posição teórica, pois tudo isso influencia o que prestar atenção e o que selecionar. Existe uma influência exercida sobre a resposta subjetiva do analista na sessão por sua teoria preexistente. Isso pode ser associado ao impacto mais conhecido de sua personalidade em suas visões teóricas, como observado por Jung, em 1951, como a " uma equação pessoal de um preconceito subjetivo" (OC 16/1, §235). No entanto, não se deve pensar que sempre há uma correspondência entre a personalidade do analista, sua teoria e o material do paciente, pois pode ser que inflexibilidades e inadequações na personalidade e teoria sejam responsáveis por uma proporção de casos que não respondem à análise.

Se acreditamos que a teoria é uma extensão da personalidade e se temos a visão de que a personalidade do analista é crucial na cura (Jung, OC 8, §§ 1070-1072), então por que tanta energia é gasta em disputas ideológicas entre psicólogos analíticos? Parte da resposta reside em lembrar que uma teoria realmente precisa ser mantida e acreditada com convicção para explicar certos fatos, sendo abandonada somente quando comprovada como falsa. Nesse sentido, ela é diferente de um modelo, o qual é mais um dispositivo temporário e conveniente para organizar informações. Agora, se a integridade pessoal fundamenta a eficácia analítica, e se convicções fortemente mantidas fazem parte da integridade pessoal, segue-se que a posse de uma teoria é necessária para a eficácia analítica. Embora Jung critique o uso rígido e não integrado da teoria, também afirma:

> a arte da psicoterapia exige, portanto, que o terapeuta possua uma convicção recomendável, defensável e de grande credibilidade, com provas de eficácia, inclusive pelo fato de ter resolvido ou evitado dissociações neuróticas em si mesmo (OC 16/1, §179).

Em outro momento, Jung expressa sua opinião de que não é necessário se preocupar quando os psicoterapeutas não chegam a um acordo sobre a teoria, pois

A unificação poderia significar apenas unilateralidade e esvaziamento. A psique não pode ser apreendida numa teoria; tampouco o mundo. As teorias não são artigos de fé; quando muito, são instrumentos a serviço do conhecimento e da terapia; ou então não servem para coisa alguma (OC 16/1, §198).

Depois de escrever quase todo este livro, li um artigo do psicanalista Sandier (1983). Ele explorava a distância e a tensão entre o que era referido como formulações "padrão", "oficiais" e "públicas" da teoria, e algo descrito como teoria "privada" e "implícita".

A psicologia analítica e a psicanálise têm se desenvolvido organicamente desde os primeiros dias. Desenvolvimentos na teoria colocam pressão em outras áreas, tanto teóricas quanto práticas. O que acontece é que os conceitos originais são esticados ou novos conceitos surgem, os quais entram em conflito com as formulações padrão, oficiais e públicas. Embora saibamos que termos conceituais têm múltiplos significados, tendemos a operar de outra forma. Facilmente esquecemos que um termo "é maleável em seu uso, tendo todo um espectro de significados dependentes do contexto" (Sandier, 1983, p. 35).

A sugestão de Sandler foi que deveríamos abandonar a busca pelo "teórico pote de ouro no fim do arco-íris" (Sandier, 1983, p. 36) e, em vez disso, valorizar a elasticidade em nossos conceitos, pois é ela que mantém uma psicologia profunda unida. A psicologia analítica (ou a psicanálise) é composta por partes teóricas e ideias em diferentes níveis de abstração – não é uma teoria completa, nem mesmo uma abordagem clínica completa, mas sim um conjunto de ideias. Como diz Sandler, o que é menos importante é o que nossas ideias devem ser, mas o que selecionamos delas para enfatizar ou destacar.

À medida que um analista ganha mais experiência, utiliza partes da teoria de maneira individual, de forma inconsciente ou semiconsciente, quando o material do paciente exige. Essas partes da teoria muitas vezes se contradizem logicamente, mas isso não importa. No entanto, quando as contradições se tornam conscientes, o híbrido resultante pode entrar em conflito com as formulações oficiais, padrão ou públicas – e, portanto, tende a permanecer privado.

Precisamos falar sobre essas teorias privadas e implícitas. A psicologia analítica, à primeira vista, experimentou menos tensão entre o que é privado e o que é público e oficial, devido ao fato de Jung ter sido menos um líder dogmático do que Freud. Mas essa tensão existe, e o processo descrito por Sandler ocorreu. Em seu artigo, Sandler continuou a analisar três áreas na psicanálise nas quais a distância entre a teoria privada e implícita e a teoria padrão, oficial e pública é, em sua opinião, muito ampla. (Essas áreas foram as pulsões e motivações, o conflito e as relações objetais e a transferência.)

Gostaria de realizar o mesmo exercício para a psicologia analítica, lembrando que as questões foram discutidas ao longo deste livro. As três áreas são (a) a teoria dos opostos, (b) o arquetípico e (c) as imagens.

A teoria dos opostos é uma bênção ou uma maldição? A interação dos opostos ajuda a descrever o movimento e o desenvolvimento psicológico, além de fundamentar a ontologia e a estrutura psíquica. No entanto, a teoria também pode ser uma imposição muito rígida, com uma abordagem hegeliana e dependente de uma definição específica e questionável de energia psíquica. Portanto, precisamos explorar e testar nosso uso dessa teoria.

O trabalho realizado nas estruturas arquetípicas na psicologia analítica está consideravelmente avançado em relação a qualquer outra metodologia clínica. O desafio é adaptá-las ao nível da vida cotidiana sem perder o impacto da experiência arquetípica. Se os arquétipos são o aspecto psicológico da filogênese, então o trabalho com eles deve ser neste nível emocional cotidiano; daí minha afirmação de que o arquetípico está no olho de quem o vê. A área de teoria onde essa atitude pé-no--chão pode ser adotada é o conceito de complexo. Em particular, seria interessante detalhar mais sobre como as experiências anteriores na vida, ligadas a um núcleo arquetípico, evoluem para o complexo adulto.

Em certo momento, Jung colocou conceitos e imagens em oposição: "conceitos são valores cunhados e negociáveis, imagens são vida" (OC 14, § 226), o que ressalta a importância central da imagem na psicologia analítica. É na experiência da imagem e da experiência iniciada pela imagem que a análise se torna um evento profundo e vivo. O pessoal, o subjetivo, até o íntimo, envolvem o livre fluxo e expressão da imagem. Apreciar a imagem por si só, ou como parte de uma relação terapêutica, é diferente da interpretação ou ampliação simbólica. No entanto, nenhum analista descartaria o que sabe sobre símbolos, especialmente se já experimentou pessoalmente seu poder curativo.

Nesses três aspectos, encontramos diferenças e semelhanças nas abordagens das escolas. Mas também há evidências da tensão específica que Sandler codificou: entre o que é padrão, oficial e público e o que é privado e implícito. Talvez a tensão também resulte de algo que o matemático Poincaré escreveu em 1902 sobre o desenvolvimento da ciência: ao mesmo tempo, estamos avançando "em direção à variedade e complexidade" e também "em direção à unidade e simplicidade" (apud Carr, 1961, p. 90). Poincaré questionou se essa aparente contradição poderia ser uma condição necessária do conhecimento.

Jung e os pós-junguianos

Três linhas principais percorrem este livro. A primeira é uma consideração do trabalho dos pós-junguianos. À medida que esse tema evoluía, percebi que para delinear o ponto de partida para os psicólogos analíticos contemporâneos, também era necessário um relato crítico das próprias ideias de Jung. Nesse ponto, a busca correu o risco de se tornar um tanto paroquial. Foi facilmente estendida para abranger o terceiro tema, a comparação entre a psicologia analítica e a psicanálise, passada e presente. Assim, incorporei os "junguianos ignorantes". Jung emerge não apenas como uma fonte relevante, mas também, em muitos aspectos, como o precursor da análise e da psicoterapia contemporâneas.

A suposição de que a melhor forma de compreender a psicologia analítica pós-junguiana é por meio dos debates dentro dela derivou de Karl Popper e de William James. Os debates iluminam os fundamentos sobre os quais a psicologia analítica se baseia. Ao pensar no futuro, surge a dúvida de como o processo de formação de escolas continuará. Embora esse processo provavelmente se intensifique, por todas as razões apresentadas (cf. p. 53 deste livro), indivíduos desejam se expressar, tirando proveito do trabalho e do *ethos* de todas as escolas. O próprio esforço de Jung na direção do ecletismo tomou a forma de participação ativa na propagação dos quatorze pontos, conhecidos coloquialmente como "visões em comum", de acordo com o único autor sobrevivente (Meier, comunicação pessoal, 1983). Como mencionado anteriormente, isso foi uma tentativa no final dos anos de 1930, feita por psicoterapeutas com diferentes orientações (freudiana, adleriana, junguiana e outros), de ver se uma unificação de todas as psicologias de profundidade seria possível. Pensei que poderia ser útil ver como os quatorze pontos poderiam ser aplicados às escolas da psicologia analítica pós-junguiana.

A maioria dos pontos trata dos princípios básicos da psicologia de profundidade e do trabalho analítico – por exemplo, existe uma coisa chamada distúrbio psicológico com etiologia e sintomas etc. Alguns pontos tratam das relações entre analista e paciente – transferência, ética profissional e assim por diante.

Um ponto particular e de considerável interesse, no entanto, é chamado "significado da fixação" e o reproduzo na íntegra:

> As fixações aparecem, por um lado, como *causae efficientes* [ou seja, causas efetivas – A.S.] dos estados patológicos resultantes. Por outro lado, elas aparecem como *causae finales*, na medida em que estabelecem objetivos para o indivíduo que exerce uma influência decisiva em sua conduta posterior na vida. Esse seria o aspecto prospectivo da situação inicial na infância.
>
> As pulsões e seu desenvolvimento (*causae materiales*) devem ser consideradas juntamente com símbolos e ideias (*causae formales*).
>
> As fixações podem funcionar de forma patogênica desde o início ou podem ser tão motivadas por meio da regressão que aparecem como causas dinâmicas, embora não o sejam na realidade.

Essa é a declaração mais clara que encontrei que liga o chamado "simbólico" e o chamado "clínico", os métodos redutivos-causais e os métodos sintéticos-prospectivos. A última frase é fascinante, porque, em poucas palavras, está a sugestão de que a criança no adulto é tanto uma criança histórica quanto uma criança simbólica – um ponto que considero ser o fulcro da comunicação entre as escolas (cf. p. 512).

Agora, voltando para o próprio trabalho de Jung, gostaria de registrar uma reação específica. Isso diz respeito à forma como Jung constantemente descreve e enfrenta o lado mais sombrio da humanidade, especialmente como revelado na sala de consulta do analista. Em linguagem teórica, referimo-nos à integração da sombra ou à realidade do mal e da destrutividade. Mas é a figura com quem Jung se relacionou e na qual se apoiou em seu confronto com a escuridão que me interessa: Hermes. Hermes apareceu várias vezes neste livro na forma do que Jung se referia como o *Mercurius duplex*, que por um lado é Hermes, o mistagogo e psicopompo, e por outro lado é o dragão venenoso, o espírito maligno e o trapaceiro (OC 9/1, § 689).

Jung escreveu isso em relação a um paciente artisticamente talentoso que produziu uma "mandala tetrádica típica" e acolou em uma folha de papel grosso. Do outro lado, havia um círculo correspondente, cheio de desenhos de perversões sexuais. Jung interpretou isso como demonstrando o "caos" que se esconde por trás do si-mesmo.

Em outro lugar, referindo-se às histórias do *trickster* dos índios Winnebago, Jung insiste que o mitologema do *trickster* é ativamente sustentado e promovido pela consciência como um ponto de referência. Ele observou que o *trickster* se torna mais civilizado e até mesmo "útil e sensato" (OC 9/1, § 477). O *trickster* Winnebago, com seu corpo vagamente definido, capaz da máxima maleabilidade, sua obscenidade e sua tendência a encenar sua fantasia, às vezes é considerado um símbolo de um bebê onipotente. Talvez sim, mas, em minha opinião, ele representa a própria psique.

Voltando a Hermes, Jung o vê como uma entidade unificada, apesar de ser

> uma dualidade manifesta, sempre porém designada como unidade, se bem que suas oposições internas possam apartar-se dramaticamente em figuras diversas e aparentemente autônomas (OC 13, § 284).

Isso também é a psique.

Na análise, Hermes "ziguezagueia" do analista para o paciente; ele é a "terceira parte na aliança" (OC 16, § 384). A interação analítica é rápida; a atenção analítica é para estímulos mínimos; a expertise filosófica não é um requisito para o analista. No entanto, como tornar essas realidades profundas, fazê-las alma? Aqui é onde Hermes faz sua contribuição. Além disso, nenhum autor pode evitar reconhecer a conexão entre o roubo de e a criatividade de Hermes.

Finalmente, o que dizer da afirmação de que Jung antecipou muito do que se desenvolveu na psicanálise? Neste ponto, os argumentos não precisam ser reiterados. O que pode precisar ser reafirmado é a intenção original de tentar fazer algo sobre o abismo de credibilidade que acompanhou Jung.

Esse abismo de credibilidade não é uma fantasia. Por exemplo, em uma resenha apreciativa de uma seleção dos escritos de Jung (Storr, 1983), Hudson, um psicólogo acadêmico, explica que o abismo de credibilidade existe porque Jung foi "banido completamente pelos bons burgueses da vida acadêmica britânica [como] um charlatão". As dúvidas sobre o trabalho de Jung, levando a uma "rejeição abrangente", já foram reforçadas pelo "comitê secreto psicanalítico criado por Ernest Jones para garantir que os desertores [...] não fossem levados a sério" (Hudson, 1983).

De certa forma, Jung nunca foi "banido" de fato. No entanto, escrevendo como analista junguiano, é Jung o analista que me ocupou. Se ele agora pode ser visto como uma inspiração confiável e ter bom julgamento, então uma resposta diferente ao seu trabalho e ao dos pós-junguianos surgirá.

Posfácio

Novos desenvolvimentos no campo pós-junguiano

Introdução

Em ambientes universitários, é meu hábito começar palestras sobre psicologia analítica, especialmente para aqueles que não estão se formando em psicologia junguiana, pedindo às pessoas presentes que façam um exercício simples de associação à palavra "Jung". Peço que registrem as três primeiras coisas que vêm à mente. Das (até agora) mais de 700 respostas, descobri que o tema, palavras, conceitos ou imagens mais frequentemente citados têm a ver com (a) Freud, (b) psicanálise e (c) a divisão Freud-Jung, nessa ordem. A próxima associação mais frequentemente citada diz respeito a (d) o antissemitismo de Jung e suas supostas simpatias nazistas. Outros assuntos levantados incluem (e) arquétipos, (f) misticismo/filosofia/religião e (g) *animus* e *anima*.

Obviamente, isso não constitui uma pesquisa empírica adequada. No entanto, se relacionarmos essas associações, podemos perceber que persiste uma dúvida sobre a viabilidade intelectual, acadêmica e ética de se interessar por Jung. Mesmo assim, argumentarei que há mais na questão de Jung e na psicanálise de Freud do que a história frequentemente repetida de dois homens em conflito.

Na última década, houve um aumento do interesse clínico e acadêmico na psicologia analítica em círculos não junguianos, apesar de seus textos fundamentais não estarem efetivamente representados em listas de leitura e descrições de currículos oficiais. No entanto, fora desse interesse, Jung é mencionado principalmente como um importante cismático na história da psicanálise e não como um contribuinte digno de estudo sistemático e sustentado por si só. Embora muitos psicanalistas passem por seu nome em silêncio, muitos terapeutas – e não apenas analistas junguianos – descobriram que Jung foi um importante colaborador para o que atualmente parece ser desenvolvimentos inovadores na prática clínica. Neste capítulo, sugerirei que as ideias de Jung merecem um lugar por direito próprio na formação clínica em psicoterapia e na academia contemporânea. Também explicarei como vejo a forma geral do campo pós-junguiano por meio de duas classificações das escolas de psicologia analítica. A primeira delas resume a proposta que fiz em 1985 no livro *Jung e os pós-junguianos*; a segunda é mais contemporânea e provocativa.

O "problema Jung"

É impossível apresentar esse argumento sem antes explorar os contextos culturais e intelectuais nos quais ele se insere. Até recentemente, Jung foi "compreensivamente banido" da vida acadêmica (para emprestar uma frase usada pelo distinto psicólogo Liam Hudson (1983) em uma análise de uma cole-

Jung e os pós-junguianos   533

ção dos escritos de Jung). Vamos tentar entender por que isso aconteceu.

Primeiramente, o "comitê" secreto criado por Freud e Jones, em 1912, para defender a causa da "verdadeira" psicanálise gastou considerável tempo e energia em difamar Jung. As repercussões desse momento histórico demoraram muito tempo para desaparecer, o que significa que as ideias de Jung demoraram a penetrar nos círculos psicanalíticos, não sendo bem-vindas na academia, cuja psicologia das profundezas preferida, especialmente nas humanidades e ciências sociais, era a psicanálise freudiana e pós-freudiana.

Em segundo lugar, os escritos antissemitas de Jung e seus equivocados envolvimentos na política profissional da psicoterapia na Alemanha dos anos de 1930 tornaram, compreensivelmente em minha opinião, quase impossível para psicólogos conscientes do Holocausto – tanto judeus quanto não judeus – desenvolver uma atitude positiva em relação às suas teorias. Algumas partes da comunidade junguiana inicial se recusaram a reconhecer que havia alguma substância nas acusações contra Jung e até mesmo retiveram informações que consideravam inadequadas para o domínio público. Tais evasões apenas serviram para prolongar um problema que deve ser enfrentado de forma direta. Os junguianos de hoje estão abordando a questão e a avaliando tanto no contexto de sua época quanto em relação a sua obra como um todo[1].

Terceiro, as atitudes de Jung em relação às mulheres, negros, culturas chamadas "primitivas" e assim por diante são

---

1. Para uma discussão completa de minhas opiniões sobre o antissemitismo de Jung, sua suposta colaboração com os nazistas e a resposta da comunidade junguiana às alegações, cf. Samuels (1993).

534 Coleção Reflexões Junguianas

atualmente ultrapassadas e inaceitáveis. Não é suficiente afirmar que ele pretendia que fossem entendidas metaforicamente – principalmente porque pode não ter sido essa a intenção de sua escrita! No contexto atual, podemos ver como Jung converteu o preconceito em teoria e traduziu sua percepção do que era contemporâneo em algo supostamente eternamente válido. Aqui também se revelou que o trabalho dos pós-junguianos descobriu esses erros e contradições e corrigiu os métodos falhos ou amadores de Jung. Quando essas correções são feitas, é possível perceber que Jung tinha uma notável capacidade de intuir os temas e áreas com os quais a psicologia do final do século XX e início do século XXI se preocuparia: gênero, raça, nacionalismo, análise cultural, a persistência, reaparição e poder sociopolítico da mentalidade religiosa em uma época aparentemente não religiosa, a busca incessante por significado – todos esses se revelaram como as problemáticas com as quais a psicologia teve que se preocupar. Reconhecer a solidez da visão intuitiva de Jung facilita um retorno mais interessado, mas não menos crítico, aos seus textos. Isto é o que se entende por "pós-junguianos": correção e distanciamento crítico do trabalho de Jung.

Jung e Freud

A ruptura nas relações entre Jung e Freud é geralmente apresentada em textos introdutórios e até mesmo em textos mais avançados como decorrente de uma luta pelo poder entre pai e filho e da incapacidade de Jung em lidar com o que está envolvido na psicossexualidade humana. Na superfície do mito de Édipo, o complexo de Édipo do pai não é tão fácil de acessar quanto o complexo de Édipo do filho. É tentador esquecer as impulsões infanticidas de Laio, e assim não vemos muita análise à distância das motivações de Freud. No entanto, acredito que as ações e intenções de Freud em relação a Jung desempenharam pelo menos um papel tão importante quanto as de Jung em relação a Freud no motivo de sua separação e subsequente rivalidade.

No que diz respeito à perspectiva de Jung sobre a sexualidade, geralmente se ignora o fato de que grande parte do conteúdo de seu livro de ruptura de 1912, *Wandlungen und symbole der libido* – originalmente traduzido como *Psicologia do inconsciente* (OC 7/1) – trata da interpretação do motivo do incesto e da fantasia de incesto. O livro é altamente relevante para a compreensão do processo familiar e de como os eventos na família externa se unem em algo que pode ser chamado de família interna. Em outras palavras, o livro agora chamado *Símbolos da transformação* (OC 5) não é um texto distante da experiência. Ele pergunta: como os seres humanos crescem, do ponto de vista psicológico? E responde que eles crescem internalizando – ou seja, "trazendo para dentro de si" – qualidades, atributos e estilos de vida que ainda não conseguiram dominar por conta própria. De onde vem essa nova matéria? Dos pais ou outros cuidadores, é claro. Mas como isso acontece? A característica do impulso sexual humano é a impossibilidade de qualquer pessoa permanecer indiferente a outra que seja o objeto de fantasia sexual ou a fonte de desejo. O desejo alimentado pelo incesto está implicado no tipo de amor humano do qual o processo familiar saudável não pode prescindir. Um grau de interesse sexualizado entre pais e filhos que não se concretiza – e que deve permanecer no nível da fantasia de incesto – é necessário para os dois indivíduos em uma situação em que cada um não pode evitar o outro. "Libido de parentesco", como Jung chamou esse interesse, é uma necessidade para a internalização das boas experiências da vida precoce.

Essa narrativa sobre o interesse inicial de Jung em temas de incesto na família desafia a suposição de uma vasta diferença entre os focos de Jung e Freud. A cena então está preparada para uma conexão das ideias junguianas com outras noções psicanalíticas criticamente importantes, como a teoria de Jean Laplanche (1989) sobre a centralidade da sedução no desenvolvimento precoce. Em uma abordagem mais clínica, a teoria de Jung sobre o incesto nos ajuda a compreender o abuso sexual infantil como uma degeneração prejudicial de um envolvimento saudável e necessário com a "fantasia de incesto". Ao situar o abuso sexual infantil em um espectro de comportamento humano esperado, ajuda a reduzir o pânico moral compreensível que inibe o pensamento construtivo sobre o assunto e abre caminho para investigar sua perturbadora ubiquidade.

A contribuição de Jung para a psicanálise e psicoterapia

A maioria dos psicoterapeutas contemporâneos aceita a ideia de que as ideias e teorias de Freud fundamentam as práticas modernas. No entanto, a psicanálise pós-freudiana continuou a revisar, repudiar e expandir muitas das ideias seminais de Freud. Ironicamente, como resultado dessas críticas, muitas posições da psicanálise contemporânea lembram aquelas adotadas por Jung em anos anteriores. Isso não significa que Jung seja responsável pelo que é mais interessante na psicanálise contemporânea, ou que tenha desenvolvido essas

Jung e os pós-junguianos

coisas com tanto detalhe quanto os pensadores psicanalíticos envolvidos. Mas, como Paul Roazen (1976, p. 272) apontou, "poucas figuras responsáveis na psicanálise ficariam perturbadas hoje se um analista apresentasse opiniões idênticas às de Jung em 1913". Para explicar essa afirmação, considero doze questões psicanalíticas vitais nas quais Jung pode ser visto como precursor dos desenvolvimentos recentes da psicanálise "pós-freudiana". A lista a seguir culmina em uma discussão detalhada do papel pioneiro de Jung no que agora é conhecido como Psicanálise Relacional.

(1) Enquanto a psicologia edipiana de Freud é centrada no pai e não é relevante para um período anterior acerca dos quatro anos de idade, Jung forneceu uma psicologia centrada na mãe, na qual a influência muitas vezes é rastreada muito antes, até mesmo a eventos pré-natais. Por esse motivo, ele pode ser visto como precursor do trabalho de Melanie Klein, da Escola Britânica de teóricos das relações objetais, como Fairbairn, Winnicott, Guntrip e Balint, e, dada a teoria dos arquétipos (falarei mais sobre isso adiante), do trabalho inspirado etologicamente de Bowlby sobre apego. Pós-junguianos, como Knox (2003) e Wilkinson (2006), demonstraram como a teoria arquetípica junguiana antecipa e amplia a pesquisa neurocientífica sobre a centralidade das relações precoces. As teorias de Jung também são úteis para reconceitualizar a psicoterapia de uma perspectiva neurocientífica.

(2) Na visão de Freud, o inconsciente é criado pela repressão, um processo pessoal derivado da experiência vivida. Na visão de Jung, o inconsciente tem uma base coletiva, o que significa que estruturas inatas afetam grandemente, e talvez determinem, seu conteúdo. Não apenas pós-junguianos

se preocupam com tais estruturas inconscientes inatas. No trabalho de psicanalistas como Klein, Lacan, Spitz e Bowlby, encontramos a mesma ênfase na pré-estruturação do inconsciente. A ideia de que o inconsciente é estruturado como uma linguagem (visão de Lacan) poderia facilmente ter sido declarada por Jung. Uma boa revisão pós-junguiana dessas ideias pode ser encontrada em Hogenson (2004). (3) A visão de Freud sobre a psicologia humana é sombria e, dada a história do século XX, parece razoável. Mas a insistência precoce de Jung de que existe um núcleo criativo, propositado e não destrutivo da psique humana encontra ecos e ressonâncias no trabalho de escritores psicanalíticos como Milner e Rycroft, e no trabalho de Winnicott sobre o brincar. Ligações semelhantes podem ser feitas com os grandes pioneiros da psicologia humanista, como Rogers e Maslow. Jung argumentou que a psique tem conhecimento do que é bom para ela, uma capacidade de se regular e até de se curar, levando-nos ao cerne das exposições contemporâneas do "verdadeiro eu", como a encontrada no trabalho recente de Bollas, para dar apenas um exemplo. Stein (1996) oferece um bom exemplo de uma perspectiva pós-junguiana sobre significado e propósito.

(4) A atitude de Jung em relação aos sintomas psicológicos era de que eles não deveriam ser analisados exclusivamente de maneira causal-reducionista, mas também em termos de seus significados ocultos para o paciente – até mesmo em termos do que o sintoma está "para"[2]. Isso antecipa a

---

2. Para uma descrição mais completa das ideias de Jung sobre a "teleologia" dos sintomas e sobre a psicopatologia de forma geral, cf. a Introdução a Samuels (1989a, p. 1-22).

Escola de Análise Existencial e o trabalho de alguns psicanalistas britânicos, como Rycroft e Home. Cambray (2004) oferece uma visão pós-junguiana fascinante das abordagens não causais à psicopatologia.

(5) Na psicanálise contemporânea, houve um afastamento do que são chamadas abordagens dominadas por homens, patriarcais e falocêntricas; tanto na psicologia quanto na psicoterapia, mais atenção está sendo dada ao "feminino" (seja lá o que isso signifique). Nas últimas duas décadas, a psicanálise e a psicoterapia feministas surgiram. Não há dúvida de que o "feminino" de Jung é um "feminino" masculino, mas paralelos entre a psicologia analítica junguiana sensível ao gênero e a psicanálise feminista podem ser traçados (para uma análise atualizada da teoria do *animus/ anima*, cf. Kast, 2006).

(6) O ego foi afastado do centro dos projetos teóricos e terapêuticos da psicanálise. A descentralização do ego de Lacan expõe como ilusória a fantasia de domínio e unificação da personalidade, e o desenvolvimento de Kohut de um si--mesmo bipolar também vai muito além dos limites de um egoísmo racional e ordenado. O reconhecimento de uma integração não egoica de estados dissociados é antecipado pela teoria do si-mesmo de Jung: a totalidade dos processos psíquicos, de alguma forma "maior" que o ego, carrega o aparato de aspiração e imaginação da humanidade. Corbett (1996) oferece uma análise bem fundamentada e argumentada da noção de si-mesmo de Jung.

(7) A destituição do ego também criou um espaço para o que poderíamos chamar de "subpersonalidades". A teoria de Jung sobre complexos, que ele referiu como "psiques

fragmentadas", alinha-se com os modelos contemporâneos de dissociação (Samuels, Shorter & Plaut, 1986, p. 33-35). Podemos comparar a tendência de Jung em personificar as divisões internas da psique com os verdadeiros e falsos si-mesmos de Winnicott e com a "análise transacional" de Eric Berne, na qual o ego, *id* e superego são entendidos como relativamente autônomos. A orientação da fantasia, o trabalho de Gestalt e a visualização seriam dificilmente concebíveis sem a contribuição de Jung: a "imaginação ativa" descreve uma suspensão temporária do controle do ego, um "afundamento" no inconsciente e uma cuidadosa notação do que se encontra, seja por reflexão ou por algum tipo de expressão artística.

(8) Muitos psicanalistas contemporâneos fazem uma forte distinção entre conceitos como "saúde mental", "sanidade", "genitalidade", de um lado, e, de outro, o conceito de "individuação". A diferença está entre normas psicológicas de adaptação, que são um microcosmo dos valores sociais, e uma ética que valoriza mais a variação individual do que a adesão à norma. Embora os valores culturais de Jung às vezes tenham sido criticados como elitistas, ele é o grande escritor sobre a individuação. Escritores psicanalíticos sobre esses temas incluem Winnicott, Milner e Erikson. Fierz (1991) mostra a relevância dessas perspectivas para a psiquiatria e psicoterapia contemporâneas.

(9) Jung era psiquiatra e manteve um interesse pela psicose durante toda a sua vida. Desde seu primeiro trabalho clínico com pacientes no hospital Burghölzli, em Zurique, argumentou que os fenômenos esquizofrênicos têm significados que um terapeuta sensível pode elucidar. Nesse

sentido, ele antecipa R.D. Laing e o movimento antipsiquiatria da década de 1960. A posição final de Jung sobre a esquizofrenia, em 1958, foi a de que pode haver algum tipo de "toxina" bioquímica envolvida nas psicoses graves que sugeriria um elemento genético. No entanto, Jung sentia que esse elemento genético não faria mais do que dar a um indivíduo uma predisposição com a qual os eventos da vida interagiriam, levando a um resultado favorável ou desfavorável. Aqui, vemos uma antecipação da abordagem psico-bio-social contemporânea da esquizofrenia.

(10) Até recentemente, muito poucos psicanalistas criaram uma psicologia que abrangesse toda a vida, que incluísse os eventos centrais da meia-idade, velhice e a iminência da morte. Jung o fez. Desenvolvimentistas como Levinson, bem como aqueles que exploram a psicologia da morte e do morrer (como Kübler-Ross e Parkes), todos reconhecem a contribuição muito perspicaz de Jung.

(11) Por fim, embora Jung tenha pensado que as crianças tinham personalidades distintas desde o nascimento, sua ideia de que os problemas na infância podem ser rastreados para a "vida psicológica não vivida dos pais" antecipa muitas descobertas da terapia familiar.

(12) Esta seção conclusiva diz respeito à abordagem de Jung ao trabalho clínico. A Psicanálise Relacional enfatiza uma psicologia de duas pessoas e influências intersubjetivas nos relacionamentos inconscientes. Historiadores dessa Escola relativamente nova e cada vez mais influente começaram a reconhecer Jung como uma influência pioneira (por exemplo, Altman, 2005). No entanto, ironicamente, houve pouco contato direto entre os relacionalistas e os junguianos,

provavelmente devido às repercussões da separação entre Freud e Jung. Analistas pós-junguianos contemporâneos (por exemplo, Samuels et al., 2000) têm pouca dificuldade em se identificar com muitas das ideias e práticas que evoluem dentro da tradição da psicanálise relacional

Jung afirmava que a análise era um "processo dialético", com a intenção de destacar o fato de que duas pessoas estão envolvidas em um relacionamento, que as interações emocionalmente carregadas entre eles são bidirecionais e que, no sentido mais profundo, devem ser concebidas como iguais. Na análise, Jung continua dizendo,

> o terapeuta se relaciona com outro sistema psíquico, não só para perguntar, mas também para responder; não mais como superior, perito, juiz e conselheiro, mas como alguém que vivência junto, que no processo dialético se encontra em pé de igualdade (OC 16, § 8).

O foco de Jung muitas vezes estava na "relação real" (cf. o texto psicanalítico de Greenson, 1967), expressando sua opinião de maneira desafiadora: "Na realidade, tudo depende do homem (sic) e pouco do método" (OC 13, §. 7).

As perspectivas de Jung têm incentivado analistas pós-junguianos a explorar até que ponto eles mesmos são "curadores feridos", trazendo suas forças e fraquezas para a situação terapêutica (cf. Samuels, 1985, p. 173-206).

Já em 1929, Jung argumentava pela utilidade clínica do que hoje chamamos de "contratransferência" – a resposta subjetiva do analista ao analisando. "Você não pode exercer influência se não estiver sujeito a influência", ele escreveu, e "a contratransferência é um órgão importante de informação" (OC 16, §§ 70-72). Os clínicos que leem este capítulo com conhecimento de psicanálise saberão como a psicanálise contemporânea rejeitou a avaliação excessivamente severa de Freud sobre a contratransferência em 1910 (Freud, 1910, p. 139-151). Freud a considerou como "os complexos e resistências internas do analista" e, portanto, algo a ser eliminado. Jung é, em contraste, um dos importantes pioneiros do uso clínico da contratransferência, juntamente com Heimann, Little, Mitchell, Winnicott, Sandler, Searles, Langs e Casement.

A interação clínica entre analista e analisando, antes considerada como percepções objetivas do analista e subjetivas do analisando, é agora vista principalmente como uma interação mutuamente transformadora. A personalidade e a posição ética do analista não são menos envolvidas no processo do que sua técnica profissional. A relação real e a aliança terapêutica entrelaçam-se nas dinâmicas da transferência/contratransferência. O termo para isso é "intersubjetividade" e o modelo alquímico de Jung para o processo analítico é um modelo intersubjetivo[3]. Nessa área, as ideias de Jung compartilham terreno com as diversas visões de Atwood e Stolorow, Benjamin, Greenson, Kohut, Lomas, Mitchell e Alice Miller.

Permitam-me reafirmar a intenção de fornecer este catálogo *raisonné* do papel de Jung como uma figura pioneira na psicoterapia contemporânea. Lembrem-se de que Jung foi chamado de charlatão e um pensador marcadamente inferior a Freud. Atualmente é possível afirmar de forma razoável que é hora de as disciplinas de psiquiatria, psicoterapia e psicanálise reconhecerem as valiosas contribuições de Jung. Um dos principais objetivos deste volume é situar suas ideias firmemente

---

3. Para uma explicação mais abrangente da metáfora alquímica de Jung para o processo analítico, cf. Samuels (1989, p. 175-193).

no *mainstream* da psicanálise contemporânea sem perder sua especificidade.

Os pós-junguianos

O que significa o termo "pós-junguiano" e qual é o estado do campo? Desde a morte de Jung em 1961, houve uma explosão de atividade profissional criativa na psicologia analítica. Em 1985 (Samuels, 1985), cunhei o termo "pós-junguiano". Não tinha em mente o pós-modernismo. Estava pegando emprestado de um livro (então) bem conhecido chamado "Freud e os pós-freudianos" (Brown, 1961). Queria indicar uma conexão com Jung, mas com uma distância crítica. A palavra-chave é "crítica". Se fosse escrever meu livro novamente, incluiria "crítica" no título para enfatizar a distância que eu pretendia, ao lado da adesão óbvia ao mundo junguiano.

Eu precisava encontrar uma maneira de descrever a psicologia analítica, pois as classificações então vigentes eram problemáticas. As pessoas se referiam a duas correntes da psicologia analítica como as Escolas de Londres e de Zurique, de acordo com as cidades de origem. Mas a geografia era inútil como meio de classificar o que estava acontecendo. Mesmo nos anos de 1980 e certamente nos anos de 1990, havia analistas da Escola de Londres em Chicago e analistas da Escola de Zurique, que nunca haviam estado perto de Zurique, espalhados por todo o mundo. Além disso, como há quatro sociedades junguianas na cidade de Londres, referir-se a tudo o que acontece nelas como "Londres" era impreciso e, para alguns, ofensivo, pois exibiam enormes diferenças de perspectiva e prática, uma das razões pelas quais existem quatro delas.

Outra crença prevalente nos anos de 1980 e 1990 era que havia uma divisão entre abordagens "simbólicas" e "clínicas" na psicologia analítica. Essa divisão, como Zinkin sabiamente apontou, estava minando o campo, porque nenhum junguiano respeitável diria que não trabalha de forma simbólica, e nenhum clínico poderia deixar de ser clínico! Assim, essa perturbadora distinção precisava ser ajustada para se tornar um conjunto útil de categorias. O que fiz em "Jung e os pós-junguianos" foi assumir que todas as correntes da psicologia analítica conheciam e faziam uso de todas as ideias e práticas disponíveis na psicologia junguiana. Enfatizei a priorização e o peso-chave dentro de cada uma das três escolas bastante diferentes, que estão conectadas pelo fato de serem, em certo grau, competitivas entre si.

Admiti abertamente que as escolas são ficções criativas, que há uma enorme sobreposição e que, em muitos aspectos, foram os pacientes que construíram as escolas tanto quanto os analistas.

Para resumir: classifiquei a psicologia analítica em três escolas: (1) a Escola Clássica, que trabalha conscientemente na tradição de Jung, com foco no si-mesmo e na individuação. Destaquei que não se deve equacionar o clássico com algo estático ou rígido. Pode haver evoluções dentro do que é clássico. (2) A Escola Desenvolvimentista, com foco específico nos efeitos da infância e da juventude na evolução da personalidade adulta, e ênfase igualmente rigorosa na análise das dinâmicas de transferência e contratransferência no trabalho clínico. Essa Escola mantém uma relação próxima com a psicanálise das relações objetais (embora a reaproximação seja principalmente unilateral, com indiferença em relação aos junguianos). (3) A Escola Arquetípica brinca (no sentido mais profundo) e

546 Coleção Reflexões Junguianas

explora imagens na terapia, dando grande respeito às imagens como são, sem buscar uma conclusão interpretativa. A noção de alma, desenvolvida pela Escola Arquetípica, sugere o aprofundamento responsável por permitir que um simples evento se torne uma experiência significativa.

Essa classificação foi, na verdade, motivada pela minha própria confusão como iniciante na época, em um campo que parecia totalmente caótico e sem mapas, auxílios ou companheiros, já que os diversos grupos se desentendiam, se dividiam e, em alguns casos, se dividiam novamente. Eu pretendia indicar alguma conexão com Jung e as tradições de pensamento e prática que haviam crescido em torno de seu nome, bem como alguma distância ou diferenciação. Para delinear a psicologia analítica "pós-junguiana", adotei uma metodologia pluralista, na qual a disputa, em vez do consenso, definiria o campo. A psicologia analítica poderia então ser definida pelos debates e argumentos, e não pelo núcleo de ideias comumente acordadas. Um pós-junguiano poderia, assim, se interessar e se energizar pelos diversos debates com base em interesses clínicos, exploração intelectual ou uma combinação desses.

Minha classificação em três partes surgiu de um exame detalhado de declarações e artigos escritos por pós-junguianos que tinham uma intenção autodefinidora. Tais artigos polêmicos revelam, mais claramente do que a maioria, quais são as linhas de desacordo dentro da comunidade junguiana e pós-junguiana. Sugeri, em outro texto (Samuels, 1989), que argumento e competição estão mais frequentes do que o esperado na psicanálise e na psicologia profunda[4]. A história da psicaná-

---

4. Para minha teoria sobre o pluralismo na psicologia profunda, cf. Samuels (1989).

Jung e os pós-junguianos

lise, especialmente as novas histórias revisionistas que estão surgindo, mostram claramente essa tendência.

Por exemplo, o que se segue é de Gerhard Adler, a quem considero um expoente da escola clássica:

> Damos ênfase principal na transformação simbólica. Gostaria de citar o que Jung diz em uma carta para P. W. Martin (20/8/45): "[...] o principal interesse no meu trabalho está na abordagem ao numinoso [...], mas o fato é que o numinoso é a verdadeira terapia"[5].

A seguir, há uma introdução editorial a um grupo de artigos publicados em Londres por membros da Escola Desenvolvimentista:

> O reconhecimento da transferência como tal foi o primeiro tema a se tornar central na preocupação clínica [...] Depois, à medida que a ansiedade sobre isso começou a diminuir, com a aquisição de maior habilidade e experiência, a contratransferência tornou-se um tema que poderia ser abordado. Finalmente [...] a transação envolvida é mais apropriadamente denominada transferência/contratransferência (Fordham et al., 1974, p. x).

E, por fim, aqui está uma declaração de Hillman, falando pela Escola Arquetípica, da qual é o fundador:

> No nível mais básico da realidade estão as imagens fantasiosas. Essas imagens são a atividade primária da consciência [...] As imagens são a única realidade que apreendemos diretamente (Hillman, 1975, p. 174).

Originando-se do processo de competição e negociação, ponderando e priorizando essas reivindicações distintas e opostas,

---

5. Declaração pública não publicada na época de uma grande divisão institucional no mundo junguiano em Londres.

poderíamos imaginar um analista ou terapeuta que pode manter em mente todas essas visões para serem usadas em diferentes contextos ou em diferentes ocasiões com diferentes pacientes. Em outras palavras, é possível considerar as Escolas, metaforicamente, como presenças potencialmente capazes de coexistir na mente de qualquer analista pós-junguiano. Além disso, devemos ter em mente que agora existem mais de 2.500 analistas junguianos em todo o mundo em vinte e oito países, e provavelmente mais 10.000 psicoterapeutas e conselheiros que têm orientação junguiana ou são fortemente influenciados pela psicologia analítica. Os debates estão acontecendo explicitamente há cinquenta anos e implicitamente talvez há sessenta. Muitos praticantes já internalizaram os debates e se sentem perfeitamente capazes de atuar como psicólogos analíticos clássicos, desenvolvimentistas ou arquetípicos, de acordo com as necessidades do analisando. Ou o analista pode considerar sua orientação como primariamente clássica, por exemplo, mas com um componente desenvolvimentista florescente, ou alguma outra combinação.

Provocação – uma nova classificação das escolas da psicologia analítica

A classificação da cena pós-junguiana nas três escolas acima tem sido geralmente considerada útil, embora, dada a afinidade dos junguianos com o individualismo como o valor mais elevado, a própria existência de uma classificação tenha sido vista por alguns como irritante. Afinal, cada um é único, não é? A essa provocação inadvertida dos individualistas, eu agora adicionarei mais uma classificação do campo da psicologia analítica em quatro Escolas.

As Escolas Desenvolvimentista e Clássica permanecem como estavam em 1985. Mas a terceira Escola, a Escola Arquetípica, parece ter sido integrada na Escola Clássica ou até mesmo eliminada como uma perspectiva clínica. No entanto, como vejo, agora há duas novas Escolas a serem consideradas, cada uma delas sendo uma versão extremista de uma das Escolas existentes. À versão extremista da Escola Clássica eu chamo de "Escola Fundamentalista" e à versão extremista da Escola Desenvolvimentista eu chamo de "Escola Psicanalítica". As quatro Escolas resultantes podem ser apresentadas como um simples espectro: Fundamentalista-Clássica-Desenvolvimentista-Psicanalítica.

Assim como todo fundamentalismo, o fundamentalismo junguiano deseja controlar quem ou o que está dentro ou fora. Portanto, tende a ser estigmatizante. Isso é ouvido às vezes na avaliação para treinamento: "Ele ou ela não tem mentalidade psicológica", pode-se dizer. Ou as pessoas ou candidatos ao treinamento são rotulados, até estereotipados, de acordo com a tipologia junguiana de uma maneira autoritária. Mulheres intelectuais podem ser chamadas de "possuídas pelo *ânimo*". Como fundamentalismo, essa forma de psicologia analítica tenta ser purista e acima do mercado, negando o aspecto financeiro ou comercial da terapia, e reivindicando uma conexão direta com o trabalho e a vida de Jung. Jung é considerado um profeta, divinamente inspirado e talvez até um novo líder religioso. Ele é imitado em como viveu sua vida – às vezes chamada de "maneira junguiana".

O aspecto positivo do fundamentalismo junguiano é que há algo de bom e valioso na ideia de viver de acordo com princípios psicológicos e buscar autenticidade, talvez contra as probabilidades no mundo contemporâneo (cf. Christopher & Solomon, 2000). No entanto, esse tipo de fundamentalismo exagera e explora nossas inegáveis necessidades de ordem, padrão, significado e um mito presidencial. Psicologias que expressam naturezas evanescentes, mutáveis, antifundamentais, antiessencialistas e lúdicas não encontram lugar na visão de mundo fundamentalista junguiana. Os fundamentalistas – permanecendo puros – ignoram tudo o mais que está acontecendo na psicoterapia e até nos mundos das ideias, política, artes ou religião.

No outro extremo do espectro, eu faria uma crítica semelhante à Escola Junguiana Psicanalítica. Quero enfatizar que não sou contra o uso de ideias e práticas psicanalíticas, como mencionei em minha compreensão da Escola Desenvolvimentista. No entanto, estou profundamente preocupado com o que pode se tornar uma eliminação da perspectiva junguiana, de modo que pareça não existir. Como isso aconteceu? Acredito que muitas vezes foi baseado em algo extremamente pessoal entre os junguianos que tiveram análises clássicas ou desenvolvimentistas que não foram satisfatórias ou transformadoras. Às vezes, essas deficiências são atribuídas à análise que não foi suficientemente "psicanalítica" – não foi dada suficiente atenção à infância e à transferência. Sua defesa de uma fusão junguiana com a psicanálise pode ser baseada na raiva e em uma idealização transferencial das análises, muitas das quais passaram a ter. Ouve-se uma grande congratulação à psicanálise por sua posse de habilidades analíticas requintadas, como se os analistas junguianos fossem completamente desprovidos delas.

Esses junguianos psicanalíticos negligenciam as contribuições clínicas de Jung e se alienam de sua própria herança, exibindo todo o fervor perturbador de um convertido. Parecem esquecer que o material clínico ganha vida não por causa da teoria, mas pela maneira como o significado emerge no relacionamento terapêutico, à medida que traumas passados e dificuldades são reconhecidos na análise.

Os junguianos psicanalíticos elevam o arcabouço analítico acima do relacionamento analítico e enfatizam o processo analítico sobre o conteúdo da psique, que se manifesta durante tal processo. O relacionamento terapêutico se torna "mamocêntrico", como eu o chamo. É compreendido principalmente em termos da díade mãe-bebê; a boca e o seio são considerados como um paradigma quase exclusivo para o que está acontecendo intersubjetivamente entre o casal analítico, reduzindo todas as outras percepções complexas ou sabedoria a essa única metáfora.

Para recapitular meu argumento: o ponto principal desta seção é que acredito que as Escolas Clássica e Desenvolvimentista deram origem a versões extremistas de si mesmas. Por diferentes razões, estou muito preocupado com essas expressões extremas de competição e debate dentro da psicologia analítica. Os fundamentalistas podem minar o campo por meio de sua radical pureza, enquanto os junguianos psicanalíticos apagam a originalidade e o refinamento da abordagem de Jung.

Jung na academia

Concluo, fazendo uma breve referência à situação de Jung nas universidades. Atualmente, em universidades de muitos países, há um interesse considerável nos estudos junguianos. Central para isso é uma reavaliação histórica das origens das ideias e práticas de Jung e da ruptura com Freud. A crítica literária e artística influenciada pela psicologia analítica (embora ainda frequentemente baseada em aplicações um tanto mecanicistas e desatualizadas da teoria junguiana) está começando a florescer. Os estudos de cinema são uma disciplina particularmente fértil para o pensamento junguiano (cf. Hauke & Alister, 2001). Estudos antropológicos, sociais e políticos exploram as intuições de Jung sobre direções para o futuro. A influência de Jung nos estudos religiosos continua, como tem sido por muito tempo.

Em algumas universidades, os estudos psicanalíticos estão muito mais estabelecidos, enquanto os estudos junguianos estão apenas começando. Pode haver algumas vantagens em estar uma geração atrás: pode ser possível – e gostaria de frisar a palavra "pode" – para a psicologia analítica evitar algumas das lacunas prejudiciais entre o trabalho clínico e as aplicações acadêmicas.

Se esse tipo de alienação for evitado nos estudos junguianos, tanto o campo acadêmico quanto o clínico terão que interagir melhor entre si. Uma luta entre grupos concorrentes para "apropriar" a psicologia analítica não é desejável nem necessária. Cada lado pode aprender com o outro. Nos últimos trinta anos, a psicologia analítica se tornou uma disciplina saudavelmente pluralista, embora sobrecarregada pelos extremos do fundamentalismo e da estreiteza psicanalítica. É hora de ela se tornar mais conscientemente interdisciplinar e reivindicar ativamente seu lugar adequado nos debates socioculturais mais amplos.

Informações práticas

Alguns periódicos junguianos

Journal of Analytical Psychology, 1 Daleham Gardens, London NW3.

Spring, 2719 Routh Street, Dallas, TX 75201.

Psychological Perspectives, 10349 W. Pico Blvd., Los Angeles, CA 90064.

Quadrant, 28 East 39th Street, New York, NY 10016.

Harvest, 20 Canonbury Park North, London N1.

San Francisco Jung Institute Library Journal, 2040 Gough Street, San Francisco, CA 941090.

Zeitschrift für Analytische Psychologie, S. Karger AG, Postfach, CH-4009 Basel.

Rivista di Psicologica Analitica, Via Severano 3, 00161 Roma.

Cahiers de Psychologie Jungienne, 1 Place de l'École Militaire, 75007 Paris.

Chiron, 400 Linden Avenue, Wilmette, IL 60091

Treinamento

As instituições de treinamento marcadas com * são membros constituintes da Associação Internacional de Psicologia Analítica.

Society of Analytical Psychology*, 1 Daleham Gardens, London NW3.

Association of Jungian Analysts (Alternative Training)*, 18 East Heath Road, London NW3.

British Association of Psychotherapists, 121 Hendon Lane, London NW3.

Westminster Pastoral Foundation, 23 Kensington Square, London W8.

Chicago Society of Jungian Analysts*, 550 Callan Avenue, Evanston, IL 60202.

Inter-Regional Society of Jungian Analysts*, c/o 1673 Canyon Road, Santa Fe, NM 87501.

Society of Jungian Analysts of Southern California*, 10349 W. Pico Blvd, Los Angeles, CA 90064.

Society of Jungian Analysts of Northern California*, 2049 Gough Street, San Francisco, CA 94109.

New England Society of Jungian Analysts*, 264 Beacon Street, Boston, MASS 02116.

New York Association for Analytical Psychology*, 28 East 39th Street, New York, NY 10016.

Society of Jungian Analysts of San Diego*, c/o 12350 Oak Knoll Road, Poway, CA 92064.

Para obter detalhes sobre treinamento em outros países, entre em contato com a Associação Internacional de Psicologia Analítica,

Postfach 115, 8042 Zurique. (Austrália e Nova Zelândia, Áustria, Bélgica, Brasil, França, Alemanha, Suíça, Israel, Itália; outros programas de treinamento podem existir até a data de publicação – verifique com a IAAP em Zurique.)

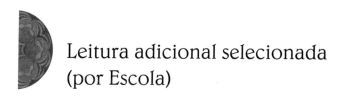

Leitura adicional selecionada (por Escola)

Desenvolvimentista

Fordham, M. (1978). *Jungian psychotherapy: A study in analytical psychology*. Wiley.

Fordham, M. et al. (eds.) (1913). *Analytical psychology: A modern science*. Heinemann.

Fordham, M. et al. (eds.) (1974). *Technique in Jungian analysis*. Heinemann.

Lambert, K. (1981). *Analysis, repair and individuation*. Academic Press.

Clássica

Adler, G. (1979). *Dynamics of the Self*. Coventure.

Frey-Rohn, L. (1974). *From Freud to Jung*. C.G. Jung Foundation.

Jacobi, J. (1959). *Complex/archetype/symbol in the psychology of C. G. Jung*. Princeton University Press.

Whitmont, E. (1969). *The symbolic quest*. Barrie, & Rockliff.

Arquetípica

Hillman, J. (1975). *Revisioning psychology*. Harper, & Row.

Hillman, J. (1983). *Archetypal psychology: A brief account*. Spring.

Lopez-Pedraza, R. (1977). *Hermes and his children*. Spring.

Miller, D. (1982). *The new polytheism*. Spring.

# Referências

As referências da Obra Completa *de Jung foram extraídas da edição publicada em português pela Editora Vozes. Elas podem ser encontradas no texto indicadas pela sigla OC seguida do número.*

Abenheimer, K. (1968). The ego as subject. In J. Wheelwright (ed.), *The reality of the psyche*. Putnam.

Adler, G. (1961). *The living symbol*. Routledge, & Kegan Paul.

Adler, G. (1966). *Studies in analytical psychology*. Hodder, & Stoughton.

Adler, G. (1967). Methods of treatment in analytical psychology. In B. Wolman (ed.), *Psychoanalytical techniques*. Basic Books.

Adler, G. (1971). Analytical psychology and the principle of complementarity. In J. Wheelwright (ed.), *The analytic process*. Putnam.

Adler, G. (1973-1974). *C. G. Jung – Letters*. (Vol. 1, & 2). Routledge, & Kegan Paul.

Adler, G. (1979). *Dynamics of the Self*. Coventure.

Altman, N. (2005). Relational perspectives on the therapeutic action of psychoanalysis. In. Jane Ryan (ed.), *How does psychotherapy work?* (p. 15-50). Karnac.

Andolfi, J. (1979). *Family therapy: An interactional approach*. Plenum.

Apter, M. (1982). *The experience of motivation*. Academic Press.

Atwood, G., & Stolorow, R. (1975). Metapsychology, reification and the representational world of C.G. Jung. *International Review of Psychoanalysis, 4*(1).

Atwood, G., & Stolorow, R. (1979). *Faces in a cloud: Subjectivity in personality theory*. Jason Aronson.

Avens, R. (1980). *Imagination is reality*. Spring.

Balint, M. (1952). *Primary love and psychoanalytic technique*. Hogarth.

Balint, M. (1968). *The basic fault: Therapeutic aspects of regression*. Tavistock.

Bateson, G. (1979). *Mind and nature: A necessary unity*. Dutton.

Berry, P. (1974). *An approach to the dream*. Spring.

Berry, P. (1982). *Echo's subtle body*. Spring.

Bettelheim, B. (1977 [1983]). *Freud and man's soul*. Chatto, & Windus.

Binswanger, H. (1963). *Positive aspects of the animus*. Spring.

Bion, W. (1963). Elements of psychoanalysis. In W. Bion, *Seven servants*. Jason Aronson.

Bion, W. (1965). Transformations. In W. Bion, *Seven servants*. Jason Aronson.

Bion, W. (1977). *Seven Servants*. Jason Aronson.

Blomeyer, R. (1982). *Der Spiele derAnalytiker: Freud, Jung und die analyse*. Walter.

Blum, F. (1980). Comment on 'The use of the dream in contemporary analysis' by Lambert, K. *Journal of Analytical Psychology, 25* (3), 275-278.

Bowlby, J. (1969). *Attachment and loss* (Vol. 1). Hogarth.

Bradway, K., & Detloff, W. (1976). Incidence of psychological type among Jungian analysts classified by self and by test. *Journal of Analytical Psychology, 21*(2), 134-146.

Bradway, K., & Wheelwright, J. (1978). The psychological type of the analyst and its relation to analytical practice. *Journal of Analytical Psychology, 23*(3), 211-225.

Brome, V. (1978). *Jung: Man and myth*. Macmillan.

Brown, J. (1961). *Freud and the post-Freudians*. Penguin.

Burlingham, D. (1973). The pre-oedipal infant-father relationship. *The Psychoanalytic Study of the Child, 28*, 23-47.

Cambray, J. (2004). Synchronicity as emergence. In J. Cambray, & L. Carter (eds.), *Analytical psychology: Contemporary perspectives in Jungian analysis* (p. 223-246). Routledge.

Capra, F. (1975). *The too of physics*. Wildwood House.

Carr, E. (1961). *What is history?* Penguin.

Carvalho, R. (1982). Paternal deprivation in relation to narcissistic damage. *Journal of Analytical Psychology, 27*(4), 341-356.

Casey, E. (1974). Towards an archetypal imagination. *Spring*.

Chodorow, N. (1978). *The reproduction of mothering: Psychoanalysis and the sociology of gender*. University of California Press.

Christopher, E., & Solomon, H. (2000). *Jungian thought in the modern world*. London: Free Association Books.

Cirlot, J. (1962). *A dictionary of symbols*. Routledge, & Kegan Paul.

Claremont de Castillejo, I. (1973). *Knowing woman: A feminine psychology*. Harper, & Row.

Clark, G. (1978). *A process of transformation: Spiritual puer, instinctual shadow and instinctual spirit*. Harvest.

Corbett, L. (1996). *The religious function of the psyche*. Routledge.

Corbin, H. (1972). *Mundus imaginalis, or the imaginary and the imaginal*. Spring.

Dare, C., & Holder, A. (1981). Developmental aspects of the interaction between narcissism, self-esteem and object relations. *The International Journal of Psychoanalysis, 62*(3), 323-337.

Davidson, D. (1966). Transference as a form of active imagination. In M. Fordham et al. (eds.), *Technique in Jungian analysis*. Heinemann.

Dieckmann, H. (1974). The constellation of the countertransference. In G. Adler (ed.), *Success and failure in analysis*. Putnam.

Dieckmann, H. (1977). Some aspects of the development of authority. *Journal of Analytical Psychology, 22*(3), 230-242.

Dieckmann, H. (1980). On the methodology of dream interpretation. In I. Baker (ed.), *Methods of treatment in analytical psychology*. Bonz.

Dry, A. (1961). *The psychology of Jung: A critical interpretation*. Methuen.

Edinger, E. (1960). The ego-self paradox. *Journal of Analytical Psychology, 5*(1), 3-18.

Edinger, E. (1962). *Symbols: the meaning of life*. Spring.

Edinger, E. (1972). *Ego and archetype*. Penguin.

Eichenbaum, L., & Orbach, S. (1982). *Outside in... inside out: Women's psychology: A feminist psychoanalytic approach*. Penguin.

Ellenberger, H. (1970). *The discovery of the unconscious*. Basic Books.

Erikson, E. (1951). *Childhood and society*. Imago.

Fiedler, L. (1955). *An end to innocence*. Beacon Press.

Fierz, H. (1977). *Methodics, theory and ethics in analytical psychotherapy*. Die Psychologie der 20. Jahrundert, vol. 3, Kindler.

Fierz, H. (1991). *Jungian psychiatry*. Daimon

Fiumara, R. (1976). Therapeutic group analysis and analytical psychology. *Journal of Analytical Psychology, 21*(1), 1-24.

Ford, C. (1983). *The somatizing disorders: Illness as a way of life*. Elsevier.

Fordham, M. (1949). Biological theory and the concept of archetypes. In M. Fordham, *New developments in analytical psychology*. Routledge, & Kegan Paul.

Fordham, M. (1957). *New developments in analytical psychology*, Routledge, & Kegan Paul.

Fordham, M. (1960), Countertransference. In M. Fordham et al. (eds.), *Technique in Jungian analysis*. Heinemann.

Fordham, M. (1963). The empirical foundation and theories of the self in Jung's works. In M. Fordham et al. (eds.), *Analytical psychology: A modern science*. Heinemann.

Fordham, M. (1969a). *Children as individuals*. Hodder, & Stoughton.

Fordham, M. (1969b). Countertransference and technique. In M. Fordham et al. (eds.), *Technique in Jungian analysis*. Heinemann.

Fordham, M. (1971). Comment on "Psychology: monotheistic or polytheistic?" by Hillman, J. *Spring*.

Fordham, M. (1972). Note on psychological types. *Journal of Analytical Psychology, 17*(2), 111-115.

Fordham, M. (1974a). Defences of the self. *Journal of Analytical Psychology, 19*(2), 192-199.

Fordham, M. (1974b). Jung's conception of transference. *Journal of Analytical Psychology, 19*(1), 1-21.

Fordham, M. (1975). Memories and thoughts about C.G. Jung. *Journal of Analytical Psychology, 20*(2), 102-113.

Fordham, M. (1976). *The self and autism*. Heinemann.

Fordham, M. (1978a). *Jungian psychotherapy: A study in analytical psychology*. Wiley.

Fordham, M. (1978b). Some idiosyncratic behavior of therapists. *Journal of Analytical Psychology, 23*(1), 122-134.

Fordham, M. (1979a). The self as an imaginative construct. *Journal of Analytical Psychology, 24*(1), 18-30.

Fordham, M. (1979b). Analytical psychology and countertransference. In L. Epstein and A. Feiner (eds.), *Countertransference*. Jason Aronson.

Fordham, M. (1980a). The emergence of child analysis. *Journal of Analytical Psychology, 25*(4), 311-324.

Fordham, M. (1980b). Review of the Kleinian development by Meltzer D. *Journal of Analytical Psychology, 25*(2), 201-204.

Fordham, M. (1981). Neumann and childhood. *Journal of Analytical Psychology*, 26(2), 99-122.

Fordham, M. et al. (eds.) (1973). *Analytical psychology: A modern science*. Heinemann.

Fordham, M. et al. (eds.) (1974). *Technique in Jungian analysis*. Heinemann.

Freud, A. (1937). *The ego and the mechanisms of defense*. Hogarth.

Freud, A. (1966). *Normality and pathology in childhood*. Penguin.

Freud, S. (1901). *The psychopathology of everyday life*. Hogarth.

Freud, S. (1910). *The future prospects of psycho-analytic therapy*. Hogarth.

Freud, S. (1912). Recommendations to physicians. In *The standard edition of the complete psychological works of Sigmund Freud* (Vol. 12), p. 109-120. Hogarth.

Freud, S. (1916-1917). Introductory lectures on psychoanalysis. In *The standard edition of the complete psychological works of Sigmund Freud* (Vols. 15 e 16). Hogarth.

Freud, S. (1918). From the history of an infantile neurosis. In *The standard edition of the complete psychological works of Sigmund Freud* (Vol. 17). Hogarth.

Frey-Rohn, L. (1974). *From Freud to Jung*. C. G. Jung Foundation.

Gallop, J. (1982). *Feminism and psychoanalysis: The daughter's seduction*. Macmillan.

Gammon, M. (1973). Window into eternity. *Journal of Analytical Psychology, 18*(1), 11-24.

Gay, P. (1988). *Freud: A life for our time*. Dent.

Giegerich, W. (1975). *Ontogeny = phylogeny? A fundamental critique of Erich Neumann's analytical psychology*. Spring.

Gill, H. (1982). The life-context of the dreamer and the setting of dreaming. *The International Journal of Psychoanalysis, 63*(4), 475-482.

Glover, E. (1939). The psychoanalysis of affects. *The International Journal of Psychoanalysis, 20*, 299-307.

Glover, E. (1950). *Freud or Jung*. Allen, & Unwin.

Goffman, I. (1961). *The asylum*. Doubleday.

Goldberg, A. (1980). Introduction to Advances. In A. Goldberg (ed.), *Self psychology*. International Universities Press.

Goldenberg, N. (1975). Archetypal theory after Jung. *Spring*.

Goldenberg, N. (1976). A feminist critique of Jung. *Signs: J. of women in culture and society, 2*(2), 443-449.

Goodheart, W. (1980). Theory of analytic interaction. *San Francisco Jung Institute Library Journal, 1*(4), 2-39.

Gordon, R. (1978). *Dying and creating: A search for meaning*. Society of Analytical Psychology.

Gordon, R. (1979). Reflections on curing and healing. *Journal of Analytical Psychology, 24*(3), 207-219.

Gordon, R. (1980). Narcissism and the self: who am I that I love? *Journal of Analytical Psychology, 25*(3), 247-262.

Greenson, R. (1967). *The technique and practice of psychoanalysis*. Hogarth.

Greenson, R., & Wexler, M. (1969). The non-transference relationship in the psychoanalytic situation. *The International Journal of Psychoanalysis*, 50, 27-39.

Greenstadt, W. (1982). Letter. *International Review of Psychoanalysis, 9*(4), 485-486.

Grinberg, L. et al. (1977). *Introduction to the work of Bion*. Jason Aronson.

Grinnell, R. (1971). In praise of the instinct for wholeness: intimations of a moral archetype. *Spring*.

Groesbeck, C. (1975). The archetypal image of the wounded healer. *Journal of Analytical Psychology, 20*(2), 122-145.

Guggenbühl-Craig, A. (1971). *Power in the helping professions*. Spring.

Guggenbühl-Craig, A. (1977). *Marriage – dead or alive*. Spring.

Guggenbühl-Craig, A. (1980). *Eros on Crutches: Reflections on psychopathy and amorality*. Spring.

Guntrip, H. (1961). *Personality structure and human interaction*. Hogarth.

Hall, J. (1977). *Clinical uses of dreams: Jungian interpretation and enactments*. Grune, & Stratton.

Hamilton, V. (1982). *Narcissus and Oedipus: Children of psychoanalysis*. Routledge, & Kegan Paul.

Hampshire, S. (1983, 17 jul.). Review of Freud and man's Soul by Bettelheim, B. In *The observer*.

Hannah, B. (1967). *Some glimpses of the individuation process in Jung himself*. Privately printed and circulated to members of the Analytical Psychology Club.

Hannah, B. (1976). *Jung: His life and work*. Putnam.

Harding, E. (1933). *The way of all women*. Harper, & Row.

Hartmann, H. (1939). Psychoanalysis and the concept of health. *The International Journal of Psychoanalysis, 20*, 308-321.

Hauke, C., & Alister, I. (2001). *Jung & film: Post-Jungian takes on the moving image*. Routledge.

Heimann, P. (1952). Certain functions of introjection and projection in early infancy. In J. Riviere (ed.), *Developments in psychoanalysis*. Hogarth.

Henderson, J. (1975a). C. G. Jung: a reminiscent picture of his method. *Journal of Analytical Psychology, 20* (2), 114-121.

Henderson, J. (1975b). Review of analytical psychology: a modern science and technique in Jungian analysis. *Psychological Perspectives, 6*(2), 197-203.

Henry, J. (1977). Comment on 'The cerebral hemispheres in analytical psychology'. *Journal of Analytical Psychology, 22*(2), 52-58.

Hillman, J. (1962). Training and the C. G. Jung Institute, Zürich. *Journal of Analytical Psychology, 7*(1), 3-19.

Hillman, J. (1967). *In search: Psychology and religion*. Spring.

Hillman, J. (1971). *Psychology: Monotheistic or polytheistic?* Spring.

Hillman, J. (1972). *The myth of analysis*. Northwestern University Press, Evanston, Illinois.

Hillman, J. (1973). The great mother, her son, her hero, and the puer. In P Berry (ed.), *Fathers and mothers*. Spring.

Hillman, J. (1975). *Loose ends*. Spring.

Hillman, J. (1975b). *Revisioning psychology*. Harper, & Row.

Hillman, J. (1977, 1978). *An enquiry into image*. Spring.

Hillman, J. (1979a). *The dream and the underworld*. Harper & Row.

Hillman, J. (1979b). Senex and puer. In C. Giles (ed.), *Puer papers*. Spring.

Hillman, J. (1983). *Archetypal psychology: A brief account*. Spring.

Hobson, R. (1959). An approach to group analysis. *Journal of Analytical Psychology, 4*(2), 139-152.

Hobson, R. (1961). The archetypes of the collective unconscious. In M. Fordham et al. (eds.), *Analytical psychology: A modern Science*. Heinemann.

Hoffman, L. (1981). *Foundations of family therapy*. Basic Books.

Hogenson, G. (2004). Archetypes: emergence and the psyche's deep structure. In J. Cambray, & L. Carter (eds.), *Analytical psychology: Contemporary perspectives in Jungian analysis* (p. 32-55). Routledge.

Hubback, J. (1973). Uses and abuses of analogy. *Journal of Analytical Psychology, 18*(2), 91-104.

Hubbaock, J. (1980). Developments and similarities, 1935-1980. *Journal of Analytical Psychology, 25*(3), 219-236.

Hudson, L. (1983, 13 mar.). Review of Jung: selected writings. *Sunday Times*.

Hudson, L. (1983, 13 mar.). Review of Storr (ed.). *Sunday Times*.

Humbert, E. (1980). The self and narcissism. *Journal of Analytical Psychology, 25*(3), 237-246.

Isaacs, S. (1952). The nature and function of phantasy. In J. Riviere (ed.), *Developments in psychoanalysis*. Hogarth.

Jackson, M. (1961). Chair, couch and counter-transference. *Journal of Analytical Psychology, 6*(1), 35-44.

Jacobi, J. (1942). *The psychology of C. G. Jung*. Yale University Press.

Jacobi, J. (1959). *Complex/archetype/symbol in the psychology of C. G. Jung*. Princeton University Press.

Jacobson, E. (1964). *The self and the object world*. Hogarth.

Jacoby, M. (1981). Reflections on H. Kohut's concept of narcissism. *Journal of Analytical Psychology, 26*(1), 19-32.

Jacoby, M. (1983). Comment on "Ego and self: terminology" by Redfearn, *Journal of Analytical Psychology, 28*(2), 107-110.

Jaffe, A. (1971). *The myth of meaning*. Putnam.

Jaffe, A. (1979). *C. G. Jung: Word and image*. Princeton University

Press.

James, W. (1911). *Pragmatism*. Fontana Library of Philosophy.

Jarret, J. (1981). Schopenhauer and Jung. *Spring*.

Jones, E. (1927). Early development of female sexuality. *Papers on Psychoanalysis*, Baillière, Tindall, & Cox.

Jones, E. (1931). The concept of the normal mind. *The International Journal of Psychoanalysis, 23*, 1-8.

Joseph, E. (1982). Normal in psychoanalysis. *The International Journal of Psychoanalysis, 63*(1), 3-14.

Jung, C.G. (1928). *Contributions to analytical psychology*. Kegan Paul.

Jung, C.G. (1963). *Memories, dreams, reflections*. Collins and Routledge, & Kegan Paul.

Jung, C.G. (1964). *Man and his symbols*. Dell.

Jung, C.G. (1978). *C. G. Jung speaking*. Thames, & Hudson.

Jung, C.G. (1983). The Zofingia lectures. In W. McGuire (ed.), *CW Supplementary Volume A*. Princeton University Press.

Jung, C.G. (2012). *Obra Completa*. 20 vols. Vozes.

Jung, E. (1957). *Animus and anima*. Spring.

Kalff, D. (1980). *Sandplay: A psychotherapeutic approach to the psyche*. Sigo.

Kast, V. (2006). Anima/animus. In R. Papadopoulos (ed.), *The handbook of Jungian psychology* (p. 113-129). Routledge.

Kay, D. (1981). Paternal psychopathology and the emerging ego. *Journal of Analytical Psychology, 26* (3), 203-219.

Keutzer, L. (1982). Archetypes, synchronicity and the theory of formative causation. *Journal of Analytical Psychology, 27*(3), 255-262.

Klein, M. (1960). On mental health. *British medical journal psychiatry, 33*, 237-241.

Knox, J. (2003). *Archetype, attachment, analysis: Jungian psycholo-*

570   Coleção Reflexões Junguianas

gy and the nascent mind. Routledge.

Kohut, H. (1971). *The analysis of the self*. International Universities Press.

Kohut, H. (1977). *The restoration of the self*. International Universities Press.

Kohut, H. (1980). Reflections. In A. Goldberg (ed.), *Advances in self Psychology*. International Universities Press.

Kohut, H. (1982). Introspection, empathy, and the semi-circle of mental health. *The International Journal of Psychoanalysis, 63*(4), 395-408.

Kraemer, W. (1976). *The forbidden lave: The normal and abnormal love of children*. Sheldon.

Lacan, J. (1949). The mirror stage as formative of the function of the I as revealed in psychoanalytic experience. In A. Sheridan, *Ecrits*. Tavistock.

Lacan, J. (1958). The significance of the phallus. In A. Sheridan. *Ecrits*. Tavistock.

Laing (1967). *The politics of experience*. Penguin.

Lambert, K. (1977). Analytical psychology and historical development in Western consciousness. *Journal of Analytical Psychology, 22*(1), 158-174.

Lambert, K. (1981a). *Analysis, repair and individuation*. Academic Press.

Lambert, K. (1981b). Emerging consciousness. *Journal of Analytical Psychology, 26*(1), 1-18.

Langs, R. (1979). The interactional dimension of counter-transference. In L. Epstein, & A. Feiner (eds.), *Countertransference*. Jason Aronson.

Laplanche, J. (1989). *New foundations for psychoanalysis*. Blackwell.

Laplanche, J., & Pontalis, J. B. (1980). *The language of psychoanaly-*

sis, Hogarth.

Layard, J. (1942). *Stone men of Malekula*. Chatto, & Windus.

Leach, E. (1974). *Lévi-Strauss*. Fontana.

Ledermann, R. (1979). The infantile roots of narcissistic personality disorder. *Journal of Analytical Psychology, 24*(2), 107-126.

Ledermann, R. (1981). The robot personality in narcissistic disorder. *Journal of Analytical Psychology, 26*(4), 329-344.

Ledermann, R. (1982). Narcissistic disorder and its treatment. *Journal of Analytical Psychology, 27*(4), 303-322.

Lemaire, A. (1977). *Jacques Lacan*. Routledge, & Kegan Paul.

Levinson, D. et al. (1978). *The seasons of a man's life*. Knopf.

Little, M. (1957). "R": the analyst's total response to his patient's needs. *The International Journal of Psychoanalysis, 38*(3).

Loomis, M. and Singer, J. (1980). Testing the bipolar assumption in Jung's typology. *Journal of Analytical Psychology, 25*(4), 351-356.

Lopez-Pedraza, R. (1971). *Comment on "Psychology: Monotheistic or polytheistic?" by J. Hillman*. Spring.

Lopez-Pedraza, R. (1977). *Hermes and his children*. Spring.

Loughlin, T. (1982). *Jungian psychology*. Panarion.

Lyons, J. (1977). *Chomsky*. Fontana.

Macfarlane, A. (1978). *The origins of English individualism*. Blackwell.

Maduro, R., & Wheelwright, J. (1977). Analytical psychology. in R. Corsini (ed.), *Current personality theories*. Peacock.

Mahler, M. (1975). *The psychological birth of the human infant*. Hutchinson.

Malcolm, J. (1982). *Psychoanalysis: The impossible profession*. Pan.

Marais, E. (1937). *The soul of the white ant*. Methuen.

Mattoon, M. (1918). *Applied dream analysis*: a Jungian approach.

Winston.

Mattoon, M. (1981). *Jungian psychology in perspective*. Free Press.

McCurdy, A. (1982). Establishing and maintaining the analytical structure. In M. Stein (ed.), *Fungian Analysis*. Open Court.

McGuire, W. (1974). *The Freud/Jung letters*. Hogarth; Routledge; Kegan Paul.

Mead, M. (1949). *Male and female: A study of the sexes in a changing world*. Penguin.

Meier, C. (1949). *Ancient incubation and modern psychotherapy*. Northwestern University Press.

Meier, C., & Wozny, M. (1978). An empirical study of Jung's typology. *Journal of Analytical Psychology, 23*(3), 226-230.

Meltzer, D. (1981). The Kleinian expansion of Freud's metapsychology. *The International Journal of Psychoanalysis, 62*(2), 177-186.

Menninger, K. (1958). *Theory of psychoanalytic technique*. Basic Books.

Metzner, R. et al. (1981). Towards a reformulation of the typology of functions. *Journal of Analytical Psychology, 26* (1), 33-48.

Miller, D. (1981). *The new polytheism*. Spring.

Mitchell, J. (1974). *Psychoanalysis and feminism*. Allen Lane.

Mitchell, J., & Rose, J. (1982). *Feminine sexuality: Jacques Lacan and the École Freudienne*. Macmillan.

Money-Kyrle, R. (1968). Cognitive development. In D. Meltzer (ed.), *Collected Papers*. Clunie.

Money-Kyrle, R. (1971). The aim of psychoanalysis. In D. Meltzer (ed.), *Collected Papers*. Clunie.

Money-Kyrle, R. (1977). On being a psychoanalyst. In D. Meltzer (ed.), *Collected Papers*. Clunie.

Moore, N. (1983). *The anima-animus in a changing world*. Não publicado.

Mount, A. (1982). *The subversive family*. Cape.

Myers, I. (1962). *The Myers-Briggs type indicator*. Consulting Psychologists Press.

Neumann, E. (1954). *The origins and history of consciousness*. Routledge, & Kegan Paul.

Neumann, E. (1959). The significance of the genetic aspect for analytical psychology. *Journal of Analytical Psychology, 4*(2), 125-138.

Neumann, E. (1973). *The child*. Hodder, & Stoughton.

Newton, K. (1965). Mediation of the image of infant-mother togetherness. In M. Fordham et al. (eds.), *Analytical psychology: A modern science*. Heinemann.

Newton, K. (1975). Separation and pre-oedipal guilt. *Journal of Analytical Psychology, 20*(2), 183-193.

Newton, K. (1981). Comment on "The emergence of child analysis", by M. Fordham. *Journal of Analytical Psychology, 26*(1), 69-78.

Newton, K., & Redfearn, J. (1977). The real mother, ego-self relations and personal identity. *Journal of Analytical Psychology, 22*(4), 295-316

Nicholson, J. (1984). *Men and women: How different are they?* Oxford University Press.

Offer, D., & Sabshin, M. (1973). *Normality*. Basic Books.

Paolino, T. (1981). *Psychoanalytic psychotherapy*. Brunner/Mazel.

Perera, S. (1981). *Descent to the goddess: A way of initiation for women*. Inner City.

Perry, J. (1962). Reconstitutive process in the psychopathology of the self. *Annals of the N.Y. Academy of Sciences* (Vol. 96), article 3, p. 853-876.

Plaut, A. (1956). The transference in analytical psychology. In M. Fordham et al. (eds.), *Technique in Jungian analysis*. Heinemann.

Plaut, A. (1959). Hungry patients: reflections on ego structure. *Journal of Analytical Psychology, 4*(2), 161-168.

Plaut, A. (1962). *Some reflections on the Klein-Jungian hybrid*. Não publicado.

Plaut, A. (1966). Reflections on not being able to imagine. In M. Fordham et al. (eds.), *Analytical psychology: A modern science*. Heinemann.

Plaut, A. (1972). Analytical psychologists and psychological types: comment on replies to a survey. *Journal of Analytical Psychology*, 17(2), 137-151.

Plaut, A. (1974). Part-object relations and Jung's "luminosities". *Journal of Analytical Psychology, 19*(2), 165-181.

Plaut, A. (1975). Object constancy or constant object? *Journal of Analytical Psychology, 20*(2), 207-215.

Plaut, A. (1979). Individuation: a basic concept of psychotherapy. *Analytische Psychologie, 10*, 173-189.

Plaut, A. (1982). Review of analysis, repair and individuation by K. Lambert. *Journal of Analytical Psychology, 27*(3), 285-288.

Popper, K. (1972). *Conjectures and refutations: The growth of scientific knowledge*. Routledge, & Kegan Paul.

Racker, H. (1968). *Transference and countertransference*. Hogarth.

Raglan, L. (1949). *The hero*. Watts.

Redfearn, J. (1969). Several views of the self. *Journal of Analytical Psychology, 14*(1), 13-25.

Redfearn, J. (1974). *Can we change?* Não publicado.

Redfearn, J. (1978). The energy of warring and combining opposites: problems for the psychotic patient and the therapist in achieving the symbolic situation. *Journal of Analytical Psychology, 23*(3), 231-241.

Redfearn, J. (1979). The captive, the treasure, the hero and the "anal" stage of development. *Journal of Analytical Psychology, 24*(3), 185-206.

Redfearn, J. (1982). When are things persons and persons things? *Journal of Analytical Psychology, 27*(3), 215-238.

Riviere, J. (1952). On the genesis of psychical conflict in earliest infancy. In J. Riviere (ed.), *Developments in psychoanalysis*. Hogarth.

Roazen, P. (1976). *Freud and his followers*. Penguin.

Rossi, E. (1977). The cerebral hemispheres in analytical psychology. *Journal of Analytical Psychology, 22*(1), 32-58.

Rycroft, C. (1972). *A critical dictionary of psychoanalysis*. Penguin.

Rycroft, C. (1979). *The innocence of dreams*. Hogarth.

Rycroft, C. (1982, 20 mai.). Review of archetype: a natural history of the self by A. Stevens. *New Society*.

Samuels, A. (1976). *The psychology of the single parent*. Não publicado.

Samuels, A. (1979). *Diagnosis and power*. In The Jung symposium – group for the advancement of psychotherapy in social work.

Samuels, A. (1980a). Incest and omnipotence in the internal family. *Journal of Analytical Psychology, 25*(1), 37-58.

Samuels, A. (1980b). Incesto e onnipotenza. *La Pratica Analitica, 2*, 113-136.

Samuels, A. (1981a). *Fragmentary vision: A central training aim*. Spring.

Samuels, A. (1981b). Fragmentarische Vision: Ein zentrales Ausbildungsziel. *Gorgo, 9*, 1984.

Samuels, A. (1982). The image of the parents in bed. *Journal of Analytical Psychology, 27*(4), 323-340.

Samuels, A. (1985). *Jung and the post-Jungians*. Routledge, & Kegan Paul.

Samuels, A. (1989). *The plural psyche: Personality, morality and the father*. Routledge.

Sandier, A.-M. (1982). The selection and function of the training analyst in Europe. *International Review of Psychoanalysis, 9*(4), 386-397.

Sandler, J. (1983). Reflections on some relations between psychoanalytic concepts and psychoanalytic practice. *The International Journal of Psychoanalysis, 64*(1), 35-46.

Sandler, J., Dare, C., & Holder, A. (1973). *The patient and the analyst*. Alien, & Unwin.

Sayers, J. (1982). *Biological politics: Feminist and anti-feminist perspectives*. Tavistock.

Schafer, R. (1976). *A new language for psychoanalysis*. Yale University Press.

Schwartz-Salant, N. (1982). *Narcissism and character transformation: The psychology of narcissistic character disorders*. Inner City.

Searles, H. (1959). Edipal love in the countertransference. *Collected Papers on Schizophrenia and Related Subjects*. Hogarth.

Segal, H. (1973). *Introduction to the work of Melanie Klein*. Hogarth.

Segal, H. (1979). *Klein*. Fontana.

Seligman, E. (1982). The half-alive ones. *Journal of Analytical Psychology, 27*(1), 1-20.

Shorter, B. (1983). Woman and initiation, part 2. *Growing a woman*. Não publicado.

Singer, J. (1972*). Boundaries of the soul: The practice of Jung's psychology*. Gollancz.

Singer, J. (1977). *Androgyny: Towards a new theory of sexuality*. Routledge, & Kegan Paul.

Skynner, R. (1976). *One flesh, separate persons*. Constable.

Spitz, R. (1965). *The first year of life*. International Universities Press.

Staude, J.-R. (1981). *The adult development of C. G. Jung*. Routledge, & Kegan Paul.

Stein, L. (1957). What is a symbol supposed to be? In M. Fordham et al. (eds.), *Analytical psychology: A modern science*. Heinemann.

Stein, L. (1958). Analytical psychology: a modern science. In M. Fordham et al. (eds.), *Analytical psychology: A modern science*. Heinemann.

Stein, L. (1967). Introducing not-self. *Journal of Analytical Psycho-*

Jung e os pós-junguianos

logy, 12(2), 97-114.

Stein, M. (1973). *Hephaistos: A pattern of introversion*. Spring.

Stein, M. (1982). *Editor's preface to Jungian analysis*. Open Court.

Stein, R. (1974). *Incest and human love*. Penguin.

Sterba, R. (1934). The fate of the ego in analytic therapy. *The International Journal of Psychoanalysis, 15*, 117-126.

Stevens, A. (1982). *Archetype: A natural history of the self*. Routledge, & Kegan Paul.

Stoller, R. (1968). *Sex and gender*. Hogarth.

Storr, A. (1957). The psychopathology of fetishism and transvestism. *Journal of Analytical Psychology, 2*(2), 153-166.

Storr, A. (1973). *Jung*. Fontana.

Storr, A. (1979). *The art of psychotherapy*. Heinemann.

Storr, A. (1983). *Jung: Selected writings*. Fontana.

Strachey, J. (1934). The nature of the therapeutic action of psychoanalysis. *The International Journal of Psychoanalysis, 15*, 127-159.

Strauss, R. (1964). The archetype of separation. In. A. Guggenbühl-Craig (ed.), *The archetype*. Karger, Basle.

Sutherland, J. (1980). The British object relations theorists: Balint, Winnicott, Fairbairn, Guntrip. *Journal of American Psychoanalytic Association, 28*, 829-859.

Tolpin, M. (1980), Contribution to "Discussion". In A. Goldberg (ed.), *Advances in self-psychology*.

Ulanov, A. (1981). *Receiving woman: Studies in the psychology and theology of the feminine*. Westminster.

Von der Heydt, V. (1973). On the father in psychotherapy. In P. Berry (ed.), *Fathers and mothers*. Spring.

Von Franz, M. L. (1970). *The problem of the puer aeternus*. Spring.

Von Franz, M. L. (1971). The inferior function. In *Jung's typology*. Spring.

Von Franz, M. L. (1975). *C. G. Jung: His myth in our time*. Hodder, & Stoughton.

Von Franz, M. L. (1980). *Projection and recollection in Jungian psychology*. Open Court.

Weaver, R. (1964). *The old wise woman*. Vincent Stuart.

Westmann, H. (1961). *The springs of creativity*. Routledge, & Kegan Paul.

Wheelwright, J. et al. (1964). *Jungian type survey: The gray wheelwright test manual*. Society of Jungian Analysts of N. California.

Whitmont, E. (1964). Group therapy and analytical psychology. *Journal of Analytical Psychology, 9*(1), 1-22.

Whitmont, E. (1969). *The symbolic quest*. Barrie, & Rockliff.

Wickes, F. (1966). *The inner world of childhood*. Appleton.

Wilden, A. (1980). *System and structure: Essays in communication and exchange*. Tavistock.

Willeford, W. (1976). The primacy of feeling. *Journal of Analytical Psychology, 21*(2), 115-133.

Williams, M. (1963a). The indivisibility of the personal and collective unconscious. In M. Fordham et al. (eds.), *Analytical psychology: A modern science*. Heinemann.

Williams, M. (1963b). The poltergeist man. *Journal of Analytical Psychology, 8*(2), 123-144.

Williams, M. (1971). *The archetypes in marriage*. Não publicado.

Wilson, G., & Nias, D. (1977). *Love's mysteries*. Fontana.

Winnicott, D. (1958). *Collected papers: Through pediatrics to psychoanalysis*. Tavistock.

Winnicott, D. (1965). *The maturational processes and the facilitating environment*. Hogarth.

Winnicott, D. (1967). Mirror role of mother and family in child development. In *Playing and reality*.

Winnicott, D. (1971). *Playing and reality*. Tavistock.

Wise, P. (1971). *The schlemiel as modern hero*. Chicago University Press.

Wolff, T. (1951). *Structural forms of the feminine psyche; a sketch*. Privately printed.

Woodman, M. (1980). *The owl was a baker's daughter: Obesity, anorexia nervosa and the repressed feminine*. InnerCity.

Yorke, C. (1982, 28 out.). Freud rediscovered. *The Listener*.

Zinkin, L. (1969). Flexibility in analytic technique. In M. Fordham et al. (eds.), *Technique in Jungian analysis*. Heinemann.

Zinkin, L. (1979). The collective and the personal. *Journal of Analytical Psychology, 24*(3), 227-250.

Veja todos os livros da coleção em

livrariavozes.com.br/colecoes/reflexoes-junguianas

ou pelo Qr Code

Conecte-se conosco:

f facebook.com/editoravozes

◉ @editoravozes

🐦 @editora_vozes

▶ youtube.com/editoravozes

🗨 +55 24 2233-9033

www.vozes.com.br

Conheça nossas lojas:

www.livrariavozes.com.br

Belo Horizonte – Brasília – Campinas – Cuiabá – Curitiba
Fortaleza – Juiz de Fora – Petrópolis – Recife – São Paulo

  Vozes de Bolso

EDITORA VOZES LTDA.
Rua Frei Luís, 100 – Centro – Cep 25689-900 – Petrópolis, RJ
Tel.: (24) 2233-9000 – E-mail: vendas@vozes.com.br